湖北制造业发展蓝皮书(2017)

湖北省制造强省建设专家咨询委员会 编著

华中科技大学出版社
中国·武汉

内 容 简 介

本书首先介绍了全球制造业发展概况和我国制造业发展现状与趋势,然后从综合、领域、专题、区域四个角度,系统梳理了自《中国制造2025》和《中国制造2025湖北行动纲要》发布实施以来湖北制造业整体发展情况、十大重点领域突破情况、六项重点工作推进情况、各地区域布局的进展情况,系统地研究和总结了制造强省建设一年来的经验和做法,力求系统展示湖北主导产业、主要板块和重点集群转型发展的态势和亮点,目的在于更好地指导实践,为行业发展服务,为行业管理部门各项工作和企业创新发展提供参考和指引。

本书数据翔实,论证充分,具有较强的实用性与针对性,可作为各级政府部门科学务实推动"中国制造2025湖北行动"的权威性、指导性读本,也可作为企业、科研院所和中介组织参与"中国制造2025湖北行动"相关工作的参考工具。

图书在版编目(CIP)数据

湖北制造业发展蓝皮书.2017/湖北省制造强省建设专家咨询委员会编著.—武汉:华中科技大学出版社,2017.12
ISBN 978-7-5680-3598-9

Ⅰ.①湖… Ⅱ.①湖… Ⅲ.①制造工业-工业发展-研究报告-湖北-2017 Ⅳ.①F426.4

中国版本图书馆 CIP 数据核字(2017)第 306252 号

湖北制造业发展蓝皮书(2017)　　湖北省制造强省建设专家咨询委员会　编著
Hubei Zhizaoye Fazhan Lanpishu(2017)

策划编辑:万亚军
责任编辑:万亚军
封面设计:原色设计
责任校对:祝　菲
责任监印:周治超

出版发行:华中科技大学出版社(中国·武汉)　　电话:(027)81321913
　　　　　武汉市东湖新技术开发区华工科技园　　邮编:430223
录　　排:华中科技大学惠友文印中心
印　　刷:武汉市金港彩印有限公司
开　　本:787mm×1092mm　1/16
印　　张:24.25
字　　数:483千字
版　　次:2017年12月第1版第1次印刷
定　　价:98.00元

本书若有印装质量问题,请向出版社营销中心调换
全国免费服务热线:400-6679-118　竭诚为您服务
版权所有　侵权必究

编委会

主任委员：李培根
副主任委员：李德仁　余少华　丁　汉
委　　　员：（按姓氏笔画排序）

　　卜江戎　王化平　王存文　王含冰
　　王学海　王建民　王祺扬　邓亚东
　　邓楚祥　朱永平　华　林　刘　元
　　刘进文　严　俊　许甫良　肖绪明
　　吴方军　冷承秋　张新访　陈　文
　　陈　达　陈　赣　周先芳　周桂峰
　　孟春林　赵　军　胡瑞敏　施其武
　　徐长生　郭　涛　陶红兵　黎苑楚

序
Foreword

当前,新一轮科技革命和产业变革与我国转变经济发展方式形成历史性交汇,以信息技术与制造技术深度融合为特征的智能制造模式,正在引发整个制造业的深刻变革。

围绕十九大报告"贯彻新发展理念,建设现代化经济体系"、"加快建设制造强国,加快发展先进制造业"、"促进我国产业迈向全球价值链中高端"等新判断、新论述和新要求,深入贯彻落实中共湖北省第十一次党代会和中共湖北省委第十一届二次全会要求部署,省委、省政府高度重视以制造业为主体的工业和实体经济发展,把推进制造强省建设作为供给侧结构性改革、构建产业新体系、培育发展新动能、加快"建成支点、走在前列"的重大战略。贯彻落实这项战略部署,推进工业转型升级,加快制造强省建设,关系到实现省委《关于学习贯彻落实党的十九大精神全面建设社会主义现代化强省的决定》确立的"3121"战略目标,关系到在我们党成立一百周年时,湖北将与全国同步全面建成小康社会、实现第二个百年奋斗目标。

《中国制造2025湖北行动纲要》发布后,湖北省各地市州、各部门、各地区立足全省制造强省战略全局,抓好顶层设计,坚持系统思维、整体谋划、联动推进,扎实推进制造强省建设的各项工作,形成了良好的开局。我们牢固树立"创新、协调、绿色、开放、共享"发展理念,顺应"互联网+"的发展趋势,以加快新一代信息技术与制造业的深度融合发展为主线,以推进智能制造为主攻方向,全面拓展湖北制造业发展新空间,培育发展新动能,构建产业新体系,增强核心竞争力,加快实现从制造大省向制造强省的战略转型和跨越,为实现全省制造强省以及现代化经济体系建设,实现"十三五"经济社会发展良好开局做出了积极的贡献。

湖北制造强省建设专家咨询委员会(简称"专家咨询委员会")是湖北省制造强省建设领导小组的咨询机构。成立专家咨询委员会是加快建设制造强省的一项重大决

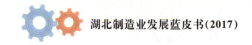

策,是扎实推进《中国制造 2025 湖北行动纲要》、不断提高决策科学化民主化水平的一项重要制度安排。专家咨询委员会自 2016 年 9 月 13 日正式成立以来,积极参与了《中国制造 2025 湖北行动纲要》"1＋X"配套行动计划或实施方案等重要政策措施的研究、制定和评估论证,启动了"人工智能"、"工业强基"、"长江经济带产业"、"领域单项冠军"、"产融合作"等制造业发展前沿、热点、难点系列课题研究工作。

当前,在各方的共同努力下,《中国制造 2025 湖北行动纲要》的贯彻落实工作取得了阶段性进展,制造强省建设的顶层设计基本完成,创新体系建设深入推进。专家咨询委员会把编著《湖北制造业发展蓝皮书》作为一项重要的年度工作,旨在及时总结上一年《中国制造 2025 湖北行动纲要》推进落实情况,评估实施效果,展示制造业发展的重大成就,探讨并突出制造强省建设下一步重点工作和相关政策措施建议。

该书是专家咨询委员会委员和省内相关领域研究机构的专家、学者深入研究的成果和长期从事制造业相关工作的智慧结晶。时值该书付梓之际,谨以此序表示祝贺,并期望该书能对我省制造强省建设有所助益。同时对参与、关心、支持、帮助该书编纂与出版工作的机构和个人表示衷心的感谢。

2017 年 12 月

前 言
Foreword

　　制造业是国民经济的主体,也是创新驱动、转型升级的主战场。国务院发布的《中国制造 2025》,是未来十年我国实施制造强国战略的纲领性文件。当前,新一轮科技革命和产业变革与我国转变经济发展方式形成历史性交汇,以信息技术与制造技术深度融合为特征的智能制造模式,正在引发整个制造业的深刻变革。

　　为推进实施制造强省战略,加强对有关工作的统筹规划和政策协调,湖北省政府成立了湖北省制造强省建设领导小组。同时,成立了湖北省制造强省建设专家咨询委员会,以提高制造强省建设重大问题的决策水平,推进决策过程的科学化和民主化。

　　为推进主动对接融入国家战略,加快建设制造强省,着力夯实"建成支点、走在前列"的产业支撑,结合湖北实际,湖北省政府出台了《中国制造 2025 湖北行动纲要》,对推进湖北省从制造大省向制造强省迈进做出全面部署。《中国制造 2025 湖北行动纲要》发布后,湖北省制造强省建设领导小组办公室组织编制并印发了《中国制造 2025 湖北行动纲要"1+X"配套行动计划或实施方案的通知》,进一步加强政府对制造业发展的政策引导,凝聚行业共识,汇集社会资源,围绕重点、破解难点,着力突破制造业发展的瓶颈、短板,抢占未来竞争制高点,加快实现湖北从制造大省向制造强省的跨越转型。

　　《中国制造 2025 湖北行动纲要》发布后,湖北省经济和信息化委员会委托湖北省制造强省建设专家咨询委员会及省内相关领域的研究机构联合编著了《湖北制造业发展蓝皮书(2017)》(以下简称"蓝皮书")。蓝皮书旨在及时总结《中国制造 2025 湖北行动纲要》各项重点任务、工作的贯彻落实情况;评估相关政策、措施和工程等的实施效果和重点领域发展情况,分析制造强省建设过程中存在的困难和问题,总结推进制造业转型升级过程中的成功做法;跟踪研究国内外制造业发展环境的变化,分析我国制造业发展面临的新机遇、新挑战,并探讨提出制造强省建设的下一步重点工作和相关政策措施建议。蓝皮书从综合、领域、专题、区域四个角度,系统梳理了自《中国制造2025湖北行动纲要》发布实施以来,湖北省制造业整体发展情况、十大重点领域突破情况、六项重点工作推进情况、重点区域布局的最新进展情况。

其中,综合篇重点从制造业规模增速、产业结构、科技创新、投资活力、竞争分布、能源消耗、动能转换等几个方面出发,总结了全球制造业发展现状,指出了全球制造业市场需求不足、贸易摩擦加剧、新旧动能转换断档、制造业布局两极分化等问题,分析了未来全球制造业在生产方式、新兴业态、产业融合、技术创新、产业布局、竞争要素、区域发展等方面的发展趋势。同时,综合篇系统地分析了2016年我国制造业综合实力、产业技术创新能力、产业结构调整、节能降耗减排、产业科技布局和国际化发展等方面的状况和取得的成效,我国制造业在自主创新能力、质量品牌、资源能源利用、两化融合等方面存在的问题,以及我国制造业发展面临的新形势和严峻的外部环境。综合篇还介绍了2016年湖北省制造业发展的状况、问题、趋势、特点和面临的形势,以及进一步推进制造强省建设的战略导向、政策思路、环境营造和发展建议。

领域篇回顾了新一代信息技术产业、智能装备、新能源汽车及专用车、北斗卫星导航、生物医药和高端医疗器械、新材料、海洋工程装备及高技术船舶、航空航天装备、轨道交通装备、节能环保装备和资源循环利用等十大领域年度发展基本情况,分析了行业发展趋势,总结了取得的成绩,指出了当前十大重点领域发展存在的瓶颈制约和短板问题,并提出了发展主要举措和发展建议。

专题篇梳理了智能制造试点示范、制造业创新中心、工业强基、服务型制造、智能化技改、制造业国际化等六项重点工作的目标要求、实施进展情况,分析了目前面临的主要问题,指出了组织实施过程中存在的若干关键问题,并提出了下一步加快推进以上工作的思路以及发展重点。

区域篇围绕武汉市、襄阳市、宜昌市等十七个市州,分析了各市州制造业的发展现状,阐述了各市州在贯彻《中国制造2025》和《中国制造2025湖北行动纲要》中的主要举措和取得的成绩,指出了各市州在产业结构、发展定位、协调发展等方面存在的问题,并对各市州区域制造业发展提出了建议。

《中国制造2025》和《中国制造2025湖北行动纲要》发布以来,湖北省制造强省建设各项工作取得了积极进展。各部门、各市州以提高制造业创新能力和基础能力为重点,以推进信息技术与制造技术深度融合为主线,制定并出台了一批重要的配套政策和措施,组织实施了一批重大工程和项目,在稳定工业增长、加快制造业转型升级等方面发挥了重要作用。

前言

　　《湖北制造业发展蓝皮书(2017)》的出版,其目的在于更好地服务于制造强省建设实践,为行业管理部门开展工作和企业创新发展提供参考。鉴于制造业种类繁多、量大面广,涉及经济发展的各个领域,重点、难点和瓶颈问题众多,本书的研究和撰写难免有不妥和疏忽之处,欢迎广大读者批评指正。

湖北省制造强省建设专家咨询委员会
2017 年 12 月

目 录
Contents

———— 综 合 篇 ————

第一章　全球制造业发展概况 ·· 3
　　第一节　发展现状 ·· 3
　　第二节　存在的问题 ·· 8
　　第三节　发展趋势 ··· 10

第二章　我国制造业发展现状与趋势 ······································ 15
　　第一节　我国制造业的发展现状 ·· 15
　　第二节　我国制造业存在的问题 ·· 21
　　第三节　我国制造业发展面临的形势和环境 ····························· 25
　　第四节　我国制造业未来的发展趋势 ··································· 29

第三章　湖北省制造业发展概况 ·· 33
　　第一节　湖北省制造业发展情况 ·· 33
　　第二节　湖北省制造业存在的问题 ······································ 39
　　第三节　湖北省制造业发展的主要特点 ································· 42
　　第四节　湖北省制造业发展面临的形势和对策 ··························· 45

第四章　制造强省建设若干问题的思考 ···································· 50
　　第一节　制造强省建设的战略导向 ······································ 50
　　第二节　制造强省建设的政策思路 ······································ 51
　　第三节　制造强省建设的环境营造 ······································ 55
　　第四节　制造强省建设的发展建议 ······································ 55

领 域 篇

第五章　新一代信息技术产业 ······ 63
- 第一节　基本情况 ······ 63
- 第二节　存在的主要问题 ······ 67
- 第三节　发展主要举措 ······ 68
- 第四节　发展建议 ······ 71

第六章　智能装备 ······ 73
- 第一节　基本情况 ······ 73
- 第二节　存在的主要问题 ······ 76
- 第三节　发展主要举措 ······ 77
- 第四节　发展建议 ······ 84

第七章　新能源汽车及专用汽车 ······ 86
- 第一节　新能源汽车 ······ 86
- 第二节　专用汽车 ······ 93

第八章　北斗卫星导航 ······ 98
- 第一节　基本情况 ······ 98
- 第二节　存在的主要问题 ······ 101
- 第三节　发展主要举措 ······ 102
- 第四节　发展建议 ······ 105

第九章　生物医药和高端医疗器械 ······ 108
- 第一节　基本情况 ······ 108
- 第二节　存在的主要问题 ······ 112
- 第三节　发展主要举措 ······ 113
- 第四节　发展建议 ······ 116

第十章　新材料 ······ 118
- 第一节　基本情况 ······ 118
- 第二节　存在的主要问题 ······ 121
- 第三节　发展主要举措 ······ 122
- 第四节　发展建议 ······ 126

第十一章　海洋工程装备及高技术船舶 ······ 128
- 第一节　基本情况 ······ 128
- 第二节　存在的主要问题 ······ 131

第三节　发展主要举措 …………………………………………… 133
　　第四节　发展建议 ………………………………………………… 138

第十二章　航空航天装备 …………………………………………… 140
　　第一节　基本情况 ………………………………………………… 140
　　第二节　存在的主要问题 ………………………………………… 144
　　第三节　发展主要举措 …………………………………………… 146
　　第四节　发展建议 ………………………………………………… 148

第十三章　轨道交通装备 …………………………………………… 151
　　第一节　基本情况 ………………………………………………… 151
　　第二节　存在的主要问题 ………………………………………… 155
　　第三节　发展主要举措 …………………………………………… 157
　　第四节　发展建议 ………………………………………………… 160

第十四章　节能环保装备和资源循环利用 ………………………… 162
　　第一节　基本情况 ………………………………………………… 162
　　第二节　存在的主要问题 ………………………………………… 166
　　第三节　发展主要举措 …………………………………………… 167
　　第四节　发展建议 ………………………………………………… 171

―――――――― 专　题　篇 ――――――――

第十五章　智能制造试点示范 ……………………………………… 175
　　第一节　目标要求 ………………………………………………… 175
　　第二节　主要进展 ………………………………………………… 177
　　第三节　面临的主要问题 ………………………………………… 181
　　第四节　下一步推进的思路和发展重点 ………………………… 182

第十六章　制造业创新中心 ………………………………………… 185
　　第一节　目标要求 ………………………………………………… 185
　　第二节　主要进展 ………………………………………………… 187
　　第三节　面临的问题 ……………………………………………… 191
　　第四节　下一步推进的思路和发展重点 ………………………… 192

第十七章　工业强基 ………………………………………………… 196
　　第一节　目标要求 ………………………………………………… 196
　　第二节　主要进展 ………………………………………………… 198

第三节　面临的主要问题 ………………………………………… 200
　　第四节　下一步推进思路和发展重点 …………………………… 201

第十八章　服务型制造 …………………………………………………… 210
　　第一节　目标要求 ………………………………………………… 210
　　第二节　主要进展 ………………………………………………… 212
　　第三节　面临的问题 ……………………………………………… 219
　　第四节　下一步推进的思路 ……………………………………… 220

第十九章　智能化技改 …………………………………………………… 222
　　第一节　目标要求 ………………………………………………… 222
　　第二节　主要进展 ………………………………………………… 224
　　第三节　面临的主要问题 ………………………………………… 228
　　第四节　下一步推进的思路和重点任务 ………………………… 230

第二十章　制造业国际化 ………………………………………………… 235
　　第一节　目标要求 ………………………………………………… 235
　　第二节　主要进展 ………………………………………………… 237
　　第三节　面临的形势 ……………………………………………… 240
　　第四节　下一步推进思路和主要任务 …………………………… 243

——————区　域　篇——————

第二十一章　武汉市 ……………………………………………………… 249
　　第一节　基本情况 ………………………………………………… 249
　　第二节　存在的主要问题 ………………………………………… 251
　　第三节　发展的主要举措 ………………………………………… 253
　　第四节　发展建议 ………………………………………………… 255

第二十二章　襄阳市 ……………………………………………………… 257
　　第一节　基本情况 ………………………………………………… 257
　　第二节　存在的主要问题 ………………………………………… 259
　　第三节　发展的主要举措 ………………………………………… 261
　　第四节　发展建议 ………………………………………………… 264

第二十三章　宜昌市 ……………………………………………………… 266
　　第一节　基本情况 ………………………………………………… 266
　　第二节　存在的主要问题 ………………………………………… 268

第三节　发展的主要举措 …………………………………………… 269
　　　第四节　发展建议 …………………………………………………… 272

第二十四章　黄石市 …………………………………………………… 274
　　　第一节　基本情况 …………………………………………………… 274
　　　第二节　存在的主要问题 …………………………………………… 276
　　　第三节　发展的主要举措 …………………………………………… 277
　　　第四节　发展建议 …………………………………………………… 281

第二十五章　荆州市 …………………………………………………… 283
　　　第一节　基本情况 …………………………………………………… 283
　　　第二节　存在的主要问题 …………………………………………… 285
　　　第三节　发展的主要举措 …………………………………………… 286
　　　第四节　发展建议 …………………………………………………… 288

第二十六章　十堰市 …………………………………………………… 290
　　　第一节　基本情况 …………………………………………………… 290
　　　第二节　存在的主要问题 …………………………………………… 291
　　　第三节　发展的主要举措 …………………………………………… 293
　　　第四节　发展建议 …………………………………………………… 295

第二十七章　孝感市 …………………………………………………… 297
　　　第一节　基本情况 …………………………………………………… 297
　　　第二节　存在的主要问题 …………………………………………… 299
　　　第三节　发展的主要举措 …………………………………………… 300
　　　第四节　发展建议 …………………………………………………… 302

第二十八章　荆门市 …………………………………………………… 304
　　　第一节　基本情况 …………………………………………………… 304
　　　第二节　存在的主要问题 …………………………………………… 305
　　　第三节　发展的主要举措 …………………………………………… 306
　　　第四节　发展建议 …………………………………………………… 309

第二十九章　鄂州市 …………………………………………………… 311
　　　第一节　基本情况 …………………………………………………… 311
　　　第二节　存在的主要问题 …………………………………………… 314
　　　第三节　发展的主要举措 …………………………………………… 314
　　　第四节　发展建议 …………………………………………………… 315

第三十章　黄冈市 …… 317
第一节　基本情况 …… 317
第二节　存在的主要问题 …… 320
第三节　发展的主要举措 …… 322
第四节　发展建议 …… 323

第三十一章　咸宁市 …… 326
第一节　基本情况 …… 326
第二节　存在的主要问题 …… 328
第三节　发展的主要举措 …… 329
第四节　发展建议 …… 330

第三十二章　随州市 …… 332
第一节　基本情况 …… 332
第二节　存在的主要问题 …… 333
第三节　发展的主要举措 …… 335
第四节　发展建议 …… 337

第三十三章　恩施州 …… 339
第一节　基本情况 …… 339
第二节　存在的主要问题 …… 340
第三节　发展的主要举措 …… 341
第四节　发展建议 …… 343

第三十四章　神农架林区 …… 345
第一节　基本情况 …… 345
第二节　存在的主要问题 …… 347
第三节　发展的主要举措 …… 348
第四节　发展建议 …… 350

第三十五章　天门市 …… 351
第一节　基本情况 …… 351
第二节　存在的主要问题 …… 351
第三节　发展的主要举措 …… 352
第四节　发展建议 …… 354

第三十六章　仙桃市 …… 356
第一节　基本情况 …… 356
第二节　存在的主要问题 …… 359

  第三节 发展的主要举措 …………………………………………… 360
  第四节 发展建议 ………………………………………………… 361
第三十七章 潜江市 …………………………………………………… 363
  第一节 基本情况 ………………………………………………… 363
  第二节 存在的主要问题 …………………………………………… 363
  第三节 发展的主要举措 …………………………………………… 364
  第四节 发展建议 ………………………………………………… 367
后记 ………………………………………………………………………… 369

综 合 篇

第一章　全球制造业发展概况

第二章　我国制造业发展现状与趋势

第三章　湖北省制造业发展概况

第四章　制造强省建设若干问题的思考

第一章　全球制造业发展概况

本章从制造业规模增速、产业结构、竞争分布、投资活力、能源消耗、科技创新和动能转换出发,总结了全球制造业发展现状,即在世界经济持续低迷的情况下,全球制造业存在的市场需求不足、贸易摩擦加剧、动能转换乏力、制造业布局两极分化等问题依然显著,并在此基础上阐述了未来全球制造业在生产组织方式、新兴业态、产业融合、技术创新、产业布局和竞争要素等方面的发展趋势[①]。

第一节　发 展 现 状

总体来看,制造业活动略有复苏,新兴经济体产业结构逐步优化,科技研发投入稳步提高,但老牌制造强国仍保持较强竞争优势。此外,制造业跨国并购增长迅速,工业领域能源消耗持续增长,人才与信息技术对制造业影响逐步加大。

一、规模增速:制造业活动略有复苏

(一)制造业规模微增,贡献来源于新兴经济体

2009年以来,全球制造业增加值呈现出缓慢增长的趋势,在2014年达到了12.1万亿美元,成为1998年以来的峰值。从全球制造业增加值增长率来看,1998年以来,增加值增长率呈现忽上忽下的变化趋势:2012年触底近年最低点0.72%后持续增长,2014年增长率为2.25%,2015年增长率达到了10.1%左右。从制造业增加值占GDP的比重来看,进入2000年以后,全球制造业增加值占GDP的比重基本呈现下滑的趋势,2005年进入17%的时代,2009年以后进入16%的时代,2014年的占比下降为14.9%,2015年的占比为15%。总体来看,全球制造业发展对GDP的贡献率呈现持续下降趋势,仅2015年比2014年略有回升。

---

① 国家制造强国建设战略咨询委员会. 中国制造2025蓝皮书(2017)[M]. 北京:电子工业出版社,2017.

从各地区制造业增加值对GDP的贡献来看,2010年以后,东亚与太平洋地区制造业增加值占GDP的比重远远高于世界其他地区,南亚地区的占比略高于世界平均水平,欧洲与中亚地区的占比略低于世界平均水平但呈略微增长的趋势,中东与北非地区的占比在15%以下,拉丁美洲与加勒比海地区的占比呈现下降趋势,北美地区的占比最低且保持着稳定增长的趋势。总体来看,东亚与太平洋地区、欧洲与中亚地区、南亚地区制造业增加值对世界GDP的贡献较大。从主要国家制造业增加值占GDP的比重来看,2010年以来,位于世界平均水平以上的国家有韩国、中国、德国、日本、印度,其中中国与韩国的占比远远领先于其他国家;位于世界平均水平以下的主要国家有美国、法国、英国,其中英国与法国的占比分别约为10%。

(二)全球制造业贸易回暖,交易以机械设备为主

全球制造业贸易方面,从1998年以来制造业进/出口额占商品进/出口额比重的变化趋势来看,1998年以来,制造业出口额占商品出口额的比重整体呈现持续下降趋势,2015年有所回升,达到了2006年水平的69.7%。进口方面的变化与出口方面的基本一致,2015年制造业进口额占商品进口额的比重为71.9%,基本恢复到了2006年的水平。总体来看,制造业进出口贸易在2015年呈现略微好转的趋势。

从世界贸易商品种类来看,2015年世界贸易出口总额为164467.32亿美元,增长率为−12.7%。从产品构成比来看,机械设备占比为40.5%,其他原材料及制品的占比为30.7%,化学药品的占比为13.4%,食品的占比为7.1%。从增长率来看,基本处于负增长状态,但半导体制造设备、通信设备、半导体等零部件呈现了正向增长的趋势。从细分领域来看,与IT关联的机械设备占比为15%,材料占比为9.6%。

总体来看,在全球制造业进出口贸易疲软之下,资源类产品的进出口减速幅度较其他商品的减速幅度大,主要原因在于中国经济增长速度放缓,对于矿物燃料等的进口大幅减少,导致世界商品贸易中的矿物燃料出口的减少比例为40.3%。而与IT相关的机械设备出口较多的国家为菲律宾与越南,日本贸易振兴机构的数据显示,2014年越南与IT相关的机械设备出口额为287亿美元,自2010年以来年平均增长率为9.1%。

二、产业结构:新兴经济体产业结构逐步优化

(一)高技术产业贡献持续向新兴经济体转移,但仍以发达国家为主

产业结构的变革伴随着国家经济发展的每个阶段,根据联合国工业发展组织的研究显示,无论低技术产业、中等技术产业还是高技术产业,发达经济体制造业增加

值在全球制造业增加值中所占的比重均在减少,而新兴经济体制造业增加值所占的比重在不断增加。目前来看,高技术产业增加值比重的贡献来源于发达经济体,但新兴经济体对高技术产业增加值的贡献率也接近50%。总体来看,新兴经济体的制造业附加值在不断提高,其制造业技术转型升级在不断前进。

从主要地区来看,总体上高收入国家与中等收入国家的高技术出口占制成品的比重呈现增长趋势,而低收入国家的占比呈现下降趋势。2012年以后,中等收入国家的高技术出口占制成品比重超过了高收入国家的,2015年占比接近20%。从主要国家来看,2011年以后,高技术出口占制成品的比重在世界平均水平以上的国家主要有韩国、法国、中国、英国、美国,其中韩国增长比较稳定,法国呈现持续增长趋势,中国在2014年小幅下滑以后略微增长;接近世界平均水平的国家主要有日本、德国、加拿大、澳大利亚;占比较低的国家有印度与意大利等。

(二)新兴经济体制造业小幅增长,产能过剩问题依然存在

从世界贸易、工业生产和制造业PMI指数来看,全球经济在2016年上半年有所下滑,工业疲软态势依旧但有缓慢回升的趋势。从发达经济体与新兴市场经济体的制造业PMI指数与工业生产来看,新兴市场经济体的经济活动呈现小幅加快趋势,而发达经济体的经济活动有减弱趋势。总体来看,新兴市场经济体的小幅增长没能弥补世界制造业市场的衰退。根据联合国工业发展组织发布的2017国际工业统计年鉴显示,发达经济体的制造业价值增长(MVA)下降到不足1%。中国作为世界最大的制造商之一,MVA的增长速度由2015年的7.1%下降到2016年的6.7%;拉美国家生产依旧低迷,导致其他新兴和发展中经济体的MVA仅为2.5%;非洲最不发达国家的制造业在其国内生产总值(GDP)中所占份额也持续下降。这一趋势对可持续发展目标9%(2030年工业在不发达国家的GDP占比翻番)的实现提出了严峻的挑战。

此外,国际货币基金组织(IMF)的资料表明,过去一段时期制造业通货膨胀的下降比服务业更为明显,一系列工业部门产能过剩明显,工业产出增长明显减速。从中国、美国和日本三大经济体的消费者物价指数(CPI)与生产者价格指数(PPI)的比较来看,中国、美国和日本均不同程度地出现了消费者价格指数上涨、生产者价格指数下降的情况,CPI与PPI出现了一定程度的背离。美国年均工业生产增长率从2011—2013年的约2.5%下降到2014年下半年到2016年上半年的0.3%;日本的同期增长率从0.3%下降到−2.5%;中国的同期增长率从10.7%下降到6.3%。而中国、美国、日本的工业生产占世界工业生产总量的42.5%,其中,美国的占比为19%,中国的占比为18%,日本的占比为5.5%(数据出自IMF)。从三大经济体工业产能闲置比例来看,2016年第一季度中国的工业产能闲置率约为5.5%,美国为

3%,日本为5%。

三、科技创新:新兴经济体研发投入逐步提高

(一)研发支出稳步增长,中低收入国家支出增长较快

根据世界银行的统计显示,全球研发支出占GDP的比重从2007年的1.97%上升到了2012年的2.12%。分地区来看,高收入国家研发支出占GDP的比重远高于世界平均水平,2013年占比为2.5%。中低收入国家研发支出一直低于世界平均水平,但自2007年以来研发支出持续提高,2013年占比为1.4%,与世界平均水平的差距逐步缩小。从主要国家研发支出占GDP比重的变化来看,2013年以来,日本、韩国加大了研发支出,2014年韩国位居世界第一位,日本从2010年的第四位上升到了2014年的第三位。中国研发支出占GDP的比重也逐步提升,从2010年的第十五位上升到了2014年的第十三位。

(二)申请专利件数稳步增长,电气工程领域申请件数最多

从主要国家PCT专利申请占世界的比重来看,2006年以来,专利申请最多的国家为美国,但其占比呈现下降的趋势,其次是日本,增长比较稳定,占比保持在20%左右。2012年以前,排名第三的国家为德国,专利申请占比呈现下降的趋势。2012年以后,中国专利申请占比超过了德国,排名第三位且增长幅度较大,2016年占比接近20%,有赶超日本的趋势。从中、美、日分领域PCT专利申请件数来看,三国专利申请主要集中在电气工程领域,其次是化工、机械工程与仪器。具体来看,在四个领域中,除机械工程领域日本超过美国外,其他三个领域美国均排名第一。中国在四个领域中的专利申请件数均低于美国与日本,除电气工程与其他两国差距较小外,其他三个领域差距较大。

四、投资活力:制造业跨国并购增长迅速

从世界投资预测来看,2013年以后,世界平均投资率保持稳定增长,增长率稳定在25%左右。其中,新兴市场与发展中经济体投资率自2013年小幅下降以后保持稳步增长,增长率维持在30%以上。发达经济体投资率自2013年小幅增长以后保持稳步增长,增长率维持在20%左右。

从跨国并购金额及增长率来看,2004年以前维持在100亿美元左右,2005年大幅增长,2007年超过了300亿美元,2008年因发生金融危机而大幅下降,2012年以

后持续增长,2015年刷新历史纪录超过350亿美元。总体来看,跨国并购增长率呈现大起大落的趋势:2001—2004年呈现负增长的趋势;2005年大幅增加,增长率接近2%后持续大幅下降;2012年至今呈现快速增长的趋势;2015年的增长率超过了1%。从具体行业来看,跨国并购对象以制造业为主。其中,发生最多的行业为化学及化工产品,其次是非金属矿产品、食品饮料和烟草、电气和电子设备、机械设备、家具制造、汽车及其他运输设备、金属和金属制品、橡胶和塑料、纺织服装和皮革等。

五、竞争分布:老牌制造业强国地位稳固

从全球制造业竞争力来看,2016年全球制造业竞争力指数排名前十位的国家和地区为中国、美国、德国、日本、韩国、英国、中国台湾、墨西哥、加拿大及新加坡。在针对2020年的全球制造业竞争力指数预测中,排名前十位的国家和地区为美国、中国、德国、日本、印度、韩国、墨西哥、英国、中国台湾、加拿大。

从重点国家竞争力要素分析来看,在人才方面德国得分最高,其次是美国和日本;在创新政策与基础设施方面,美国排名第一,其次是德国和日本;在成本竞争力方面,排名第一的是中国(得分96.3),其次是印度和韩国;在能源政策方面,得分最高的是美国,其次是德国和日本;在物质基础设施方面,德国排名第一,其次是美国和日本;在法律监管环境方面,得分最高的是德国,其次是美国和日本(值得一提的是,印度在该方面的得分仅为18.8,而中国仅为24.7)。从重点国家的比较来看,中国与印度的优势仍然是成本竞争力,美国、德国及日本除了成本竞争力较弱,其他综合竞争力较强;韩国的竞争力比较均衡,介于中国/印度与美国/德国/日本之间。

六、能源消耗:工业领域能源消耗持续增长

世界单位GDP耗能呈现缓慢增长的趋势,说明能源利用效率缓慢提高,目前接近8美元每千克石油当量。从具体国家来看,能源利用效率在世界平均水平以下的国家主要有美国、韩国和中国;中国能源利用效率逐步提高。能源利用效率在世界平均水平以上的国家有印度、法国、日本、德国和英国,其中英国能源利用效率遥遥领先于其他国家。按行业来看,工业能源消费总量远远高于建筑、交通等其他行业,目前接近60亿吨石油当量。据预测,到2025年将接近80亿吨石油当量。从各行业对化石燃料的需求来看,工业对化石燃料的需求强度将呈现逐年降低的趋势。

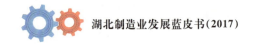

七、动能转换:人才与信息技术对制造业影响加大

德勤有限公司(以下简称"德勤")《2016全球制造业竞争力指数》报告显示,目前,全球制造业竞争力的驱动因素主要有12项,其中排名第一的是人才,排名第二的是成本竞争力,排名第三的是劳动生产率,排名第四的是供应商网络。新一轮产业革命正在对全球制造业产生深远的影响,新一代信息通信技术与制造业的融合发展,将对制造业的生产方式、发展模式和产业生态等方面产生深远的影响。IT技术在制造业领域的应用越来越广泛。从IT服务企业数来看,中国与印度拥有的数量最多;而从用户(企业)来看,美国的用户(企业)最多且远远多于本国的IT服务企业,说明美国IT技术在各行业的应用比较领先。此外,物联网技术的兴起也正在从生产效率、节能、售后服务、生产技术的延续、库存、个性化定制、供应链、生产安全等方面改变着制造业的生命周期。

此外,为应对新一轮产业革命,各国纷纷推出了旨在振兴制造业的各种计划,如美国的工业互联网、德国的工业4.0、日本的制造业价值链参考框架等。

第二节 存在的问题

在世界经济增长仍然乏力的背景之下,制造业市场需求不足、贸易摩擦加剧、新旧动能转换断档、制造业布局两极分化等问题显著。

一、世界经济增长缓慢,制造业市场需求不足

总体来看,世界经济虽然有景气恢复的优势,但经济增长仍然乏力。根据IMF的统计,金融危机以后的最低增长率为2015年的3.2%,而2016年的增长率仅为3.1%,增速进一步下降。从发达国家与发展中国家的经济增长率变化来看,2000年以来,世界经济增长的主要贡献者为新兴经济体,尤其是中国经济的高速增长贡献最大。金融危机以后,其他新兴经济体增长率的大幅下滑,更加凸显了中国对世界经济增长的贡献,贡献比例从2000年的13%上升到了28%(2013—2015年平均值)。然而中国目前正处于转型升级的关键历史时期,制造业结构调整、技术升级等任务艰巨,产能过剩等问题依然严重。此外,受新一轮产业革命等影响,其他发达经济体也正处于再工业化的产业结构调整期,不同程度地出现了产能过剩等问题。因此,总体来看,世界经济的复苏趋势并未从根本上改变全球制造业市场需求不足

的态势,供给侧的产能过剩等问题将在很长一段时期内存在。

二、新保护主义抬头,世界贸易摩擦加剧

近年来,全球范围内掀起了"反全球化"和"逆全球化"的浪潮,尤其是国际贸易与国际投资陷入双重低迷以及经济增长分化产生的诸多负面影响,使得全球范围内对世界经济一体化的质疑之声愈演愈烈。英国为大幅减轻对欧洲经济的援助义务,摆脱欧盟在各个领域所制定的严格生产标准和监管法规的束缚,强化对边境的控制以及减少移民的涌入等,宣布脱离欧盟。美国也相继宣布退出TPP,提出遏制国际自由贸易,并打出"买美国货、雇美国人"的旗号。根据英国经济政策研究中心最新发布的《全球贸易预警》报告,美国作为世界第一大经济体,从2008年到2016年对其他国家采取了600多项贸易保护措施,平均几乎每4天就出台一项新的措施。仅2015年一年就采取了90项,位居各国之首。此外,特朗普政府正在推进的减税计划如果在美国国会得以通过,也将引发新一轮国际减税竞争,对全球制造业的布局和贸易发展的影响不容小视。

保护主义抬头、贸易竞争与摩擦的政治化、措施极端化倾向使世界的不确定性进一步增高,这将对全球制造业贸易尤其是亚太地区的制造业贸易产生深远的影响,可能出现新兴经济体高端产能过剩,发达经济体产能无法满足市场需求等情况。而随着经济增长速度的放缓,全球范围内的贸易保护主义抬头倾向或将继续增强。

三、旧动能增长乏力,新动能尚未形成规模

全球经济失衡打破了原有以"资源国—生产国—消费国"为核心的价值链条,导致全球贸易循环体系越来越不可持续。欧美等发达经济体出现了因高负债导致的杠杆收缩、工业部门"制造业回流"等趋势,致使以投资消费为增长动能的经济增长模式发生了转变,一些国家的增长结构出现重大变化,社会经济发展迎来了新旧动能的转换期。

长期以来,全球制造业的增长主要依靠汽车、化工、钢铁、有色金属、建材等传统产业,这些传统产业成为了制造业持续发展的动能所在,支撑了全球制造业的高速发展。一方面,金融危机后,世界经济低迷,各国经济问题频发,尤其制造业出现了市场需求大量萎缩的情况,导致传统制造行业增长低迷,发展动力缺乏。另一方面,生物制药、物联网、新能源、绿色环保、智能机器人等战略性新兴产业虽然增长速度较快,但由于规模尚小,还不足以成为拉动全球制造业增长的新动能。

此外,从科技研发投入情况来看,2013年与2000年相比,各国(地区)对科技研

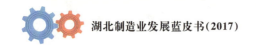

发的投入及科研人员数量均有所增加,但发达经济体的增长远高于新兴经济体,尤其是美国、德国、日本、韩国对科技研发的投入较大。可见,发达经济体对新动能的培育及重视程度远高于新兴经济体。

四、核心技术被垄断,制造业布局两极分化

根据国际货币基金组织统计,发达国家和发展中国家的经济总量之比已由1990年的3.9∶1下降到目前的1.5∶1。金融危机爆发以后,新兴经济体对世界经济增长的贡献率明显超过发达经济体。但是,经济总量差距缩小并未从根本上改变南北经济发展水平的巨大差距。根据OECD数据显示,2015年,OECD国家人均GDP达到37385美元,远远高于一般新兴经济体(如中国人均GDP为8069.2美元(世界银行统计))。

新兴经济体主要以劳动密集型产业为主,虽然在与发达经济体合作过程中可以获取相关技术,但为保持竞争力,发达经济体垄断了核心技术,发展了附加值较高的高技术产业,导致新兴经济体国家只能从事附加值较低的加工贸易,这种状况至今还未发生根本性的变化,高技术与低技术的全球制造业布局也未从根本上改变。因此,突破发达经济体所垄断的核心技术研发,成为了缩短发达经济体与新兴经济体差距的重要途径之一。

第三节 发展趋势

未来,全球制造业的生产组织方式将逐步向智能化、个性化、全球化方向转变,绿色制造业、服务型制造业等新兴业态稳步发展,制造业与信息产业、服务业的融合发展进一步加强,技术创新方式向网络协同、开放平台转变,新一轮产业革命将促进制造业国际分工的重置,能源也将成为提升制造业竞争力的重要制约因素。

一、生产组织方式变革——智能化、个性化、全球化

(一)智能化生产

传统制造将加速向以人工智能、机器人和数字制造为核心的智能制造转变。通过集成数据、通信与控制实现大型物理系统与信息交互系统的实时感知和动态控制,使得人、机、物融合于一体,利用信息物理系统(CPS)实现智能化的产品、装备、生

产、管理和服务。

（二）批量个性化定制

随着新一轮科技革命、产业变革的发展，大批量化的流水线生产方式将发生变革，个性化、多样化、小批量的分散生产方式将得到快速发展并实现普及。此外，通过智能制造切换数字化管理和生产模块，对每一件产品的生产要求进行匹配，将在生产过程不间断的情况下逐渐实现批量化个性定制。

（三）全球化配置

信息化将进一步推动企业外部资源配置方式的变革，通过互联网将价值链与生产过程分解到不同国家与地区，产业组织方式从线性分工向网络化、平台化、扁平化方向发展，产成品将通过不同生产线的协作完成。

二、新兴业态高端化——绿色制造业、服务型制造业

（1）绿色制造业。新能源技术的不断进步，将使制造业逐步向低碳、低污染、高效率的绿色可持续化的方向发展，节能环保、再制造产业规模将不断扩大，绿色制造、增材制造（3D打印技术）也将被逐步普及。此外，材料的轻量化趋势将更加明显，零部件的精密程度也将不断提高。

（2）服务型制造业。工业4.0时代的到来将催生大量生产性服务业，推动制造业生产从产品制造向提供产品和服务转变，推进产业价值链摆脱"微笑曲线"的低端锁定，从销售产品阶段迈向销售服务阶段，在更好地满足客户需求的同时获取更高的收益。

三、产业融合发展——信息化、服务化

（一）制造业与信息化融合发展

物联网、云计算、大数据等新一代互联网信息技术正在成为推动制造业变革的核心动能，工业云、工业互联网、智能设备将逐步成为制造业发展的新基础。制造业与信息化的深度融合发展将成为新兴经济体转型升级、发达经济体制造业回流的重要手段。

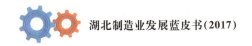

（二）制造业与服务业融合发展

随着消费市场、制造市场的变化及个性化生产、智能化生产方式的普及，服务也将以各种形式融入制造业的研发设计、生产制造、经营管理、销售运维等产业链环节。制造业所需要的综合性服务需求将大大提高，随之而来的将是制造业与金融、物流、贸易等服务业的进一步融合。

四、技术创新方式变革——网络协同、开发平台

（一）技术发展趋势

人工智能、智能APP、智能产品、虚拟和增强现实、数字模型、区块链和分布式分类账、会话系统、网络应用和服务架构、数字技术平台、自适应安全架构将成为推动世界技术发展的重要抓手。

（二）网络协同创新

技术研发从单个企业、线下协同向网络协同创新转变。网络协同创新将重组传统制造业的创新体系，实现跨领域、协同化、网络化的创新，缩短集成创新与高技术产业发展的生命周期，使创新主体之间形成一个紧凑、实时、动态的价值网络，可大大提升协同创新的广度与深度。

（三）开放式创新平台

创新平台将更加开放，集合用户、供应商、合作伙伴、员工等更多的利益相关者，实现真正的协同创新。创新方式也将普及网络化的众包、众创、众筹、线上到线下（O2O）等多种新型创新方式及创新合作模式。

五、制造业布局重构——国际分工重置

（一）发达经济体制造业回流

金融危机以后，新一轮国际分工逐渐展开，发达经济体纷纷出台制造业回流、重振制造业的相关政策，高端制造业回流发达经济体、中低端制造业被新兴国家争夺将成为重要趋势，高技术密集型的先进制造业将得到巨大的发展空间，全球制造业布局将会被改变。

（二）新兴经济体传统加工贸易模式转变

劳动密集型的加工贸易带动了新兴经济体的发展,但随着发达经济体的再工业化所带来的制造业回流,知识密集型产业占比将大幅上升,以低成本优势取胜的新兴经济体在国际贸易分工中势必受到打击,倒逼新兴经济体转变传统的加工贸易方式。

六、竞争要素转换——能源革命

（一）能源优势成为制造业竞争力的关键要素之一

能源作为制造业动力和生产过程的燃料,对于降低制造业成本、提升成本竞争优势具有重要的影响。未来,品种多样、清洁廉价的能源供给,将成为制造业竞争力的关键要素之一。

（二）能源革命改变竞争优势分布

能源革命将大大降低制造业的生产成本,使新兴经济体的成本优势不再凸显。美国页岩气革命的成功使美国的能源、基础原材料成本在全球形成了极强的竞争力,逐步形成制造业领域的成本新优势。此外,随着新兴国家劳动力工资提升、土地价格上涨等因素的影响,制造业生产成本优势地区的分布也在逐渐缩小。

七、区域发展新动能——"一带一路"倡议

（一）构建基础设施联通网络平台,推动沿线国家国际产能合作

基础设施的构建对"一带一路"沿线国家的制造业发展具有重要影响。"一带一路"的倡议自实施以来,极大地推动了沿线国家在铁路、公路、港口、能源、通信等方面的设备建设和运营;破除基础设施对各国实体经济发展的约束和限制,将推动各国加强产能和装备制造合作。为制造业发展奠定完备设施基础的同时,促进各国释放国内生产潜力,激发企业生产活力,推动沿线国家制造业的全行业发展。同时通过构建基础设施的互联互通平台,加强国家之间关于基础设施的规划、技术标准体系的对接,保障经济要素在国家之间自由畅通,形成资源在世界市场中的高效配置,进而强化区域间经济合作,实现区域供应链的优化升级,推动制造业产业结构的优化发展。

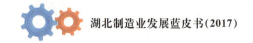

(二) 贸易畅通推动沿线国家制造业深度合作

"一带一路"倡议有利于打破"逆全球化"带来的限制。当前世界经济"逆全球化"形势的加剧可能不利于工业化程度不高的国家和地区发展。"一带一路"倡议以"贸易畅通"为重点,通过消除投资壁垒,拓展投资领域,推动各国企业深度合作,深入参与到区域价值链生产之中,促进形成上下游产业链和关联产业协同发展,形成不同工业化阶段国家和地区的制造业互补发展模式。

(三) 多领域全方位合作开拓制造业发展新视野

"一带一路"倡议以"五通"(政策沟通、设施联通、贸易畅通、资金融通、民心相通)为基本路径,推动沿线国家和地区在政治、经济、社会、文化发展领域上深化国际合作。全方位合作有助于沿线国家和地区站在更高的国际角度上规划产业发展布局,通过整合优质资源共同构建研究中心,助推制造业竞争力整体提升,为各国制造业的发展开拓新视野,构筑新动力,推动制造业发展的转型升级,形成新的产业布局。

第二章 我国制造业发展现状与趋势

第一节 我国制造业的发展现状

一、我国制造业发展现状

（一）制造业综合实力大幅提升

2016年,面对严峻复杂的国内外经济形势,在供给侧结构性改革及一系列稳增长、调结构、增效益的政策措施推动下,我国制造业总体平稳,新旧动能加速转换,呈现稳中有进、结构趋优、效益提升的良好发展态势。

（1）产业规模稳步扩大。从2010年至2016年,我国工业投资规模从13万亿元增长到22.8万亿元,制造业投资占工业投资的比重由79.5%增长到82.5%。2010—2016年,我国规模以上工业增加值年均增长6.56%。2016年,我国全部工业增加值达24.79万亿元,占GDP比重为33.5%,成为支撑我国国民经济平稳健康发展的主导力量,世界制造业大国地位更加巩固。2016年,规模以上制造业增加值同比增长6.8%,为全国GDP实现6.7%的增速奠定了坚实基础。2010年,我国制造业占全球制造业比重达19.8%,超过美国的19.4%,跃居世界第一。自19世纪中叶迄今,经历了一个半世纪的历程,我国又重新回到世界第一制造业大国的地位,实现了近现代以来几代中国人"制造业大国"的梦想;到2014年,该值达22%,继续拉大与其他国家的差距。

（2）重点行业国际竞争力明显增强。2016年,我国规模以上工业企业实现主营业务收入115.2万亿元,比上年增长4.9%;全年规模以上工业企业实现利润6.88万亿元,比上年增长8.5%。2016年全年全部工业增加值为247860亿元,比上年增长6.0%。其中,装备制造业增加值增长9.5%,占规模以上工业增加值的比重为32.9%。通信设备、高铁装备、核电装备、工程机械等行业迅速崛起,在全球竞争中脱颖而出。2016年,我国共有62家制造企业入选世界500强,位居世界第二;9家企业进入全球工程机械制造商50强,4家互联网企业和2家集成电路设计企业进入全球10强,华为、中兴等进入全球5大通信设备制造商,中国中车成为全球最大的轨道交通装备制造企业。

(3) 新动能培育不断加快。高技术产业已成为新形势下带动产业转型升级、稳定经济增长的重要力量。2016年,高技术产业增加值同比增长10.8%,比规模以上工业快4.8个百分点,占规模以上工业比重为12.4%,比上年提高0.6%;高技术制造业利润增长14.8%,增速较往年加快5.9%。

(二) 产业技术创新能力显著增强

(1) 企业技术创新主体地位进一步增强。2015年,我国企业研发经费达1.1万亿元,占全社会研发经费支出的比重为77.4%。其中,规模以上工业企业研发经费支出达1.01509万亿元。截至2015年年底,我国累计认定的国家级企业(集团)技术中心为1187家,较往年增长10.8%。总体来看,我国研发投入能力不断增强。2015年,我国研究与试验发展经费支出达1.4220万亿元,是2010年的2倍多,已成为仅次于美国的世界第二大研发经费投入国家;研发经费支出占国内生产总值的比重达2.10%,达到中等发达国家水平。

2016年,中国制造业企业500强共投入研发费用总额5373.46亿元,总量与增速分别较往年提高11.6%和4.77%;研发费用占营业收入的比重为2.10%,较往年提高0.24%;拥有专利49.75万项,较往年增加18.17%,其中发明专利15.4万项,比往年增加28.33%。

(2) 关键领域核心技术与产品取得重大突破。高精度数控齿轮磨床等产品跻身世界先进行列,首艘国产航母成功下水,C919大型客机首飞成功,长征五号大推力运载火箭、全球首颗量子通信卫星发射成功。在海洋工程装备及高技术船舶领域,自主研制的"海斗"号无人潜水器使我国成为继日本、美国之后第三个拥有研制万米级无人潜水器能力的国家。在先进轨道交通装备领域,中国标准动车组成功完成世界首次420km/h交汇试验,并进行载客试验。

(三) 产业结构调整取得重要进展

(1) 传统产业改造升级步伐加快。通过对现有企业生产设施、装备、生产工艺条件进行改造升级,提高了新产品开发能力和品牌建设能力,重点行业先进产能比重大幅提高。原材料工业结构调整取得了积极进展,行业技术进步明显加快。

(2) 新兴产业发展迈入快车道。据国家发改委测算,"十二五"期间新一代信息技术、生物、高端装备、新能源汽车、新材料、新能源、节能环保等七大战略性新兴产业合计平均增速约为20%,是GDP增速的2倍,拉动GDP增长约1.4个百分点,成为新形势下带动产业转型升级、稳定经济增长的重要力量。2015年,我国高技术产业增加值比上年增长10.2%,比规模以上工业快4.1个百分点,占规模以上工业比重为11.8%,比上年提高1.2个百分点。

(3)淘汰落后产能取得积极成效。随着从中央到地方层面加大去产能工作力度,化解产能过剩工作全面深入推进。钢铁、有色金属冶炼、水泥、平板玻璃等产能严重过剩行业投资增速大幅回落。2016年,我国钢铁行业固定资产投资5139亿元,同比下降8.6%;有色金属冶炼和压延加工业固定资产投资5259亿元,同比下降5.8%。

(四)节能降耗减排扎实推进

(1)节能降耗减排取得积极成效。对钢铁、有色金属、化工、建材等六大重点耗能行业进行节能改造,在化工、建材等11个重点行业推广600余项节能减排先进适用技术,在8个行业117家重点企业开展"两型"企业创建试点,发布了34个行业清洁生产推广方案。"十二五"期间,我国规模以上企业单位工业增加值耗能累计下降28%,单位工业增加值用水量累计下降35%以上。

(2)清洁生产和循环经济发展加快。实施了一批重点行业清洁生产关键工艺技术示范工程,加强铬盐等涉重金属、高风险污染物行业清洁生产专项改造。开展了工业节能、节水、资源综合利用、环保、废水循环回用等关键成套设备和装备产业化示范。

(3)资源综合利用水平不断提高。资源综合利用产业规模不断扩大,产业循环链接不断深化,工业固体废物综合利用基地建设试点稳步推进,再生资源回收体系逐步完善,再制造产业化稳步推进。

(五)产业空间布局持续优化

(1)产业集聚集群发展成效明显。企业兼并重组成果逐步显现,产业组织架构进一步优化。汽车、钢铁、集成电路、稀土等重点行业的兼并重组进程明显加快,行业集中度不断提升。

(2)重大生产力布局调整优化。沿长江经济带由长三角向中上游地区梯度转移的路径初步形成。

(3)新型工业化产业示范基地建设工作取得积极进展。自2009年国家新型工业化产业示范基地创建工作开展以来,已有7批330多家工业园区(产业集聚区)被批复为国家新型工业化产业示范基地。几年来,新型工业化产业示范基地自身发展的质量和水平不断提高,在带动区域经济发展、促进我国工业转型升级中的重要作用日益明显。

（六）国际化发展水平不断提高

（1）优势行业国际产能合作快速推进。"一带一路"倡议、长江经济带等国家战略的实施，为我国装备等优势行业"走出去"提供了广阔的市场机遇。2015年，我国企业对"一带一路"沿线相关49个国家的直接投资额达148.2亿美元，同比增长18.2%。交通运输设备、电力设备、通信设备等优势领域对外投资增幅迅猛，2015年累计达116.6亿美元，同比增长80.2%。

根据商务部相关数据显示，2016年对外投资与"一带一路"沿线国家合作成为亮点。2016年全年，境内企业对"一带一路"沿线国家直接投资145.3亿美元；在"一带一路"沿线61个国家新签对外承包工程项目合同8158份，对外承包工程新签合同额为1260.3亿美元，占同期我国对外承包工程新签合同额的51.6%；完成营业额为759.7亿美元，占同期总额的47.7%。截至2016年年底，境内企业在"一带一路"沿线国家建立初具规模的合作区56个，累计投资185.5亿美元；入区企业1082家，总产值为506.9亿美元。

（2）"引进来"水平持续提升。根据商务部统计，2016年上半年我国外商投资中，高技术制造业FDI为49.2亿美元，同比增长6.2%。在高技术制造业中，医药制造业、医疗仪器设备及仪器仪表制造业FDI增幅较高，同比增长分别为107.8%和74.9%。外资企业在华总部和研发中心数量迅速增长，例如，截至2016年6月底，外商在上海累计设立跨国公司地区总部558家（亚太区总部49家）、投资性公司320家、研发中心402家。

二、主要工作和做法

（1）率先启动五大工程。围绕"1+X"规划体系和十大重点领域，率先启动实施了五大工程。制造业创新中心建设方面，国家动力电池创新中心已正式成立，国家增材制造创新中心也已开始创建，各地方也依托自身创新资源优势培育了一批省级制造业创新中心。智能制造方面，开展了226个智能制造综合标准化试验验证和新模式应用项目，总投资达343亿元，遴选了109个智能制造试点示范项目。工业强基方面，开展"一揽子"重点突破行动和"一条龙"应用计划，安排工业强基工程47个方向61个项目，总投资约为108亿元。绿色制造方面，围绕工业节能、再制造等制定或修订了一批管理办法或产品目录，推进了绿色制造标准体系建设、绿色产品评价、绿色工厂试点、绿色供应链管理等工作。高端装备创新方面，实施了增强制造业核心竞争力三年行动计划、新兴产业重大工程包，以及轨道交通装备、新能源（电动）汽车、高端船舶和海洋工程装备等关键技术产业化项目。

（2）加快推进重大标志性项目。为充分利用现有各类相关国家计划的资金渠道，围绕十大重点领域，分年度遴选实施一批在技术创新和产业化上有重大突破、处于世界先进水平、未来1~2年有望实现突破的重大标志性项目。2016年，遴选了4G演进系统、柔性复合机器人及关键零部件等15个项目，集中政策资源加快实现工程化和产业化。目前，部分重大标志性项目完成情况良好，并取得了突破性进展。

（3）开展城市（群）试点示范。制造强国建设涉及面广、情况复杂，没有成熟的经验可以借鉴。工信部开展了"中国制造2025"试点示范城市创建工作，力求通过试点示范形成可复制、可推广的经验，进而带动其他地区加快制造业提质增效升级。已经批复了宁波市和苏南五市、珠江西岸六市一区域城市群为试点示范城市。目前，各试点示范城市正按实施方案的要求，围绕构建产业新体系、科技创新体系、政策保障体系、人才培养体系四大体系开展综合试点。

（4）制定分省市指南。按照"基于比较优势、促进错位发展、深化部省合作"原则，工信部制定了《中国制造2025分省市指南（2016年）》。制定分省市指南是为了解决长期以来存在的重复建设、同质竞争的突出问题，推动形成因地制宜、特色突出、区域联动、错位竞争的制造业发展新格局。为了符合各地发展的实际情况，将按年度滚动修订分省市指南。

（5）深化制造业与互联网融合发展。推动国务院出台《关于深化制造业与互联网融合发展的指导意见》，制定发布了部门分工方案。组织召开全国大企业"双创"典型经验交流电视电话会议，推动大企业建设了一批基于互联网的开放式"双创"平台。开展制造业与互联网融合发展试点示范，创建了一批"双创"、工业云、工业大数据等公共服务平台。持续推进两化融合管理体系国家标准制定及贯标试点工作，累计572家企业通过两化融合管理体系评定，超过70000家企业开展两化融合自评估、自诊断、自对标。组织开展中德智能制造合作应用示范工作，在生产、标准、示范园区等合作领域遴选了14家试点示范项目。

（6）制定质量提升计划。实施专项行动推动质量品牌建设。经国务院常务会议审议颁布《装备制造业标准和质量提升计划》，联合质检总局等发布了《促进装备制造业质量品牌提升专项行动指南》，加快推动质量和品牌服务平台建设。开展消费品工业"三品"专项行动，确定了消费品工业"三品"战略6个示范试点城市；组织行业协会编制了《升级和创新消费品指南》；开展家用电器、工业缝制机械、童装等产品与国际先进标准质量对标；发布了208项行业标准，支持15项标准成为国家标准；指导行业协会开展家用电器、高效净化型吸油烟机、钟表、服装家纺等行业自主品牌建设工作。

三、初步成效

（1）创新能力和基础能力建设取得重要进展。在制造业创新能力建设方面：研发投入强度大幅提高，我国已成为仅次于美国的第二大研发经费投入国家，研发投入强度已经位居发展中国家前列。发明专利数量显著增长，截至 2015 年年底，我国有效发明专利为 147 万件，其中境内有效发明专利为 87.2 万件，平均每万人发明专利拥有量为 6.3 件。一批关键核心技术实现了新的突破，高速五轴联动加工中心主要性能指标达到了国际先进水平，无模铸造成型机获得 18 项国际专利并在 800 个企业推广应用，阿里巴巴 YunOS 成为中国市场第三大智能手机操作系统，累计搭载 YunOS 的智能手机数现已过亿。企业创新主体地位更加突出，依托行业骨干企业，认定了 425 家国家技术创新示范企业和 171 家企业国家重点实验室，增强了企业竞争实力。在工业基础能力提升方面，核心基础零部件领域取得新的进展，如浙江西子航空紧固件公司成功研发出铝合金、铜镍合金鼓包型抽芯铆钉等高端航空紧固件产品，打破了高端航空紧固件完全依赖进口的局面。一批基础材料的卡脖子问题得到了解决，如江苏兴澄特钢承担的高标准轴承材料示范项目，形成了具有自主知识产权的整套高标准轴承钢制造核心技术，实现了高标准轴承钢、高档汽车用钢大量替代进口。若干先进基础工艺获得重要进步，如江苏武进不锈钢公司联合上游供应商和下游客户，在超超临界火电机组不锈钢管产业化方面实现突破。产业技术基础不断夯实，围绕数控机床、新材料、集成电路等重点领域扩展标准研制工作，发布了 1.1 万余项行业标准。

（2）智能制造工程推进成效明显。加强智能制造标准体系建设，发布《国家智能制造标准体系建设指南》，成立国家智能制造标准化协调推进组和专家咨询组，组织开展了《智能制造对象标志要求》等一批标准的立项工作。开展智能制造试点示范，遴选了 109 个智能制造试点示范项目，经初步摸底，试点示范项目生产效率平均提升 30% 以上，能源利用率平均提升 10% 以上，运营成本平均降低了 20% 以上。

（3）制造业绿色发展水平明显提高。重点行业节能降耗成效显著，规模以上企业单位工业增加值能耗预计下降约 5%；制定发布《工业节能管理办法》；推广了高效变压器、电机、锅炉等节能技术产品，开展工业煤炭清洁高效利用试点工作。工业资源综合利用水平明显提高。2016 年，全国规模以上企业单位工业增加值能耗较上年下降 5.47%，用水量同比下降 6%。绿色制造体系建设不断完善，《绿色制造标准体系建设指南》发布实施。

（4）高端装备重大创新成果不断涌现。在高端数控机床和机器人领域，高精度数控齿轮磨床、多轴精密重型机床、数控冲压线等产品跻身世界先进行列。在航空航天装备领域，ARJ21-700 新型涡扇支线客机正式投入商业运营，AG600 大型灭火救援水陆两栖飞机实现总装下线，运-12F 轻型多用途通用飞机获得美国联邦航空局适航证。在先进农业装备领域，260 马力无级变速器拖拉机和 10kg/s 喂入量谷物联合收割机投放市场，棉花等一批经济作物收获机械填补了国内空白。

(5) 制造业与互联网融合效应明显。互联网广泛融合研发设计各个环节。2016 年，我国数字化研发设计工具普及率达到 61.8%。中国商飞、长安汽车等通过构建全球协同研发平台进行研发制造。关键产品和装备的智能化步伐加快。智能家电、智能移动终端、智能机器人等产业快速发展，智能穿戴、智能网联汽车等开始步入应用推广期。互联网加速向制造业渗透融合，2016 年，工业企业数字化生产设备联网率达到 38.2%，提高 0.9%。基于互联网的创业创新载体不断涌现，大型制造企业、电信企业和互联网企业积极打造基于互联网的开放式"双创"平台，新的创业创新生态系统正在加速构建。通过贯标实现了两化融合管理体系的快速推广，一批贯标试点企业在协同研发、精益管理、风险管控、供应链协同、市场快速响应等方面的竞争优势显著提升，贯标的价值日益显现。

(6) 质量品牌建设取得初步成效。《开展消费品"三品"专项行动 营造良好市场环境的若干意见》、《促进装备制造业质量品牌提升专项行动指南》等相关政策陆续出台，形成了各部门各司其职，各行业分业施策，共同推动质量品牌建设的良好局面。工业产品实物质量提升取得积极进展，2016 年，核定了 23 家工业产品质量控制和技术评价实验室，为企业开展质量改进咨询和诊断工作，有效地提升了企业产品实物质量。工业企业品牌培育全面展开，在 5000 家品牌培育试点基础上已有 251 家成为品牌培育示范企业，形成了一批知名度高、美誉度好、竞争力强、附加值高的工业企业品牌。2016 年，又有 1850 家企业成为品牌培育试点企业。产业集群区域品牌建设成效显著，截至 2016 年，首批参与区域品牌试点的 22 家产业集群市场占有率平均提高 2.3%，出口增速平均超过 10%，新产品产值率从 27% 提高到 34.1%。

第二节 我国制造业存在的问题

一、产业发展环境有待优化

虽然我国制造业取得了诸多成就，但是长期以来积累的发展环境不优等问题仍未彻底改变。

(1) 生产要素成本持续提升。我国能源、资源、劳动力等要素价格不断上涨，制造企业盈利能力较弱、亏损面较大。据英国经济学人智库预测,中印两国制造业每小时劳动力成本之比,将从2012年的1.38∶1上升至2019年的2.18∶1。

(2)"脱实向虚"侵蚀实体经济发展根基。近年来,工业与房地产业、金融业等行业之间存在的收入差距进一步加大,大量资金抽离实体部门,侵蚀了实体经济的发展基础,加剧了实体经济的困难。据测算,目前工业行业平均利润率在6%左右,而银行业平均利润率接近40%,是工业行业平均利润率的6倍多。

(3)中小微企业融资难、融资贵问题尚未明显缓解。许多企业反映,银行实际贷款利率一般在10%以上,而且存在抽贷、压贷、限贷、停贷的现象。据麦肯锡研究报告测算,中国金融行业的经济利润占到中国经济整体经济利润的80%以上,而美国该比例仅为20%左右。

二、发展方式转变仍需加快

我国新旧动能转换出现积极进展,但长久以来的高投入、低效益的粗放型发展方式并未彻底改变。

(1)工业投资质量整体不高。我国行业产能过剩问题仍未完全解决,产能过剩的领域从传统产业逐步向新兴产业领域扩展,这与长期以来不合理的工业投资导向有着直接联系,过多的低质量、重复性投资阻碍了制造业转型升级的步伐。

(2)创新能力有待提升。我国自主创新能力还需进一步提升,特别是在关键核心技术、前沿技术等方面与发达国家相比还存在一定的差距,工业基础薄弱等问题一直没有得到根本改善,很多关键领域仍受制于人,制约制造业向价值链高端升级。

(3)工业污染物排放问题依然严峻。长期重视发展速度和数量的粗放型发展方式导致工业污染物排放问题愈加严重,我国单位工业增加值能耗、水耗、污染物排放等一直处于世界较高水平,已成为制造业向高端转型的重要制约因素。

三、自主创新能力不强

关键核心技术受制于人,仍然是当前我国制造业面临的突出问题。虽然我国研发投入连年递增,但研发投入强度与世界制造强国相比仍存在较大差距。创新投入及技术积累不足,导致我国关键技术对外依存度较高。例如,2016年,中国集成电路进口额依然高达2271亿美元,连续4年进口额超过2000亿美元,与原油并列为我国最大进口产品;与此同时,集成电路出口额为614亿美元,贸易逆差1657亿美元。

工业基础能力薄弱已成为制约我国制造业由大变强的关键因素。我国造船完工量连续三年位居世界第一,但船舶动力系统及装置进口比例约为54%,电子电气设备约为60%,舱室设备约为80%,通信导航与自动化系统约为90%。我国已经成为全球第一大机器人产品市场,但制造工业机器人所需的伺服电动机、减速器等核心部件基本被欧美和日本企业垄断,核心部件在稳定性、寿命、精度、噪声控制等方面仍与国外先进水平存在巨大差距。

企业技术创新主体地位没有充分发挥。2016年,我国研发投入占GDP的2.1%,规模以上工业企业研发投入占主营业务收入的0.7%左右,而发达国家的这两个指标分别为3%~4%和2.5%~4%。

四、质量品牌建设亟待加强

(一)产品质量与国际水平相比仍有较大差距

产品质量整体水平不高。我国很多产品在产品质量安全性、质量稳定性和质量一致性等方面与国外差距明显,直接影响到"中国制造"的整体形象和国际竞争力。中国统计年鉴资料显示,国家监督抽查产品质量不合格率高达10%左右。关键零部件可靠性不高,机械基础件内在质量不稳定,精度保持性和可靠性低。

(二)标准结构不合理

部分技术标准水平低、适用性差、贯彻实施不力,一些领域的产品标准、检测方法标准跟不上新产品研发的速度,高新技术、高附加值产品的关键技术标准缺乏,难以满足质量品牌竞争发展的需要。

(三)品牌建设重视不足

我国制造企业的品牌意识较为淡薄,在品牌设计、品牌建设和品牌维护等方面投入严重不足,品牌化发展滞后,缺少一批具有国际竞争力和影响力的品牌。2015年,我国大陆地区只有31个品牌入选世界品牌500强,远低于英国和法国的44个、42个,与美国的228个相比更是相距甚远。

各地政府品牌培育意识较强,但方法手段不足;很多企业受生存压力影响,对品种丰富度、品质满意度和品牌认可度不够重视,对提升品牌形象意愿较弱,长期处于品牌代工的低层次阶段,难以形成高附加值的产品。应该指出的是,"质量为先"是《中国制造2025》二十字指导方针的第二句话,可见对建设制造强国何等重要,但在五大工程中没有"质量提升工程",这一问题应引起高度重视。

五、资源能源利用率偏低

（1）工业能耗物耗水平仍然偏高。长期以来,我国的粗放型发展模式导致能源资源利用率偏低和环境的严重污染。据英国 BP 公司统计,目前我国单位 GDP 能耗约为世界平均水平的 1.9 倍、美国的 2.4 倍、日本的 3.65 倍,同时高于巴西、墨西哥、印度等发展中国家和新兴经济体。

（2）能源资源供需矛盾突出。在过去的十多年里,我国能源消费量增长超过 100%,粗钢、铜消费量超过 300%,但石油、铁矿石、铜等重要矿产资源的人均可采储量仅分别为世界平均水平的 7.7%、17%、17%,国内产能难以满足日益增长的需求,能源供应不足已成为制造业发展的瓶颈。

（3）生态环境约束趋紧。目前相当多的地区环境承载能力已达到或接近上限。全国 70% 左右的城市不能达到新的环境空气质量标准,17 个省（区、市）的 6 亿左右人口受雾霾天气影响。水体污染较为突出,土壤污染日益凸显,重大环境事件时有发生。

从发展模式上看,我国制造业依靠物质资源消耗的粗放式和外延型增长模式,不断加剧着制造业发展与资源环境的矛盾。

六、两化融合程度不深

（1）信息化建设以初级和局部应用为主。目前,发达国家和地区已开始步入制造业与信息技术全面综合集成,以数字化、网络化应用为特点的新阶段,如德国的制造水平、信息化发展水平世界领先,已经开始推进工业 4.0 战略,而按照德国的划分标准,我国工业企业整体处于 2.0 时代至 3.0 时代之间,大部分地区和行业仍处于以信息化低端应用为主的阶段,面临集成应用跨越困难、智能装备不足、组织结构僵化、流程管理缺失等挑战。

（2）重点行业柔性化智能化发展水平不高。企业改造传统生产方式和工艺流程的意识偏低,缺乏支撑两化融合的核心技术和产品,关系国家经济、社会安全的高端核心工业软件主要依赖进口,生产性信息技术服务能力也相对较弱。

（3）不同地区信息化水平差距较大。西部地区先进的网络基础设施建设和先进信息化应用投入跟不上东、中部地区的速度,2015 年,东、中、西三个地区信息化指数增长分别为 7.73、8.30 和 7.09,西部地区增长最慢,与东、中部地区的差距正在逐步拉大。

七、工业文明建设总体滞后

我国制造业在工匠精神、制造文明建设方面不足,是我国工业整体发展层次不高的重要原因。

(1)诚实守信的契约精神仍待加强。很多企业家对成本控制胜于对品质控制,导致我国部分产品品质与发达国家相比还存在差距,"抢购婴幼儿奶粉"等是近年集中出现的案例。

(2)勇于创新的企业家精神有待培养。一些企业家还存在小富即安的思想,缺乏锐意进取的精神,这也成为制约企业做大做强的因素。

(3)重视技能人才的文化氛围仍未形成。虽然近年来技术工人的待遇有所提高,但是"学而优则仕"、"劳心者治人,劳力者治于人"等传统观念仍存在,从事工业生产就等同于苦、脏、累的思想仍根深蒂固。而且,现阶段技能工人在整体待遇、工作环境、个人提升空间等方面,与金融、管理等行业从业人员相比仍存在较大差距,是导致劳动力人才"脱实就虚"、造成技术与技能积累不足的重要原因。

第三节 我国制造业发展面临的形势和环境

当前和未来一段时期,我国仍将面对复杂多变的国际环境和艰巨繁重的国内改革发展任务,制造业发展的内外环境也呈现出不同于以往的重要变化。《中国制造2025》指出,全球制造业格局面临重大调整,国内经济发展环境发生重大变化,我国制造业发展必须紧紧抓住历史机遇,积极稳妥应对内外部的各种挑战。

一、新一代信息技术与制造技术融合,将给世界范围内的制造业带来深刻变革

科技创新始终是推动人类社会生产生活方式产生深刻变革的重要力量。当前,信息技术、新能源、新材料、生物技术等重要领域和前沿方向的革命性突破和交叉融合,正在引发新一轮产业变革,将对全球制造业产生颠覆性的影响,并改变全球制造业的发展格局。特别是新一代信息技术与制造业的深度融合,将促进制造模式、生产组织方式和产业形态的深刻变革,智能化、服务化成为制造业发展新趋势。泛在

连接和普适计算将无所不在,虚拟化技术、3D 打印、工业互联网、大数据等技术将重构制造业技术体系,如 3D 打印将新材料、数字技术和智能技术植入产品,使产品的功能极为丰富,性能发生质的变化;在互联网、物联网、云计算、大数据等泛在信息的强力支持下,制造商、生产服务商、用户在开放、共用的网络平台上互动,单件小批量定制化生产将逐步取代大批量流水线生产;基于信息物理系统的智能工厂将成为未来制造的主要形式,重复和一般技能劳动将不断被智能装备和生产方式所替代。随着产业价值链重心由生产端向研发设计、营销服务等的转移,产业形态将从生产型制造向服务型制造转变。网络众包、异地协同设计、大规模个性化定制、精准供应链管理等正在构建企业新的竞争优势;全生命周期管理、总集成总承包、互联网金融、电子商务等正加速重构产业价值链新体系。

新一轮科技革命与产业变革也给我国的制造业发展带来重要机遇。当今,我国在相当一些领域与世界前沿科技的差距都处于历史最小时期,已经有能力并行跟进这一轮科技革命和产业变革,实现制造业的转型升级和创新发展。

二、全球产业格局重大调整,国际贸易规则正在重构,我国制造业发展面临严峻的外部形势

发达国家高端制造回流与中低收入国家争夺中低端制造转移同时发生,对我国形成"双向挤压"的严峻挑战。一方面,高端制造领域出现向发达国家"逆转移"的态势。制造业重新成为全球经济竞争的制高点,各国纷纷制定以重振制造业为核心的再工业化战略。美国发布《先进制造业伙伴计划》《制造业创新网络计划》,德国发布《工业 4.0》,日本在《2014 制造业白皮书》中计划重点发展机器人产业,英国发布《英国制造 2050》等(见表 2-1)。目前,制造业向发达国家的回流已经开始。例如,苹果已在美国本土设厂生产,松下将把立式洗衣机和微波炉生产从中国转移到日本国内,夏普计划在本土生产更多机型的液晶电视和冰箱,TDK 也将把部分电子零部件的生产从中国转移至日本秋田等地。另一方面,越南、印度等一些东南亚国家依靠资源、劳动力等比较优势,也开始在中低端制造业上发力,以更低的成本承接劳动密集型制造业的转移。一些跨国资本直接到新兴国家投资设厂,有的则考虑将中国工厂迁至其他新兴国家。如:微软计划关停诺基亚东莞工厂,部分设备转移到越南河内;耐克、优衣库、三星、船井电机、富士康等知名企业纷纷在东南亚和印度开设新厂。总的来看,我国制造业正面临着发达国家"高端回流"和发展中国家"中低端分流"的双向挤压。

表 2-1　部分发达国家近年来发布的再工业化战略

发布时间	战略名称	主要内容	战略目标
2011 年	美国先进制造业伙伴计划	创造高品质制造业工作机会以及对新兴技术进行投资	提高美国制造业全球竞争力
2012 年	美国先进制造业国家战略计划	围绕中小企业、劳动力、伙伴关系、联邦投资以及研发投资等提出五大目标和具体建议	促进美国先进制造业的发展
2013 年	美国制造业创新网络计划	计划建设由 45 个制造创新中心和 1 个协调性网络中心组成的全国性创新网络,专注研究 3D 打印等有潜在革命性影响的关键制造技术	打造世界先进技术和服务的区域中心,持续关注制造业技术创新,并将技术转化为面向市场的生产制造
2013 年	德国工业 4.0 战略实施建议	建设一个网络:信息物理系统网络;研究两大主题:智能工厂和智能生产;实现三项集成:横向集成、纵向集成与端对端的集成;实施八项保障计划	通过信息网络与物理生产系统的融合来改变当前的工业生产与服务模式,使德国成为先进智能制造技术的创造者和供应者
2014 年	日本 2014 制造业白皮书	重点发展机器人、下一代清洁能源汽车、再生医疗以及 3D 打印技术	重振国内制造业,复苏日本经济
2015 年	英国制造业 2050	推进服务＋再制造(以生产为中心的价值链);致力于更快速、更敏锐地响应消费者需求,把握新的市场机遇,可持续发展,加大力度培养高素质劳动力	重振英国制造业,提升国际竞争力
2013 年	"新工业法国"战略	解决能源、数字革命和经济生活三大问题,确定 34 个优先发展的工业项目,如新一代高速列车、电动飞机、节能建筑、智能纺织等	通过创新重塑工业实力,使法国处于全球工业竞争力第一梯队

此外,国际贸易保护主义强化与全球贸易规则重构相交织,我国也将面临国际贸易环境变化的新挑战。

一是国际贸易保护主义进一步强化。近年来,我国成为遭受贸易救济调查最严重的国家之一,2014 年上半年的涉案金额为 52.9 亿美元,比上年同期增长 136%。可以预见,未来我国与发达国家和发展中国家的经济贸易摩擦将更为激烈,对我国制成品出口将造成不利影响。

二是全球贸易规则也处于重构过程。2016 年的美国总统选举反映出美国民众对经济、贸易和移民政策日益增长的担忧。虽然全球化和自由贸易促进了美国经济增长,但由于美国制造业不振,制造业工人没有得到足够援助,2016年的美国大选最终引发美国民众反全球化潮流反弹。特朗普政府一再强调双边协定比多边协定更能保护美国利益,这说明特朗普政府的贸易政策与美国过去的贸易政策彻底背离。全球贸易投资秩序的重建,可能对国内贸易投资产生替代效应,我国的对外贸易和吸引国际直接投资的压力将会增大。

三、我国经济发展进入新常态,资源环境和要素成本约束日益趋紧,经济发展环境发生重大变化

2014年中央经济工作会议指出,"我国经济正在向形态更高级、分工更复杂、结构更合理的阶段演化,经济发展进入新常态"。我国的经济发展已不再是总量扩张的过程,而主要是结构升级转型的过程,增速下降可能带来某些难以预料的挑战,这对我国制造业发展方式转变提出了紧迫要求。

当前,我国制造业发展的资源能源、生态环境、要素成本等都在发生动态变化。从资源能源看,我国资源相对不足、环境承载能力较弱,人均淡水、耕地、森林资源占有量仅为世界平均水平的28%、40%和25%,石油、铁矿石、铜等重要矿产资源的人均可采储量分别为世界人均水平的7.7%、17%、17%。从环境压力看,长期积累的环境矛盾正集中显现,目前全国70%左右的城市不能达到新的环境空气质量标准,17个省(区、市)的6亿左右人口受雾霾天气影响,水体污染较为突出,土壤污染日益凸显,重大环境事件时有发生。从要素成本看,随着人口红利消失和要素成本的全面上升,我国制造业原有的比较优势正在逐渐消失。如,2014年我国劳动年龄人口从2011年的顶点下降了560万,劳动力供给呈缩减趋势,并直接导致用工成本上升。目前我国制造业月平均工资普遍达到3000~4000元,远高于东南亚等国。根据有关报告,中国制造业对美国的成本优势已经由2004年的14%下降到2014年的4%,表明在美国生产只比在中国生产的成本高4%。

我国制造业传统竞争优势赖以保持的多种要素约束日益趋紧,已经使粗放式的发展道路越走越窄。经济发展新常态下,在原有比较优势逐步削弱、新的竞争优势尚未形成的新旧交替期,我国制造业必须加快转型升级步伐。

四、国家作出一系列重大战略部署,内需潜力和改革红利不断释放,为制造业发展开辟广阔空间

十八大以来,党中央、国务院做出了一系列事关我国经济社会发展全局的重大

部署。四化同步发展为制造业创造了新需求,开拓了新市场。如,城乡一体化将成为拉动制造业内需增长的主要动力,按照目前的城镇化速度,未来每年将有1000余万农村人口转变为城镇人口;据测算,城镇化率每年提高1个百分点,将带动1000多亿元的消费需求和5万亿元固定资产投资。农业现代化也将推动制造业的发展,加强农村基础设施建设,改善农业生产条件,提高农业技术装备水平等都为制造业创造着巨大的需求。"一带一路"倡议及京津冀协同发展、长江经济带等重大区域发展战略,也将以基础设施互联互通、产业区域协调发展等,推动制造业的发展。总之,进入工业化中后期的中国,各产业部门新的装备需求、人民群众新的消费需求、社会治理服务新的能力需求、国际竞争和国防建设新的安全需求,在生产装备技术水平、消费品品质提升、公共设施设备供给、重大技术装备自主可控等各方面,都对制造业提出了新的要求。一个正在形成的13多亿人口的超大规模国内消费市场,是我国制造业所拥有的最大优势。

全面深化改革的重大战略部署也使我国制造业获得新的发展动力。经济体制改革是全面深化改革的重点,核心问题是处理好政府和市场的关系,使市场在资源配置中起决定性作用和更好地发挥政府作用。坚持和完善基本经济制度、加快完善现代市场体系、加快转变政府职能、深化财税体制改革、健全城乡发展一体化体制机制、构建开放型经济新体制等新一轮改革,将有助于破除我国制造业发展的体制机制障碍,解决制约我国制造业转型升级的深层次矛盾,激发市场活力。近年来,下放和取消行政审批权限、减轻企业税费负担、降低融资成本、推进创新创业等一大批支持实体经济发展的改革举措相继出台,一个更加宽松公平、鼓励竞争,更有利于企业创新和工业发展的环境开始形成,为制造业由大变强提供了持续动力和坚强保障。

总的来看,未来十年我国制造业发展面临的挑战巨大,机遇也前所未有,但机遇大于挑战。必须牢牢把握新一轮科技革命和产业变革与我国加快转变经济发展方式形成历史性交汇的战略机遇期,审慎应对、前瞻部署,坚定不移推进结构调整和转型升级,努力形成新的经济增长点,塑造国际竞争新优势,抢占制造业的未来发展先机。

第四节 我国制造业未来的发展趋势

一、制造业在国民经济中的比重将进一步下降

发达国家的工业化实践表明,工业占GDP比重变动情况是反映工业化进程的

一项重要指标。在工业化初期，工业占GDP比重缓慢上升；进入中期以后，工业占比将快速提升；在工业化后期，工业占比出现峰值并呈缓慢下降的趋势。对我国来说，工业是国民经济的主体，也是长期以来拉动经济增长和结构升级的重要引擎，我国的工业化也应符合这一规律性变化趋势。

由于受战略调整、外部环境变化等影响因素，自2007年起，随着工业化的不断推进，我国工业占国民经济比重出现波动下降趋势。在未来相当长时期，经济增长主要还是依靠实体经济、依靠制造业的发展，制造业在国民经济中的主导作用和支柱地位在较长时期内不会改变，发展制造业的决心绝不能有丝毫动摇。

二、制造智能化、绿色化和服务化进程将进一步加快

智能化是全球制造业发展的重要趋势，也是促进我国制造业提质增效升级的必然选择。我国拥有大量的加工制造企业，自动化、数字化、网络化程度整体偏低，需要众多的劳动力支撑。经过几年的探索实践，智能化在降低人力成本等方面的优势已经逐步显现，以智能化推进产业升级的趋势也进一步明朗。《中国制造2025》将智能化作为我国制造业未来发展的主题（主线），希望通过智能化改造，减少人参与简单加工制造过程的环节，提高产品品质，降低生产成本，并探索与智能化改造相匹配的管理体制和运行机制。

绿色化是当今全球制造业发展的重要主题，既是我国产业升级的内在需求，也是企业增强产品竞争力的客观需求。我国正处于工业化、城镇化快速发展阶段，工业结构依然以重化工业为主，资源能源利用水平低、资源能源对外依存度高等问题仍未彻底解决，生态环境保护压力日益加大，这既对我国国民经济持续发展产生重要制约，也成为我国产品进入国际高端市场的重要壁垒。为适应这一趋势，可以预见，未来环境保护相关政策法规的执行力度将进一步得到强化，节能减排指标硬约束也将更为紧迫，企业也将加大对节能环保的技术改造投入力度，在产品设计、制造、包装、运输、使用到报废处理的整个生命周期中，进一步提高资源利用率，最大程度降低对环境的负面影响。

发展服务型制造，是推进制造业迈向价值链高端的重要途径，也是改善供给体系、适应消费需求升级的重要方向。国内很多企业都已经开始从单纯的产品销售，逐步转为提供"产品＋服务"，延长了价值链条，实现了区域的增长增效，这是适应当前市场竞争需要的，也是符合我国发展阶段的。未来，这一趋势将进一步强化，将有更多的企业由传统生产型制造向服务型制造转型，以发掘企业价值潜力。企业也将进一步探索如何把网络、信息技术与传统工业嫁接，有针对性地提供个性化解决方案，逐步从单一产品供应商向系统服务提供商转变。

三、产业组织形态趋向网络化、小型化和专业化

企业生产方式的变革将推动企业内部及企业之间合作水平的变化,进而引起产业组织形态的演进。随着信息技术的发展及信息化普及水平的提高,数字技术、网络技术和智能技术日益渗透并融入产品研发、设计、制造的全过程,未来将推动我国制造业产业组织形态发生重大变革。

首先是生产组织的网络化。受信息技术影响,制造业全球化的步伐加快,生产和流通方式、贸易领域将发生逐步改变,企业会通过网络将价值链与生产过程分解到不同国家和地区。可以实现全球供应商之间的协同研发和制造,不同企业形成相互协作、相互依存的利益共同体。未来,这种利用网络完成生产和研发的协作将是企业的一种常态化行为,无论是龙头企业还是中小企业,相互之间技术研发、生产及销售的多地区协作将日趋加强。

其次是生产组织的小型化。组织的小型化并不是产值或市场的缩小,而是人员和组织机构的缩小。小型化公司的灵活性和创新度较高,其利用网络实现技术升级与市场开展的能力更强,可以通过使用较少的成本建立全球销售系统,在开发的市场中平等与其他的企业进行竞争。

最后是生产组织的专业化。互联网技术推动下,企业的生产组织将进一步向专业化演进。不同于传统大规模生产分工模式下企业围绕某一产品或领域专门的专业化,在互联网的帮助下,企业柔性生产、定制化制造能力大幅增强,是一种升级版的生产专业化。同时,除了生产环节的专业化,未来生产组织的专业化还包括专业化管理和专业化经营。未来产业发展格局日新月异,企业将进一步加大在专业化管理和经营方面的投入,以适应加速变化的市场与分工环境。

四、产业分化和空间分异趋势将更加明显

首先,原材料行业增长将进入平台期。随着城镇化的推进和基础设施的不断完善,"十三五"期间经济社会发展对原材料的需求将进入平台期。这也就意味着,钢铁、水泥等原材料工业增速持续放缓,标志着以往主要依靠投资拉动和规模扩张的发展模式已基本走到尽头。

其次,装备制造将迎来快速发展的新时期。装备制造业是国民经济发展的基础性产业,装备制造业的发展水平在很大程度上影响甚至决定着相关产业部门的技术进步和产业发展水平。近年来,尽管工业经济整体下行压力较大,但装备制造业却保持了不错的发展势头。2016年,我国装备制造业增加值增长9.5%,占规模以上工

业增加值的比重为32.9%。预计随着《中国制造2025》等国家战略的深入推进,未来一个时期装备制造业仍将保持快速增长势头。

最后,空间分异趋势更加明显。目前我国正处于"十三五"谋篇布局的关键时期。从各地出台的战略规划看,一些先发地区为突破传统路径依赖,塑造增长新动力,纷纷做出前瞻部署,提出了一些新理念、新思路。从各地的实际行动看,沿海发达地区深刻感受到了要素成本和资源环境条件的深刻变化,推动产业转型升级的积极性和主动性明显增强。不过,也应看到,仍有一些地区的发展思路和战略略为保守,依然延续以投资驱动和规模扩张的老路。这种发展导向将进一步加剧同质化项目"遍地开花"等问题,继续形成大量的低端产能,造成资源、人力的浪费。长此以往,这些地区将错失产业变革和科技革命带来的机遇,地区竞争力逐步减弱,与其他地区的差距将进一步扩大。

第三章　湖北省制造业发展概况

当前,新一轮科技革命和产业变革与我国转变经济发展方式形成历史性交汇,制造业发展环境和格局正在发生深刻变化和调整。从国际看,全球范围内新一代信息技术与制造业的深度融合,推动制造业正在发生以智能化、服务化、绿色化为核心的重大变革,我国制造业转型升级迎来重大机遇。但发达国家加紧实施再工业化,发展中国家也在加速工业化进程,我国制造业面临发达国家先进技术和发展中国家低成本竞争的"双向挤压"。从国内看,新型工业化、信息化、城镇化、农业现代化同步推进,内需潜力不断释放,为制造业发展提供了广阔空间;全面深化改革和进一步扩大开放,正不断激发制造业活力和创造力。新常态下,资源环境约束不断强化,劳动力等生产要素成本不断上升,制造业存在的困难和矛盾更加突出。

第一节　湖北省制造业发展情况

湖北是中国近代工业的发祥地,早在120多年前,张之洞秉持"实业救国、洋务兴邦"的理念,推出系列新政,拉开了湖北乃至中国近代工业的序幕。中华人民共和国成立后,武钢、二汽等一大批重点项目布局湖北,掀开了湖北工业建设与发展的新篇章。进入21世纪,湖北认真落实"三维"纲要,大力实施"工业强省"战略,加快推进"两计划一工程"和"四六十"行动方案,基本形成了涵盖41个大类、189个中类和519个小类的行业比较齐全的制造业体系。2016年,全省制造业主营业务收入达到42332.3亿元,总量位列全国第七,具备了建设制造强省的基础和条件。国家深入实施长江经济带战略与"一带一路"倡议,以及推进长江中游城市群建设等战略,为湖北建设工业强省开辟了新的领域,特别是湖北科技资源富集,正处于工业化中后期加速阶段,"四化"同步、并联推进的后发优势明显,制造业发展的潜力空间和回旋余地更大。

2016年,全省装备制造业主动对接《中国制造2025》国家战略,认真贯彻《中国制造2025湖北行动纲要》,积极践行创新、协调、绿色、开放、共享的发展理念,坚持稳中求进的总基调,以智能制造为主攻方向,坚定不移地实施"制造强省"战略,行业运行稳中向好,呈现出结构改善、效益提升、动能转换的特征,实现了"十三五"良好开局。

一、工业经济实力不断增强

一是主营收入增势平稳(见图3-1)。2016年,全省规模以上工业实现主营收入45170亿元,总量同比净增2700亿元,稳居全国第七位、中部第二位,增长6.8%,同比加快2.3个百分点,高于全国均值1.9个百分点。从所有制类型看,私人控股企业增长较快,实现主营收入26993亿元,增长8.6%,高于全省工业均值1.8个百分点,所占比重提高至59.8%;国有企业实现主营收入10823亿元,下降0.1%;集体控股企业实现主营业务收入969.7亿元,增长5.3%;外商及港澳台控股企业实现主营收入3196.2亿元,同比增长7%。从企业规模看,小型企业实现主营收入19423亿元,增长10%,高于全省工业3.2个百分点;大中型企业实现主营收入25747亿元,增长4.6%。从行业看,食品(含烟草)、医药、汽车、电子设备制造业等重点行业分别增长7%、12.3%、12.4%、30.8%,4个行业合计新增收入1865.3亿元,对全省工业主营收入增长贡献率达69.1%。

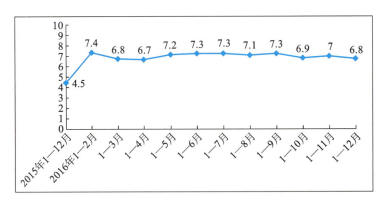

图3-1 全省工业主营业务收入增速/(%)

二是工业利润增幅同比加快(见图3-2)。2016年,全省规模以上工业实现利润2441.4亿元,同比增长9.6%,规模居全国第九位、中部第二位,增速较上年加快7.5个百分点,高于全国均值1.1个百分点。全省规模以上工业销售利润率为5.4%,同比提高0.1个百分点。从所有制类型看,国有企业贡献突出,实现利润748.5亿元,增幅由上年下降9.1%转为增长22.3%;外商及港澳台控股企业实现利润205.2亿元,增长13.6%;集体控股企业实现利润45.7亿元,增长8%;私人控股企业实现利润1257.1亿元,增长2.4%。从企业规模看,大中型企业增长较快,实现利润1545.9亿元,增长14.1%;小型企业实现利润895.5亿元,增长2.8%。分行业看,41大行业中15个行业利润增幅超过10%,石油加工、炼焦和核燃料加工业、黑色金属冶炼和压延加工业、电子设备制造业利润分别增长 696%、139.2%、89%，3 个行业合计新增利润 151.1 亿元，占全省新增利润的 72.5%。分市州看，17 个市州中 11 个市州利润实现增长，5 个市州增幅超过 10%，武汉、鄂州、黄石利润增幅居全省前 3 位，分别增长 30.5%、29.5%、25.7%。

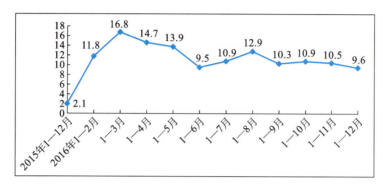

图 3-2　全省工业利润增速/(%)

三是企业亏损状况有所好转（见图 3-3）。2016 年，全省亏损企业亏损额 183.9 亿元，增幅由上年同期增长 58.5% 转为下降 29.5%，连续六个月呈下降态势。全省规模以上工业亏损企业 1366 户，较上年同期减少 51 户；企业亏损面为 8.3%，低于上年同期 0.6 个百分点。分行业看，41 个大行业中有 20 个亏损企业数下降，16 个降幅在 20% 以上，其他制造业、黑色金属冶炼和压延加工业、有色金属冶炼和压延加工业降幅分别达 94.1%、92.6%、92.1%。分市州看，17 个市州中有 10 个市州亏损企业数出现下降，9 个市州降幅超过 20%，鄂州、黄石、咸宁降幅分别达到 67.4%、60.7%、47%。

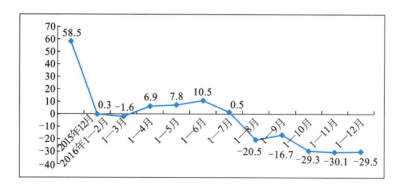

图 3-3　全省工业企业亏损企业亏损额增速/(%)

四是装备制造业增长较快（见图 3-4）。2016 年，在汽车、电子等行业带动下，装备制造业实现主营收入 14784.6 亿元，增长 13.4%；实现利润 902.6 亿元，增长 15.1%，同比加快 4.8 个百分点。销售利润率为 6%，高出全省工业均值 0.6 个百分点。汽车产量扩张较快、中高端车比重提高,带动行业实现主营收入6014.9亿元,增长12.4％,较上年加快8.6个百分点;实现利润525.1亿元,增长18.2％,较上年加快10个百分点;行业销售利润率达8.7％,高于全省工业均值3.3个百分点。电子设备制造业在武汉邮科院、长飞光纤等增长点带动下,实现主营收入2267.4亿元,增长30.8％,同比加快21.8个百分点;实现利润100.1亿元,大幅增长89％,同比加快47个百分点。机械行业呈现回落走势,实现主营收入4749.9亿元,增长8.5％;实现利润210.9亿元,同比下降5.1％,降幅较上半年收窄0.7个百分点。

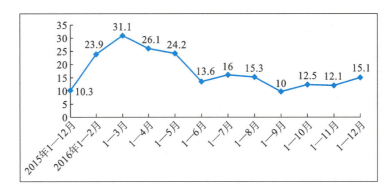

图3-4 全省装备制造业利润增速/(％)

二、产业结构调整步伐加快

通过深入推进"两计划一工程",加快四大传统产业改造升级、加快支柱产业发展壮大、加快十大重点领域创新突破,全省主动适应新常态,加大转型力度,产业结构调整成效显著。

一是支柱产业实力增强。"十二五"期间,食品、石化、汽车、电子信息、机械、纺织、钢铁、建材、电力、有色金属等产业规模不断壮大,占全省工业主营收入比重达91％。其中,食品工业规模总量接近8000亿元,连续两年位居全国第三位,对全省工业经济增长贡献率达到19％;汽车产业规模总量居全国第七位;石化产业规模总量居中部六省第一位。

二是新兴产业与高技术产业发展水平得到提升。2015年,全省完成高新技术产业增加值5029亿元,是2010年的2.95倍,同比增长12.98％,高于工业增速4.3个百分点;高新技术产业增加值占全省GDP比重达到17％。战略性新兴产业的发展基础和后发优势得到进一步凸显,多个领域取得创新性突破。其中,装备制造和信息技术产业链发展逐渐完备,产生了一大批创新能力强、技术水平高的企业和产品,在全球产业分工中占有一席之地;生物产业、节能环保产业初具规模,拥有一批较强市场竞争力的骨干企业和名牌产品;新能源汽车发展迅速,成为全省汽车产业新的增长点。

三是引进多个重大项目。"十二五"期间重点围绕80万吨乙烯、武汉联想、通用汽车等重大项目,扩大了石化深加工、移动互联、汽车零部件等产业链配套投资。同时抓住中央"稳促调惠"政策机遇,重点扩大了集成电路、北斗卫星导航、工业机器人以及工业设计、节能环保服务等领域的投资。

三、自主创新能力显著提升

通过加快创新平台建设、鼓励企业开展创新活动、促进产学研用合作,不断提升企业创新能力。

一是技术创新平台不断增加。2015年,全省90个重点成长型产业集群获得省级以上科技奖励239项,拥有国家高新技术企业3352家。全省拥有国家级高新区7家,省级以上技术中心502个(国家级46个),获授权专利6152项。企业创新研发平台不断增加,拥有国家级工程研究中心(工程实验室)7家、国家地方联合工程研究中心(实验室)22家。

二是企业技术创新主体地位进一步加强。"十二五"期间企业研发投入明显增加,2015年规模以上工业企业研发经费内部支出占主营业务收入的比重达到0.94%,培育发展了一批创新型企业。2015年企业签订技术合同13856件,是2010年签订数的2倍,企业技术创新能力得到不断提升。

三是关键核心技术取得重大突破。全省围绕卫星导航、智能制造装备、生物基材料、生物育种、高技术服务业、移动互联网等领域,加大项目策划和投入力度,组织实施了工业机器人、新能源汽车等一批重大专项。其中,烽火通信在国内首先实现光纤装备自主化,研制出第一根中空带隙光子晶体光纤,弯曲不敏感光纤技术水平为全国第一;新华光的特种光学玻璃填补了国家6项高科技领域空白;高德红外光学感应材料成功突破国外技术封锁。

四、工业绿色发展成效显著

在一系列节能环保政策和措施作用下,全省工业节能减排取得了较好成绩。

一是节能降耗卓有成效。"十二五"以来,全省规模以上工业增加值能耗由2010年2.09吨标准煤(每1万元)降为2015年1.37吨标准煤(每1万元),提前两年完成节能降耗目标。截至2015年年底,淘汰炼钢产能824.8万吨,淘汰炼铁产能257.6万吨,淘汰水泥熟料777.2万吨、立窑线53条、旋窑线9条、粉磨机组68台(套),淘汰平板玻璃1105万重量箱。全面超额完成国家下达湖北省的淘汰落后产能目标任务。2015年,综合能源消费量下降10.3%,六大高耗能行业增加值占比降至26.8%,比2010年下降6.1个百分点。

二是循环经济和清洁生产广泛开展。以节能降耗、清洁生产、循环经济、低碳技术为核心,强力推进城镇污水处理厂及配套管网建设、烟气脱硫脱硝建设等项目,加大新能源、可再生资源开发力度,推广使用先进技术和节能产品。2015年产值超5000万元的循环经济企业超过200家,再生资源回收利用多项指标跻身全国第一方阵。

五、产业集聚效益逐步显现

充分发挥比较优势,着力培育各具特色的产业集群,引导产业集聚发展,形成了一批规模大、实力强、特色鲜明的产业集群。

一是产业集群逐步壮大。2015年,全省拥有14个国家级和26个省级新型工业化示范基地,以及7个国家级高新技术开发区。形成各类产业集群200多个,关联企业13000多家,拥有员工170多万人,年销售规模超过2万亿元。其中,重点成长型产业集群97个,实现销售收入1.51万亿元,同比增长15.3%,高于全省工业平均增长水平4个百分点,占全省规模以上工业销售收入的35%。

二是部分产业集群已形成特色产业和品牌。全省90个重点成长型产业集群根据自身的资源优势,突出区域特色,打造一批区域品牌,获省著名商标认定370件,名牌产品260个。东湖光通信和激光装备制造、宜昌磷化工、汉江五百里汽车走廊等一批具备全球竞争力的大集群不断发展壮大。其中武汉市东西湖区食品加工产业集群是全国食品工业强区、国家新型工业化(食品)产业示范基地,先后引进百事食品、可口可乐等60多家国内外知名食品企业入园,培育了周黑鸭、金龙鱼等9个中国驰名商标及27个省著名商标和名牌产品。东湖光通信、武汉高端装备、十堰汽车及零部件、襄阳轴承、宜昌医药、大冶劲酒、宜昌稻花香等产业集群结合实际,培育了一批国内外知名度高、附加值高、竞争力强的区域品牌。

六、两化深度融合稳步推进

"十二五"以来,全省信息化与工业化融合呈现出领域扩展、融合深化、服务增强、支撑带动能力提高的良好态势。

一是两化融合总体水平持续提升。全国两化融合发展水平评估报告显示,湖北两化融合发展总指数持续增长,2015年达到82.41,比2010年提高22点,居全国第九位;工业应用指数达到 81.59,居全国第六位。以 MES(制造执行系统)、ERP(企业资源计划系统)、SCM(供应链管理系统)、PLM(产品生命周期管理系统)为核心的工业应用类指标位居全国前列。

二是两化融合管理体系推广普及。2015 年全省两化融合试点示范企业达到 500 家,较 2010 年增加 300 家。"十二五"期间组织两化融合培训数千人次,完成千家企业对标评估,39 家企业获批国家贯标试点,6 家企业正式通过认定。

三是产业数字化改造升级进展显著。围绕《湖北省加快推进信息化与工业化融合行动方案(2014—2017 年)》,以六个重点产业和四个优势传统产业为突破口,推动人工转机械、机械转自动、单台转成套、数字转智能,促进产品、装备、工艺、管理、服务的全方位改造。大力开展智能制造试点示范工作,首批试点示范企业达 14 家。制造企业逐步剥离非主营业务,交通运输、现代物流、金融服务、工业设计等生产性服务业正加快与信息技术融合发展,电子商务、物联网、云计算等新一代信息技术在工业领域广泛应用。

第二节　湖北省制造业存在的问题

目前湖北仍处于工业化进程中,与制造业发达地区相比还有一定差距:产业层次不高,大多数产品处于产业链前端和价值链中低端;智能制造产业尚未形成规模,信息基础设施保障能力不足;基于互联网的生产性服务业发展相对滞后;科教优势发挥不充分,创新成果转化不够;企业研发投入不够,创新能力不强;具有核心竞争力的企业和产品不多等。提升制造业水平,不仅可管长远,也对湖北省当前稳增长、调结构具有重要的现实意义。

2016 年,湖北省工业经济运行呈现出发展平稳、趋势向好、结构改善、质效提升的特点,但仍存在着市场有效需求总体偏弱、结构性矛盾还比较突出、由于生态环境整治力度加大带来的实体经济要素成本上升、工业经济下行压力较大等问题。

一、从市场有效需求、要素成本和环保上看

一是市场需求制约。从国际看,世界经济仍处在深度调整和曲折复苏之中,特别是贸易保护主义、美联储加息等,使世界经济不确定性因素增多;从内需看,由于市场供需失衡和产能结构性过剩矛盾依然突出,固定资产投资持续放缓,尤其是民间投资乏力,数据显示,2016 年,全省工业投资增长 8.7%,同比回落 4.3%,民间投资仅增长 1.6%,这就是受到市场需求制约的结果。

二是要素成本制约。随着经济发展步入新阶段,资金、用工、土地等高成本时代已经到来,要素成本呈刚性上升趋势。今年以来能源原材料持续涨价,加之用电、社保等各项成本相对偏高,湖北省工业每百元主营成本已由今年年初的 84.02 元上升至 11 月的 85.97 元,同比提高 1.95 元。同时,制造业融资难、融资贵的矛盾仍未缓解,金融资本"脱实入虚"问题突出,银行限贷、减贷、抽贷现象时有发生,企业资金断裂、三角债现象抬头,要素成本制约导致的减产、停产企业增多。

三是生态环保制约。随着经济步入新常态和"五大理念"深入实施,资源环境和生态环保刚性约束更加突出。长江经济带"共抓大保护、不搞大开发",环保硬约束持续发力加码,特别是全国掀起新一轮环保风暴、湖北省开展"雷霆行动"等,对沿江重化工企业实施搬迁和专项整治,一批重点企业和在建项目面临停产整改或停业整顿,企业减产、停产现象明显增多,将给后期工业增长带来一定影响。

四是新增增量制约。近两年湖北省工业投资持续下滑,今年增速降至个位数,少数市州出现下降,新开工项目和接续投资明显不足。从调查情况看,2017 年全省工业增长点数量有所增加但拉动作用减弱,特别是新建投产项目同比减少 368 个,新增产值占比由上年的 54.7% 降至今年的 35.9%,汽车、石化等行业主要依靠原有产能发挥;减产、半停产项目达到 657 个,预测减少产值 538 亿元,影响工业产值增速 1.1 个百分点。

二、从产业结构调整、产品层次和水平上看

一是供给侧结构还不能满足多方位的市场需求,工业转型升级与供给侧结构性改革任务繁重。尽管湖北省工业转型升级及结构调整的力度加大、步伐加快,但由于湖北省产业结构是多年形成的,且仍处于工业化中期向后期过渡的阶段,存在工业化水平滞后现象,因此转型升级和供给侧结构性改革的任务还是相当繁重、也是较为长期的,需要一步一个脚印、踏踏实实地分阶段去逐步完成,不可能毕其功于一役。

二是产业层次和工业产能利用率还不高,产能过剩和需求结构升级的矛盾仍然突出,大多产品还处在产业链的前端和价值链中低端,能源消耗还较大。从规模实力看,湖北省工业总量不及山东、江苏的 30%,企业数只有山东、江苏的 40%;从产业层次看,企业创新能力尚不强,研发投入占主营收入的比重仅为 1.3%(全国为 1.8%),工业整体仍处于产业链前端和价值链中低端;从工业产能利用率看,2016 年湖北省工业产能的总利用率还不高,仅为 77%,特别是钢铁、有色金属等行业的产能利用率均还处于较低水平。从产品档次看,湖北省高科技、高品质、高水平的工业产品仍不足,还不能满足中高端、个性化的市场需求;从能耗水平看,湖北省工业能源

消耗占全国的3.7%,单品能耗与国内先进水平差距仍然较大。

三是工业经济运行尚处在下行探底阶段,企稳回升基础尚不牢固,结构调整阵痛仍在持续,今年湖北省工业经济发展的新常态特征更加明显,可以说正处于新旧动能转换、产业转型升级的关键时期和关键阶段。从增长速度看,2011年,湖北省工业增速为20.5%,2012至2015年增速逐年下滑为14.6%、11.8%、10.8%、8.6%,2016年增长8%,表明工业经济由降转稳的趋势增强,但尚不牢固,若要稳定在7%~8%的运行区间,还需继续努力。从增长动力看,全年高新技术产业增加值增长13.9%,与汽车、电子设备、农副食品加工、医药行业等传统行业增长13.9%、11.0%、8.9%、10%,对全省工业增长贡献超过40%来比较,高新技术产业对湖北省工业增长的贡献率还不是很高,仅为10.8%,还有继续提高的余地和空间。

三、从经济运行成本、利润资金和效益上看

2016年,全省工业经济效益较2015年有所提高,从总体上看要好于全国态势,但效益增长不平衡,不稳定因素增多,部分行业和企业生产成本上升,利润有所下降,经营较为困难。主要表现在以下四个方面。

一是行业和地区分化较明显。分行业看,41大行业中有15个行业利润增幅超过10%,但有20个行业利润同比下降,7个行业降幅超过10%,其中开采辅助业、化学纤维制造业、石油和天然气开采业分别下降64%、43.7%、31.5%。分市州看,17个市州中有11个利润实现增长,6个市州利润下降,潜江、神农架林区、荆州等3个市州利润分别下降72.4%、12.1%、9.3%。

二是企业生产成本上升较快。2016年,全省规模以上工业企业百元主营业务成本为85.86元,分别高于上年同期、上半年0.34元、0.26元,高出全国0.34元。分行业看,41大行业中有30个行业百元主营业务成本上升,其中22个行业上升幅度高于全省平均水平,石油和天然气开采业,开采辅助业,电力、热力生产和供应业分别上升26.13元、11.61元、21.19元。分市州看,17个市州中有14个市州百元主营业务成本呈现上升态势,7个高于全省平均水平,神农架林区、潜江、仙桃等3个市州分别上升16.58元、1.42元、1.39元。

三是资金紧张问题较突出。2016年,全省规模以上工业企业应收账款4235亿元,同比上升13.5%,较上半年加快1.2个百分点,高于主营业务收入6.7个百分点,连续15个月增幅超过10%。分行业看,41大行业中有27个行业应收账款增加,增幅在10%以上的有20个,其中汽车制造业、电子设备制造业、电气制造业分别达到925亿元、631.1亿元、351.4亿元,占全省规模以上工业的45%。8个市州工业应收账款增幅在10%以上,武汉、襄阳、十堰分别达到1977.8亿元、487.7亿元、307.3

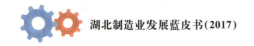

亿元。

四是产成品资金由降转升。2016年,全省规模以上工业企业产成品资金为1594.3亿元,增长3.2%,较上年加快0.8个百分点,属年内首次增长。分行业看,41大行业中有23个行业产成品资金增加,14个增幅在10%以上,其中废弃资源综合利用业、石油和天然气开采业、烟草制品业分别增长80.4%、48.8%、47.7%。分市州看,17个市州中有13个呈上升态势。

第三节　湖北省制造业发展的主要特点

一、行业运行好于全省工业整体状况

2016年,全省装备制造业规模以上工业增加值增长11.1%,快于全省工业均值3.1个百分点,同比加快1.4个百分点,占全省工业的比重为31.1%。其中,汽车制造业,铁路、船舶、航空航天和其他运输设备制造业,金属制品业,计算机、通信和其他电子设备制造业分别保持13.9%、13.1%、12%、11%的较快增长,分别高于全省工业均值5.9、5.1、4、3个百分点。实现主营收入14784.6亿元,占全省工业的比重为32.7%,增长13.4%,快于全省工业均值6.6个百分点。除仪器仪表制造业,装备制造业其余10个子行业均保持高于全省工业的增速。计算机、通信和其他电子设备制造业,汽车制造业,铁路、船舶、航空航天和其他运输设备制造业分别增长30.8%、12.4%、11.3%。实现利润902.6亿元,占全省工业的比重为37%,增长15.1%,快于全省工业均值5.5个百分点,同比加快4.8个百分点。销售利润率为6%,高出全省工业均值0.6个百分点。

二、聚焦发展短板取得新突破

(1) 一批产品更具竞争力。美利信公司作为全国第三家、湖北省首家铝合金压铸企业,近年来全力技术攻关,最新研发的3款涡轮增压发动机缸体实现量产,成功打破了国外技术垄断并替代进口,实现了发动机缸体纯国产化,并以铝合金压铸件替代了以往的钢铁件,质量更轻、强度更高。目前,美利信公司的发动机缸体除供应神龙外,还为道依茨、沃尔沃、上海通用等汽车企业进行样本试制。宜昌江峡船用机械公司研发的共振破碎机,在全球只有美国RMI公司掌握同等技术,打破了进口依赖。

(2) 一批技术瓶颈得以突破。多工位精锻净成形是一种批量制造高精度、高性能锻件的先进制造技术,具有高效、节材、节能等优点。美日德等国都将其作为制造业前沿技术,实行垄断控制。我国相关技术一直未获突破,严重制约了汽车、军工等行业关键零件的创新研制。2016年,以华中科技大学为牵头单位,王新云教授等完成了"多工位精锻净成形"研究,获得国家技术发明二等奖。陈学东教授等完成了"大型重载机械装备动态设计与制造关键技术及其应用"研究,获得国家科学技术进步二等奖。该项目研究的大型重载复杂结构动态响应的精准表征、轻量化结构的动强度和抗冲击能力提升,是保障装备安全可靠和制造经济的关键和重大突破。

(3) 一批企业转型升级得以提升。一批国家级智能制造装备示范推广应用项目的实施极大带动了产业发展。美的集团武汉制冷设备有限公司以智慧工厂为未来发展大方向,依托信息技术和工业自动化技术,加大技术改造和设备更新,通过智能设备、云数据库、自动化技术、智能分析等技术的应用,实现对生产设备的控制及各个业务环节的联动,提升公司智能制造及运营能力,成为工信部确认的目前全国白电(空调)制造行业唯一一家智能制造示范企业。长飞光纤光缆股份公司立足于新一代智能化光纤预制棒制造装备和光纤拉丝装备的自主设计和制造,加强设备集中监控、数据分散采集、集中管理和挖掘分析,对生产设备中的关键部件进行了模型设计、数学计算和仿真,对产品配方和工艺过程建立了数学模型,关键工序实现了最优智能控制。

三、新旧动能转换取得新成效

智能制造、智能转型是建设制造强省的关键所在。2016年全省智能制造装备发展成果显著。

一是工业机器人发展优势进一步增强。由武汉奋进智能机器有限公司、华中数控股份有限公司等首批85家企业和科研院所组成的"湖北机器人产业创新战略联盟",涵盖了机器人的研发、生产、应用、服务等各个领域,进一步增强了湖北省工业机器人联合创新能力。湖北航特装备制造股份有限公司与武汉奋进智能机器有限公司共同开发了轻合金重力铸造机器人自动化浇注生产线,不仅完全满足高品质的技术要求,而且以仅75万元的低成本战胜了瑞士ABB公司120万元的同类产品。目前,两台鄂产工业浇注机器人已生产铝合金铸件2万余件,浇注合格率达99%,已装备神龙、奔驰等国内外汽车厂,合格率达99%,打破了此领域国外"巨头"的垄断。

二是新型激光3D打印装备问世。华中科技大学武汉光电国家实验室(筹)完成的"大型金属零件高效激光选区熔化增材制造关键技术与装备"率先在国际上提出并研制出4光束大尺寸SLM增材制造装备,由4台500 W光纤激光器、4台振镜分区同时扫描成形,成形效率和尺寸迄今为止在同类设备中最大,有望解决航空航天复杂精密金属零件在材料结构功能一体化及减重等"卡脖子"关键技术难题,实现复杂金属零件的高精度成形、提高成形效率、缩短装备研制周期等目的。

三是高档数控系统助力国产化智能工厂。华中数控股份有限公司为东莞劲胜移动终端智能制造示范车间提供机床数控系统、机器人、生产线总控系统和智能工厂大数据,打通了最底端的设备层到最高的决策层,实现了真正意义上的智能化生产。智能车间包括180台配置华中数控HNC-818AM系统的国产高速高精钻攻中心、81台国产华数机器人等。

此外,轨道交通装备以标准掌控市场话语权。湖北省货车生产国际领先,地铁车辆制造已实现本地化。全年完成铁路货车产量4550辆,同比增长28.6%。湖北金鹰重型工程机械有限公司共制定了《铁路大型线路机械检查与试验办法》等4项国家标准、《电气化铁路接触网立杆作业车》等8项行业标准,逐步掌控行业话语权。公司生产的重型轨道车辆、电气化铁路施工维修检测设备和城市轨道交通工程车辆,全国市场占有率达60%以上。近年来,平均每年出口产品价值1亿元左右,涉及美国、巴西、新西兰、印度、沙特等20多个国家和地区。

四、军民融合产业深度发展

宜昌中船重工710所着眼于智慧城市产业,创造了网格化管理、政务云计算、视频监控云等多个全国典型应用案例。该所开发的白酒自动化生产线,拥有茅台、古井贡、郎酒等50多家合作白酒企业,全国市场占有率达50%。迅达科技、中南橡胶、人福药业等10多家民营企业参与武器研发生产和后勤保障体系建设。宜昌迅达车用公司是一家小微民企,该公司将轮式战车横开尾门变成跳板式尾门,由液压控制,可自动翻转,成为轮式战车标配,被军方赞为"中国陆军第一门"。

襄阳航空航天、华中医药、五二五泵阀、襄阳光电、江山重工、际华纺织等六大军民融合特色产业园区建成投产。航宇集团研制的航空防护救生装备除装备我国空、海军部队外,已出口到10余个国家和地区,成功挽救了多名飞行员的生命,被誉为"蓝天上的诺亚方舟";其研制的高铁座椅不仅在国内高铁上普遍使用,还出口印度、新加坡、墨西哥等国家。中航工业航宇嘉泰公司生产的商用飞机航空座椅入驻波音737展厅。襄阳市军工业产值以超过两位数的速度增长,带动了地方一批军工配套企业发展。

2016年,全省智能制造业发展还存在一些问题。一是系统集成水平有待提升。全省智能制造业以单机应用居多、成套装备较少,能够提供智能制造整体解决方案的制造型服务企业缺乏。二是推广应用力度有待加强。全省智能制造装备推广应用缺乏包容创新的环境,部分应用企业对国产智能制造装备存在认识误区。

2017年是实施"十三五"规划的重要一年和推进供给侧结构性改革的深化之年,《湖北省智能制造装备"十三五"发展规划》和《湖北省轨道交通装备"十三五"发展规划》已经发布,将对行业的发展起到重要的指导作用。随着新动力的成长、潜力的发挥、改革的推进、创新的加快,预计全省装备制造业将继续保持稳中趋快、稳中向好的基本态势。

第四节 湖北省制造业发展面临的形势和对策

一、面临的发展形势

(一)国际环境新变化将对湖北工业发展产生持续影响

(1)新一轮科技产业革命孕育突破,智能化、绿色化、服务化成为制造业发展新趋势。当前,新一轮科技革命和产业变革正在兴起,其突出特点就是信息技术的全面突破和与其他产业领域的渗透融合,尤其是互联网与制造业的深度融合,正在引发影响深远的产业变革。在新技术革命驱动下,工业互联网、大数据、云计算等快速发展,推动全球制造业发展模式加快向智能、绿色、服务方向发展。

(2)发达国家纷纷实施"再工业化"战略,制造业重新成为各国竞争的主战场。进入21世纪,发达国家相继出台扶持制造业发展的政策。如美国发布《先进制造业国家战略计划》,提出重点发展航空航天、医疗设备、卫星通信、科技咨询等50个能够维持美国当前发展和持久繁荣的关键产业。德国提出《工业4.0战略实施建议》,日本启动振兴战略,法国颁布《新工业法国》,韩国发布《未来增长动力计划》等。同时,新兴国家纷纷把发展制造业上升为国家战略。各国都力图抢占高端制造市场并不断扩大竞争优势。

(3)全球贸易和投资规则深刻改变,制造业发展的国际环境更趋复杂。发达国家正在制定制造业国际投资、贸易和服务新规则,如美国曾经积极主导的《跨太平洋伙伴关系协议(TPP)》谈判达成协议,意图通过贸易和服务自由、货币自由兑换、税制公平、国企私有化、保护劳工权益、保护知识产权、保护环境资源、信息自由等促进亚太地区的贸易自由。这在一定程度上弱化了我国加入世界贸易组织后的贸易优势,对我国制造业拓展国际市场,提高在全球价值链分工中的地位形成新挑战。

当前,湖北经济发展具备了跟进新一轮科技革命和产业变革的基础和条件,但在产业结构、创新水平、开放程度等方面发展不足,又面临与世界发达国家和地区日趋激烈的国际竞争。因此,湖北必须抢抓机遇、趋利避害,在发展理念、生产模式和业态创新上以变应变、率先行动,打造新形势下的产业竞争新优势。

(二)国内经济新常态迫切要求湖北工业加快升级步伐

(1)我国经济发展进入转型升级攻坚期,亟须转变制造业发展方式。我国正处在经济发展成长期,城镇化不断发展,人民群众的生活水平持续提高,投资消费需求依然巨大。但是,我国经济的发展方式尚处于转型阶段,受到国际国内各种因素的影响,需求结构、产业结构、地区结构和收入分配结构等仍存在不平衡问题。在国际竞争日趋激烈的情况下,转变经济发展方式、避免陷入中等收入陷阱已成为现阶段经济工作的重点和难点。资本、劳动力、土地等生产要素的成本不断提高,资源环境压力不断加大,都要求我们必须下决心转变湖北制造业的发展方式。

(2)互联网+、创新创业等新一轮国家战略实施,为制造业发展指明新的方向。国家相继出台了"互联网+""宽带中国"、创新驱动等战略举措。互联网在制造业领域的应用越来越深入,生产制造过程正朝数字化、网络化、智能化方向发展,工业信息系统、工业云平台、工业大数据应用起到明显的生产决策支撑作用,智能制造将成为新型生产方式。未来制造业要借助"互联网+"、创新创业等国家战略的推动作用,利用亿万群众的智慧和创造力,重点发展智能制造技术与生产模式,努力实现稳增长、扩就业的目的,促进社会纵向流动。

(3)全面深化改革为制造业发展创造了良好环境。十八届三中全会以来,党中央、国务院推出了一系列重大改革举措,全面深化改革的力度不断加大。金融改革、财税改革、要素价格改革、国有企业改革和行政审批制度改革全面深化,特别是通过供给侧结构性改革等一系列措施降低企业生产成本、淘汰过剩产能,促进制造业向智能化、服务化、绿色化发展,为工业发展创造了前所未有的优良环境。

作为国家老工业基地,湖北省加快工业转型升级在整个国家战略中具有十分重要的意义。湖北必须主动对接国家战略,在体制机制创新上走在全国前列,充分利用自身资源禀赋优势和产业基础条件,加快推进制造业的升级换代。

(三)湖北发展新机遇有利于从工业大省向工业强省的转变

(1)湖北作为老工业基地,要加快从工业化中期向工业化后期转变。湖北作为中部大省,具有较强的产业基础和后发优势,但也面临产能过剩、成本过高、产业结构不合理等问题,亟待通过产业转型升级、坚持创新驱动、加快节能降耗等,转变以往粗放式的发展方式,激活产业发展新动能,构建产业发展新体系,推进结构性改革,加速实现从工业化中期向工业化后期的转变。

（2）湖北作为长江经济带战略与"一带一路"倡议落地的重要节点，要抓住机遇拓展工业发展空间。一方面，要利用在长江中游的地理区位优势，按照"在创新发展和动能转换上走在前列""挺起长江经济带脊梁""打造内陆地区新一轮改革开放新高地"的"三个定位"，强力推动交通枢纽建设，加快产业转型升级、对外开放、生态文明建设和沿江新型城镇化，努力培育新的经济增长点。另一方面，利用国家鼓励"走出去"的各项政策，向国外转移过剩产能，积极参与国际竞争与合作，不断提升技术水平，加强与哈萨克斯坦、马来西亚、印度、斯里兰卡、阿尔及利亚等国家在装备、原材料、汽车、航运等领域的合作，努力拓展工业发展新空间。

（3）湖北省内经济发展的不均衡性，迫切要求进一步优化产业发展格局。湖北省内各区域的发展尚不均衡，中心城市相对可以享受到更多的发展机遇，其他地方的发展则容易受到"虹吸效应"的影响。因此，必须统筹考虑全省的产业发展格局，发挥武汉、襄阳、宜昌等城市的辐射带动作用，结合各地的资源禀赋优势，促进省内各区域有序承接产业转移，有效开发地区资源，互动合作，协调发展。

综合来看，当前湖北工业发展处于转型升级的机遇期、积蓄能量的释放期和潜在优势的转化期，必须抓住机遇，放大特色，奋力赶超，全力推动工业强省建设，取得新突破。

二、下一步主要对策

为抢抓湖北"黄金十年"重要战略机遇，把握住湖北省装备制造业加快转型升级、保持快速稳定增长的黄金发展期，按照省委、省政府"竞进提质"的总要求，克难奋进，扎实推进《中国制造2025湖北行动纲要》的实施。

（一）全力推进产业结构调整

（1）积极推进大企业大集团战略。整合省内存量资源，积极引导大企业大集团采取联合、购并、控股等方式实施跨区域、跨所有制、跨行业的联合重组。积极稳妥地引进跨国公司、央企和省外大型民营企业等来鄂设立生产、研发和营销基地。发挥央企在技术、资源、品牌等方面的优势，培育领军企业，做强做大龙头企业。

（2）大力实施产业集群化发展战略。以开发区和工业园区为载体，依托省内特色优势产业，引导产业链上下游企业相对聚集，形成区域式产业相对集中的发展格局。加快建设武汉乘用车制造基地等四大整车制造基地，培育汽车零部件聚集区；加快智能制造装备、轨道交通装备、航空装备等高端制造装备在重点地市战略布局。

（3）加快推进产业技术改造，提升技术装备水平。组织实施先进装备制造重大技术改造计划，重点实施一批传统装备技术改造示范项目。紧紧围绕提高规模、开发品种、提升质量、清洁生产、节能降耗、安全生产、两化融合等方面,广泛采用新技术、新工艺、新设备、新材料,对传统优势装备制造企业进行改造升级。

(二)加快提升重大技术装备自主化创新能力

(1)加快形成湖北省装备制造业自主创新体系。依托现有科研院所提升关键技术研发水平,建设一批国家重点实验室、国家工程技术中心和企业技术中心,建设一批院士工作站和博士后科研工作站。

(2)加大优秀企业家群体、技术领军人物、高技能人才队伍建设力度。支持高端装备人才进入中央"千人计划"和湖北省领军人才培养计划,鼓励企校联合培养高技能人才。支持重点企业收购兼并海外科技企业和研发机构,建立海外研发基地。

(3)积极对接、承担国家科技重大专项和战略性新兴产业专项。大力宣传湖北省优势,争取与国家规划无缝对接。支持企业争取民用航空、高档数控机床等国家科技重大专项,以及智能制造装备等战略性新兴产业专项,推动专项承担企业高质量完成专项任务。

(三)着力推进信息化与工业化融合

(1)加强信息技术在装备制造领域的推广应用,促进信息技术在研发设计、生产制造过程控制、企业管理、营销管理等方面普遍应用。

(2)推进装备产品设计制造数字化、制造过程智能化、管理网络化。

(3)推进企业管理的信息化,促进企业资源优化和管理水平提升,推进产品流通信息化,扩大企业电子商务应用。

(四)培育重大技术装备成长环境

(1)积极推动湖北省产高端装备在湖北省航天、航空、汽车、造船、军工等典型领域大企业率先示范应用。树立湖北省产高端装备自主品牌的信心,逐步由突破核心技术向掌握研发制造技术、提升产业化能力转变。

(2)促进强强合作。积极促进湖北省高端装备制造企业与能源、航空航天、铁路等领域的央企建立战略合作关系,对接、延伸与用户的服务链,促进研制单位向市场纵深发展,进而形成产业规模效应。

(五)加强协调,推动落实支持装备制造业的政策、措施

(1)落实国家政策。落实重大技术装备进口税收优惠、增值税转型、出口鼓励、节能产品补贴、农机具购置补贴、企业研发费用税前加计扣除等政策。引导企业用足、用好兼并重组、技术创新等方面的税收优惠政策。

(2) 加大政府采购力度。对湖北省车辆生产企业生产的汽车优先纳入政府采购协议供货范围。在同等条件下,优先采购湖北省装备产品和服务。

(3) 积极争取国家项目支持。对接国家相关规划和专项资金,积极争取国家工业转型升级、智能制造装备、新能源汽车产业技术创新工程等更多专项资金支持。

(4) 加大资金支持。省内用于产业转型升级等方面的专项资金优先向首台(套)重大技术装备倾斜,优先用于国家重大专项的地方配套。省外贸出口资金要加大对装备制造业出口的支持力度。

(5) 用足融资支持政策。加快已列入辅导的优势装备企业上市步伐。积极争取政策性金融机构支持重大技术装备项目政策对湖北省的倾斜,争取商业银行在节能减排、兼并重组、出口创汇、境外投资等方面的信贷鼓励政策支持。

(六)抓好装备产品品牌战略

(1) 实施装备精品工程。建立和完善装备产品标准体系。做好产品标准法规的宣贯,完善装备产品的行业标准、国家标准,鼓励企业积极采用国际标准。

(2) 全面开展装备产品的品牌建设工作。抓好品牌定位、品牌架构、品牌推广、品牌识别、品牌延伸、品牌资产等重要环节,鼓励装备制造企业争创国际国内知名品牌,积极进行商标国际注册。

(七)加快由生产型制造向服务型制造转变

(1) 实施装备制造服务业示范工程。大力发展从事集系统设计、系统集成和工程总承包于一体的大型工程公司和系统成套公司,提高装备产业的总承包总集成能力。

(2) 提高服务在装备制造价值链中的比重。培育再制造产业,鼓励开展融资租赁和金融租赁。发展市场调查、工业设计、软件开发、信息咨询、会展物流、维修检测等中介服务公司。

(八)加强统筹协调、组织领导

积极发挥行业协会作用。支持协会加强自身建设,反映行业动向,提出政策建议,帮助企业解决问题,完善行业自律机制。加强与省直有关部门协调配合,形成合力,按照各自分工开展工作,共同推动全省装备制造业健康、有序、快速发展。推动各地结合实际制定加快装备制造业发展行动方案,完善工作机制,抓好落实。

第四章　制造强省建设若干问题的思考

制造业是国民经济的主体,也是创新驱动、转型升级的主战场。国务院发布的《中国制造2025》是未来十年我国实施制造强国战略的纲领性文件。当前,新一轮科技革命和产业变革与我国转变经济发展方式形成历史性交汇,以信息技术与制造技术深度融合为特征的智能制造模式,正在引发整个制造业的深刻变革。国内外纷纷抓紧布局和大力推进制造业提档升级战略,抢占制造业新一轮竞争制高点。

湖北是制造大省但不是制造强省,如果行动迟缓,将会错失重要战略机遇期。把握大势、抢抓机遇,加快推进制造业从大到强转型跨越,是主动应对新一轮国际产业竞争的战略选择,是推进供给侧结构性改革、实现"双中高"目标的迫切需要,是"建成支点、走在前列"的重大举措。我们必须主动适应、积极引领新常态,全面对接融入国家战略,坚定不移地推进由制造大省向制造强省的转变,着力提升湖北制造整体水平和核心竞争力,力争在推进新一轮制造业发展中抢占先机、赢得主动、赢得未来。

2016年,湖北省政府出台了《中国制造2025湖北行动纲要》,提出要主动对接融入国家战略,加快建设制造强省,着力夯实"建成支点、走在前列"的产业支撑。加快供给侧结构性改革,制定和实施更具针对性的产业政策,是顺利推进制造强省建设的关键。

第一节　制造强省建设的战略导向

加快制造强省建设,需进一步提高思想认识,切实增强加快推进制造强省战略的责任感和紧迫感。紧紧围绕"四个全面"战略布局,牢固树立"创新、协调、绿色、开放、共享"的发展理念,顺应"互联网+"的发展趋势,以加快新一代信息技术与制造业的深度融合发展为主线,以推进智能制造为主攻方向,突出改革激活力、创新强动力、结构谋转型、绿色促发展,突出问题导向、强化工业基础、注重集成应用、提升制造水平,全面拓展湖北制造业发展新空间,培育发展新动能,构建产业新体系,增强核心竞争力,加快实现从制造大省向制造强省的战略转型和跨越。

《中国制造2025湖北行动纲要》要求,从省级、地方、企业层面抓好未来5~10年的顶层设计,坚持系统思维、整体谋划、联动推进。

一、瞄准"一个目标"

目标是实现从制造业大省向制造业强省的历史性跨越,即:

(1)到 2020 年,湖北制造业总量进入全国前 6 位,制造大省地位进一步巩固,制造强省建设取得重要进展;

(2)到 2025 年,湖北制造业在全国产业分工和价值链体系中的地位显著提升,进入全国制造强省第一方阵、第一梯队。

二、明确"三区一中心"的发展定位

(1)先进制造业集群核心区。围绕新一代信息技术、智能制造装备、汽车、海工装备等重点领域,培育一批在世界有影响力的先进制造业集群。

(2)智能制造先行区。实施"互联网＋制造"行动计划,促进信息技术与制造业的深度融合,打造全国智能制造发展高地。

(3)产业转型升级示范区。发展生态友好型工业,加快优势传统产业的智能改造,将湖北打造成为全国加快智能改造和产业转型升级的示范区。

(4)区域领先、全国一流的制造业创新中心。充分发挥湖北科教资源富集、人才红利涌现和特色产业集群发展的优势,加快构建区域制造业创新体系,成为全国制造业创新体系中区域领先、全国一流的制造业创新中心。

三、实施"双九双十"行动

实施"双九双十"行动,即加快发展智能制造、推进"两化"深度融合等九大主要任务,实施智能制造试点示范工程等九个重点工程,突出发展新一代信息技术、智能装备等十大重点领域,配套滚动推进十个重大项目包建设。

第二节　制造强省建设的政策思路

一、针对湖北省制造业发展基础不强的发展思路

核心基础零部件(元器件)、先进基础工艺、关键基础材料和产业技术基础(以下

统称"四基")等工业基础能力薄弱,是制约制造业创新发展和质量提升的症结所在。通过多年努力,湖北省在光电子器件、工业机器人、汽车轮毂轴承、发动机等基础零部件以及冶金、先进储能、光伏、纳米等关键原材料上,取得了长足发展。但在"四基"的工程化和产业化上,湖北科教大省的研发支撑作用尚未充分发挥,核心基础零部件(元器件)的产品性能和稳定性问题仍未得到根本解决。针对存在的问题,《中国制造2025湖北行动纲要》提出大力实施工业强基工程,加强核心零部件攻关,开发先进基础工艺及材料,夯实产业技术基础,加强"四基"应用推广,争取用5~10年时间,大幅提升一批关键基础材料和核心零部件(元器件)的自主化、工程化、产业化水平,显著增强湖北省工业优势领域的产业技术基础。

二、推动制造业与服务业融合的发展思路

制造业的发展趋势是"新三化",即智能化、绿色化和服务化。湖北省制造业大而不强,一个很重要的原因就是生产性服务业发展滞后,处于"微笑曲线"的底端。《中国制造2025湖北行动纲要》提出以产业转型升级需求为导向,加快发展工业设计、工业大数据、电子商务等生产性服务业,积极培育新型服务业态,促进生产性服务业专业化发展、向价值链高端延伸,推动湖北省产业加快由生产制造型向生产服务型转变。争取到2020年,在船舶、航空航天、纺织服装、家具、电子等行业开展服务型制造的企业达到1000家;到2025年,开展服务型制造的企业达到3000家。全力打造武汉"设计之都"品牌,成为全国服务型制造先行先试区。

三、制造业优化调整的思路

制造强省建设的落脚点在产业以及构建产业新体系。湖北省是制造大省、经济大省,已形成了完整的产业体系,但产业结构不合理,汽车"一业独大"但需求增长放缓,钢铁、建材等行业产能持续过剩。针对存在的问题,《中国制造2025湖北行动纲要》提出了推进传统优势产业智能改造升级,提高企业市场竞争力,促进制造业集群做大做强,推进军民融合深度发展等工作任务。重点从三个层面入手:一是加快化工等优势传统产业的调整改造转型升级;二是加快食品等支柱产业做强做优;三是加快新一代信息技术、智能制造装备、新能源汽车和专用汽车、海工装备、航空航天、新材料、生物医药、北斗卫星导航、轨道交通、节能环保等十大先进制造领域发展壮大。坚持一个产业、一个行动方案、一个重大项目包,以钉钉子的精神,培育壮大新动能,提升改造传统动能,加快构建支撑湖北未来发展的产业新体系。

四、如何提高湖北省制造业绿色发展水平

绿色循环低碳发展,是当今时代科技革命和产业变革的方向,是最有前途的发展领域。湖北省重工业占比高,能源消耗总量偏大、单位能耗偏高,但能源资源又十分匮乏,缺煤少油乏气,发展"两型"工业的压力之大前所未有。针对存在的问题,《中国制造2025湖北行动纲要》提出了提高工业节能降耗能力,加快淘汰落后产能和化解过剩产能,大力发展循环经济,积极打造绿色制造体系等工作任务。力争通过5~10年努力,一手抓减排,实现清洁生产试点企业的工业能源消耗零增长;一手抓发展,充分发挥湖北作为国家循环经济试点示范门类最齐全、覆盖面最广的特殊优势,将节能环保和资源循环利用产业做到8000亿元到1万亿元的规模,成为推动湖北省经济转型升级的"绿色动力"。

五、如何树立和提升湖北制造的品牌形象

质量是制造业的生命线,贯穿于建设制造强省的整个进程,是部署和落实各项任务的出发点和核心内容。近年来,湖北省工业产品质量水平虽呈逐年上升趋势,但知名品牌数量较少,品牌附加值低、竞争力弱,尤其缺乏国际知名品牌。针对存在的问题,《中国制造2025湖北行动纲要》提出了加强行业标准体系建设,夯实质量基础,强化质量追溯体系建设,加快培育一批知名品牌等工作任务,大力实施湖北工业产品质量提升行动和湖北品牌升级行动,定期组织评选长江质量奖,积极创建产品质量提升示范区。力争到2020年,通过国家质量管理标准认证企业数量超过2万家,企业废品率明显降低,效率显著提升;到2025年,通过国家质量管理标准认证企业数量超过3万家,企业效益大幅提升,部分企业成为行业龙头和行业细分领域的"隐形冠军",国际竞争力水平明显提升。不断提升湖北制造业的品牌价值和整体形象。

六、如何促进内陆开放新高地建设

近年来,国家开发开放重点由沿海向内陆梯度推进,进一步彰显湖北的区位优势和投资预期,必将为制造强省建设拓展更加广阔的空间。《中国制造2025湖北行动纲要》针对湖北工业大省、出口小省的短板,提出以更加开放的视野,实行更加主动的开放战略,落实"一带一路"倡议以及内陆地区开放新格局的战略部署,借鉴上海自贸区可推广、可复制的经验,加快申报、建设中国(湖北)自由贸易示范区,在体

制机制上同国际接轨，引导制造企业走出去，加强合作平台建设、优化外资利用结构，推动区域产业协同发展、深化产业国际合作，大力提升湖北工业外向度，补齐发展短板，拓展湖北制造新空间。力争到2020年，培育8～10家具有国际竞争力的跨国公司；到2025年，培育15～20家百亿规模的跨国集团。将湖北打造成为全国内陆开放高地和对外开放体系中的重要节点。

七、如何处理好制造业转型升级的四个关系

湖北是老工业基地，工业经济大而不强，正处于结构调整和转型升级关键期。加快实施"中国制造2025"，加快产业提档升级，实现发展方式由速度数量型向质量效益型转变、发展动力由要素驱动向创新驱动转变，推进湖北从制造大省向制造强省跨越转型，需要重点处理好以下四个方面的关系。

一是稳增长与调结构的关系。坚持稳中求进工作总基调，"稳"是基础，"进"是目标，既要稳中求进，更要务实进取。牢牢抓住扩大工业有效投资这个"定海神针"，紧盯消费、产业、技术和品质升级，谋划推进存储芯片、航空航天等国家级战略新兴产业基地布局开建，努力实现结构改革与工业增长互促发展。

二是盘活存量和优化增量的关系。传统产业是新兴产业发展的基础，新兴产业是传统产业升级的支撑。坚持"三不"原则：不把传统产业简单视为包袱，增加技改升级新投入，促使老树发新芽；不把新兴产业与传统产业简单切割，依托传统产业的技术积累、制造能力和配套体系，促进新兴产业发展壮大；不脱离产业谈创新，围绕产业链布局创新链，布局建设15～20家制造业创新中心，形成以创新为纽带，新旧动能互促互动，共同发展的良好格局。做到四个"坚定不移"：坚定不移改造提升传统产业，夯实基础和底盘；坚定不移培育壮大战略新兴产业，提升核心竞争力；坚定不移加快发展生产性服务业，引领产业向价值链高端跃升；坚定不移孵化新兴产业，争取在若干领域实现革命性、颠覆性突破。

三是制造业与互联网的关系。加快信息网络技术与制造业融合，以智能制造为主攻方向，抓好600家两化融合贯标试点和50家智能制造示范企业，推进制造业2.0补课、3.0普及、4.0示范的并联式发展。

四是"顶天立地"与"铺天盖地"的关系。协调发展是制造业转型发展的必然要求。按照"抓两头、带中间"的思路，坚持做强龙头企业与做多中小企业共进，支持企业战略合作和兼并重组，打造"产业旗舰"。实施专精特新工程，培育1000个细分行业的"隐形冠军"；坚持做大做强优势产业和前瞻布局新兴产业齐抓，一手打造20个千亿产业、10个5000亿产业、3个万亿产业。

第三节　制造强省建设的环境营造

针对制约湖北省制造业创新发展的若干瓶颈问题,《中国制造 2025 湖北行动纲要》提出了六项保障措施,营造有利于制造业发展的良好政策环境。

一是推进体制机制改革。创新政府管理方式,加强规划、政策等制定和实施,进一步出台"1+X"推进方案,提高产业治理水平。创新产业集聚区管理模式,进一步改革科技成果转化机制,加快建立军工技术在民用领域的应用合作机制。

二是加大财政税收支持。加强财政资金对制造业的支持。充分发挥长江经济带产业基金、省级股权投资引导基金等政府产业资金引导作用,加大对先进制造业的支持。落实和完善湖北首台(套)重大装备及关键部件认定实施细则。

三是完善金融扶持政策。引导金融机构创新产品和服务,优先在先进制造等领域开展贷款和租赁资产证券化试点,鼓励大型制造业企业集团开展产融结合试点,通过融资租赁方式促进制造业转型升级。

四是激发中小微企业活力,推动大众创业、万众创新。完善湖北省中小企业公共服务平台功能,开展小微企业创新创业示范基地建设,在有条件的民营企业中开展建立现代企业制度试点工作,在省级股权投资引导基金中设立中小微企业发展子基金。

五是营造公平竞争的市场环境。开展降低实体经济企业成本行动,落实企业投资自主权,落实涉企收费清单制度,加大知识产权保护,推进社会信用体系建设,健全行业企业服务体系,创造公平发展环境。

六是健全组织实施机制。加强制造强省建设的统筹推进和顶层设计,强化部门协调和上下联动,确保各项任务落实到位。

第四节　制造强省建设的发展建议

一、更加注重深化供给侧结构性改革,加快推进新一轮技术改造和设备更新,进一步提升创新能力

工业是实体经济的主体,发展实体经济的首要任务就是振兴工业经济。工业既是湖北发展的根基,也是湖北发展的优势,大力推进供给侧结构性改革是振兴实体

经济的主要任务。当前和今后一个时期,制约湖北省工业经济发展的因素主要在供给侧。近年来,虽然湖北省工业经济总量规模不断扩大,质量效益不断改善,已进入全国第一方阵,但经济下行压力仍然较大,这既有需求不足的原因,更有供给侧结构性矛盾和问题的牵制。主要表现在:一方面传统产业中低端产品产能严重过剩;另一方面,高科技、高品质、高档次的产品相对不足,还不能满足中高端及个性化的市场需求。因此,要更加注重深化供给侧结构性改革,准确把握提高供给质量、改善供给品质这个主攻方向,着力加强质量品牌建设,加快传统产业转型升级,着力扩大市场有效供给,满足新兴行业市场需求。而要实现这一点,就要实施创新驱动战略,加快推进新一轮技术改造和设备更新,以进一步提升工业创新能力,提升湖北制造业在全国乃至全球制造业的影响力和竞争力。建议聚焦产业链的"短板"领域,加大技改资金投入,深入实施万企万亿技改工程,围绕设备更新换代、工艺革新创新、产能品种扩展、质量品牌提升等内容持续不断地推进技术改造。特别要重点支持重大、关键的技术改造项目,力求以最小的投入和最低的成本,获取最好的成果和最大的效益。

二、更加注重务实推进制造强省建设,培育发展新动能,进一步提高经济质量

推进制造强省建设是针对湖北省的实际情况提出的带有湖北特点的发展目标,是落实《中国制造2025湖北行动纲领》的战略行动。面对严峻复杂变革的国内外经济环境,面对新一轮科技革命和"互联网+"的迅猛发展,加快制造业转型升级、建设制造强省意义重大,只能拼搏、奋进、前行,不能躲避、观望、彷徨,更不容懈怠和惰性。经济的发展犹如逆水行舟,是不进则退的。不能抱着侥幸的心理,指望好政策、好机会来帮助,而要主动出击,积极想方设法,开弓没有回头箭,办法总比困难多。培育发展新动能,培育发展新优势,重点在制造业,难点在制造业,出路也在制造业。建议强化主动意识,以"时不我待"的只争朝夕的精神,更加坚决地执行制造强省战略任务,更加注重求真务实地推进制造强省建设。一要认真落实湖北省与工信部签署的《加快推进湖北制造强省建设战略合作协议》,一步一个脚印,一年一个变化地持续发展,争取一年上一个台阶,一年一个新面貌。二要瞄准重点领域、重点产业和关键行业,着重发展新动能,建设新业态,对已确定的十个重点领域,要明确、制定发展的总目标和阶段性目标,每年都要进行阶段性检查,及时总结经验,发现问题和解决问题,以利再进。三要落实省政府出台的传统产业改造升级的"十五条",精心谋划实施一批先进制造业投资项目,在20多个投资过50亿元的技改项目中,重点抓好投资240亿美元的国家级存储基地、投资160亿元的华星光电第六代LTPS面板、投

资141亿元的上海通用228万台发动机、投资120亿元的天马第六代低温多晶硅、投资105亿元的东风本田三厂、投资110亿元的湖北中烟武汉卷烟厂异地技改、投资50亿元的襄阳众泰新能源汽车、中石化武汉分公司120万吨乙烯技改扩能等项目。力争工业技改投资增长在12%以上。

三、更加注重谋划和推动制造业与互联网深度融合发展,扎实推进智能制造、智能工厂建设,进一步拓展两化融合

实施智慧湖北建设是推进制造强省的、具有"湖北特色"的战术行动,其落脚点就是两化融合和智能制造,核心是"智慧"二字。为了推进智慧湖北建设,必须加大两化融合的力度、深度和广度,这是实现"智慧"的基础。为此,湖北省已制定《智慧湖北建设三年行动方案》,以主动适应产业融合发展、跨界发展的新趋势,其中的重中之重是推进"互联网+"在制造业领域的融合发展。没有更深一步的两化融合,就不可能扎实推进智能制造、智能工厂建设,反过来说,要想深入推进智能制造、智能工厂建设,就必须进一步拓展两化融合,这是相辅相成的。建议:其一是研究出台深化制造业与互联网融合发展的指导意见与实施办法,在重点领域推进网络化协同制造,实施两化融合示范工程,着力实现软硬一体、数据驱动、网络互连、平台支撑、应用示范五位一体的融合创新。其二是针对汽车、机械、化工、轻纺等重点产业,建设一批示范性智能工厂或数字化车间,以点带面培育一批以智能制造为模式的新型制造企业,重点抓好600家试点示范企业和贯标对标企业,引导企业增强主动意识,认真开展两化融合自评估、自诊断、自贯标、自对标工作。其三是发挥武汉市国家软件名城的辐射带动作用,推动软件行业健康快速发展,组织实施服务型制造转型工程,培育一批信息技术、智能制造领域的系统解决方案供应商,大力发展软件服务、现代物流、工业设计、电子商务等生产性服务业,以推动生产性服务业向专业化和价值链的高端延伸。其四是大力推行定制化生产模式,促进制造业电子商务应用,提高企业市场响应能力,继续办好"楚天杯"工业设计大赛。

四、突出绿色转型,推进工业绿色低碳发展和清洁生产,更多地节能降耗减排,更好地保护环境,进一步实现能效提升

坚持绿色制造,推进绿色制造体系建设,推进工业绿色低碳发展和清洁生产,以更多地节能降耗减排,更好地保护环境,不仅是现阶段经济的发展要求,也是我国在相当长的一个历史时期内不可动摇、不可改变的发展要求。尽管湖北省2016年在压减落后产能和节能降耗方面做了不少工作,取得较大成绩,但离国家的要求还有差

距,还需做出更大的努力,以进一步推动湖北工业绿色低碳发展,进一步实现能效提升。建议:一须狠抓重点行业节能降耗。要围绕工业生产源头、过程和产品三个重点环节,实施工业能效提升计划,严格执行国家强制性节能标准,继续开展对电解铝、水泥、电石、铁合金等高耗能产品的能耗限额指标监督检查,开展能效对标达标,落实差别电价政策,引导企业广泛应用节能降耗减排的先进适用技术装备及制造工艺,积极争创国家绿色数据中心试点。二须全面推进绿色制造和清洁生产。要积极推广应用清洁生产先进适用技术,从生产源头和生产工艺环节削减污染物的产生和排放量。推进低碳园区试点、清洁生产试点示范企业、机电产品再制造企业等试点示范工程,开展绿色工厂、绿色车间、绿色产品、绿色园区和绿色供应链建设。三须引导循环经济和产业优先发展。继续实施工业循环经济重点园区发展实施方案,加强大宗工业固体废弃物规模化、资源化、减量化、高值化综合利用。提高资源综合利用效率和水平。四须进一步加快淘汰落后产能。要更加注重运用市场机制和经济手段淘汰落后产能,加快形成有利于落后产能退出的政策导向、市场环境和长效机制,逼迫落后产能加快退出,为优势产业、优势产品腾出发展环境和市场空间。

五、大力实施"双创"工程,加快中小企业和县域经济的发展,进一步壮大民营企业

我国要建设创新性国家,就必须推行创新驱动战略,实施"双创"工程,即"大众创业、万众创新"。在制造业实施"双创"工程,最重要的是加快整个工业制造体系的创新能力,不是只紧盯重点行业、重点企业,而忽视中小企业和县域经济。没有中小企业和县域经济的发展,整个工业经济体系就是不均衡的,也是不完善的。所以要注重和加快中小企业和县域经济的发展,进一步壮大民营企业。在这方面,建议:一要深入实施中小企业成长工程,不折不扣地执行国家及省推进"双创"的系列政策措施,重点加大"专精特新"和科技型企业的扶持力度,加快建设一批众创空间、"双创"示范基地、众创集聚区,打造一批国家级和省级示范平台,实施企业人才培育工程。二要大力发展充满活力的中小企业和县域经济,研究新形势下加强中小企业和县域经济发展的政策措施,以激励各地竞相发展、特色发展、跨越发展、联合发展。三要促进非公经济健康发展,持续推动简政放权、放管结合、优化服务,深化非公经济改革,进一步扩大规模,推进 200 户民营企业建立现代企业制度试点示范,积极扶持 100 个重点成长性企业集聚发展。四要以钢铁、汽车、电子信息、建材等领域为重点,继续推进产业链上下游对接服务活动。每一个产业链都应有一个相对完整的链条;如果存在缺口,就会形成短板,产生"木桶效应",对整个产业链的发展产生影响,故对发现的链条缺口,须及时修复。为此,要注重发展补链、延链、强链等各项配套产

业。五要加大企业信贷资金的协调工作,推进银企合作。不仅要抓好重点产业、新兴产业发展的融资对接,推动产业基金与《中国制造 2025》精准对接,突出抓好 582 个预增产值过亿元和 35 个预增产值过 10 亿元重大增长点的投资达产,也得注重中小企业和非公经济企业的融资对接,加强新增长点的跟踪服务。

除此之外,还要加强国际产能合作,让湖北装备制造产业走出国门,走向世界,能在国际制造业上占有自己的一席之地,并引导湖北省工业企业积极参与"一带一路"沿线国家的基础设施建设和产能合作。同时,在促进大力发展制造业的进程中,必须特别注重各工业企业的安全生产及安全生产的管理工作,提升产业素质与安全生产水平,避免重大工程、设备及人身安全事故的发生。

领 域 篇

第五章　　新一代信息技术产业
第六章　　智能装备
第七章　　新能源汽车及专用汽车
第八章　　北斗卫星导航
第九章　　生物医药和高端医疗器械
第十章　　新材料
第十一章　　海洋工程装备及高技术船舶
第十二章　　航空航天装备
第十三章　　轨道交通装备
第十四章　　节能环保装备和资源循环利用

第五章　新一代信息技术产业

2016年以来,我国新一代信息技术产业处于新旧交替的发展阶段。一方面,全球电子产品市场规模增速显著放缓,我国新一代信息技术产业规模和市场增速逐渐趋缓,计算机设备制造行业规模大幅下跌,智能手机和平板电脑等智能产品增长乏力,进出口形势堪忧;另一方面,国际竞争力不断提升,企业品牌知名度提升,产品高端化趋势不断显现,智能手机等行业产业格局发生明显变化,虚拟现实、新型显示等创新能力显著增强,智慧家庭、人工智能等新兴热点有望成为未来产业支撑点。

"十二五"以来,湖北省将新一代信息技术产业作为工业强省、网络强省、智慧湖北建设的重要突破口和调结构转方式的着力点,打造湖北经济升级版的"领头羊"。2016年,全省电子信息产业实现主营业务收入4941亿元。近年来,湖北新一代信息技术产业以创新为动力,以重大项目为抓手,积极培育产业发展新动能,从以光通信产业"一点支撑"转变为以光通信、集成电路、新型显示、智能终端、软件和信息服务等产业"多点支撑"的发展格局,改变了"缺芯少面"的局面,初步建立了屏-芯-端全产业链生态体系。湖北新一代信息技术产业快速发展,产业规模迈上新台阶,产业结构优化升级,骨干企业快速壮大,产业发展后劲增强,创新能力显著提升,成为全省快速发展的支柱产业。

第一节　基本情况

一、发展现状

2016年全省信息技术产业坚持稳中求进的工作总基调,顺应"互联网+"发展趋势,加快推进供给侧结构性改革,以壮规模、调结构为主攻方向,积极扩大有效投资,突出创新驱动,加速转型升级,促进全省电子信息产业保持平稳较快发展。

（一）产业平稳较快增长，支柱作用发挥明显

新一代信息技术由电子信息制造业、软件和信息技术服务业及电信业组成。2016年，全省电子信息产业实现主营业务收入4941亿元，实现工业增加值1337亿元，实现利税总额413亿元，分别比上年增长11.8%、14.03%和5%。其中电子信息制造业主营业务收入3674亿元，增长7.9%；软件业务收入1267亿元，增长25%。全行业发展呈现平稳增长态势，主营业务收入逐月增幅与上年同期相比虽然没有明显加快，但始终高于全国规模以上电子信息制造业的平均增幅。工业增加值增速比全省规模以上工业的高出6个百分点，成为全省快速发展的支柱产业。主要产品产量快速增长，其中光电子器件增长11.5%、手机增长13.6%、显示器增长19%、光纤光缆增长21.5%、集成电路增长25.7%。

（二）龙头企业带动发展，持续引领产业升级

重点骨干企业充分发挥引领支撑和带动发展作用。新引进的大中型企业、原有的骨干企业在产业增长中发挥着重要作用。武汉邮科院、骆驼集团被评为2016年（第30届）全国电子信息百强企业；长飞、泰晶电子、湖北瀛通被评为2016年（第29届）中国电子元件百强企业；武汉滨湖电子今年再次被评为全国电子信息行业质量管理小组先进单位；武汉高德红外被认定为2016年国家技术创新示范企业；长飞被确定为全国第一批制造业单项冠军示范企业。各市州重点企业呈现良好发展态势。武汉联想自投产以来，迅速成长壮大，产业规模在湖北省电子信息行业中名列前茅，企业重组后成为摩托罗拉（武汉）移动技术通信有限公司，自2015年以来产业规模已跃居本行业全省第一。宜昌今年4月刚引进年产能200万台液晶电视机的惠科电子，当年建成投产，目前已生产液晶电视机100万台，填补了省内空白。黄石以沪士电子、上达电子为龙头的重点企业将带动本地区电子信息产业迅速发展成为支柱产业。荆州的华讯方舟、孝感的马瑞丽、荆门的格林美、随州的美亚迪、仙桃的健鼎等一批新引进的企业为产业增长起到重要带动作用。截至2016年12月底，全省产业规模达到百亿元以上的企业共有5家，分别是摩托罗拉（389亿元）、武汉邮科院（290亿元）、冠捷（169亿元）、鸿富锦（155亿元）、骆驼集团（116亿元）。

（三）软件规模迅速壮大，产业增长势头强劲

湖北省软件业不断壮大规模、提水平、上档次。武汉邮科院、天喻信息连续多年进入全国软件业务收入前百家行列。全省软件产业呈现较快发展趋势，2016年，软件业务收入同比增幅达到25%，实现软件业务收入累计1267亿元，其中软件产品收入665亿元，信息技术服务收入532亿元，嵌入式系统软件收入70亿元。实现工业

增加值 544 亿元,同比增长 25%。利润和税金较上年同期均有明显提高,实现利润总额 107 亿元,实现税金总额 49 亿元。软件从业人员 28.46 万人,较上年同期 27.89 万人增长 2.1%。软件业在湖北省电子信息产业中所占份额逐年加大,目前占全行业比重是 25.65%,比 2012 年的 16% 提高了 9.65 个百分点。截至 2016 年 11 月底,软件业产业规模居全国第十一位、中部第一位。软件业已成长为湖北省信息技术产业快速增长的行业,为湖北省信息技术产业发展做出了重要贡献。

(四)投资力度进一步加大,项目建设稳步推进

2016 年,湖北省新一代信息技术产业固定资产投资进一步加大,累计完成投资的增长势头依然强劲,投资的快速增长为湖北省信息技术产业增添了发展后劲。主要投资项目有:总投资 1600 亿元的武汉国家存储器基地项目正在以超常的力度加紧施工建设,2017 年 9 月主厂房封顶,力争 2018 年 10 月量产;华星光电的六代 OLED/LTPS 项目,总投资 160 亿元,2016 年 2 月份点亮,已经量产;天马的二期六代(LTPS)TFT-LCD 项目,总投资 120 亿元,主体厂房已封顶,2017 年上半年试产;奇宏光电凤凰山产业园项目,总投资 33 亿元,主要经营消费电子品散热器及散热管理,一期已基本完工,部分已投产;武汉邮科院的通信产品及解决方案扩产项目 50 亿元;摩托罗拉的移动通信终端扩产项目 50 亿元;东阳光的新型冶金法多晶硅扩产项目 25 亿元;长飞的科技园及预制棒扩产项目 20 亿元;华工科技的激光、光电器件及软件服务扩产项目 10 亿元;软件新城规划总投资 200 亿元、工程总面积 230 万平方米,已完成投资 55 亿元、竣工面积达 72 万平方米等。

(五)技术创新成果丰硕,产业竞争力不断增强

信息技术企业不断加大研发投入,围绕产业核心关键技术突破积极开展技术创新和科技成果产业化,进一步推进创新联盟建设,取得丰硕的创新成果,产业竞争力得到了进一步提升。在光通信领域,武汉长芯盛公司研发的 40 GQSFP+高速光通信控制芯片,达到国内领先水平,填补了国内空白;在北斗卫星导航领域,光谷北斗被科技部认定为"北斗及地球空间信息产业国际科技合作基地",武汉梦芯公司采用全新架构的宽带射频技术研制的新一代基带射频一体化北斗芯片,成本更低、功耗更低,处于国际同类产品领先水平;在红外传感领域,武汉高德公司已研制完成新型非制冷红外探测器,实现数字化输出,芯片集成度更高、体积更小、成本更低,有效替代进口并填补国内空白。

矽感科技、长飞、瑞达信息的专利项目分别获第十八届中国专利金奖 1 个、优秀奖 2 个;虹信通信、烽火网络、高德红外、骆驼集团、精伦电子等企业的专利项目分别获第九届湖北省专利金奖 3 个、专利优秀奖 8 个、外观设计优秀奖 2 个。

湖北汉光科技、武大吉奥的科研项目分别获国家科技进步一等奖和二等奖。华灿光电、中星电子、华中数控、武汉邮科院、长飞、骆驼集团等企业的科研项目分别获湖北省技术发明一等奖1个、三等奖1个,科技进步一等奖2个、二等奖4个、三等奖11个;4家企业获科技型中小企业创新奖。

(六)对外贸易成效显著,重点企业大幅增长

2016年,有11家信息技术企业名列全省进口前20名,累计进口49.56亿美元,同比增长10.55%,占全省外贸进口总额的37.19%,比上年增长9.83个百分点。其中,摩托罗拉、海思累计进口分别是11.71亿美元、10.88亿美元;天马、海思、随州波导、烽火国际累计进口同比增幅分别是94.3%、88.4%、58.2%、42.6%。

2016年,有8家电子信息企业名列全省出口前20名,累计出口78.22亿美元,同比增长28.19%,占全省外贸出口总额的30%,比上年增长9.12个百分点。其中,联想、摩托罗拉、鸿富锦累计出口分别是23.52亿美元、22.49亿美元、16.78亿美元;摩托罗拉、冠捷、联想、新芯分别增长96.9%、75.1%、72.2%、67.2%。

二、面临的形势

(一)信息产业日益成为重塑经济发展模式的主导力量

当前,新一轮科技革命和产业变革正在孕育兴起,其突出特点就是信息技术的全面突破以及与其他产业领域的渗透融合。全球正在进入以信息产业为主导、以信息经济为主要形态的经济发展新时期。信息产业已经成为当前全球创新最活跃、带动性最强、渗透性最广的领域。技术创新和跨界融合将引领产业加速变革。"互联网+"的发展趋势,使得全球信息技术创新成果不断融入产业跨界融合的商业模式新体系中,新技术、新产品、新模式和新业态不断涌现。

(二)信息产业是建设网络强国和制造强国的战略选择

我国经济发展全面进入新常态,电子信息产业战略地位显著提升。加快信息产业发展是建设网络强国和制造强国的战略选择。促进信息产业创新融合发展,全面发展信息经济,将成为我国主动适应和引领经济发展新常态,培育发展新动能,拓展发展新空间,深入实施创新驱动发展战略,推动经济提质增效升级的重要途径。

(三)湖北省信息产业发展处于重要战略机遇期

"十三五"时期是湖北省建成小康社会、抢占经济发展制高点的关键时期。湖北

省新一代信息技术产业发展具有诸多优势,处于重要战略机遇期和黄金发展期。一是政策环境优势。省委、省政府将新一代信息技术产业发展作为工业强省、网络强省和智慧湖北建设的重要突破口、调结构转方式的着力点,为产业提供了良好的政策发展环境。二是科研和人才优势。湖北省作为科教大省,拥有众多高校和科研机构,信息技术人才资源丰富,为产业发展提供了有力的技术和智力支撑。三是良好的产业基础。湖北省新一代信息技术产业已经形成光通信、集成电路、新型显示、智能终端、软件和信息服务等产业"多点支撑"的发展格局,培育和集聚了一批龙头企业,为产业发展奠定了坚实基础。

第二节　存在的主要问题

"十二五"期间,湖北省新一代信息技术产业虽然取得了跨越式发展,但深层次、素质性、结构性问题仍然突出。

一、产业规模不大

与发达省市相比,产业规模差距依然很大。产业规模偏小、发展不够,仍然是湖北省新一代信息技术产业发展面临的主要矛盾。

二、产业结构不优

产业"低、小、散"的结构性矛盾依然突出。集成电路、软件和信息服务等核心基础产业的比重较低。产业链不完善,上下游配套有待进一步加强,产业协作和产业服务还不够完善。产品主要处于价值链中低端,缺乏知名品牌。能引领产业发展的龙头骨干企业较少。

三、创新能力不强

以企业为主体的自主创新体系尚未完全建立。产业关键共性技术有待进一步突破,产业科研优势和技术成果转化能力需进一步提高。缺乏具备国际视野、丰富行业经验和优秀管理业绩的一流复合型企业家,以及具备良好专业素质的技术人才。

四、核心基础领域技术薄弱

从我国总体情况看,长期以来,我国信息产业基础领域能力较弱,特别是与我国信息产业规模和整机制造能力相比,具有较大差距,产业整体呈现出应用强、基础弱的"倒三角"形态。近年来,除了集成电路、平板显示等基础领域,在IGBT、电感器、传感器等关键产品方面落后国际先进水平,在物联网等新兴发展领域急需的高精度传感器等领域也处于较为落后的地位,而集成电路、平板显示关键设备,以及自动贴片机、薄膜流延机等核心专用设备则长期依赖进口。

五、部分领域不良竞争不利于构建良性的产业生态环境

近年来,我国在信息领域涌现出一批具有较大影响力和较强竞争力的大型企业,在技术创新、产业发展、国际竞争等方面发挥了积极的作用,但同时,由于我国反垄断审查制度与法律还不够完善,在市场竞争中,部分行业领域也出现了大型企业利用既有优势限制中小企业创新发展的倾向,不利于构建"大、中、小"协调发展的产业生态体系。与国外"百花齐放"的互联网产业生态相比,中国互联网行业面临产业生态荒漠化的潜在风险。

六、人工成本上升和人才供给不足制约产业发展

人工成本上升加速外资企业撤离,导致部分企业停产、倒闭。2016年,部分外资企业加快了撤离中国的步伐,一部分将制造基地迁回本国,另一部分转而在东南亚和印度开设新厂,使中国电子信息制造企业面临"撤离潮"。这导致中国电子信息制造业出现了部分企业停产和倒闭的现象。

人才供给不足,特别是高端人才匮乏制约产业转型升级。在国家政策利好的带动下,新一代信息技术产业对高端人才的需求量不断增加,然而所需的高层次专业技术人才严重短缺。

第三节 发展主要举措

加强贯彻落实《中国制造2025》与"互联网+"等战略部署,围绕《中国制造2025湖北行动纲要》,有步骤地推进湖北省制造强省战略的实施。

突出光通信、集成电路、新型显示器、智能终端、软件与信息服务等重点领域,推动新一代信息技术产业规模化、特色化、融合化发展。力争到2020年,新一代信息技术产业规模达到1.2万亿元;到2025年,产业规模突破2万亿元。将湖北建设成为具有国际竞争力的新一代信息技术产业基地。

一、促进产业创新能力提升

强化企业创新主体地位。积极构建以企业为主体、市场为导向、产学研用相结合的产业自主创新体系。面向企业的科技公共服务能力大幅度提高,涌现出一批富有活力的科技型企业。深化体制机制创新,激发创新体系中各要素的创新活力,增强企业创新的内生动力。支持企业紧密结合市场需求,统筹推动技术创新、产品创新、业态创新和模式创新。鼓励企业加大研发投入,引导企业积极调整产品和业务结构,不断提高企业可持续发展能力。突破产业关键共性技术。创新环境进一步优化,布局新一代信息光电子、集成电路、智能汽车、北斗卫星导航等创新中心,建设一批国家级和省级企业技术中心,突破一批关键共性技术,转化一批重大科技成果。重点支持公共服务平台建设,形成资源整合、开放共享的技术创新服务平台,着力突破重大核心技术及关键共性技术,加快科技成果产业化。密切跟踪产业发展前沿技术,布局产业前沿关键技术研究和攻关。加强5G网络、量子通信、人工智能等新兴技术领域的开放、协同、融合创新,积极推进语义识别理解、视觉技术、人机交互等热门领域关键技术的研发和产业化,促进相关技术在智慧湖北示范项目的推广应用。

二、健全企业培育成长体系

扶持重点企业发展壮大。大力推进龙头企业规模扩张,积极开拓国内外市场。鼓励龙头企业跨区域联合、同行业进行兼并重组,在细分领域中占据引领地位,做大做强一批拥有自主知识产权的产品品牌。推进省内有实力的企业面向全球整合产业资源,与跨国公司高位嫁接,并购国内外具有成长价值、符合自身发展战略的研发机构或企业,提升国际知名度及影响力。

培育中小企业加速成长。加快促进中小企业技术进步和改造升级,支持中小企业开拓市场,鼓励中小企业与大企业开展多种形式的经济技术合作,围绕大企业上下游产业链提供协作配套,走"专精特新配"的发展道路。积极推进银企合作,支持并帮助企业拓宽融资渠道,引导风险投资机构对有需要的重点企业进行投资。加大指导和支持力度,使中小企业快速成长为壮大产业规模和实力的新生力量。

三、推动产业融合互动发展

（1）推动新一代信息技术与制造业融合创新。促进"互联网＋制造"融合，积极推进新一代信息技术与制造业的跨界融合和渗透，促进新技术、新产品、新业态和新模式的发展。大力发展智能装备和智能产品，加快提升生产过程数字化、网络化、智能化能力，进一步提升企业智能化管控能力，加强大数据、云计算、物联网、电子商务等在工业生产经营各环节的深度应用。大力推广大规模个性化定制、网络化协同制造、服务型制造等互联网与制造业融合发展新模式。

（2）积极推进"互联网＋"行动。夯实支撑创新创业的信息产业基础，利用众创、众包、众扶、众筹等互联网平台支持大众创业、万众创新，鼓励基于互联网的产业组织、商业模式、消费模式、供应链、物流链等各类创新，促进互联网和经济社会融合发展。加快信息技术创新发展，为经济社会各领域发展提供信息技术支撑，不断提升信息化应用水平。推进互联网与金融、商务、物流等服务业深度融合，积极发展互联网分享经济，培育线上线下结合的新服务模式和新业态。面向农业、能源、交通等行业发展需求，推动一批面向关键系统智能化协同的行业平台、设备、软件和解决方案的研发与应用，提高重点领域的智能化水平。

四、优化产业集聚发展格局

发挥区域特色和集聚效应，以集中做强具有核心竞争力的产业领域为导向，以武汉建设国家自主创新示范区为契机，培育"一核、多支点"产业载体，形成布局合理、互补协同、差异化发展的产业格局。打造以武汉为核心地带、各市州多级支撑的产业格局。以武汉东湖国家自主创新示范区为核心主体，继续推进产业高端要素集聚和支撑引领功能，提高区域自主创新能力和产业核心竞争力，推进新一代信息技术产业升级、技术创新和集约发展。围绕各地区发展优势和发展重点，形成武汉城市圈、"宜（宜昌）-荆（荆州）-荆（荆门）"鄂西南地区和"随（随州）-襄（襄阳）-十（十堰）"鄂西北地区的多点支撑产业布局。

培育发展多个特色产业园（区）和基地。在继续做大做强现有产业功能区基础上，着力引进一批大项目、大企业，积极培育建设新的产业功能区，提升产业集聚承载能力。推进武汉国家光电子产业基地建设，打造"武汉·中国光谷"世界品牌；创建武汉"特色中国软件名城"；着力打造国家存储器产业基地、国家数字家庭应用示范产业基地、国家（宜昌）电子材料产业园、襄阳机电节能控制与电能优化产业基地、荆州（深圳）电子工业园、黄石印制电路板产业基地、潜江光信息电子产业园等特色产业基地，提升产业集聚效应，推动湖北省电子信息产业跃上一个新台阶。

五、优化产业发展环境

大力营造优先发展新一代信息技术产业的氛围，加强对湖北省新一代信息技术产业发展行动计划的贯彻落实，引导产业发展。加强统筹协调，推动区域联动发展，建立各部门共同支持新一代信息技术产业发展的统筹推进工作机制，争取各方面对产业发展的支持。发挥武汉东湖国家自主创新示范区引领和带动作用，通过科技创新带动、产业链分工协作、管理模式输出、平台资源共享等方式，促进其他市州新一代信息技术产业发展。加强各部门对新一代信息技术产业重点项目、重大工程的共同推进力度。

六、加大财税金融支持

引导社会资本、创投资本、人力资本等多种资源向产业重点发展方向聚集。积极争取国家在新一代信息技术产业基地（园区）建设、产业布局和项目建设等方面的大力支持。加快产业与金融对接，加大长江经济带产业基金、省级股权投资引导基金、集成电路产业基金对新一代信息技术产业的支持力度，加快推进软件产业基金和智慧湖北基金的建设。在基础设施建设、公共服务等领域适当引入政府和社会资本合作（PPP）模式。认真贯彻执行国家出台的有关促进新一代信息技术产业发展的政策措施，重点落实软件产业和集成电路产业的相关政策，推行普适性税收优惠政策。

第四节 发展建议

一、贯彻落实行业相关部署

加强贯彻落实《中国制造 2025》与"互联网＋"等战略部署，围绕《中国制造 2025 湖北行动纲要》，有步骤地推进湖北省制造强省战略的实施。在尽快推进信息化建设的基础上，加强互联网和智能制造技术对农业、工业和服务业的渗透，增强信息技术在企业生产、经营、管理等方面的决策支撑作用。进一步加强信息技术核心环节实现对其他行业领域的跨界融合与渗透，为实现制造业的数字化、智能化、网络化夯实基础，进一步加强产业集群生态体系建设，抢占新的产业发展制高点。

二、强化人才支撑能力

进一步加强和完善新一代信息技术领域人才发展环境和制度建设。加强人才培养和服务，实施"定制化、应需化、多元化"的创新人才培养工程，依托重大专项、重点项目的实施，加快集聚和培养造就一批结构合理、素质优良的各类中高端人才。依托重点企业、高校院所和培训机构，建立一批新一代信息技术产业实训基地，为企业培养一批新一代信息技术领域工程师、高级操作技工等紧缺人才。加强人才团队引进，结合湖北省新一代信息技术产业重点关键领域，依托重点学科、骨干企业、产业基地、重大科研或工程项目，加大引进高层次领军人才的工作力度。

三、提升开放合作水平

鼓励企业努力开拓国际国内市场，在更高水平、更大规模、更深层次上参与国际合作与竞争。支持有条件的企业国际化运营，建立健全的全球研发、生产和营销体系，发展研发外包业务，加快具有自主知识产权的技术标准在海外推广应用。积极开展招商引资（智），进一步提升"武汉·中国光谷"的知名度和影响力。加强政策引导和服务，大力引进海外新一代信息技术领域华侨华人来鄂创新创业，积极引进国外知名新一代信息技术企业来湖北省投资，引导外资从加工制造向研发、服务等环节拓展。

第六章 智能装备

装备制造业是湖北的重要支柱和优势产业,智能制造是装备制造业的主攻方向。为实现"十三五"时期全省经济社会发展的主要目标,落实《中国制造 2025 湖北行动纲要》的各项任务,湖北立足智能制造科研和人才优势,大力发展高档数控机床、工业机器人、智能专用装备等智能制造装备,抢占未来经济和科技发展制高点,促进装备制造业迈向中高端水平,显著提升核心竞争力,加快新产业、新业态成长,实现湖北省由装备制造大省向装备制造强省的转变。

第一节 基本情况

一、发展现状

"十二五"以来,全省装备制造业积极适应经济发展新常态,抢抓新机遇,转型升级步伐进一步加快,产业竞争实力进一步增强,经济效益进一步提高,各领域均取得长足进步。2015 年,全省规模以上装备制造业工业增加值增长 9.7%,高于全省工业增加值增长率 1.1 个百分点,占全省工业增加值的比重为 30%;实现利税增长 10.5%,高于全省工业利税增长率 6.3 个百分点;实现利润增长 10.3%,高于全省工业利润增长率 8.2 个百分点。与"十一五"末相比,分别增长了 2 倍、1.6 倍、1.5 倍。

(一)产业体系日趋完备

全省高档数控机床、工业机器人、智能专用装备、关键基础零部件等智能制造装备特色鲜明,部分产品在细分领域处于国内领先地位。以加快应用智能制造装备为特征的传统制造业智能化转型和以智能制造服务业为代表的新型智能制造业蓬勃兴起。2015 年,全省智能制造装备产业实现主营业务收入约 850 亿元,占全省装备制造业的 8%,综合实力居全国第八位。

(二)创新能力显著增强

全省智能制造装备创新资源富集,机械、电气、信息技术、光电子、测绘遥感等学科集群和多学科交叉优势十分明显。截至2017年9月,在鄂两院院士共有22人,拥有数字制造装备与技术国家重点实验室、武汉光电国家实验室(筹)、国家材料成形与模具技术重点实验室、国家数控系统工程技术研究中心、制造装备数字化国家工程技术研究中心、国家CAD工程技术研究中心等20多个国家级研发平台,加上众多的相关国家级(省级)企业技术中心和工业技术研究院等,这些成为湖北省智能制造技术创新的重要支撑。

(三)重点领域取得突破

全省智能制造装备取得了一批突破性成果。其中,高档数控机床领域34项重大国家专项取得突出成果,华中8型数控系统实现了我国高档数控系统整体水平跃升。"汽车白车身焊接系统"等重大技术装备实现突破。"汽车制造中的高质高效激光焊接、切割关键工艺及成套装备""数控七轴五联动车铣复合加工机床""选择性激光烧结成形装备与工艺""混流生产工艺过程优化平台及其在汽车等行业的应用""高性能无线射频识别(RFID)标签制造核心装备"等获得国家科学技术奖励,打破国外垄断,赢得声誉。华中数控为东莞劲胜移动终端智能制造示范车间提供机床数控系统、机器人、生产线总控系统和智能工厂大数据,打通了最底端的设备层到最高的决策层,实现了真正意义上的智能化生产。智能车间包括180台配置华中数控HNC-818AM系统的国产高速高精钻攻中心、81台国产华数机器人等。

(四)集聚效应作用明显

全省智能制造装备主要在武汉市东湖高新区、襄阳市高新技术开发区、宜昌市等地,呈发展聚集之势。武汉市智能制造、工业机器人、激光加工装备、3D打印、智能电网产业园建设取得进展,产业联盟、创业孵化器等创新活跃。襄阳市工业机器人、数控机床特色鲜明,轨道交通装备、航天航空装备和冶金成套装备等领域加快智能化转型。宜昌市军民融合促进智能制造装备发展,一批智能海洋(水下)装备、智能纺织装备、高速高效齿轮加工装备、智能工业清洗装备等产品引人注目。

(五)示范推广成效喜人

目前,一批国家级和省级智能制造装备示范推广应用项目的实施,极大地带动了产业发展。光纤光缆智能装备项目列为工信部智能制造试点示范;重型机床数字化车间项目获得国家高档数控机床专项支持;制造与服务智能集成平台、数字化工厂整体解决方案已在汽车制造等领域实施多个范例；工业云、大数据等开始应用于机床、工业机器人的智能监测、远程诊断管理；在智能变电站、制造业流程信息化、环境监测和管理、食品药品可追溯等领域，一批物联网技术应用项目成功实施。

（六）工业机器人发展优势进一步增强

由武汉奋进智能机器有限公司、华中数控股份有限公司等首批85家企业和科研院所组成的"湖北机器人产业创新战略联盟"，涵盖了机器人的研发、生产、应用、服务等各个领域，进一步增强了湖北省工业机器人产业联合创新能力。湖北航特装备制造股份有限公司与武汉奋进智能机器有限公司共同开发了轻合金重力铸造机器人自动化浇注生产线，不仅完全满足高品质的技术要求，而且以仅75万元的低成本战胜了瑞士ABB公司120万元的同类产品。目前，两台鄂产工业浇注机器人已生产铝合金铸件2万余件，浇注合格率达99%，已装备神龙、奔驰等国内外汽车厂，打破国外"巨头"的垄断。

二、面临的形势

（一）发展智能制造装备是抢占新一轮产业竞争制高点的主攻方向

自国际金融危机发生以来，随着新一代信息通信技术的快速发展及与先进制造技术的不断深度融合，全球兴起了以智能制造为代表的新一轮产业变革，以数字化、网络化、智能化为核心特征的智能制造模式正成为产业发展和变革的主要趋势，引发了新一轮制造业革命，并重构全球制造业竞争新格局，已成为世界各国抢占新一轮产业竞争制高点的主攻方向。世界主要工业发达国家加紧谋篇布局，纷纷推出新的重振制造业的国家战略，支持和推动智能制造发展。目前，我国智能制造发展面临发达国家"高端回流"和发展中国家"中低端分流"的双向挤压。

（二）发展智能制造装备是推进我国制造业转型升级的战略选择

我国经济发展进入新常态以来，由于资源和环境约束不断强化，劳动力等生产要素成本不断上升，投资和出口增速明显放缓，依靠资源要素投入、规模扩张的粗放发展模式难以为继。在原有优势逐步削弱，新的竞争优势尚未形成之时，发展以智能制造装备为核心的智能制造成为我国制造业转型升级的战略选择。为加速我国制造业转型升级、提质增效，国务院发布了《中国制造2025》，期望我国经济增长新动力和国际竞争新优势尽快形成。目前，国内各地抓紧对接国家战略，纷纷出台促进政策和措施，将智能制造列为优先发展方向。湖北智能制造发展已面临激烈的区域竞争形势,不进则退。

(三) 发展智能制造装备是满足广阔市场需求的迫切要求

当前,我国制造业尚处于机械化、电气化、自动化、信息化并存时期,不同地区、不同行业、不同企业发展不平衡,智能制造装备提升空间大,市场广阔。"一带一路"倡议与京津冀协同发展、长江流域经济带建设战略,大众创业、万众创新,不断激发出的经济发展活力和创造力,对智能制造装备提出更多新需求。社会治理服务新品质、国际竞争新高度、国防建设新需求,在生产装备技术水平、产品品质提升、重大技术装备自主可控等各方面,对加快供给侧结构性改革、发展智能制造装备产业提出了更高要求。智能制造装备产业迎来重要的战略发展机遇期,我国将成为全球最大的智能制造装备需求国。因此,把握机遇加快发展湖北智能制造装备产业,"时不我待"。

第二节　存在的主要问题

一、产业规模效应有待增强

全省智能制造装备产业整体规模偏小,创新资源和产业资源分散于央企、校企、民企,体制机制不活,市场开拓力不强,缺乏具有创新精神和国际竞争力的大企业集团,对全省工业转型升级的促进作用亟待增强。

二、整体创新能力有待提高

全省智能制造装备关键核心技术创新能力和高技术转化能力较薄弱,协同创新氛围不浓,产学研合作缺乏系统性和持久性,"重模仿、轻创新,重引进、轻开发"现象普遍,拥有自主知识产权和核心技术的产品少,关键技术及核心部件受制于国外。

三、系统集成水平有待提升

全省智能制造装备单机应用居多、成套装备较少,能够提供智能制造整体解决方案的制造型服务企业,以及在工程设计、模块设计制造、设备供应、系统安装调试、技术咨询服务等领域竞争力强的专业化企业缺乏,系统集成能力较弱。

四、推广应用力度有待加强

全省智能制造装备推广应用缺乏包容创新的环境,部分应用企业对国产智能制造装备存在认识误区"崇洋媚外"现象时有发生,以致在航空航天、汽车、船舶等重点领域用户的示范推广积极性不高。同时,也缺乏有针对性的政策引导和激励机制。

第三节　发展主要举措

适应智能制造产业发展趋势,发挥湖北现有技术优势和产业基础,瞄准国内外市场需求,加快推进智能制造装备的技术研发和产业化,积极拓展应用市场,不断壮大产业规模。通过对接国际先进水平,积极培育龙头企业,加快推进智能装备的技术研发和产业化,不断壮大产业规模。

突出激光、高档数控机床、工业机器人、增材制造(3D打印)等重点领域,加快推进智能装备的技术研发和产业化,加快壮大产业规模。力争到2020年,智能装备产业规模突破2000亿元;到2025年,产业规模达到4000亿元。打造以智能装备为代表的中部高端装备产业核心区。

一、聚焦创新驱动

(一)提高产业创新能力

加速基础研究和应用研究的衔接融合,形成全链条、一体化的创新布局。鼓励自主创新,完善以企业为主体、市场为导向、政产学研用相结合的创新体系。围绕产业链部署创新链,围绕创新链配置资源链,提高关键环节和重点领域的创新能力,加速科技成果产业化。加强各类技术和知识产权交易平台建设,促进创新要素的高效流动和有效配置;建立从实验研究、中试到规模化生产的全过程科技创新融资模式,促进科技成果资本化、产业化。

(二)营造协同创新氛围

支持以骨干企业为龙头,以科研院所为智力支撑,联合产业链上下游企业共同参与的协同创新机制,统筹开展在基础材料、关键工艺、核心零部件、高端软件、系统集成等方面的协同攻关,推动跨领域跨行业协同创新。着眼创新资源和要素的有效汇聚,推动各创新主体打破壁垒开展深度合作,充分释放人才、资本、信息、技术等创新要素的活力。建立联合开发、优势互补、成果共享、风险共担的产学研用合作机制。支持骨干企业加强产业链上下游合作,带动更多的具有核心技术和较强创新能力的创新型中小微企业成长。鼓励企业主导构建产业技术创新联盟,支持联盟承担产业共性技术研发重大项目,完善产业创新链。

（三）强化开放式创新

注重产业集成创新,重视衍生行业和新技术的应用,加大网络通信、射频识别、物联网与大数据的应用。鼓励各类创新主体充分利用互联网,把握市场需求导向,加强创新资源共享与合作,促进前沿技术和创新成果及时转化,构建开放式创新体系。尝试"众筹、众包、众创"的融资模式和生产方式,大力发展众创空间,为小微创业者提供低成本、便利化、全要素的创业服务环境。大力推动产业分工合作、创新资源开放合作、要素有序流动。鼓励企业通过引进消化吸收国内外新技术、在海外设立研发机构、收购国内外先进企业等方式,弥补产业链缺失环节。

（四）加强创新平台建设

依托大型骨干企业和科研院所,围绕关键核心技术的研发、系统集成和成果中试转化,建设具有国内外先进水平的智能制造研究院、工程化平台。支持骨干企业创建国家级和省级重点实验室、工程实验室、工程技术研究中心、企业技术中心等。围绕智能制造、工业机器人、增材制造等领域创新发展的重大共性需求,形成一批制造业创新中心（工业技术研究基地）,建设国家级、省级高档数控系统关键共性技术创新平台、3D打印创新平台、光纤光缆智能制造创新平台、智能机器人技术创新平台等。

二、推进重点攻关

（一）加强统筹协调

瞄准国家重大战略需求和未来产业发展制高点,加强重点领域技术创新路线图研究;攻克一批对产业竞争力整体提升具有全局性影响、带动性强的关键共性技术。依托行业龙头骨干企业和创新型企业,开展关键核心技术攻关,围绕产业主攻方向和关键技术领域,推动建立一批产业技术创新联盟,开展协同创新。

（二）加强系统能力建设

提升设计集成水平；发展高精、高速、智能、复合、重型数控工作母机和特种加工机床、大型数控成形冲压机床、重型锻压机床、清洁高效铸造装备、新型焊接及热处理装备等基础制造装备；掌握高速高精、先进控制与优化、系统协同等智能制造基础共性技术；攻克核心智能测控装置与部件。

（三）突出特色领域

依托优势企业，集中力量重点推进湖北自动化控制、数字化设计、数控系统、伺服驱动、增材制造（3D打印）、精密成形、激光加工、工业机器人、智能光电子等领域核心技术、软件开发、关键零部件及加工材料等取得突破，促进重点领域跨越发展。

（四）组织实施重点项目

对接、实施国家科技重大专项、智能制造专项等，将项目工作重心前移，组织策划一批具有自主知识产权、本土化率高的智能制造装备研发、技改项目，优先推荐为国家科技计划（专项、基金等）、省重点项目，并认真组织实施。

（五）推进创新成果产业化

鼓励新研制智能制造装备的推广应用，尽快形成湖北工业领域新的经济增长点。鼓励首台（套）应用，开展重大技术装备首台（套）的认定工作，在智能制造装备产业建立由项目业主、装备制造企业和保险公司风险共担、利益共享的产品保险机制。

三、加强成套、集成

（一）鼓励系统集成应用

培育具备整体设计能力和解决方案提供能力的专业化智能装备系统集成企业。加快推进集团管控、系统集成、业务协同和流程再造，鼓励制造执行系统（MES）、高级计划排产（APS）、商业智能和数据挖掘系统等先进信息系统应用。增强数字化工厂构建能力，提供从车间布局、方案设计、系统集成、装备开发、安装维护、试生产到备件准备等一揽子解决方案。

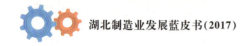

（二）大力发展工程承包公司

培养具有国际竞争力的工程承包公司，引导企业从提供产品设备向技术研发、工程服务、总体设计等全产业链服务延伸，为用户企业提供多模式、全流程、全生命周期的工程总承包，实现企业由生产型向生产+服务型转变。

（三）培养高水平专业化分包商

以总承包为牵引，按照专业化、特色化发展方向，培养和引导一批中小型企业成长为高水平智能制造成套装备分包商，在工程设计、模块设计制造、设备供应、系统安装调试、技术咨询服务等领域，推动专业化研发制造、精益化生产管理、自主化创新、集约化经营、品牌化运作。

（四）加强成套装备开发

依托用户需求，通过集成创新，开发智能化成形和加工成套设备、冶金智能成套设备、自动化物流成套设备、石油智能成套设备、环保治理装备、智能电网装备、智能化纺织成套装备、建材制造成套设备、智能化农机作业装备9类标志性的智能制造成套装备。

四、加快跨界融合

（一）加快工业互联网建设

推进工业互联网面向信息物理系统研发应用的智能控制系统的快速升级，实现制造系统中的物理对象与相应的虚拟对象之间无缝融合。加快发展智能制造基础软件统一开发平台和工程软件统一开发平台，自主开发智能装备亟须的嵌入式软件以及面向重点行业应用的核心工业软件。

（二）建设湖北特色"光联网"

以光感知数据、接入数据和传送数据，实现"光联万物"。光感知（光电协同、感知万物，包括光纤传感、光谱传感、光波导传感、光干涉传感、光触动传感、光嗅觉传感、光视觉传感等）、光互联（光电融合、互联万物，包括光纤光缆、光器件模块、光电集成、光接入系统、光电仪器、光网络、光与无线融合通信等）、光应用（光联万物、智慧万物，促进光电子和物联网深度融合），打造"光联网"创新型产业集群，在智能制造、信息技术、生物健康等领域催生一批原创性新兴产业。

（三）推进"互联网＋智造"协同共享

推进互联网创新融合，支持企业发展行业网络协同制造，提供技术、产品和业务撮合。推动企业开展O2O（线上线下）、柔性制造、大规模个性定制等制造模式创新试点。鼓励运用智能传感器、互联网、人工智能等技术，推动生产设备互联、设备与产品互联，建设自动化车间。加快民用爆炸品、危险化学品、食品、农药等行业智能检测监测体系建设，发展智能监测、远程诊断管理、全产业链追溯等工业互联网新应用。

（四）加强工业云建设

推进工业云平台建设。加强"楚天云"、"襄阳云谷"、宜昌"三峡云"等云服务支撑能力建设，发展中部地区大数据、智能制造云服务产业。依托装备制造企业、信息化服务商、科研机构成立工业云产业联盟，建设工业公共云服务平台，推动工业软件、数据管理、工程服务等资源开放共享，推进制造需求与社会化制造资源的无缝对接。开展"云数控""云机器人"示范应用。

（五）以大数据为驱动，重塑产业竞争优势

支持第三方大数据平台建设，推动大数据在工业行业管理和经济运行中的跨领域、跨平台应用。加强无线射频识别、新型传感器、数据采集板卡等关键工业数据采集器件和设备的研发以及在生产线上的集成应用。发展基于工业大数据分析的工艺提升、智能排产、过程控制优化、能耗优化等智能决策与控制应用。鼓励企业在生产经营中应用大数据技术，提升生产制造、供应链管理、产品营销及服务等环节的智能决策水平和经营效率。支持制造企业加大数据分析与挖掘力度，发展在线服务、虚拟试验、故障诊断、预测型维护以及视觉化管理等应用。

五、鼓励示范应用

（一）扩大自主品牌产品市场

开展省智能制造企业试点示范并鼓励重点地区开展试点示范。优先推荐省级试点示范企业申报国家级智能制造试点示范和专项项目。鼓励各地政府和行业组织通过举办示范推广应用现场会、现场演示、互动交流、合作洽谈等方式，帮助企业扩大智能制造装备应用示范。

(二)推动重点领域智能转型

对接国家高档数控机床重大科技专项、智能制造专项、首台(套)重大技术装备保险补偿政策,以及智能制造试点示范专项行动等,聚焦汽车、机械、航空、电子信息、船舶、轻工等重点领域,紧扣关键工序智能化、生产过程智能优化控制、供应链计划与生产物流及能源管理优化,建设智能工厂数字化车间,分类实施流程制造试点示范与离散制造试点示范。

(三)开展产品智能化升级示范

推广先进成形和加工方法、智能化生产、智能检测和智能物流系统,引导企业应用先进技术和智能化装备,在智能移动终端、智能交通电子信息、智能医疗设备、智能家居、智能轻工、智能纺织等领域组织实施产品智能化升级示范专项行动,以焊接生产线/单元、无人化柔性焊装车间、民用爆炸品智能生产线、高端医药制造自动化生产线、智能化物流车间等生产工艺为切入点,分步骤、分层次开展应用示范,形成通用性、标准化的应用推广平台,推进产品研制与应用协同发展。

(四)推进制造过程智能化

鼓励机械、船舶、汽车及汽车零部件、电子、家电、服装等离散制造行业,在关键环节和关键工序推进智能制造单元、装备智能化升级、工艺流程改造、基础数据共享。鼓励企业加快建设智能工厂,提高 MES/APS、ERP、PLM 和机器设备网络的互联互通集成能力,形成联网协同、智能管控、大数据服务的制造模式,全面提升企业的资源配置优化、实时在线优化、生产管理精细化和智能决策科学化水平。

(五)推动智能工厂标准化建设

在家电制造、汽车零部件制造等行业打造中国特色的智能工厂,实现工厂计划智能、生产协同智能、设备互联互通智能、资源管控智能、质量管理智能以及运作决策智能。推进智能工厂/数字化车间行业标准化建设,在智能装备/产品、工业互联网/物联网技术、工业云和大数据应用,以及服务型制造等方面,探索实现行业更为全面的智能制造标准体系的建立与推广应用,形成可推广的行业智能制造系统解决方案。探索智能工厂向高层次的渐次推进。

六、打造湖北品牌

(一)夯实基础制造

组织实施工业强基工程。强化前瞻性基础研究,建立基础工艺创新体系,利用现有资源建立关键共性基础工艺研究机构,开展先进成型、加工等关键制造工艺联合攻关;推动整机企业和"四基"企业协同发展。注重需求侧激励,产用结合,协同攻关。开展工业强基示范应用,积极落实新材料、关键智能部件的首台(套)、首批次保险补偿机制政策。

(二)加快智能制造标准化和质量提升

鼓励企业、科研院所、行业协会主导或参与国际、国家和地方标准的制(修)订工作,引导行业协会、产业联盟和产业集群企业制定联盟标准等团体标准。强化标准化与科技创新融合,推进军用标准和民用标准的兼容发展。实施工业基础、智能制造、绿色制造三大标准化和质量提升工程。加快推进智能制造标准国际化,开展智能制造领域标准比对分析、标准互认,推动湖北装备、技术、产品、服务走出去,打造湖北制造金字招牌。

(三)加强品牌建设

加强知识产权保护,加强专利政策与科技、产业等扶持政策的衔接。引导智能制造集聚形成合力,打造区域品牌,推动重点骨干企业开展工业企业品牌培育试点。加快培育一批代表湖北工业、湖北产品新形象的国际知名和国内一流品牌。鼓励企业追求卓越品质,形成具有自主知识产权的名牌产品,不断提升企业品牌价值和湖北制造整体形象。

(四)推行绿色制造

加大先进节能环保技术、工艺和装备的研发力度,加快绿色改造升级,积极推动机床、工程机械等高端再制造、智能再制造、在役再制造;积极推行低碳化、循环化和集约化,提高资源利用效率;强化产品全生命周期绿色管理,努力构建高效、清洁、低碳、循环的绿色制造体系。

七、促进区域协调

(一)统筹布局,加强规划引领

全省智能制造装备产业按照"一核两区多基地"规划布局,即以武汉及武汉城市圈为一核心,以襄阳、宜昌为两重点区域,并向其周边市(县)产业园辐射形成多个重点明确、特点突出、优势互补的智能制造特色产业基地。

(二)鼓励大众创业、万众创新

大力培育智能制造装备主机生产、系统集成骨干企业,支持零部件生产、控制软件开发及产业服务型企业加快发展,加速推进智能制造装备关键零部件产业发展。鼓励企业兼并重组、资源整合、产业升级,培育一批"专、精、特、新"的骨干企业。

(三)加快产业园区建设

鼓励武汉、襄阳、宜昌、孝感、黄石、十堰、荆州、鄂州等重点地市依托现有产业基础,建设特色产业集群,创建省级工业机器人、增材制造(3D打印)等智能制造产业示范园区(基地)。做好园区规划布局,营造发展环境,创新服务模式,搭建服务平台,实现资源共享。提升园区硬件、软件等综合配套能力,加大招商引资力度,引进国内外知名企业入驻,形成集聚效应和产业特色。

(四)加强智能制造示范基地建设

选择有基础的市、县(区),围绕智能制造重点方向领域,规划建设一批产业配套完善、龙头企业主导、创新能力突出、辐射带动作用强的省级智能制造示范基地,支持创建国家级智能制造示范基地和国家新型工业化示范基地。

第四节 发展建议

一、加大技术研发力度

一是加快技术研发,突破产业技术瓶颈。二是针对应用需求,开展工业机器人全生命周期性和制造工艺技术研究,攻克关键零部件技术并实现产业化。三是充分利用和整合现有资源,继续推进研发平台、应用验证平台和整机及关键部件检测中心的建设工作。四是建设人工智能、感知、识别、驱动和控制等下一代技术研发平台,同时关注没有被现有机器人技术体系所纳入的领域(如能源、大数据、安全和材料等领域)的技术创新。

二、集中突破重点产品

一是以市场需求为导向,集中主要的技术力量和资金,重点突破面向汽车、电子等高端应用领域的2～3种工业机器人,掌握总体技术,并形成规模应用,进而带动我省工业机器人相关零部件生产企业的发展。二是根据客户多样化的需求特点,选择细分市场推出一些性价比高的产品,逐步抢占国内中小企业用户市场。

三、加强人才队伍建设

一是切实推进产学研一体化人才培养模式,建立校企联合培养人才的新机制。依托知名研究机构,通过实施大型合作项目,联合企业培养出从研发、生产、维护到系统集成的多层次技术人才。二是运用职业培训、职业资格制度,通过实际项目锻炼来培育人才。三是加强高层次人才引进,吸引海外留学人员回国创新创业。

第七章　新能源汽车及专用汽车

汽车产业是湖北的重要支柱和优势产业,新能源汽车及专用汽车是湖北汽车产业的重要组成部分,在全省汽车产业中占有举足轻重的地位。2016年,全省汽车行业坚持稳中求进的总基调,加快推进供给侧结构性改革,总体呈现平稳较快发展的良好态势,实现了"十三五"的良好开局。

第一节　新能源汽车

一、基本情况

(一)发展现状

"十二五"以来,全省汽车产业积极适应经济发展新常态,抢抓各种机遇,在整车和零部件、新能源汽车及专用汽车等领域均取得了长足进步。产业结构进一步优化,发展后劲进一步增强,经济效益进一步提高。

(1)发展速度稳中趋快。

2016年,全省规模以上汽车工业增加值增长13.9%,高于全省工业增加值增长率5.99个百分点,占工业增加值的比重为13.3%。实现主营业务收入、利润、税金分别为6014.9亿元、525.1亿元、282.4亿元,同比增长12.4%、18.2%、10%,增幅分别高于全省规模以上工业主营业务收入、利润、税金增长率5.6、8.6、9.7个百分点。2016年,全省累计生产汽车243.7万辆,同比增长24.5%,高于全国汽车生产总量平均增幅10个百分点,占全国汽车生产总量的8.7%,较去年提高0.7个百分点,稳居全国第六位。

新能源汽车整车技术不断成熟,生产能力快速提升,服务领域更加宽广,核心零部件供给能力进一步提高,产量实现大幅增长。2015年产量达1.4万辆,2016年湖北省新能源汽车累计产量达2.4万辆,同比增长66.6%,标志着湖北省新能源汽车

第七章 新能源汽车及专用汽车

已经进入规模化产业化阶段。

（2）产业优势进一步凸显。

新能源汽车产业水平稳居全国前列。东风汽车公司的纯电动乘用车、纯电动客车、纯电动物流车、MPV、SUV、皮卡等多款车型已相继投放市场；扬子江汽车集团有限公司的纯电动城市客车、物流车和在线公交车已量产，在线充电纯电动城市公交客车成为我国现阶段客车电动化的主要基础方案之一。湖北省新能源汽车产业基本具备电池、电机、电控系统三大核心总成部件批量生产和配套能力。

（3）供给侧结构性改革有效推进。

一是加大投资补短板。2016年，全省汽车行业完成投资1325.78亿元，同比增长9.1％。总投资额为52.25亿元、年产能为24万辆的东风本田第三工厂建设项目在武汉经济开发区开工启动。总投资额为30亿元的湖北中兴新先进材料有限公司1.2万吨磷酸铁锂电池及正极材料项目在湖北大冶汉龙汽车产业园开工启动。总投资额为51亿元的南京金龙（武汉）新能源汽车产业园在武汉经济技术开发区开工建设。总投资额为60亿元的17个汽车配套项目在武汉汉南区汽车及零部件产业园集中开工，主要为东风本田、神龙汽车、东风乘用车、东风雷诺和通用汽车的零部件配套。总投资额为30亿元的中科泰能迈基新能源汽车产业园高能镍碳超级电容电池生产、新能源汽车整车及零部件生产、新能源汽车研究院为一体的综合性项目在随州曾都区启动。总投资额为30亿元的武汉新能源汽车工业技术研究院项目竣工。总投资额为17.6亿元的江淮新能源汽车年产能2.5万辆新能源汽车和1万辆新型环卫车武汉生产基地在蔡甸区开工。总投资额为2500万美元的浦项奥斯特姆公司年产227万套汽车底盘及汽车底盘零部件项目在武汉市洪山区竣工。总投资额为8亿元的骆驼股份首期年产能40亿瓦时的新能源电池项目在襄阳正式投产。此外，总投资不少于200亿元的湖北长江蔚来新能源产业发展基金智能化新能源汽车整车生产基地项目也在武汉东湖高新区签约。

二是优化结构补短板。新能源汽车产业发展换挡提速。目前，全省已建成各类新能源汽车生产企业14家，新能源汽车产品型谱已经涵盖纯电动轿车、客车和轻型商用车及底盘，有200余款适应市场需求的新能源汽车产品入选国家《车辆生产企业及产品公告》，列入《新能源汽车示范推广应用推荐目录》，开始批量生产。东风汽车公司、东风汽车股份公司、扬子江汽车集团有限公司、东风特汽（十堰）专用汽车有限公司、湖北新楚风汽车股份有限公司成为具有较强竞争力的企业。南京金龙、比亚迪、江淮汽车、众泰汽车、海立美达公司等也已在湖北布局新能源汽车生产，天津力神、深圳沃特玛、中航锂电等一批动力电池企业也陆续进驻。

（4）创新驱动再添新动能。

全省汽车产业坚持创新发展、自主发展和绿色发展，积极培育以"互联网＋"和现代信息技术为支撑的新兴企业组织,促进动力转换与转型增效。东风本田新建第三工厂,积极打造具有绿色、智能、柔性特点的工厂,在解决现有产能不足的同时,重点考虑节能与新能源汽车生产,布局智能网联和新能源汽车。以武汉、襄阳、十堰、随州、荆州、荆门、黄石、宜昌等地域为辐射形成的一批新能源汽车项目建设步伐加快。工信部与省政府签署了《基于宽带移动互联网的智能汽车与智慧交通应用示范合作框架协议》,示范区落户在武汉经济技术开发区智慧生态城。根据协议,全省加快智能网联汽车与智慧交通创新示范试验区国家基地建设,目前已有吉利车联网、长城汽车车联网研发中心、萨博汽车无人驾驶项目、百度无人驾驶项目等智能网联汽车产业链相关企业落户。

(二)面临的形势

(1)产业发展新趋势带来新挑战。

湖北省新能源汽车发展受到深度挑战。一是汽车行业竞争正由制造领域向服务领域加速延伸。进入互联网+时代,汽车制造借助大数据和云计算,推动商业模式创新和价值链重构,使得汽车生产端和消费端直接连通,让个性化定制成为可能。二是新能源汽车成为转型升级的重要方向。为了破解制约汽车产业发展的能源和环保问题,主要汽车生产国已将发展新能源汽车上升为国家战略,以节能和新能源汽车为主攻方向的国际汽车竞争态势已全面展开。三是智能化、网络化、数字化将成为汽车发展的主流。随着车联网、自动加速、人机交互系统技术加速成熟,整车企业和零部件供应商正加大智能化、网络化系统的投入,积极发展智能汽车、互联网汽车,汽车产业竞争格局将因此发生颠覆性的变化。

(2)"五大"发展理念提出新要求。

"创新、协调、绿色、开放、共享"五大发展理念,要求汽车产业在新一轮发展中必须坚持创新发展,实现关键核心技术突破;坚持融合发展,加快形成全要素、多领域、高效益的产业融合发展格局;坚持绿色发展,加快推动节能与新能源汽车产业;坚持开放发展,积极探索国际间产业合作发展新模式;坚持共享发展,实现全产业链分享市场成果共同进步的格局。

二、存在的主要问题

(一)产品质量和安全性亟待提高

我国第一批节能与新能源公交车已运行满5年,整个新能源汽车市场规模也开始迅速扩大,安全隐患逐渐显现。2015年连续出现的多起安全事故,受到国家和行业的广泛关注。目前全国重点示范的政策效果主要在于数量和规模,在产品技术瓶颈突破、技术验证和系统验证等方面的工作相对薄弱,新能源汽车产业综合竞争力的提升效果仍不明显。

(二)基础设施建设不能满足新能源汽车发展

新能源汽车发展环境严重缺乏,充电设施建设严重不足,远不能满足新能源汽车快速发展的需要。充电设施的规划、选址、建设与车辆使用规律和使用习惯匹配衔接不够,不能为消费者提供便利的使用条件,与车辆较长行驶里程相配套的充电站网络远未形成,新能源汽车消费者普遍存在里程焦虑。针对个人用户的充电问题还没有形成系统的解决办法。

当前我国电动汽车充电基础设施已有国家顶层规划,但细化政策尚未出台,湖北省政策尚不明确,相关的流程、标准、规范不完善,协调难度大。商业化方面,充电设施建设投资大、成本高、收益低、投资回收期长等因素严重影响建设积极性。现阶段充电设施对政策依赖较大,暂无良好的商业化盈利模式,多数企业是在政策的激励及对产业未来良好形势的预判下进入市场,行业规模效益尚未显现,市场有待进一步规范。

(三)技术瓶颈突破不够,研发投入不足

我国电动汽车虽然在产量和市场规模上全球领先,但技术积累较国际先进水平还有较大差距。电池核心技术的原创性不够,主要依靠仿制和跟随国外技术进展,正极材料、隔膜等产品一致性较差,批量生产能力与美国、日本等国的先进企业还存在较大差距。电控核心技术的成熟度有待提高,技术硬件和开发工具基本依赖进口,电机产业目前可满足车用要求,但一致性、可靠性与国际先进水平尚有差距,基于电机的动力系统集成度不高,测试标准及设备落后,缺乏自主、商业性的IGBT驱动器件,基础技术积累薄弱,原理性研发少,研发投入总体不足。

(四)电池回收体系不完善

近年来,我国新能源汽车销售增长迅速,预计2～3年后我国动力电池的报废问题将凸显。以目前的发展势头,5年以后将出现大量电池更换需求,届时我国电动汽车动力电池累计报废量将达到12万～17万吨。而现阶段国内尚未建立和完善动力电池回收制度与体系,部分回收公司存在不注重环保、操作不规范等问题,对环境保护造成潜在的威胁。

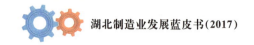

三、发展主要举措

坚持以低碳化、智能化、服务化为导向,积极推进新能源汽车的研发及应用,提高产业聚集水平。"十三五"期间,实现新能源汽车产业的规模化发展,较大提升新能源汽车产业整体技术创新水平,建成我国重要的新能源乘用车研发生产基地和车用动力电池生产制造基地。到 2020 年,新能源汽车工业产值达到 400 亿元;到 2025 年,新能源汽车产值达到 800 亿元。

(一)增强新能源汽车关键零部件创新和配套能力

(1)电池系统方面:提高高性能动力电池正极、负极、隔膜、电解质材料制备技术,车用动力电池单体、模块、系统设计技术,高性能低成本燃料电池材料和系统关键部件、电动汽车电力系统储能应用技术等;

(2)电机系统方面:提高电动轮/轮毂驱动技术,新能源汽车电机及其驱动系统、新型微型涡轮发电机系统、基于 EMT 的电驱动系统等技术;

(3)电控系统方面:发展电动汽车动力系统能量流与信息流协同控制技术、能量回馈式电动汽车制动防抱死系统、纯电动汽车远程监控和故障诊断系统、电动汽车车载充电机、车用动力电池组管理系统、集成 DC-DC 和其他电气功能的控制器、可变电压控制器等。

(二)推进新能源汽车产品研发和规模化发展

进一步扩大中小型纯电动和插电式混合动力乘用车、新能源客车、新能源专用车生产规模,形成整车开发和定型试验等产业化开发能力。持续跟进插电式(含增程式)混合动力乘用车、插电式(含增程式)混合动力客车和专用车的关键技术研发,促进超轻量新型客车平台成果转化,加快高集成度的电动一体化底盘产品技术成熟,形成自主知识产权的核心技术和自主开发及产业化能力。形成能满足市场需求、具有安全保障的新能源汽车创新体系和供给体系,建成较为完善的配套设施支撑体系。

(三)加快基础设施建设速度

促进充电设施、充电支付、充电设施信息互联互通,完善安全性相关标准,建立充电设施产品、运营商准入管理制度,进一步落实扶持政策,加快解决家用电动汽车充电难问题,创新设施投资和商业运营模式,为社会资本参与投资建设运营提供政策支持便利。充分利用"互联网+"的创新商业模式,整合利用产业链和价值链资源,搭建具有吸引力的平台,通过战略合作、混合所有制经营等多种方式,形成涵盖车企、用户、运营商、互联网企业等在内的合作共赢网络,吸引大量的互补者积极参与价值链的构建,分享运营收益,推进充电桩产业发展,加快电动汽车推广应用。基于对用户需求的精确理解,创新充电桩业务的运营管理模式。以用户需求作为价值主张的基点,围绕用户需求开展产品创新。以提供出众的充电设施解决方案为基本定位,在提供便捷操作、界面友好、智能多样的充电设施的基础上,以移动终端应用软件(APP)开发为基础,以软件应用内容为核心提供贴心增值服务;进一步尝试通过远程监控、无人值守等技术手段,运营充电站与充电桩,改进用户服务体验,提升充电桩的运营效率与效益。

(四)面向消费端实行多样化激励政策

加强消费端激励政策的多样化,提升税费优惠政策的引导性和有效性。侧重消费需求端的激励,落实和创新优惠模式,除了直接财政补助、税费减免外,还可以广泛采用低息贷款、车道使用、停车优惠、充电优惠、牌照优惠、车险折扣、新能源积分管理、绿色税制等方法。尤其是可以借鉴发达国家的绿色税制,以负激励方式提高传统汽车的使用成本,相对而言,创造新能源汽车的使用优势。另外,在购置税减免的政策设计中,要以提高新能源汽车的性价比为核心,针对不同车型和不同节能减排程度给予差异化的税费优惠,提高消费者对新能源汽车的接受程度。

(五)加快区域发展特色形成和竞争优势确立

巩固现有基础,加快全省新能源汽车及专用汽车产业区域差异化特征和竞争优势的形成与确立。武汉市以新能源乘用车、城市公交客车等,以及高端市政、园林、环卫、消防、应急等专用汽车为重点发展方向,建立集群优势和自主创新优势。随州市以轻型新能源商用车底盘、公共服务领域新能源专用汽车等,以及传统专用汽车的轻量化和智能化为重点发展方向,不断提升"中国专用汽车之都"发展水平。襄阳市以新能源乘用车和商用车为重点发展方向,推进新能源汽车及专用汽车进入新一轮快速增长期,加快"中国新能源汽车之都"建设。十堰市以中重型新能源物流作业车和新能源汽车动力系统,以及工程车、特种作业车、自卸车等专用汽车为重点发展方向,加快推进"国际商用车之都"建设。荆州市以油田作业车和多功能车载叉车系列专用汽车及新能源汽车零部件等为重点发展方向,提高自主创新能力,完善产业链。

四、发展建议

（一）积极引导企业创新商业模式

发挥信息技术的积极作用。不断提高现代信息技术在新能源汽车商业运营模式创新中的应用水平，鼓励互联网企业参与新能源汽车技术研发和运营服务，加快智能电网、移动互联网、物联网、大数据等新技术应用，为新能源汽车推广应用带来更多便利和实惠。

（二）推动公共服务领域率先推广应用

在城市公交行业率先推广应用。大力推动新能源公交车示范运营，按照国家出台的有关政策要求，改革完善城市公交车成品油价格补贴政策。城市公交行业是新能源汽车推广的优先领域，将新能源公交车纳入成品油价格补贴范围，同等享受城市公交车燃油补贴。加快全省新能源公交车替代燃油公交车步伐，促进城市公交行业健康发展。

加大党政机关和公共机构、企事业单位推广使用力度。党政机关、公共机构更新车辆时，当年购买配备新能源汽车数量不低于年度更新车辆总量的30%，并逐年提高比例。在推行公车改革中，积极倡导公职人员购买使用新能源汽车。

（三）加强宣传引导和舆论监督

充分利用各类媒体，通过多种形式，大力宣传推广应用新能源汽车对降低能源消耗、治理大气污染的重要意义，组织业内专家解读新能源汽车的综合成本优势，提高全社会对新能源汽车的认知度和接受度。积极组织推广应用交流活动，及时总结成功经验，促进各地相互学习借鉴，共同提高。对损害消费者权益、弄虚作假等行为要进行曝光和惩治，形成有利于新能源汽车消费的良好氛围。

（四）强化人才建设

支持大专院校和职业学校开设与新能源汽车产业发展相关的各类专业，加快培养一批专业技术人才、管理人才和专业工匠。加强企业与高校和科研院所的合作，设立更多的博士后流动站，深化知识溢出效应。比照发达省份的人才引进政策，加大留住人才政策力度，防止人才流失。鼓励社会资本投资培训机构，加大产学研一体化发展的力度，构建多元化、多层次新能源汽车人才教育培养体系。

第二节　专用汽车

一、基本情况

（一）发展现状

（1）产业基础进一步夯实。

专用汽车生产能力进一步增强，品种更加丰富，品质不断提升，集群化、差异化发展特征更加明显，保持了较快增长态势，2015年产量达25万余辆，比"十一五"末净增近10万辆，占全国专用汽车年产销量的14％左右。2016年，专用汽车累计产量27.2万辆，同比增长8.8％。

（2）产业优势进一步凸显。

专用汽车生产规模在国内名列前茅。2015年产量排名由全国第二位提升到第一位，产品品种涵盖专用汽车国家产品目录中的八大类全部产品。普通自卸车、厢式车、仓栅车、罐式车等产品在全国具有较强的规模优势，专用汽车产业特色优势凸显。

（3）产业结构进一步优化。

产品结构调整成效显著。专用汽车产量占载货车产量的比重已由2010年的23％提高到2015年的55％，重、中、轻构成比已经由2010年的2∶5∶3逐步调整到2015年的5.5∶2.1∶2.4，普通类型产量逐步降低，专用功能较强的专用汽车产量逐年增长。

区域结构调整特色鲜明。沿长江的汽车产业带已经延伸至宜昌市。以武汉市、襄阳市为核心的新能源汽车生产和示范推广基地已经建成，十堰市、随州市新能源商用车已初具规模。随州市"中国专用汽车之都"全面繁荣，十堰市专用汽车特色化趋势不断加强。

（4）创新能力进一步提升。

专用汽车创新能力得到明显提高，其中重型专用车底盘、特种车底盘、特种作业车、治沙植草喷播车、石油特种车、前卸式混凝土搅拌车、大马力自卸车、道路检测车、罐式集装箱车等技术处于国内领先水平；抑尘车填补了国内空白；旅居房车、移动式工程车和电视转播车等以其技术水平和质量在国内具有一定的知名度和影响力;新能源专用车的技术水平和市场推广一直走在全国前列。

(5) 发展后劲进一步增强。

湖北已列入国家《车辆生产企业及产品公告》的专用汽车生产企业共有96家,位居全国第二,已形成产能每年40万辆,涌现了一批主营收入超10亿元的企业。

(二) 面临的形势

(1) 国家发展战略带来新机遇。

"长江经济带建设""互联网+""大众创业、万众创新""新农村建设"等一系列国家发展战略的深度实施,将会对内需市场的需求结构带来很大影响。在"一带一路"倡议导向下,专用汽车市场需求将会西移和外延,同时带动国内大物流的西移和外延;受互联网、大物流和大工程影响,客户将由分散类向集团类进行转变;加大新农村建设,将使新型农村专用车辆呈现较强的增长态势。

(2) 汽车技术变革拉动新发展。

目前,全球汽车技术正在经历以"底盘电动化、车身轻量化、整车智能化、交通网联化"为代表的四大变革。在新一轮产业升级创新变革的进程中,专用汽车产业必须尽快实现从传统粗放型增长向绿色增长转变。今后,以单一新产品、追求细分市场为主的个性化生产的企业,以成熟的金融工具把汽车产品打造成金融产品供给客户并参与物流产业价值链分享的新型专用汽车企业,以丰富企业产品线打造产品系统解决方案并辅以BT、BOT、PPP等新型运营模式参与市场竞争的汽车企业,以利用"互联网+"的思维和大数据管理生产运营、销售、售后服务为一体的新型汽车企业,将快速涌现。

二、存在的主要问题

(一) 发展瓶颈有待突破

核心零部件缺乏一体化系统配套能力,严重影响整车性能和技术进步。专用汽车产品同质化和低质化现象较突出、分工协作能力不强、专用上装部件配套能力偏弱、现代企业管理制度建设落后等问题,严重制约了行业的发展壮大。

(二) 发展质量亟待提高

"十二五"期间,尽管专用汽车产业发展迅猛,但低水平重复建设现象依然存在。特别是企业集中的地方,不仅没有形成协调、共享发展的良好态势,反而由于区内产品同质化严重,导致恶性竞争。地方政府尚未形成有效的解决办法,对今后培育和继续壮大专用汽车生产基地造成了隐患。

(三)发展外向度尚需提升

全省专用汽车国际化水平较低,"走出去"发展能力相对较弱,尚未形成区域间协同高效发展的模式。产品出口量小面窄,大部分出口产品处于国际市场中低端,利润低,竞争力不强,容易受到外界不利环境的影响。同时,缺少具有国际竞争力的跨国企业,品牌的海外影响力尚需进一步加强。

三、发展主要举措

坚持以低碳化、智能化、服务化为导向,进一步壮大"专、精、特、新、轻"的专用汽车产业,提高产业聚集水平。到2020年,专用汽车工业产值达到700亿元;到2025年,专用汽车产值达到1000亿元。

(一)提升专用汽车产品供给能力和水平

加大专用汽车供给侧结构性改革力度,瞄准细分市场,推进专用汽车差异化发展。加大专用汽车产业结构和企业组织结构调整力度,加强资源整合、市场整顿,支持企业开发新产品,提高市场占有率。不断拓宽专用汽车品种,重点发展适合现代物流行业需求,具备轻量化、车联网技术、应用新材料特征的现代物流专用车辆;适应公共基础设施建设和新农村建设需要,具有短轴距、环保化、密封式、新能源特征的新型工程建设车辆;承担政府职能社会化转变和适应新农村需求,具备系统解决方案,部分具备新能源特征的市政、环卫车辆;适合高等级公路养护、抢险、救援需求,具备作业单元系统性、匹配性的各种专用车辆;适合提升现代生活品质需求,具备人性化、合理化、环保特征的各类休闲服务专用车辆;适合现代影视传媒行业需求的各种专业车辆。重点推进相关车辆整车设计技术和新能源专用汽车关键技术的创新突破。

(二)推进专用汽车关键上装部件技术进步和品质提升

重点推进举升装置和随车吊机总成、支腿和鞍座、高压封头和罐体、厢式运输车举升尾板等优势专用汽车上装部件技术进步,加快产品质量、稳定性、可靠性等品质的提升。加快智能控制、安全保障等新型专用汽车部件的研发和产业化。加速推进符合上装部件的标准化、模块化设计技术,高效运输、节能、环保要求的轻量化整体设计技术和车联网系统部件,铝合金下料、焊接、结构件制造,各类专用汽车制造工

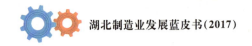

艺装备等。

（三）推进专用汽车集群化发展

进一步引导全省专用汽车资源向专用汽车企业比较集中的地区聚集，推进专用汽车集群化发展。加快发展模具、汽车电子等专用车上下游产业及产品，延长产业链，壮大产业集群。积极支持随州实施"千亿元产业"战略，积极推进企业联合、兼并、重组，着力培育一批在国内外有一定影响力和竞争力的企业集团或龙头企业，提高核心竞争力。

（四）积极开放，对外合作

抢抓国家实施"一带一路"倡议的机遇，引导企业"走出去"，整合全球资源，开展国际化经营。积极搭建对接平台，鼓励有条件的企业参与国际产能合作，通过境外新设、并购等方式，到海外目标市场设立研发机构、生产基地，申请国外专利，开展国际并购，实现企业的国际化战略，培育具有国际竞争力的本土跨国公司。充分发挥职能部门作用，支持、指导、推动湖北省境外经贸合作区建设。积极支持企业参与专用汽车示范推广项目，合作探索汽车的新型商业化模式。积极促进龙头企业建立海外营销服务体系，进一步增强辐射力和带动力。优化利用外资产业结构，以产业链高端产品和关键技术研发作为招商引资重点，引导外资投向，提升承接和吸纳国际产业转移的规模与能力，大力引进著名跨国企业在湖北设立研发机构和建设产业化项目。

四、发展建议

（一）加大研发投入

聚焦研发投入的重点领域，研发投入适当聚焦技术链上的上游核心技术，对技术含量及附加值高的技术、具备一定量产规模的优势企业进行重点培育。

（二）强化人才建设

支持大专院校和职业学校开设与新能源汽车及专用汽车产业发展相关的各类专业，加快培养一批专业技术人才、管理人才和专业工匠。加强企业与高校和科研院所的合作，设立更多的博士后流动站，深化知识溢出效应。比照发达省份的人才引进政策，加大留住人才政策力度，防止人才流失。鼓励社会资本投资培训机构，加大产学研一体化发展的力度，构建多元化、多层次新能源汽车及专用汽车人才教育培养体系。

(三) 引导资金支持

充分调动社会力量,多种方式、多方筹资。支持有投资意向的金融机构和相关企业积极参股省级股权投资引导基金或长江经济带产业基金,按照市场规律支持新能源汽车及专用汽车产业发展,强化产业基金投资方向,发挥基金引导作用,分布有序扩大规模,面向全省支持专用汽车产业发展。鼓励风投、创投、民间资金等社会资本投资新能源汽车及关键零部件相关产业,推动有条件的企业到境内外资本市场上市融资。

第八章　北斗卫星导航

北斗卫星导航应用产业（简称北斗产业）是以卫星导航和地理空间信息为基础、以具有时空特征标志的各类数据为资源、以面向市场需求提供智能化服务产品为主要特征的战略性新兴产业。

北斗产业是极具战略性、先导性和支柱性的产业，承载着国家发展战略和湖北"十三五"发展的希望，是一个重大的科技创新增长点，是湖北省信息化、工业化融合的核心，是大众创业、万众创新的引擎，是抢抓《中国制造2025》及"互联网＋"等机遇的重要抓手。《国家卫星导航产业中长期发展规划》要求，到2020年，我国北斗卫星导航系统及其兼容产品在国民经济重要行业和关键领域得到广泛应用，在大众消费市场逐步推广普及，对国内卫星导航应用市场的贡献率达到60％，重要应用领域达到80％以上。

发展北斗产业既是国家重大战略，也是湖北实现转型发展的历史性机遇，必须将北斗产业作为湖北省"十三五"规划和实施长江经济带战略的支柱性产业加以推进。要发挥北斗产业在调整经济结构、转变发展方式中的重要作用，形成湖北省在新一轮经济发展中的核心竞争力和整体带动力，力争"十三五"期末实现北斗产业弯道超车、超常规发展的目标。

第一节　基本情况

一、发展现状

湖北省率先研制建设了国内首个拥有自主知识产权的北斗区域地基增强服务系统；首次在专业应用领域实现厘米级定位；研制出国内第一款40纳米高精度消费类北斗芯片，并量产投入使用；在老河口市建成全国首个县级智慧城市时空信息云平台。覆盖全省的北斗定位基础设施已搭建完成。湖北省打造了由89个北斗卫星参考站、1个主控中心和3个分中心构成的北斗高精度位置服务"一张网"，可面向全省行业用户和大众用户提供高精度位置服务。

(一)突破核心关键技术,北斗卫星定位连续运行参考站网实现全省覆盖

湖北省率先研制建设北斗区域地基增强服务系统(HBAS)后,首次在专业应用领域突破北斗实时厘米级差分定位等核心关键技术,实现北斗厘米级精确定位,同时在北斗地基增强系统高精度板卡和应用软件上也取得了重大进展,形成了北斗"一张网"的关键技术竞争优势。确立了以"北斗网"为主干+若干应用的发展模式,取代GPS在相关领域,特别是在事关国家安全、政府行业应用等重要领域的位置,建立了湖北省导航与位置服务中心,开展了在公安、气象、交通等行业的应用示范。

(二)抢抓北斗产业发展机遇,湖北省北斗卫星导航应用产业链关键环节取得重大突破

湖北省率先在全国出台了《湖北省卫星导航应用产业发展规划(2014—2020年)》《湖北省人民政府办公厅关于促进北斗卫星导航应用产业发展的意见》以及《湖北省北斗卫星导航应用产业发展行动方案(2015—2020年)》,将北斗卫星导航应用产业作为湖北省战略性新兴产业和实施长江经济带战略的支柱性产业加以推进,同时带动关联融合产业共同发展。初步形成"一网""一图""一端"产业链雏形,并在关键环节取得突破发展,成功研制的第一款40nm北斗高精度消费类芯片实现量产并投入使用,在国内同类型芯片测试指标上排名第一,带动湖北省一批终端制造及上下游企业快速发展,形成湖北省面向消费信息、提供智能化服务的高端服务业上中下游协同发展的产业链条和核心竞争优势。总装北斗导航办湖北应用示范成功落地,组建了省北斗卫星导航应用产业发展联盟,建立了银企对接、央企对接等平台,加强了资源整合,为北斗卫星导航应用产业快速发展奠定了基础,形成了以武汉为中心的高精度定位服务和地理信息采集、处理、分析等为主的产业发展新格局,湖北成为全国五大北斗卫星导航应用产业重点发展区域中同时拥有人才优势、技术优势、产业优势的重要区域,在关键环节和关键技术上,湖北省北斗卫星导航应用产业已逐步形成支撑"互联网+"、智慧湖北建设的核心竞争力和整体带动力。

(三)应用示范牵引带动,政府市场合力推动(北斗卫星导航系统网)

(1)推动北斗示范,产生良性循环。

湖北省启动北斗卫星导航应用示范项目,计划在长江航道、现代农业、城市配送、农村客运、民生关爱5个领域建设7个信息服务系统,安装42万套北斗终端,总投资2.46亿元。尽管有些项目推进有难度,但不少示范项目产生了良好效果。

湖北省还首次将农用北斗终端纳入购机补贴范围。补贴按导航精度、是否带自

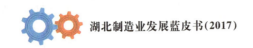

动驾驶系统等配置,分为 4 档,最高补贴 3 万元。

(2) 北斗应用公共管理。

荆门市启动公务车辆北斗定位监管系统建设,对公务车辆安装北斗定位终端。中地数码集团基于公安云 GIS 平台,为洪山区公安分局搭建立体防控云、公共安全预警等信息系统。今年,中地集团入驻该局科技信息化联创中心,一线民警将直接参与产品前期设计、实战化应用测试、产品后期优化等工作。武汉依迅电子信息技术有限公司研发出针对渣土车的北斗智能终端,在车辆上装载密闭监测、载重、超速等多个传感器。传感器与大数据系统实时联动,把 4000 多台渣土车管起来了,渣土车违规,系统会自动提醒拦截。

(3) 新一代汉产北斗芯片亮相。

武汉梦芯科技有限公司发布新一代北斗导航定位芯片——启梦 MXT2708A。北斗导航定位芯片是北斗导航产业链的核心。2015 年 11 月,梦芯科技发布完全自主创新的 40 纳米高精度消费类北斗导航定位量产芯片——启梦 MXT2702。这是我国首款采用 40 纳米工艺量产的基带射频一体化 SoC 芯片,实现了亚米级精准定位,首次定位时间少于 2 秒。该芯片不仅可以兼容所有类型的全球导航卫星系统,还可同时接收并处理 GPS、GLONASS、北斗三种卫星信号。目前,第一代启梦芯片已经在智慧城市、车载设备等消费类领域广泛应用,已达百万级规模。

二、面临的形势

(一) 促进信息消费、扩大内需为北斗产业发展提供重大机遇

卫星导航及位置服务已经成为人们日常生活中不可或缺的重要资源,越来越多的人使用车载导航定位服务、手机移动位置服务、互联网地图服务以及老人儿童监护等服务,教育、医疗等智能社会管理和社会保障体系对导航及位置服务的需求也越来越迫切。增加信息的位置和时间属性,使信息服务能力成倍提高,满足人民群众对信息化服务的多样化需求,是提高信息化建设水平、全面建成小康社会的重要保障。加快推动北斗导航核心技术研发和产业化,是湖北省促进信息消费、扩大内需的必由之路和关键产业。

(二) 智能化服务为北斗产业拓展巨大的市场空间

从发达国家看,卫星导航已经深入到社会的各个方面,智能化的社会管理、智能化的传统产业升级、智能化的大众服务、智能化产业的自身发展,形成了庞大的市场。我国经济社会正处于全面转型的时期,信息化建设已从数字化阶段走向智能化

阶段。一方面政府需要运用这些技术推动经济社会加速转型,另一方面在这些技术的应用过程中又会形成满足政府、企业及大众需求的智能化服务的巨大市场。我国已制定"四化同步"的发展战略,推进以人为本的城镇化离不开智能化;解决城市发展中的各种问题离不开智能化;转变政府职能创新社会管理离不开智能化;改善民生、满足人们日益增长的物质文化要求离不开智能化;改造传统产业、发展战略性新兴产业更离不开智能化。

(三) 新需求为湖北省北斗产业发展提出新要求

"十三五"时期,经济结构将进入加速调整期,公共需求进入快速扩张期,北斗进入黄金机遇期。湖北省提出"率先、进位、升级、奠基"总体目标,加快实施"五个湖北"建设、"两圈两带一群"协调发展、"绿满荆楚"行动实施、"祖国立交桥"打造以及大江大河治理等发展战略,对北斗信息产业提出了新的需求。贯彻创新、协调发展,加快产业结构调整,推进富强湖北建设要求:加快产业转型升级,培育壮大北斗卫星导航应用产业等战略性新兴产业,大力发展电子信息产业,建设智能终端、北斗应用等全产业链的集聚区,推动北斗卫星导航领域的关键技术突破和应用,打造千亿元北斗产业集群。要加快智慧城市建设、海绵城市建设,完善信息化基础设施,建设覆盖全省的北斗卫星导航地基增强系统,推动相关行业应用向北斗系统迁移,将测绘地理信息与新一代网络、大数据、云计算中心等共同纳入信息社会的基础设施。

第二节　存在的主要问题

一、产业集中度低

北斗产业发展"小、散、乱"问题突出。与美国GPS民用市场相比,我国北斗产业缺乏龙头企业。以产业上游的核心芯片技术企业为例,美国只有高通、博通等几家,而我国北斗芯片企业就有几十家。很多企业都想从事北斗行业,并付诸实践,这就造成产业"小、散、乱"的局面。

二、北斗应用主要集中在专业领域,市场发展空间狭窄

北斗目前已经启动交通公路运输、公共安全、民政减灾救灾等行业示范,国土资源、旅游等领域的示范项目正在论证阶段。但这些示范项目多数是专业应用领域,

有限的市场容量难以承载大量的北斗企业。传统测量市场已经饱和，地理信息装备销售每年保持在4万~5万台，新兴的驾考市场和农业机械市场正在兴起，但受行业特征影响，难实现大规模销售。

三、科研资源共享难，专业人才缺乏

目前从事北斗产业研发的仪器设备、数据等资源主要集中在科研院所和大企业手中，难以共享，这在很大程度上制约了北斗产业的持续创新能力。专门人才的缺乏，也导致了北斗产业发展的不均衡。

第三节　发展主要举措

充分释放已有的独特优势，以行业应用及民生应用为总牵引，全方位拓展空间信息产品与服务，加快提升产业规模化、高端化、服务化、集聚化发展水平，推动产业跨越式发展，形成全国有影响力的北斗卫星导航产业集群。

突出北斗芯片、高端接收机及终端产品、北斗CORS基站等重点领域，加快提升产业的规模化、高端化、服务化水平。到2020年，湖北省北斗及地球空间信息产业规模提高到1000亿元；到2025年，产业规模至少达到2000亿元。湖北省形成全国有重要影响力的北斗卫星导航产业集群。

一、完善产业发展体制机制

加强组织领导，落实北斗卫星导航应用产业发展联席会议制度，建立各地、各部门产业发展工作对接沟通渠道，统筹协调与相关产业的协同发展，确保按照职能分工共同推动湖北省北斗卫星导航应用产业发展；加强北斗卫星导航应用产业发展的管理，建立北斗重大项目的监督管理和绩效考核制度，为湖北省北斗卫星导航应用产业发展的政策制定、管理协调、督办检查奠定基础。以大众创业、万众创新为动力，促进强政府与强市场的融合，创新市场体系、市场机制、市场环境和市场观念，以制度创新促进技术创新，为北斗卫星导航应用产业发展提供强有力的制度保障。

二、统筹规划北斗产业发展，完善产业链

加强对北斗产业发展的顶层设计，按照促进北斗产业发展的总体要求和发展重

点,编制北斗产业发展规划,加强与相关规划、政策的衔接,明确一批有专项资金支持的重大项目及今后一个时期推进北斗产业发展的主要任务和措施。根据规划制定操作性强的实施方案,明确建设目标、建设内容、实施路径、建设周期、承担单位及责任单位。制定与推广各行业与北斗产业应用领域相结合的关键技术标准,积极参与国家北斗卫星应用标准和重要基础性标准的研究制定。

以基于北斗的片上系统芯片研制为核心发展环节,带动湖北省在数据获取、加工与处理,相关软件研发等方面优势的发挥,形成湖北省面向信息消费、提供智能化服务的高端服务业上中下游协同发展的产业链条和核心竞争优势。

在基于北斗的片上芯片为核心的高端制造业方面,研发制造满足智能化需求的各类芯片和终端产品。

在数据获取、加工与处理方面,重点发展为信息消费和智能化应用奠定基础的、包含地理空间信息、具有时空标志的经济社会信息数据和智能终端随机实时数据的大数据中心,现代信息化测绘生产系统及各类数据实时获取、更新和处理系统。

在相关软件业方面,大力发展基于时空信息云的各类数据加工、处理、分析、可视化和位置服务等平台软件建设,加强智能终端、智能语音、信息安全等关键软件的开发应用。

在高端服务业方面,开发基于北斗卫星时空基准的各类智能化服务产品,丰富信息消费内容,实现智能终端与智能化服务一体化发展,形成相应的商业运营模式。

三、构建北斗产业创新体系

(1)加强基础产品研发。突破核心关键技术,开发北斗兼容其他卫星导航系统的芯片、模块、天线等基础产品,培育自主的北斗产业链。

(2)鼓励创新体系建设。鼓励支持卫星导航应用技术重点实验室、工程(技术)研究中心、企业技术中心等创新载体的建设和发展,加强工程实验平台和成果转化平台能力建设,扶持企业发展,加大知识产权保护力度,形成以企业为主体、产学研用相结合的技术创新体系。

(3)促进产业融合发展。鼓励北斗与"互联网+"、大数据、云计算等融合发展,支持卫星导航与移动通信、无线局域网、微卫星、超宽带、自组织网络等信号的融合定位及创新应用,推进卫星导航与物联网、地理信息、卫星遥感/通信、移动互联网等新兴产业融合发展,推动大众创业、万众创新,大力提升产业创新能力。

四、推动北斗芯片及其应用终端产业化

重点突破基于自主知识产权的芯片及系列模块研发及规模化应用，推动基于北斗位置的 SoC 芯片性能、功耗、工艺等方面的技术创新，打造北斗芯片龙头企业和国内领先、国际一流的北斗芯片研制基地，到 2020 年，成为面向物联网、车联网市场的高集成度 SoC 芯片的重要生产供应基地，确保湖北省在芯片研发领域的领先地位。推动北斗芯片、模块、终端在行业领域和大众市场的广泛应用，开展面向手机、平板电脑市场的终端设备授权业务和终端制造，促进基于北斗芯片的各类终端制造业发展，带动湖北省智能制造业的快速发展。

五、培育时空信息服务业

加强政策引导，拓展服务业态，扩大服务对象，提升服务水平。积极推进智慧湖北时空信息云平台建设，丰富、提升"天地图·湖北"数据和服务功能，抓好适应产业发展和智能应用的时空信息大数据中心建设，促进大数据融合共享，提升北斗卫星导航应用产业的基础数据服务能力，推动湖北省"互联网＋"发展。研发时空信息数据获取、处理、应用的软件产品，提升数据获取、处理、使用、保管及分发服务水平，加强软件研发、设备制造和数据采集加工等企业联合，推动数据采集加工企业兼并重组，加速成果转化，促进湖北省时空信息服务业发展。到 2020 年完成由提供时空信息数据向全方位提供时空信息服务的发展方式转变，形成时空信息服务技术咨询设计、集成实施、系统解决方案、运行维护、测试评估和信息安全服务能力。

六、大力推进北斗卫星导航应用

推进行业和区域应用。推动卫星导航与国民经济各行业的深度融合，开展北斗行业示范，形成行业综合应用解决方案，促进交通运输、国土资源、防灾减灾、农林水利、测绘勘探、应急救援等行业转型升级。开展北斗区域示范，推进北斗系统市场化、规模化应用，促进北斗产业和区域经济社会发展。

引导大众应用。面向智能手机、车载终端、穿戴式设备等大众市场，实现北斗产品小型化、低功耗、高集成，重点推动北斗兼容其他卫星导航系统的定位功能成为车载导航、智能导航的标准配置，促进在社会服务、旅游出行、弱势群体关爱、智慧城市等方面的多元化应用。

大力推进卫星定位相关行业应用向北斗系统迁移，实现北斗导航高精度、智能

化的服务目标。围绕重特大自然灾害监测预警及应急反应,推动建立综合防灾减灾空间信息服务平台及其应用;面向经济社会中安全生产、稳定运行的重大需求,围绕社会精细化管理的需要,推动社会管理、公共服务及安全生产领域的综合应用;针对新型城镇化建设需要及社会服务需求,促进新型城镇化与区域可持续发展的跨领域综合应用;与互联网相融合,加大大众信息消费和产业化的综合应用。到2020年,力争实现国家及省市县四级联通的"北斗＋天地图"位置服务平台,实现"北斗＋"手机、车船、电子商务、医疗、地图等各类服务。

七、加快培育北斗卫星导航应用产业集群

将产业园区建设项目列入省重点工程,在政策支持、土地等方面给予保障,建成辐射全国的北斗产业园区。争取国家相关部门在湖北省设立以技术研发、标准制定、产品认证、质量检测为主要内容的"国家级产业联盟中心"和"国家北斗卫星导航产品(湖北)质量检测中心";积极创造条件,建设军民融合创新中心;建设湖北省北斗卫星导航与地球空间信息服务中心、北斗产业创新技术孵化基地,不断扩展服务领域,形成产学研用一体化的科技创新及技术孵化体系;鼓励引进国际国内知名企业在产业园区设立研发总部,建设芯片及智能终端研发制造基地,将园区打造成全球卫星导航领域重要的研发中心、制造中心、服务中心,形成完整的共生型产业发展业态,促进企业集聚发展。

整合现有相关园区,加快武汉东湖新技术开发区"湖北省北斗卫星导航应用产业园"建设,深入推进"军民融合创新中心"建设,搭建小微企业孵化平台,孵化、引进一批有特色、专业化、高附加值的中小企业,吸引、引进一批国际国内知名企业落户湖北。围绕"一带一路"倡议,积极推进北斗卫星导航应用产业海外布局,支持省内科研机构、高等院校和各类企业参与全球及区域性北斗卫星导航投资合作计划,引导、支持有条件的省内北斗卫星导航应用企业在境外建设北斗导航应用产业园区,拓展国内国际市场,促进湖北省北斗卫星导航应用产业爆发式增长。

第四节 发展建议

一、完善法规政策,优化发展环境

健全和完善促进北斗产业发展的法规、规章,加快地理空间信息数据交换和共

享等立法工作。实行适度宽松的北斗相关企业场准入政策。加大北斗产业知识产权保护力度,完善地理信息安全保密政策。在政府采购活动中,同等条件下,优先使用或采购自主知识产权并经检测认证合格的北斗卫星数据、产品和服务。大力扶持具有自主知识产权创新成果产业化。发挥政府的引导作用,大力开展市场培育与应用示范,充分发挥市场主体的创造活力,鼓励应用服务和商业模式创新,加大实施相关重大工程的力度,推动北斗卫星导航系统的规模化应用。

二、加强标准建设,提升发展水平

加大北斗卫星导航产业基础标准和通用标准的制(修)订力度,加快卫星应用与相关领域关键技术和重要基础性标准的研发,并做好标准宣贯和市场监督检查,更好地服务、支撑和引领该领域标准化产业发展。加大知识产权保护力度,引导标准、专利等产业联盟健康有序发展。积极参与制定国家标准,提高湖北省在国家北斗卫星导航产业应用标准制定中的话语权。

着力建立健全卫星导航产品质量保障公共服务平台,积极推进涉及安全领域的北斗基础产品及重点领域应用产品的第三方质量检测、定型及认证,规范卫星导航应用服务和运营,培育北斗品牌。逐步建立卫星导航产品检测和认证机构,强化产品采信力度,促进北斗导航产品核心竞争力的全面提升,推动北斗导航应用与国际接轨。

三、加快各类信息资源的整合

以北斗时空标志为基础,整合各部门专题数据,提升信息资源的开发和应用价值。以政府财政为主投入生产的各类专题信息数据,必须在统一的北斗卫星时空基准下加入时空标志,实现时空关联、整合、开发,以满足信息化深度服务和产业发展的需要,各部门要按照《湖北省地理空间信息数据交换和共享暂行办法》的规定,加大交换和共享力度,将已有专题数据,增加北斗时空标志,并进行整合,新采集的数据必须具有北斗时空标志;地理信息服务机构负责统一整理保管,并按照规定提供使用。

四、加大人才引进培养力度

全面落实引进人才优惠政策,推动湖北省人才计划向北斗产业倾斜。以促进科技创新和产业升级为重点,着力引进和培养高层次、创新型的核心技术研发人才和科研团队;以提高北斗产业综合竞争能力为核心,加快引进和培育具有国际视野的经营管理人才。建立和完善有利于优秀人才发展的收入分配制度,完善技术或知识产权参股、入股等产权激励机制,营造良好的人才发展环境。

五、加强交流合作,拓展发展空间

创建国内外卫星导航企业合作交流机制,促进多模卫星导航系统的技术合作与应用。积极开拓国内外市场,支持科研机构、高等院校和各类企业参与全球及区域性北斗卫星导航投资合作计划,推动拥有自主知识产权的高新技术装备、软硬件产品以及技术服务进入国际市场。积极营造良好的商务环境和诚信环境,吸引国内外大中型企业来湖北投资兴业,提升湖北北斗产业的国际地位。

第九章　生物医药和高端医疗器械

生物医药和高端医疗器械产业是关系国计民生的战略性新兴产业,是加快建设制造强省和健康湖北的重要保障。在国家的大力扶持下,生物医药和高端医疗器械行业得到了快速的发展,逐步缩短了与先进国家的差距。随着市场需求进一步扩容,国家扶持力度的进一步加大,生物医药和高端医疗器械将迎来快速发展的黄金时期。同时这也将是湖北省生物医药和高端医疗器械产业转型升级、使湖北迈向医药强省的关键时期。

第一节　基本情况

一、发展现状

2016年,面对经济下行压力和特大洪涝灾害,全省医药产业认真贯彻落实省委省政府的决策部署,统筹推进稳增长和供给侧结构性改革,在新的五大发展理念指导下,大力实施《中国制造2025湖北行动纲要》,主动作为,迎难而上,实现了"十三五"良好开局。

(一) 经济运行情况

(1) 生产平稳增长。

2016年,全省规模以上医药工业企业完成工业增加值同比增长10%,高于全省工业增加值增长率2个百分点。中成药产量46.1万吨,同比增长6.7%;化学药品产量28.4万吨,同比增长7.2%。

(2) 运行质量较大改善。

全省医药产业实现主营业务收入1195.9亿元,同比增长12.3%,位居全国第九、中部第三;实现利润94.2亿元,同比增长13.6%;实现税金13.6亿元,同比增长7.9%。医药工业各子行业实现主营业务收入稳定增长,其中,制药专用设备制造同比增长32.95%,中药饮片同比增长20.9%,化学原料药同比增长18.8%,化学药品制剂同比增长17.6%,生物制药同比增长17.2%。出口交货值为121.55亿元,同比增长28.4%,位居全国第五。

(二)供给侧结构性改革情况

(1)重点项目建设提速。

全省医药产业聚焦短板抓投资,全年完成固定资产投资389.4亿元,同比增长1.4%,其中,生物药品、化学原料药子行业分别完成固定资产投资99亿元和72亿元,同比增长40.4%和46.9%。一批重点建设项目稳步推进。投资20亿元的深圳海王集团生产及物流配送基地、投资3亿元的福星生物药业医药科技园、投资3亿元的湖北御金丹生物科技项目建成投产。总投资22亿元的东阳光药业集团冬虫夏草三期项目、投资2亿元新建甘精胰岛素门冬胰岛素新原料药工厂项目和投资6亿元的天津金耀集团湖北天药药业建设国内首家高端可视化高智能小容量注射剂车间项目开工建设。投资10亿元的潜江中珠医药产业园项目和总投资2.2亿元的湖北华来生物科技有限公司年产100吨生物医药用甲壳素纳米纤维及辅料产业化项目完成主体厂房建设。

(2)重点企业发展壮大。

全省医药产业以补短板壮规模,市场主体较快发展。2016年,全省医药产业主营业务收入过亿元企业增至190家;其中,过5亿元的增至58家,过10亿元的增至24家,过20亿元的增至9家,过50亿元的有2家,过100亿元的有1家。人福医药集团股份公司主营收入增长23%。人福医药集团股份公司、宜昌东阳光药业股份有限公司进入百强榜单(按主营业务收入进行排序),分别位列第28名和第91名。全省有15家医药企业进入全国医学行业500强。全省医药产业培育了一批知名大品种,制剂单产品销售收入过1亿元增至26个,过2亿元增至9个,过3亿元增至8个,过5亿元增至3个(其中宜昌东阳光药业抗流感"可威"单品种销售超过8亿元)。武汉中旗生物医疗电子公司的数字心电图机年度装机量突破15000台,国内占有率位居第一。

(3)产业集聚后劲增强。

全省医药产业以补短板调结构,协同发展效应突显。武汉国家生物产业基地2016年新增注册企业339家,共引进14个投资过亿元项目(其中10亿元以上项目1个)。医疗器械产业园已聚集各类医疗器械生产企业140余家。国际生命健康园和智慧健康园挂牌。十堰生物产业园建设顺利,已累计投资13.24亿元,已入驻十堰人福医药有限公司、湖北天喜达生物科技公司等6家企业。天门生物医药产业园新开工项目6个,新签生物产业项目10个。黄冈市形成了蕲春医药产业集群,武穴市医药化工产业集群,罗田万密斋医药产业园,英山、麻城中药材基地。其中,中牧安达、进创科技、康登药业、广合源等四个项目在武穴市开工建设。仙桃市已形成纱布类和无纺布类医用材料生产产业集群,有生产Ⅱ类医用卫材料及敷料的医疗器械企业40余家,是全国医用卫材和无纺布制品主要生产基地。

（4）对外合作强力推进。

全省医药产业以补短板促开放,医药行业兼并重组继续保持活跃。2016年,人福医药集团以5.5亿美元收购美国主流仿制药生产企业埃匹克及附属企业100%股权,创造了中国企业收购海外药企的新纪录。人福美国普克在美国肯塔基州建立了大规模仓储配送包装中心,全面布局美国市场。远大医药以7300万美元收购德国目标公司,将新一代药物洗脱球囊产品引入国内,在大眼科领域建立领导地位。武汉生物医药产业基地引进全国第二大人用狂犬疫苗生产企业广州嘉合、广州康亦健集团移动互联家用健康设备项目、药明康德国际医药研究创新基地和韩国Celltrion抗体药物研发生产基地建设项目。

（三）创新驱动发展情况

（1）新药创制有新突破。

2016年,全省医药产业创新产品开发进展顺利,全省共获得药品注册批件6个,其中新药批件1个。人福医药集团化药一类抗肿瘤新药PARP抑制剂获得临床批件,化药一类新药磷丙泊酚钠和M6G、生物制品一类新药pUDK-HGF申报Ⅲ期临床,中药五类新药广金钱草总黄酮项目申报生产批件。

（2）高性能医疗器械产业化取得新成效。

安翰光电技术(武汉)有限公司自主研发生产的NaviCamTM胶囊内窥镜产品,能够对胃部进行360°全方位检查。武汉中旗生物医疗电子有限公司全球首创的平板心电图机IMAC,在全球产品设计大奖评选中获得设计界奥斯卡——红点产品大奖。武汉兰丁医学公司开发出了具有国际先进水平和完全自主知识产权的全自动DNA细胞定量分析系统及其相关耗材,获得美国FDA市场准入资格。武汉华大基因的第二代基因测序仪成为我国首个获批的临床基因测序诊断设备。华中科技大学研制成功的全球首台癌症早期检测设备"全数字正电子发射断层成像（PET）"已实现产业化。湖北仙明医疗器械有限公司开发的"一次性使用自动截流输液装置"和"一次性使用精密过滤自动排气装置"获得两项国家专利。武汉生之源生物公司研发的中性粒细胞明胶酶相关脂质运载蛋白测定试剂盒、胱抑素C测定试剂盒均处于国际领先水平,产品远销全球90多个国家。中科院武汉病毒所研发的乙型肝炎病毒G1896A变异检测试剂盒,技术国内领先,在临床上有很好的推广价值；武汉光谷高科研发的新一代X线下全自动定位穿刺机械臂,使穿刺操作过程更短,定位更准确,是有效防护 X 射线伤害的新技术。武汉中帜生物科技的多重呼吸道病原体核酸检测试剂已取得产品注册证。

(3)创新平台和技术服务体系逐步完善。

全省拥有医药相关领域国家重点实验室 6 个,国家临床试验基地 16 个,药物临床前安全评价中心 2 个,国家认定的企业技术中心、工程技术研究中心 10 个。国家基因检测技术应用示范中心建成投入使用。建成了亚洲首座生物安全四级实验室。武汉生物技术研究院被认定为国家技术转移示范机构。湖北省医疗器械检测中心与国家光电实验室、武汉光电技术研究院建立产业联盟,成为湖北省医疗器械技术成果创新中心。武汉生物城新增 1 个国家地方联合工程实验室、2 家国家级孵化器、3 家省级企业技术中心、1 家省工程技术研究中心、1 个生物医药协同创新中心。诊断试剂生产平台、医疗器械灭菌平台、第三代基因组学检测及技术应用中心、文献信息检索公共服务平台、第三代基因组学检测及技术应用中心建成投入使用。医疗器械营销共享平台上线运行。

二、面临的形势

(1)大健康全面提出直接带动行业创新。

随着新科技和经济全球化发展,全球医药市场增速加快,主要表现为发达经济体医药市场增长回升,新兴医药市场需求强劲。市场结构将发生较大变化,生物药和化学仿制药在整体用药金额中所占比重加大,预计 2020 年将分别达到 30% 和 35%。随着一些生物药专利到期,生物类似药迎来发展机遇,仿制药呈快速增长态势,跨国医药巨头在全球掀起并购重组热潮,推动全球医药产业链深刻调整,对竞争格局产生重大影响。

(2)环保监管加强。

药品产业是国家进行化学耗氧量、氨氮排放量监管的重点行业之一。环境保护政策的实施有利于企业进行绿色生产、优化工艺,以达到降低排放、减少环境污染的目标。近年来,国家对于药品产业环境保护工作愈发重视,对制药行业环保政策力度不断加大,先后颁布的《环境保护法》和《水污染防治行动计划》对环保要求明显提高。环保标准提高让很多工业企业面临环保持续达标的压力,制药企业环保投入不断加大的同时,企业对外扩张步伐放缓。与此同时,区域工业用地紧缺、能源紧缺和环境减排压力将会进一步束缚企业的发展扩大。一些企业将会面临原料药新品种难以落地的问题。环境资源因素将会导致中药材资源紧缺情况进一步加剧,制约中成药企业的可持续发展。

(3)新药研发困境加剧。

我国生物医药和高端医疗器械行业创新方面面临的主要问题是研发投入大、回报小,而这一趋势还将加剧。近年来,新药各个阶段研发成本越来越高,平均研发一个新药的成本保守估计约为2亿元人民币,而我国医药产业在境外的市场份额与我国GDP和人口所占的比例严重不协调,市场份额远远落后于欧美等发达国家和地区,也落后于印度等行业新兴国家。市场份额低的结果就是高昂的研发费用无法在全球范围内实现变现,导致新药研发风险越来越大。此外,我国生物医药及高端医疗器械行业的技术装备也明显落后,很少能生产出匹配新技术的新装备,大量高端技术装备依赖进口。

第二节　存在的主要问题

一、新动能培育乏力

2016年全省共获得药品注册批件个数比上年下降54%,其中新药批件个数比上年下降80%。

二、投资拉动不足

全省医药产业完成固定资产投资同比增长1.4%,同比回落14.8个百分点,是近几年最低的,特别是化学制剂和中成药子行业完成固定资产投资同比分别下降44%和25.6%,工业投资大幅回落对全省医药工业增长产生较大影响。

三、企业资金紧张、压力不减

企业融资环境紧张,融资难、融资贵的问题较为突出。全年医药工业应收账款总额128.8亿元,同比增长12.3%,企业销售回款状况变差,影响企业的正常生产和经营。

四、药品供给侧结构不合理

药品领域供给侧矛盾突出,主要体现在细分产品市场供需关系均未达到均衡。

一是高端的好药新药严重不足,不能满足市场需求,需要大量进口。二是低端的仿制药大量过剩,供给远远超出市场总需求。三是企业仍然存在数量多、规模小、产业分散、集中度低的问题,影响行业提升技术创新能力和国际市场竞争力;行业资源缺乏整合,利用效率低,生产集约化水平有待提高。四是药品价格竞争激烈,新药研发投入尚弱,仿制药质量一致性评价工作有利于提高药品质量,但投入巨大,资源有限。五是原料药在经历新版 GMP 认证后,某些原料药存在市场垄断,价格剧升,给制剂产品成本带来压力。六是随着新版 GMP 认证的推进,医药工业重复建设和产能过剩仍较为严重,某些药品供大于求的矛盾仍然突显,特别是一些大宗原料药,导致过度竞争、资源浪费、环境污染。

第三节 发展主要举措

增强医药产业创新能力,提高生产集约化、规模化水平,促进产业向优势企业集中,提升重点骨干企业的国际竞争力。通过支持一批具有自主知识产权和在国内外有重大市场前景的创新药物产业化项目,以及重大技术创新平台建设,加快生物技术和新医药产品的技术创新,抢占我国生物医药的制高点。突出生物制药、化学制药、中成药、高端医疗器械等重点领域,抢占生物医药发展制高点。到 2020 年,生物医药和高端医疗器械产业规模达到 2000 亿元;到 2025 年,产业规模达到 3500 亿元,将湖北打造成国家生物医药产业基地。

一、增强产业创新能力

加强技术创新,提高核心竞争能力。完善政产学研用的医药协同创新体系。大力推进医药企业与高等院校、科研院所的产学研深度合作,建立一批以企业为主体的技术开发和新药研发机构,走引进、吸收、消化和创新之路,仿制一批市场潜力大的国内外非专利药品,研究一批具有自主知识产权的新型制剂。加大企业技术改造力度,创新生产工艺,用先进适用技术改造提升传统产业。加快肿瘤、糖尿病、心脑血管疾病等多发病和罕见病重大药物产业化。加强原研药、首仿药、中药、新型制剂、高端医疗器械等创新能力建设,优化科技资源配置,打造布局合理、科学高效的科技创新基地。运用数据库、计算机筛选、互联网等信息技术,建设医药产品技术研发、产业化、安全评价、临床评价等公共服务平台。积极发展众创空间,大力推进大众创新创业,培育一批拥有特色技术、高端人才的创新型中小企业,推动研发外包企业向全过程创新转变,提高医药新产品研制能力。

二、实施"巨人"培育工程

加大市场主体培育力度,发挥上市公司和重点企业在技术、人才、资金、管理和营销网络方面的优势,加快推进跨地区、跨行业、跨所有制的战略性兼并重组步伐,培育形成一批具有国际竞争力和对行业发展有较强带动作用的大型企业集团,实现产业规模化、集约化经营。支持大健康产业链发展,鼓励研发、生产、营销、流通、使用的上下游整合,完善原料药和制剂、中药材和中成药企业之间的产业链整合,提高资源配置效率。鼓励同类产品企业强强联合,有效整合省内现有产品品种文号资源,鼓励药品生产文号(批件)向优势企业转移。加大招商引资力度,吸引海内外医药机构来鄂投资办企业。发挥湖北原料药产业比较优势,推进原料药产业转型升级,提高产业市场占有率。

三、实施智能制造工程

应用信息技术研发新药,开展计算机辅助分子设计和模拟筛选。利用计算机技术优化制药工艺,实现关键制药工艺模型化和定量化控制。应用数字化设计、仿真及虚拟现实等技术提高工程设计水平,开发应用从设计到运行维护的数字化管理平台,实现工程全生命周期管理。针对关键制药工艺单元,开发应用基于过程分析技术(PAT)的智能化控制系统、生产工艺和质量信息实时监控系统、偏差预警分析处理系统、物料管控系统、电子批记录系统等。推动制造执行系统(MES)在生产过程中的应用,集成各环节数据信息,整合各个生产单元,打造智能化生产车间。提高医学影像设备的数字化网络化水平,开发全自动生化免疫分析流水线、手术机器人、ICU智能系统。发展智慧医疗相关产品和技术,开发应用与物联网、移动互联网融合的健康数据采集设备和医疗设备。推动3D打印、数据芯片等新技术在植(介)入产品的应用。

四、实施绿色制造工程

提升产业清洁生产能力和水平。引导企业转变以污染物末端治理为主导的管理理念,制定整体污染控制策略,研发和应用全过程控污减排技术,规范生产和精细操作,提高反应转化率和减少污染物生成,采用循环生产方式,提高资源综合利用水平。加强环保监管,促使企业增加环保投入,提升清洁生产水平,淘汰落后工艺。严格执行制药污水排放标准,积极推进使用节能减排新技术、新工艺、新装备,大力发

第九章 生物医药和高端医疗器械

展循环经济。严格限制产能过剩行业发展，淘汰落后生产能力，加强环保安全监督检查力度，严肃查处违法违规生产问题。建设绿色工厂和绿色园区。以厂房集约化、生产洁净化、废物资源化、能源低碳化为目标，打造一批低排放绿色工厂。建设高标准的医药工业园区，实现上下游配套、公用系统共享、资源综合利用、污染物集中治理，在控制高挥发性有机物（VOC）排放和治理废水等方面持续稳定达到国家标准。

五、实施质量管理提升工程

健全安全性评价和产品溯源体系，强化全过程质量监管，对标国际先进水平，实施药品、医疗器械标准提高行动，提高基本药物质量。采用先进质量管理方法和质量控制技术，建立覆盖产品全生命周期的质量管理体系和质量追溯体系，提升全过程、全产业链质量管理水平。引导企业提升药学服务能力，加强不良反应监测。支持有条件的企业建立与国际先进水平接轨的生产质量体系。开展仿制药一致性评价，完成国家基本药物口服制剂一致性评价。完善中药质量标准体系，提升中药质量，达到均一可控水平。改进产品设计、制造工艺和质量控制，提升医疗设备稳定性和可靠性。加强品牌建设。支持武汉人福和宜昌东阳光等大企业创建培育一批具有核心竞争力和湖北特色的大品种、大品牌，提升做强马应龙、健民、李时珍、本草纲目等传统品牌优势，培育发展仿制药、OTC药物、医疗器械知名品牌，巩固现有优势化学原料药在国内外市场的领先地位，提高湖北省优势产品与品牌的附加值和竞争力，提高品牌药在相应药品销售中所占比重。

六、推进产业集约集聚集群发展

推进行业重组整合。支持企业兼并重组、强强联合，培育具有国际竞争力大型企业，提高产业集中度。通过实施上市许可持有人制度，发展专业化的委托生产业务，稳步化解产能过剩矛盾。鼓励市场运营、企业推动的集约化、规模化的医药产业园发展。加强医药产业聚集区的基础设施、人力资源条件建设，提高公共服务能力和协同发展水平，培育特色优势，建设若干省级新型工业化示范基地。培育、支持中小企业上市，促使企业规范公司治理结构，转换经营机制，拓宽融资渠道。发展中药材产区经济，鼓励中药生产企业向中药材产地延伸产业链，开展中药材产地加工，完善基础及配套设施建设，引导和推动产业发展要素向中药材资源富集区聚集，形成产业集聚发展态势。

七、提高开放发展水平

抓住全球仿制药、生物类似药市场快速增长的机遇，优化出口产品结构，加快出口增长，提高精深加工产品外贸比重，增加符合先进水平 GMP 要求的品种数量，突破制剂出口瓶颈，培育医疗设备出口竞争优势，实施境外质量体系认证，建立境外销售网络，大力开拓国际市场，重点开发发达国家市场。加强国际技术、产能合作。充分利用国际技术资源，发掘全球创新成果，引进先进技术和产品，提升医药创新能力。支持湖北医药企业在国际资本市场融资。支持企业在境外建立研发平台，开展创新药国际临床研究，实现自主知识产权产品走向国际市场。落实"一带一路"倡议，支持企业根据开拓区域市场、参与国际竞争的需要，在适宜地区开展收购兼并和产能建设。引进和培养国际化人才，提高研发注册、生产质量、市场销售各环节的国际化经营能力。

八、开拓新领域发展新业态

推动生产性服务业和服务型制造发展。大力发展合同生产、合同研发、医药电子商务等新型生产性服务业。鼓励医疗器械企业开展产品延伸服务，建设第三方检验中心、影像中心、透析中心、病理中心等。拓展互联网在医药领域的应用。加强对医疗健康大数据的开发和利用，打通数据资源共享通道，指导疾病诊断、药物评价和新药开发。发展基于互联网的医疗健康管理产品，支持精准医疗、基因检测诊断、肿瘤免疫治疗、干细胞治疗为代表的新型医学技术的发展。采用"互联网＋"技术，促进传统制药企业升级，由单一产品提供商转变为患者、健康人群在疾病预防、诊断、治疗、康复等方面的健康方案提供商，提升企业服务能力。

第四节　发 展 建 议

一、增加研发投入

（1）多渠道增加资金投入。企业要创新投融资方式，除了要争取国家及政府扶持资金，还要以股权投资、资本注入等形式，增加研发投入。此外，还应通过上市融资的方式增加研发投入。

(2)增加人才投入。企业应重点引进国外知名生物医药公司的专家和高管,设立优秀研发团队奖励办法和优秀研发人员专项资金;分计划选派优秀年轻研发人员出国进修,学习欧美发达国家跨国药企的先进技术;与高等院校、科研机构建立人才联合培养机制,培养医药领域急需的高端研发人才、复合型人才和高级技能人才。

二、提高质量安全水平

加强质量体系建设。强化企业质量主体责任,提升全过程质量管理水平。推动重点领域质量提升。全面提升基本药物质量水平,落实仿制药质量和疗效一致性评价要求,完成国家基本药物口服固体制剂的一致性评价任务。

三、增进国际合作

(1)要选好合作领域。合作最好选择开发周期短、市场需求弹性小的品种,这样可以有效避免国际上有关技术转让政策的影响。

(2)要选好合作方式。当前国际合作的主要方式有开发推广权转让和共同研发销售两种方式:第一种方式有助于利用合作方企业的销售渠道打开国际市场,第二种方式有助于借力外方研发实力提高我国企业研发水平。

第十章　新　材　料

新材料是指新出现的具有优异性能和特殊功能的材料,或是将传统材料改进后性能明显提高和产生新功能的材料。新材料不仅是材料工业的先导,而且对推动技术创新、促进产业升级具有支撑和保障作用。实践表明,技术创新和装备制造业水平的提升,越来越离不开先进材料的开发和突破。新材料是一个与传统材料相比较而言的概念,其范畴随着国家和地区经济发展、科技进步和产业升级不断变化。

与传统原材料产业相比,新材料产业具有技术高度密集、研发投入高、产品附加值高、生产与市场的国际性强,以及应用范围广、发展前景好等特点,其研发水平及产业化规模已经成为衡量一个国家经济社会发展、科技进步和国防实力的重要标志。

第一节　基　本　情　况

一、发展现状

(一)产业规模不断壮大

"十二五"期间,湖北新材料产业规模保持了年均 17.6% 的增长速度(见图 10-1)。2015 年,规模以上新材料企业 592 家,实现主营业务收入 2560 亿元,总体规模在全国处于中等偏上水平。

(二)产业体系基本形成

形成了以高性能钢铁、特种合金和铜铝精深加工等为代表的高端金属材料产业体系;以乙烯下游产业链、有机氟硅材料、高性能纤维、特种涂料、高性能黏结剂及密封材料等为代表的先进化工新材料产业体系;以预制棒及特种光纤、半导体微电子、激光晶体、电子陶瓷、LED/LCD/PDP 平板显示材料、电子级玻璃纤维、电子粉体材料、PCB 材料、化成箔和锂电池材料等为代表的电子信息材料产业体系;以特种玻

图 10-1　2010—2015 年湖北省新材料产业的产值（单位：亿元）

（数据从湖北"十二五"规划，湖北新材料相关报道整理）

璃、特种陶瓷、高性能玻璃纤维、新型保温材料、高端摩擦材料等为代表的新型无机非金属材料产业体系等。

（三）产品竞争力提升

湖北省拥有一批在全国同行业中具有一定竞争力的新材料产品。武汉钢铁公司的冷轧硅钢片，新冶钢的特殊钢，长飞公司的光纤预制棒及特种光纤，兴发集团的磷精细化工和有机硅，宜昌新成石墨有限责任公司的柔性石墨，回天新材料公司的胶黏剂，湖北新蓝天的有机硅交联剂和偶联剂，湖北维维安科技的真空熔炼稀土母合金（晶粒细化剂），襄阳市金控特种陶瓷科技有限公司的陶瓷真空管体及微晶陶瓷耐磨球，宜昌南玻公司的电子级多晶硅，武汉科达云石公司的不饱和树脂，武汉优乐光电科技的光伏太阳能浆料，湖北新华光信息材料股份有限公司的光学玻璃，湖北平安电工公司的耐高温绝缘云母板、绝缘云母纸、绝缘耐高温云母带、电子玻纤布及电热绝缘膜，襄阳汇尔杰公司的耐碱玻璃纤维，鼎龙化学股份公司的电荷调节剂、彩色化学碳粉、彩色再生硒鼓和永久紫色颜料，格林美公司的超细钴镍粉等新材料产能产量和市场占有率居全国前列，具有较强的综合竞争能力。

（四）产业基地初具规模

湖北各地利用资源禀赋，发挥产业优势，形成了一批各具特色的新材料集聚区。武汉已发展成为国内重要的光电子信息材料、金属结构材料和先进高分子材料生产和研发基地；宜昌作为全国唯一的新材料产业发展示范城市，是国内新型建筑材料和非金属功能材料的重要聚集区，其磁电子材料、石英晶体材料等在全国均处于领先地位；黄石发展成为特种金属材料和新型建筑材料生产基地；襄阳是国内重要的光学材料、无机非金属材料生产研发聚集区;荆门成长为重要的化工新材料产业基地,鄂州已成为国内重要的化工新材料和无机非金属材料(如金刚石刀具等)生产研发聚集区。

(五)创新能力增强

湖北省新材料创新体系不断健全,已拥有新材料领域的两院院士10余位,设有材料学科的高等院校20余所,材料相关专业国家级重点实验室5个,省部级新材料重点实验室15个,国家和省部级新材料工程技术中心17个。武汉大学的有机硅材料研究和产品应用处于国内领先水平,华中科技大学在光通信等电子信息领域技术领先,武汉理工大学在复合新材料和无机非金属材料领域具有较强科研实力,湖北大学和武汉科技大学分别在高分子材料和耐火材料研究方面较具权威。

二、面临的形势

(一)新材料产业是新一轮国际制造业竞争的重点领域

新材料是发展高新技术的先导和基础,是人类取得科技进步的重要引擎。在材料领域取得的重大进步,可以显著改善国民经济各个领域产品性能,提高核心竞争力。源于新材料突出的地位和重要性,世界主要发达国家和发展中国家都将新材料列为重点发展计划。目前全球新材料产业市场规模已超万亿美元,由新材料带动的新产品和新技术具有更大规模市场,以美、日、德等为代表的发达制造业国家,不仅力争分得更大市场份额,而且力图抢占新材料、新技术的制高点,这些均将推动国际制造业的竞争向新材料领域聚焦。美国将新材料列为六大关键技术之首,并制订了一系列与之配套的国家计划。

(二)我国新材料产业发展前景广阔

《国务院关于加快培育和发展战略性新兴产业的决定》和《中国制造2025》等国家战略的实施,为我国新材料产业发展创造了良好的发展环境。我国新一代信息技术、新能源、海洋工程与船舶、航空航天、节能环保等战略性新兴产业发展和重大工程建设,为新材料产业加速发展提供了广阔的市场空间,同时也对新材料产品品种、质量、性能、保障能力提出了更高的要求。

(三)湖北具有加快发展新材料产业的有利条件

湖北省委省政府把加快培育发展战略性新兴产业,作为促进产业结构调整,推动建立现代产业体系,加快经济发展方式转变的突破口和重要抓手,战略性新材料产业发展和传统产业转型升级为湖北省新材料产业发展提供了重大战略机遇。湖北省汽车产业在国内外具有重要地位,东湖高新区是国家重要的光电子产业基地,以 80 万吨乙烯工程为依托的武汉化工新城将是中部地区最大的石化产业生产基地,船舶制造和海洋工程研发制造全国领先。特别是"一带一路"倡议和"长江经济带"开放开发,西电东送、西气东输、高速铁路等基础设施和航天航空、海洋工程、核电等重大工程建设,将为湖北省新材料产品的推广应用、新材料产业的后发赶超提供历史性的发展机遇。

第二节 存在的主要问题

虽然近年来湖北省新材料产业总体发展势头良好,产业规模不断壮大,产业体系基本形成,基地建设初具规模,多个领域取得了创新性突破,涌现出一批优势骨干企业,形成了一批具有较强竞争力的新材料产品,但是总体上仍处于跟踪模仿和产业培育阶段,与国际先进水平差距较大。关键材料保障能力不足、产品质量稳定性较差、可靠性较低等问题还没有得到根本解决。很多高技术产业、科技重大专项严重受制于材料开发。

一、总体产业规模偏小,市场竞争力不强

湖北省新材料产业规模偏小,与湖北省经济总量在全国的地位不相称。产品品种主要以资源主导型和粗放型产品居多,现有基础新材料产业链不完善,在新材料重点领域具有较强竞争力和影响力的产品和企业不多。特别是在碳纤维、高端膜材料、磁储存、稀贵金属功能材料、超临界火电用钢等新材料前沿领域处于空白。生产中低端产品的中小企业占据主导,能够参与国际竞争的龙头企业寥寥无几。

二、创新体系不健全,创新人才缺失

自主创新能力不足。湖北省新材料研发能力相对薄弱,核心技术与专用装备水平相对落后,仍以引进、消化和吸收为主,核心技术受制于人。科研机构重研发、轻应用。以市场为导向,企业为主体的产学研用协同创新机制没有形成,科研成果转

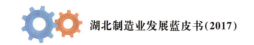

化和推广应用渠道不畅通,成果转化存在"墙内开花墙外香"的现象。针对湖北省重点产业需求和重大工程配套等关键领域新材料产品开发应用的产业创新联盟建设不足,有利于"大众创业,万众创新"的新材料产业创新平台建设严重滞后。新材料创新人才难引难留,创新人才短缺,技术开发能力不足。

三、缺乏统筹规划与指导,基础管理工作薄弱

湖北省新材料产业发展缺乏高水准、前瞻性的统筹规划和强有力的政策引导。产业结构不合理,产业规模小且分散、同一水平重复多。大部分地区产业重点和发展方向趋同,科技、人才、资本、土地等资源未实现高效配置,导致中低端产品,部分低水平产品盲目发展、重复建设,出现了产能过剩迹象。新材料种类多,涉及面广泛,企业分布于不同行业领域,没有建立完整的新材料管理和统计体系,缺乏对产业发展的统筹规划和政策引导。

第三节　发展主要举措

通过着力培育自主知识产权、自有核心技术和自主战略品牌,大力发展高性能金属材料、高端化工材料、电子信息功能材料、新型无机非金属材料、前沿新材料等,将新材料产业培育成全省战略性新兴产业的重要支柱产业。进一步扩大产业规模,提升企业研发创新能力,形成产学研用紧密结合的产业体系。扶持培育一批龙头企业,带动整个产业链合理布局发展。到2020年,新材料产业实现销售收入4500亿元;到2025年,产业规模达到8000亿元。

一、加强规划引导,统筹协调新材料产业发展

加强对规划实施的组织指导,做好规划编制工作的上下衔接和与本地国民经济总体规划的协调统一。积极协调有关部门,制定支持湖北省新材料产业发展的具体政策和措施,统筹协调新材料产业发展,形成推动新材料产业发展的合力。

健全和完善新材料产品标准、技术规范、检测方法和认证机制,建立新材料产品认定和统计监测分析体系,加强湖北省新材料产品质量品牌建设和知识产权保护,为湖北省新材料产业发展打下坚实基础。

第十章 新材料

二、加快推进基础材料调整改造，实现提档升级

（一）高性能金属结构及功能材料

充分发挥湖北省金属结构与功能材料产业优势，依托武钢、新冶钢、武汉重冶等重点金属材料企业，重点发展高品质钢铁新材料、有色金属新材料和钒钛系列新材料品种。

（二）先进化工新材料

充分发挥湖北省在有机硅、有机氟、高性能光纤填充料、高性能纤维等重点化工新材料方面的技术优势，围绕满足汽车、现代轨道交通、航空航天以及电子信息等领域轻量化、高强度、耐高温、减振、密封等性能需求，大力开发特种工程塑料、高性能纤维、新一代电池材料等先进化工新材料。加快发展基于乙烯工程的先进高分子材料、先进制造与高端装备配套材料、有机氟硅新材料、高性能树脂及复合材料等。

（三）新型无机非金属材料

发挥湖北省在特种玻璃、先进陶瓷、新型耐火材料、石墨和云母制品等无机非金属新材料方面的比较优势，积极开发新型功能材料、高性能结构材料和先进复合材料。

三、发展壮大关键战略材料，加快培育前沿新材料

高度重视电子信息、新能源、生态环境友好材料，生物高分子和纳米材料等前沿新材料产业的发展，发展壮大关键战略材料产业，实现前沿新材料产业突破发展。

（一）电子信息功能材料

适应国内外电子信息产业快速发展和日益更新的市场需要，加快推进光电子信息功能材料创新工程，积极开发适应市场需求的电子信息材料产品，优化完善电子信息材料产业链。

（二）生物医用与生态环境友好材料

加强生物医用与环境友好材料研究，构建和完善生物基功能材料创新开发平

台,为产业升级转型和产业结构调整提供有效的技术保障。

促进生物化工与生命科学结合,推动生物基材料向现代医疗材料方向发展,大力发展人造器官、高分子材料基医疗器械。针对重大疾病的诊断和治疗,积极开发具有自主知识产权的抗肿瘤药物、诊断试剂、生物质基降解材料、生物基化学品、药物控制释放材料、抗菌材料、智能纤维素凝胶、荧光材料、吸附材料、高分子储能材料等新型生物医用材料。

(三)高端工业膜材料

加快电解用离子交换膜、耐温动力电池隔膜、扩散膜、窗膜、增亮膜、太阳能电池背板膜、光学聚酯膜等产品开发,积极开展液体、气体分离膜材料开发及应用工作,促进工业废水、废液中资源的回收再利用。

(四)新能源电池和光伏新材料

围绕提高电池性能(如高比容量、高充放电效率、长循环寿命、高安全性等),降低生产成本,重点开发大容量锂电池新材料,正极材料、有机化合物正极材料、新型硅负极材料、LTO负极材料、新型隔膜材料等,如锰酸锂、磷酸铁锂、石墨和硅、锡、锑的复合材料,碳纳米管、石墨烯等阴极材料,聚酰亚胺、陶瓷膜等高性能电池隔膜等材料。积极开发有机光伏材料、有机发光二极管(OLED)关键材料等有机光电功能材料。重点发展高端发光二极管封装材料、混合液晶和关键新型单体材料、偏光片及相关光学薄膜材料、彩色滤光片及相关材料、高纯电子气体和试剂。

(五)3D打印材料

针对3D打印专用材料,围绕提高耐高温、高强度性能,降低材料成本,重点开发低成本钛合金粉末、铁基合金粉末、高温合金粉末等。开发改性聚苯乙烯支撑材料,纳米增韧的芳纶,玻纤、碳纤增强不饱和树脂,丙烯酸树脂等光固化树脂体系。重点突破光敏树脂,碳纤维增强尼龙复合材料,彩色柔性塑料及PC-PBS材料等耐高温高强度工程塑料,以及聚乳酸、聚乙醇酸、聚醚醚酮等高分子材料。

(六)纳米材料

重点开发纳米金属软磁材料、陶瓷纳米材料、纳米光学材料、纳米微波吸收材料、纳米半导体材料、纳米磁性材料、纳米催化材料等。积极推进纳米材料在新能源、节能减排、环境治理、绿色印刷、功能涂层、电子信息和生物医用等领域的研究应用。

（七）新型碳材料

积极发展高纯石墨、锂电池用石墨负极材料、核级石墨材料等。重点发展核工业石墨密封材料、高倍率可膨石墨、超纯超薄低硫低氯导电导热石墨材料、高气密性高强度石墨复合材料、石墨聚苯板。加强石墨烯产品技术开发力度，积极开发高质量石墨烯微片、锂电池石墨烯基材、石墨烯基特种防腐涂料、大尺寸石墨烯薄膜、石墨烯基热界面材料等。

四、引导产业集聚发展，促进特色产业园区建设

把工业园区和产业基地建设作为推进新材料产业发展的重要载体，引导新材料产业聚集，建成一批产业特色鲜明，产业链完整，具有较强市场影响力的新材料产业园区。围绕园区龙头和优势产业，集中人才、技术、资金和服务资源，支持龙头企业和优势产业发展壮大。建立满足园区产业发展需要的技术孵化、产品开发、质量检验、市场开拓、信息服务平台及公共基础设施。

五、突出优势领域，培育壮大特色新材料产业链

围绕湖北省新材料产业优势和特色领域，重点培育壮大高性能金属结构、高端装备用特种合金、先进光通信材料、先进电子材料、新能源电池和光伏新材料、生物医用材料、先进复合材料、新型无机非金属材料、先进高分子材料、新型碳材料等十大新材料产业链。

六、加强协同创新，推进信息化技术深入应用

紧紧围绕湖北省新材料产业优势和特色领域，选择产业基础好、产业链条长、市场应用广产品领域，围绕特色产品上下游产业链延伸，加强产学研用合作，组建一批以企业为主体，市场为导向，高校院所为技术支撑的产业技术创新战略联盟，搭建技术创新平台，推动协同创新，突破一批新材料制备关键技术，开发一批高端新材料品种，打造一批中国名牌和世界品牌，提高全省新材料产业创新能力，形成产业发展整体优势。

深入推进信息技术在新材料产业广泛应用，以智能制造、智能工厂（车间）和电商平台建设为着力点，推动工业互联网、信息物理系统、电子商务和智慧物流应用，实现新材料产业研发设计、物流采购、生产控制、经营管理、市场营销等全链条的智

能化，推动企业向生产服务型和智能制造型转变。

推动企业管理系统与控制系统的有效集成，实现数据信息集成共享，全面推进数字化建设，促进生产计划、生产过程、能源平衡、质量管理、物料平衡等方面的平稳运行，实现精细化管理。运用云计算、物联网、大数据等信息技术实现生产设备与虚拟信息网络的融合，推动原材料采购、生产制造过程、物流仓储产供销产业链一体化，实现产品生产销售可追溯、制造过程可监控、经营效益实时核算，增强企业资源优化配置和市场应变能力。

第四节 发展建议

一、加强人才队伍建设

发挥湖北科教优势，加大人才培养力度，建立有效人才激励机制。实施创新型人才培养工程，支持和鼓励开展网络教学、校企合作等多种模式，对企业专业技术人员和管理人员进行继续教育和知识更新，培养高素质的复合型人才队伍。加快建立湖北省现代职业教育体系，完善职业教育培训制度，培养新材料产业发展急需的技能型人才。加大高层次管理人才引进，通过政策引导，以项目为平台，吸引优秀人才来湖北工作。

二、加强推广应用，扩大市场需求

探索建立新材料应用推广联盟，广泛建立新材料企业之间，新材料企业与高校、科研院所之间的联系，对新材料产业大力推介、拓展市场需求。认真研究并逐步建立新材料产品应用示范保险补偿机制，确定重点新材料产品首批次应用示范产品目录，大力开发试点示范的推广与应用。

创新市场营销模式，大力发展电子商务、自营出口、终端销售、境外办厂和建立自有原材料供应基地等扩大市场占有和保证产品生产供应的体系。围绕湖北汽车、电子信息材料、新型建筑材料、高端装备制造、石油化工、节能环保产业、新能源、生物医药、国防军工及其他战略性新兴产业等重点产业领域，以满足产业升级需要和替代进口为目的，开展共同技术研发和典型应用示范，扩大湖北新材料产品的应用范围，提升市场占有率。

三、深化国际交流合作

　　争取和创造良好的国际环境,开展更广泛的国际合作。加强引进技术的消化、吸收与再创新,鼓励企业走出去,开展研发孵化的创新模式及产业化合作,搭建国际化创新技术平台、标准监测平台和发展服务平台,拓展国际交流合作的广度和深度,集聚全球创新资源,提升我国新材料及其应用产业的创新水平和国际竞争力。

第十一章　海洋工程装备及高技术船舶

"十二五"时期,面对全球船舶市场持续的深度调整,湖北省船舶与海洋工程装备产业在国家政策的引导和支持下,积极落实省委、省政府各项决策部署,充分发挥科技人才优势,努力抢抓海洋强国建设机遇,全面落实《关于加快船舶与海洋工程装备产业发展的行动方案》,努力打造"四个基地、一个中心、两个产业集群",产业实现逆势较快发展,成为内陆唯一的国家船舶与海洋工程装备新型工业化产业示范基地。

第一节　基本情况

一、发展现状

(一) 产业发展态势平稳

受 2008 年国际金融危机的影响,"十二五"时期国际国内船舶市场形势持续低迷,船舶企业普遍面临低船价、接单难、交船难、融资难等困难和问题,2014 年下半年国际油价大幅度下跌以来,国际海洋工程装备市场急剧萎缩。

面临严峻的船舶与海洋工程装备市场形势,湖北船舶与海洋工程装备产业积极实施差异化的发展战略,着力自主创新,着力结构调整,着力搭建平台,着力推进重大项目建设,取得了良好的效果,产业逆势增长。2015 年全行业完成总产出 704.7 亿元,同口径年均增长达 10.2%,保持了平稳良好的运行态势。

(二) 创新能力大幅提升

"十二五"期间,湖北省抢抓国家海洋强国建设机遇,充分发挥军工船舶技术优势,努力争取国家高技术船舶与海洋工程装备专项,着力推进国家支持的项目产业化。50 多个国家高技术船舶、海洋工程装备研发和产业化专项落户湖北,国家支持

第十一章　海洋工程装备及高技术船舶

资金超过10亿元,备受关注的海洋核动力平台示范工程项目落户湖北,突显了湖北省船舶与海洋工程装备产业军民融合发展的潜力。通过实施国家专项,掌握了一批国外垄断的关键技术,形成了一批具有自主知识产权的高技术船舶与海洋工程装备产品,形成了以国家专项为载体的产学研联合研制机制,培养了高素质的研发团队,产业自主创新能力显著提升。

(三)海洋工程装备发展迅速

2013年,省政府将船舶与海洋工程装备产业列为全省六个重点加快发展的产业,出台了《省人民政府关于推进装备制造等六个重点产业加快发展的意见》,制定了《加快船舶和海洋工程装备产业发展的行动方案》。湖北省海洋工程装备产业从无到有,由弱变强,2013年以来,完成海洋工程装备产值增长速度高于全行业发展速度,对行业稳定发展起到了重要的支撑作用,一批国家重大海洋工程装备专项落户湖北,一批世界先进海洋工程装备订单由湖北企业承接,一批国内外首台套海洋工程装备在湖北实现"零"的突破。

(四)转型升级效果明显

"十二五"期间,湖北船舶工业实现了军船与民船融合发展,船舶与海洋工程装备共同发展,船舶与非船、总装与配套协调发展。高技术船舶与海洋工程装备发展迅速,一批世界领先或国内空白的产品在湖北研制交付,承接并交付了世界第一个大型水下浮体,交付了两艘世界顶级多功能三用工作船,承接了世界第一个深海渔场,超大型低压拖缆机、大型海洋起重装备、3000型大型压裂机组和透平货油系统等核心配套设备和关键零部件实现首台套突破,部分产品被评为国家重点新产品;内河标准化、绿色化、大型化船型研制进展顺利,内河船舶升级成效明显;应急舟桥装备、桥梁钢结构、风电装备等非船领域取得新突破,实现多元发展;军工单位完成产出占全产业比例提高了3个百分点,产业集中度进一步提高。

(五)平台升级成效显著

为充分发挥科技和人才优势,在省政府的大力支持下,成立了我国船舶与海洋工程装备产业第一家由省级主管部门牵头组建的船舶与海洋工程装备院士工作中心和四个分中心,建立了有效的决策咨询、技术服务、成果转化等机制;依托龙头单位成功申报了全国第五、内陆唯一的"武汉国家船舶与海洋工程装备新型工业化产业示范基地";推动筹建船用LNG装备产业联盟,形成推动船用LNG装备产业发展合力。通过一系列平台建设,湖北省船舶与海洋工程装备产业形成了省内外高端人才支持发展、产业链上下游企业协同发展、产学研一体化创新发展的良好格局,有力

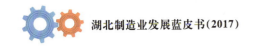

地促进了军工、人才和科技资源优势的发挥和产业融合发展。

二、面临的形势

作为全球一体化的产业,船舶与海洋工程装备产业发展与世界政治、经济、贸易紧密相关。当前全球经济、政治形势复杂多变,我国船舶工业发展阶段和面临的市场竞争环境也在发生深刻的变化。湖北省船舶与海洋工程装备产业也是挑战与机遇并存。

(一)国际市场份额保持前列,产业集中度不断提高

2016年,国际船舶市场继续深度调整,全球新船成交量同比大幅下降67%,年末全球船企手持订单较2015年底下滑25%。我国船企克服市场低迷带来的困难,逆势拼抢订单,造船完工量、新船订单量和手持订单量在全球市场所占份额分别为35.6%、65.2%和43.9%,继续保持世界前列。在市场机制作用和产业政策引导下,骨干企业优势不断扩大,全国造船完工量前10家企业的完工量占全国的比重为56.9%,比2015年提高3.5%;新接订单量前10家企业的接单量占全国的比重为74.7%,比2015年提高4.1%,产业集中度进一步提高。

(二)产品结构持续优化,科技创新能力逐步提升

2016年,船舶企业不断加大科技创新力度,产品结构持续优化,一批高技术、高附加值首制船研制成功并交付船东,备受市场青睐。3.88万吨双相不锈钢化学品船、1.5万吨双燃料化学品船、液化天然气(LNG)动力4000车位汽车滚装船、3.75万立方米乙烯船和极地重载甲板运输船等全球首制船完成交付。40万吨超大型矿砂船(VLOC)、8.5万立方米乙烷运输船、2万吨级化学品船和多型支线集装箱船等获得批量订单。2万标准箱集装箱船开工建造,豪华邮轮和1万车位汽车滚装船等项目稳步推进。

(三)多措并举消化过剩产能,兼并重组迈出实质步伐

2016年,在产业政策的引导下,船舶工业大力推进供给侧结构性改革,坚决落实化解过剩产能的重点任务。工业和信息化部发布《船舶行业规范企业监督管理办法》,对规范企业进行动态管理,中国船舶工业行业协会发布中国造船产能利用监测指数;骨干船企主动应对市场变化,利用自身优势拓展非船领域,化解过剩产能,中国船舶重工集团公司三峡升船机等项目取得突破;央企兼并重组迈出实质步伐,中国远洋海运集团整合13家大型船厂和20多家配套服务公司成立中远海运重工有限

公司，中国船舶重工集团公司下属大连船舶重工集团有限公司与山海关船舶重工有限责任公司、武昌船舶重工有限责任公司（武船）与青岛北海船舶重工有限责任公司、风帆与火炬能源、重庆红江与重庆跃进整合重组稳步推进；中国船舶工业集团公司所属上船公司、广船国际、中船澄西等主要造修船企业主动开展存量产能削减，沪东中华、外高桥造船、黄埔文冲等企业提出产能压控和资产处置的行动计划表。此外，江苏、浙江、山东、福建等地通过产能置换、退城还园、改造升级等方式主动压减和化解过剩产能。

（四）船配发展短板有所弥补，产学融合取得新进展

2016年，工信部发布《船舶配套产业能力提升行动计划（2016—2020年）》，鼓励企业提升船用设备配套能力和水平，一些船舶配套设备和系统取得重要突破，行业发展短板有所弥补。中船动力6EX340EF自主品牌二冲程低速柴油机填补空白，重齿低速柴油机齿轮箱GCS1000国内首研成功，上海船用柴油机研究所自主知识产权低速机低压选择性催化还原（SCR）系统获型式认可证书，大连华锐批量承接世界冲程最长、单支重量最大的船用曲轴订单，自主品牌锚绞机、舱口盖、贝克舵等甲板机械实现批量装船。行业产学融合取得新的进展，企业加大科技投入力度。中国深远海海洋工程装备技术产业联盟，以及中国海洋材料技术创新联盟和船舶海工、新材料产业联盟等组建成立。南通中远川崎和亚星锚链等2家企业的技术中心被认定为国家级企业技术中心。截至2016年底，船舶工业国家级企业技术中心累计达27家，上海船舶工艺研究所等5家单位成为国家工程实验室的技术依托单位。

第二节　存在的主要问题

一、企业市场竞争力落后

有市场竞争力的企业数量不足。船舶建造企业中约60％是三级企业，与沿海船厂相比，生产设施简陋，缺乏市场竞争力。

二、科技人才资源优势发挥不足

受军工体制机制的影响，湖北军工船舶科研所军工技术转民用和产业化速度缓

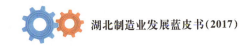

慢,高校科研成果异地转化时有发生,影响了科技人才优势的发挥。

三、科技创新能力亟待提高

虽然近年来我国船舶工业在技术创新方面取得了显著的成绩,但是与国外造船业先进技术水平相比,我国船舶产业技术能力仍然存在一定差距。我国船舶工业研发投入强度和研发人员占比落后于韩国和日本,自主知识产权产品少,企业创新动力不足。同时基础技术薄弱、技术储备不足、自主创新能力和综合技术水平不高,创新模式仍属于追随型,缺乏原始创新和引领性创新,高技术船舶及海工装备占比明显低于韩国。特别是在当前国际造船新公约规范标准不断升级、船舶技术与产品升级换代加快的背景下,我国船舶工业在创新引领和创新驱动方面的能力亟待提升,湖北船舶与海洋工程装备产业智能转型工作仍处于起步探索阶段。

四、产业组织结构较为分散

与日本、韩国等先进造船国家相比,我国造船产业组织结构过于分散,优强企业竞争力不足。据中国船舶工业协会统计,2016年,我国船舶企业排名前10家企业的造船完工量占我国总量的56.9%,比2015年提高了3.5个百分点,虽然产业集中度得到了进一步提升,但是和日本、韩国相比还存在明显差距。目前韩国前10家企业完工量占比已经高达95%,日本的也达到了76%以上。产业组织结构分散导致我国缺乏与日本、韩国的大型企业集团相抗衡的优强企业。

五、效率过低,削弱成本优势

中国船舶工业行业协会的资料显示,目前我国人均造船效率明显低于日本和韩国,平均每修正总吨工时消耗为日本和韩国的3~4倍(日韩为10~15,我国为30~40)。造船效率低严重削弱了我国低劳动力成本优势。人均产出方面,目前我国部分先进企业人均产出可以达到约40 CGT/年,但韩国平均水平为100 CGT/年,日本平均水平为150 CGT/年。受效率差距影响,我国人工成本优势被严重弱化。目前国内部分企业因效率水平偏低,每修正总吨人工成本达到700美元以上,而日韩先进企业在500~600美元。随着我国人工成本进入刚性上涨阶段,效率水平对企业成本作用将进一步放大,我国船企成本优势面临较大挑战。

第十一章　海洋工程装备及高技术船舶

六、配套业发展严重滞后

船用设备价值量最大,占全船总成本的 40%~60%。而我国船舶配套业滞后于造船业发展,是我国船舶工业产业链长期存在的短板,一直影响着我国船舶工业整体国际竞争力和盈利水平的提升。在配套产业发展方面,韩国、日本的船配企业要优于我国船配企业;在高技术船舶和海工装备配套领域,我国船舶工业所需核心设备仍主要依赖进口。同时,设备的安全环保节能技术与世界先进水平相比仍存在一定差距。

第三节　发展主要举措

发挥湖北船舶与海洋工程装备产业研发和制造优势,推进海洋工程装备及高技术船舶高端化、差异化发展,加快打造我国船舶和海工装备产业发展"第四极"。突出高技术船舶、海洋工程装备、高端船用配套设备、船舶智能制造平台及装备等重点领域,推进海洋工程装备及高技术船舶产业高端化、差异化发展。

到 2020 年,海洋工程装备及高技术船舶产业规模达到 1000 亿元;到 2025 年,产业规模达到 1500 亿元。全力打造继环渤海、长三角和珠三角之后的全国第四大船舶和海洋工程装备产业发展集聚区。

一、完善创新体系,提高自主创新能力

(一)实施创新中心建设工程

以湖北海洋工程装备研究院为核心载体,推进湖北省船舶和海洋工程装备制造业创新中心建设,形成整合产业创新资源枢纽,打造新型创新链、新型产业链,建成贯穿创新链、产业链的创新生态系统,并积极融入国家制造业创新体系。以创新中心建设为核心,加强武汉船舶与海洋工程装备国家新型工业化产业示范基地建设,发挥公共服务平台、企业技术中心、重点实验室等载体重要支撑作用,统筹湖北高校、科研院所和企业的科研资源,发挥骨干企业主导作用和高等院校、科研院所基础作用,积极推进由企业牵头、产学研结合的湖北省船舶与海洋工程装备产业协同创新联盟建设,打造从基础研究、产品开发、工艺制造到试验检测全产业链和产学研一体化自主创新平台,建设新型产业创新体系,推进协同创新,实现由单项技术产品攻

关向全要素汇集转变,由重视单一企业局部创新环境改善向重视营造产业跨界协同创新环境转变。

(二)加强核心关键技术研发

强化企业自主创新主体地位,瞄准国家海洋强国建设重大装备战略需求,结合湖北优势,依托海洋核动力平台、深远海渔业养殖装备、深水起重铺管船、深远海渔业资源开发综合保障平台、南海综合补给基地、远洋渔船、深海矿场开发装备、豪华邮轮/游船/游艇、大型LNG装备、大型海洋压裂装备、极地冷海钻完井关键技术研究、节能环保江海直达船、无人驾驶巡航搜救船及测量船等重大项目,加强基础共性技术和核心关键技术研发,抢占未来船舶和海洋工程装备产业发展制高点。加强喷水推进装备、低速柴油机等产品关键共性技术攻关,掌握以绿色、智能、协同为特征的先进设计制造技术。针对甲板机械、400吨以上大型低压拖缆机、海上综合补给系统、带主动升沉补偿功能海工起重机、吊舱式电力推进系统、折臂式全回转舵桨、动力定位系统、大型原油运输船惰气系统、LNG超低温潜液泵、海水提升泵、通信导航与智能系统及设备等核心船用设备,急需开展产学研联合攻关,重点突破核心技术和产业化瓶颈,掌握核心配套设备集成化、智能化、模块化设计,全面提升系统集成能力和智能化水平。

(三)推进科技成果产业化

完善船舶与海洋工程装备产业科技成果转化运行机制,利用湖北船舶与海洋工程装备产业公共服务平台,建设集科技信息服务、技术成果转移转化对接、科技投/融资和网上技术交易等一体化的科技成果转化服务工作体系,搭建以促进科技成果产业化转化为目标的技术转移平台,提升技术成果管理与推广、技术数据库、项目推荐、产学研合作推进等服务功能,促进项目、人才、资金对接,为全省船舶与海洋工程装备产业技术转移提供全方位、综合性服务。建立企业技术服务需求信息发布平台,进一步畅通科研院所、大专院校和企业沟通交流渠道,引导科研院所和大专院校按市场与企业需求开展技术研究,强化科技与经济对接,创新成果同产业对接,创新项目同现实生产力对接,加快推进军工船舶科技成果在民船上的应用,推进军工技术双向转移。积极推广船舶建造先进工装工艺及材料,提高船舶建造技术与水平。

二、推进工业化和信息化融合,提高智能制造水平

(一)加快推进"互联网+船舶与海洋工程装备制造"

深入推广国家船舶与海洋工程装备智能制造和"两化"融合管理标准体系,使一

批骨干企业通过国家两化融合管理体系评定。强化应用牵引,加快推进数字化车间试点示范和智慧院所建设,推动建设湖北省船舶与海洋工程装备制造产业联盟,协同推动智能装备和产品研发、系统集成创新与产业化,促进工业互联网、云计算、大数据在研发设计、生产制造、经营管理、销售服务等全流程和全产业链的综合集成应用。推进以湖北海洋工程装备研究院为依托,建设湖北省船舶与海洋工程装备产业公共服务平台和创新网络;依托公共服务平台,打通产业链上下游和跨行业企业、科研院所、大专院校间信息孤岛,加强船舶与海洋工程装备产业链和网络化协同,支持众创众包,搭建金融供需交流服务平台等,为互联网与船舶和海洋工程装备产业融合提供支撑。

(二)加快发展智能化产品

支持武船、武汉船用机械有限责任公司、湖北海洋工程装备研究院、701所、719所、武汉理工船舶股份有限公司、中石化石油工程机械股份有限公司等以承担的国家专项为依托,加快智能船舶与海洋工程装备研发,适应船舶与海洋工程装备智能化要求。推进武汉船用机械有限责任公司、712所、709所、722所、宜昌船舶柴油机有限公司等配套企业深入贯彻落实国家《船舶配套产业能力提升行动计划》,加快智能甲板机械、电力推进系统、喷水推进装置、船用低速柴油机、通信导航与智能系统及设备等智能设备研发,提高船舶与海洋工程装备配套设备智能化水平,保持和提升优势配套产品的核心竞争力。鼓励支持骨干企业以承接的国外订单为基础,加快智能渔业养殖装备等产品智能技术消化吸收和再创新,提升智能船舶与海洋工程装备研制能力。支持发展智慧城市、智慧港口、智能停车场成套设备等智能非船产品。

(三)推进制造过程智能化

加快推动新一代信息技术与制造技术融合发展,把智能制造作为两化深度融合的主攻方向,积极推进生产过程智能化,培育新型生产方式。支持武船、武汉船用机械有限责任公司等龙头企业加快智能工厂/数字化车间建设,率先在制造过程中应用工业机器人、工业互联网、虚拟制造、智能物流管理等先进制造技术,促进制造工艺的仿真优化、数字化控制、状态信息实时监测和自适应控制,全面提高精准制造、敏捷制造能力。鼓励支持骨干企业加强智能改造顶层设计,先期对关键生产环节进行智能化改造,加强智能生产装备的应用,分步实施智能工厂整体改造,逐步提高智能制造能力和水平。鼓励并支持骨干企业应用产品全生命周期管理、客户关系管理、供应链管理系统等,促进集团管控、设计与制造、产供销一体、业务和财务衔接等关键环节集成,实现智能管控。

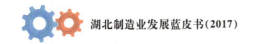

三、推进供给侧结构性改革,加快产业转型升级步伐

(一)调整优化产业布局

以武船双柳基地、武汉船用机械有限责任公司海洋工程机电设备国家工程实验室、中船重工湖北海洋核能有限公司海洋核动力平台示范工程项目、湖北海洋工程装备研究院、701所国家级渔业装备工程技术中心、宜昌船舶工业园等基地和创新平台为依托,按大项目→产业链→产业集聚→产业集群的方向,推进湖北高端海工船舶与海洋平台建造基地、船舶配套设备及海洋工程装备通用设备制造基地、海洋工程装备专用设备制造基地、海洋核能研制基地、船舶和海洋工程装备研发设计中心的建设和全产业链的发展,促进武汉、荆州、宜昌、黄冈等地船舶与海洋工程装备产业跨地域协同,实现产业集聚和集群发展。严把市场准入关口,淘汰落后产能,减少低端船舶供给。推进兼并重组,引导、鼓励资源整合,支持发展具有市场竞争力的船舶和海洋工程装备企业集团提高产业集中度。推动企业提升技术装备水平,优化产能存量。

(二)加强质量品牌建设

推广先进的质量管理技术和方法,提升质量控制技术,提高质量管理水平。鼓励企业应用先进技术和智能化装备,提升关键工艺过程控制水平,加快提升产品质量,使重点产品的性能稳定性、质量可靠性、环境适应性、使用寿命等指标达到国际同类产品先进水平,提高产品全生命周期质量追溯能力,夯实质量发展基础,为品牌创建创造条件。加快推进品牌建设,引导企业加快制定品牌管理体系,围绕研发创新、生产制造、质量管理和营销服务全过程,提升内在素质,夯实品牌发展基础。鼓励企业加强品牌文化建设,增强以质量和信誉为核心的品牌意识。积极培育知名品牌,鼓励支持具有较好发展基础,已实现自主研发制造,部分已实现批量装船的电力推进系统、大型远洋运输船甲板机械、250吨级以下大型低压拖缆机等拖带系统、海洋平台锚泊定位系统、大型散货船克令吊、海洋平台C型起重机、经济型自升式作业平台、液压齿轮齿条式升降系统、主推调距桨装置、侧向推进器、液压插销式升降系统等优势产品加大品牌创建力度,提升品牌竞争力,扩大自主品牌产品市场占有率,提升品牌附加值和软实力。

(三)提高高端供给能力

聚焦建设海洋强国、长江经济带建设等战略需求和船舶与海洋工程装备市场需求,对接《中国制造 2025》及其技术路线图、《船舶配套产业能力提升行动计划(2016—2020年)》,大力推进船舶与海洋工程装备产业供给侧结构性改革,用改革的办法优化企业内部要素配置,让优质资源更多地流向有市场需求、有发展前途、有经济效益的产业、产品,提升企业竞争力。依托骨干单位、国家船舶与海洋工程装备科研和产业化专项、示范工程项目和国际国内首台套突破订单等,积极推进深海渔场、海洋核动力平台、350吨级大型低压拖缆机等拖带系统、大型远洋渔船捕捞机械、海洋平台起重机(A型和E型)、风电安装船起重机、大型浮式起重机、全回转舵桨、喷水推进装置、电动齿轮齿条式升降系统、大型原油运输船透平货油泵系统、电动深井泵、FPSO原油外输系统、节能环保江海直达船等新产品发展,大力调整产业和产品结构,积极补我国高技术船舶、高端船用配套设备、海洋工程装备的短板,扩大高端供给,推动产业迈向中高端。

四、发展服务型制造和生产性服务业,推动发展模式创新

加快制造与服务的协同发展,推动产业模式创新和业态创新,推动生产型制造向服务型制造转变。大力发展和船舶与海洋工程装备制造紧密相关的生产性服务业,引导船舶与海洋工程装备配套企业延伸服务链条,从主要提供装备向提供装备和服务转变。鼓励船舶与海洋工程装备配套企业增加服务环节投入,加快海外服务网点建设,组建企业联盟,共同开拓海外市场。支持有条件的企业由提供设备向提供系统集成总承包服务转变,由提供装备向提供整体解决方案转变。以湖北海洋工程装备制造业创新中心建设为契机,依托湖北省船舶与海洋工程装备产业公共服务平台,加快发展研发设计、技术转移、科技咨询、企业孵化、检验检测认证等生产性服务业,实现制造业与服务业协同发展,提高对产业转型升级的支撑能力。

五、大力推进绿色发展,提升可持续发展能力

大力推行绿色制造,支持鼓励船舶与海洋工程装备制造企业建设绿色工厂和对重点制造环节进行绿色改造,大力推广应用低能耗、低物耗、高效自动化绿色技术装备,加快应用先进高效、绿色加工工艺,提高资源综合利用效率,强化船舶与海洋工程装备产品全生命周期绿色管理,努力构建高效、清洁、低碳的绿色制造体系,推进船舶与海洋工程装备制造业绿色改造升级,实现绿色建造。加强绿色产品研发设计,提升数字化集成设计水平,开展船舶与海洋工程装备及其配套设备轻量化、节能环保开发,从源头上提升船舶与海洋工程装备建造绿色环保水平。支持加快江海直达、内河大型绿色节能环保船型的研制,积极适应内河船型标准化、大型化和绿色化

要求。加快推进内河 LNG 动力船舶及配套产品的研制,推动 LNG 在水运等行业的应用,引导船舶企业适应船舶行业节能减排要求,为实现"气化长江"和建设绿色黄金水道提供支撑。

六、发挥资源优势,推进军民融合深度发展

充分发挥湖北船舶与海洋工程装备产业军工科技、人才和产业优势,积极推进军工船舶研究院所分类改革,加快建设人才激励机制,破除制约科研院所创新发展的体制机制障碍,提升创新发展能力。积极推进军工与非军工船舶单位加强合作,促进军工人才、科研、试验检测等资源与非军工单位共享。依托重大科研项目,开展协同创新,促进船舶军民通用设计、制造先进技术的合作开发,加强军用与民用基础技术、产品统筹和一体化发展。鼓励、支持军工单位积极争取国家民用高技术船舶和海洋工程装备专项,促进军用设计、制造先进技术转民用。推进军工船舶单位之间加强合作,发挥军工技术优势,联合研制民用高技术船舶与海洋工程装备。推进军工单位通过协作配套、委托建造分段等方式,提高外部配套率,带动符合条件的民用造船企业的发展。推进军工船舶单位利用军工技术发展非船产业,支持中国船舶重工集团公司在鄂相关单位牵头整合交通运输、智慧城市、通航产业、环保工程等四大产业板块,促进非船产业做大做强,提高应对船舶与海洋工程装备市场风险能力。

第四节　发展建议

一、推动提高产业集中度

按照"优势互补、合作共赢"的原则,支持开展专业化重组和资源整合,提升核心竞争力和整体优势。持续推进结构优化,提高质量品牌竞争优势,推动产品结构升级。打造产品品牌,不断扩大国际市场占有率。严控新增造船产能,化解产能过剩矛盾,提高产业集中度。瞄准世界先进企业,打造具有强大创新能力、较强盈利能力和持续发展能力,管理高效、国际化程度高的大型优强企业,成为世界造船企业的旗舰。扩大和提升专业化制造能力,培育一批世界级先进海工装备制造企业。

二、加强国际合作,提高开放发展水平

鼓励支持企业实行更加积极的开放战略,统筹利用两种资源、两个市场,紧紧围绕国家"一带一路"倡议,发挥湖北产能优势,加快"走出去"步伐,在巩固现有船舶与海洋工程装备国外市场的同时,大力拓展高端船舶与海洋工程装备市场。发挥湖北船舶与海洋工程装备产业在港口机械、桥梁装备、大型成套设备、高层钢结构、电子信息等基础设施领域的比较优势,利用国家支持政策,积极参与"一带一路"沿线国家基础设施建设,促进产能转移。鼓励有实力的企业并购具有技术和品牌优势的国外企业、建立海外研发中心和销售维修服务基地,充分借助境外科技和人才资源,开发具有自主知识产权的新技术、新产品,拓展发展空间。鼓励与境外企业开展多种形式的技术合作,提升船舶与海洋工程装备研发设计能力。支持与国际知名设计公司合资成立研发机构,提高研发能力,促进国际化发展。

三、加强人才队伍建设

(1)切实推进产学研一体化人才培养模式,建立校企联合培养人才的新机制。依托知名研究机构,通过实施大型合作项目,联合企业培养出从研发、生产、维护到系统集成的多层次技术人才。

(2)运用职业培训、职业资格制度,通过实际项目锻炼来培育人才。

(3)加强高层次人才引进,吸引海外留学人员回国创新创业。

第十二章　航空航天装备

航空航天产业是当今世界最具挑战性和具有广泛带动性的高科技领域之一,是国家综合国力的集中体现和重要标志,是国家战略性新兴产业和先进制造业的重要组成部分,是国家科技创新体系中的一支重要力量。其具有高技术、高投入、高风险、高收益、产业要素高度集约等特点,技术辐射面广、产业带动力强、关联产业多、产品附加值高、集群效应大,具有巨大的溢出效应和经济带动作用,能带动新一代信息技术、智能装备制造、新材料、新能源等高新技术产业发展。

第一节　基本情况

一、发展现状

"十二五"期间,湖北省政府将加快航空航天产业发展摆在经济社会发展的突出位置,全面统筹谋划全省航空航天产业发展,加大机场建设、民航市场拓展、航空航天产业发展体制机制改革等各项工作力度,在航空航天系统各单位和军方的大力支持以及相关市州的共同努力下,湖北省航空航天进入较快发展的新阶段,取得了显著成绩。

(一) 航空产业

湖北航空产业主要依托中航工业,布局在武汉、襄樊、荆门三地,其中武汉主要生产航空仪表,襄阳主要生产航空救生装备、椅座等配套装备,荆门则集中了湖北航空设备研发力量,中航工业荆门特飞所已自主研发 A2C 水上飞机、海鸥 300 水陆两栖飞机等多种型号的飞机。

(1) 湖北无人机叫响全国。

湖北易瓦特科技股份公司是国内民用无人机主业第一股。牵手资本市场后,易瓦特无人机加大应用在电力巡检、国土测绘、灾难救助、影视航拍等十多个行业,延伸出无人机养护等配套服务,还建成了中国第一个无人机培训、考试中心。易瓦特在技术难度更高的工业级领域发挥创新优势,申请200多项国家专利,稳坐湖北省该领域头把交椅。在龙头带动下,湖北聚集起猎隼科技、高德红外等一批专注于工业级无人机和配套研发的企业。

(2) 专注细分领域,一个零部件征服一个市场。

武汉航鑫电子科技公司为"神舟"系列飞行器、"嫦娥"探月卫星、大型运输机、新式战斗机、直升机提供高端紧固件,一颗小小的螺丝,价格甚至超过千元,堪比黄金。而航鑫电子有400多项产品,其中270多项都是"独门绝活"。

(3) 做长产业链,抢占未来产业发展制高点。

小领域征服大市场。湖北的芳纶蜂窝复合材料国际领先,航空座椅获美国联邦航空局适航认证;航空仪表、飞机舱门、起落架、燃油系统,为C919国产大飞机贡献了近15%的配套。

产业链越做越长。湖北布局航空运营业,建设爱飞客航空综合体、武汉汉南航空体育运动中心、襄阳热气球飞行文化基地;立足航空服务业,做大飞行培训业务;并研发制造水上飞机、热气球、滑翔伞;航达科技成为全球知名航空公司的"首席保养师";中国与以色列合资建设的民航维修企业——贝迪克·凌云宜昌飞机维修工程公司已在宜昌揭牌。

(二) 航天产业

作为军工大省,湖北航天产业基础雄厚,前景广阔。经过多年发展,以航天科工四院、航天科技42所、武汉大学、华中科技大学、中国科学院武汉分院、武汉光谷国家地球空间信息产业化基地等区域内的重点企业、高校、科研院所等为核心单位,形成了涵盖飞行器系统、航天固体运载器、重型越野装备、航天激光装备、卫星应用等产品丰富、种类齐全的航天产品及相关衍生产业,同时积聚了一批核心配套单位,基本形成了全产业链发展能力。

(1) 取得了系列技术创新成果。

航天科工四院研发的固体运载器是我国唯一经过多次飞行试验考核,且圆满完成多次空间产品投送试验任务的快速进入空间装备,首次采用栅格舵、侧喷流等新技术,实现了运载火箭的小型化和低成本。

(2) 建立了完善的技术创新体系。

经过多年的发展,航天科工四院建立了完善的产学研创新体系,形成了自主开发研制航天产品系统的能力,在国内率先研发了"快舟"固体运载火箭,具备了低成本快速发射卫星的基本能力,取得了国内领先的战略地位;在专业配套、研发、设计、试制与试验等方面形成了整体研发优势,并培养和造就了一支优秀的技术专家队伍。

(3) 掌握了一系列航天核心技术。

湖北航天产业在固体发动机、液体姿控发动机、光学/雷达传感器、光纤陀螺、惯导产品、伺服机构、嵌入式计算机等关键单机及分系统产品上掌握了自主设计、自主制造的核心技术,在发射平台研制、运载火箭研制、卫星产品研发、遥感导航应用等方面初步形成了体系化的产业链。

(4) 形成了强大的集成辐射能力。

航天技术具有的系统集成能力已经对产业链上下游产业形成巨大的牵引,大批航天技术相关产业以及航天技术成果已经直接和间接地移植或孵化到省内及周边省份相关产业,涉及电子、新材料、自动控制、先进制造等多方面。湖北航天培育了具有自主知识产权的航天激光、重工装备、清洁能源等高技术产业群,并且实现了从关键单机产品到系统集成服务的产业链构建。

(5) 在全国率先建成北斗地基增强系统。

湖北省率先研制建设了国内首个拥有独立自主知识产权的北斗区域地基增强服务系统(HBAS),首次在专业应用领域突破北斗实时厘米级差分定位等核心关键技术,实现北斗厘米级精确定位,同时在北斗地基增强系统高精度板卡和应用软件上也取得了重大进展,形成了北斗一张网的关键技术竞争优势。

(6) 新一代汉产北斗芯片亮相。

武汉梦芯科技有限公司发布新一代北斗导航定位芯片——启梦MXT2708A。新发布的启梦MXT2708A芯片,仍采用40纳米工艺设计研发。但该芯片不仅兼容所有类型的全球导航卫星系统,还首创性地实现了一颗芯片同时接收并处理GPS、GLONASS、北斗三种卫星信号,提升了定位性能,其灵敏度、首次定位时间、精度、功耗和尺寸,都比上一代芯片先进。

(7) 武汉国家航天产业基地建设进展迅速。

国家发改委批准湖北武汉国家航天产业基地方案,该产业项目和配套设施建设正全面展开。武汉国家航天产业基地是我国首个国家级商业航天产业基地,由武汉市政府联合中国航天科工集团、华夏幸福基业股份有限公司共同打造,将按照PPP模式和"产城一体、产城融合"思路建设航天产业新城,被列为湖北省"十三五"期间13个重大项目之一。目前,火箭总装总调中心已经开工,电磁材料项目土地已经摘牌,基地产业港及双柳阳大公路升级改造、火箭产业园园区道路等项目正加紧办理,前期工作将陆续开工。

二、面临的形势

(一)中国等新兴国家将成为未来航空产业发展的重要市场

美国、加拿大等发达国家航空产业已成为成熟大产业。美国拥有通用飞机224万架,机场19100个,飞行员30万人,而我国通用飞机仅1975架,机场286个,飞行员2万多人,航空产业发展的空间和市场潜力巨大。我国人均GDP已超过7575美元,国民对通用航空潜在需求将转化为有效需求,公务航空、通勤航空、航空运动、私人飞行、观光飞行等将迎来爆发性增长。未来10年,全国各类通用航空飞机需求达12万架,年均复合增长率达20%,通用航空市场规模将超万亿元。目前,波音、空客等国际知名航空企业已进军中国航空制造业市场,塞斯纳、西锐等通用飞机主力厂商在中国各地布点设厂,国际合作加速推进将为我们承接航空产品研发制造创造良好机遇。

(二)国家政策大力支持将推动航空产业进入跨越发展黄金期

近年来,党中央、国务院和国家有关部委站在强国兴军的高度,大力推进航空产业发展,制定《关于加快培育和发展战略性新兴产业的决定》,将航空产业列入国家战略性新兴产业发展重点方向;颁布《关于深化我国低空空域管理改革的意见》,有序开放低空空域;发布《民用航空工业中长期发展规划(2013—2020年)》,引导支持航空装备制造业和相关产业做大做强。国务院印发《中国制造2025》,明确提出力争十年迈入世界制造强国行列,并将新一代信息技术产业、高端装备、航空航天装备等产业作为未来重点突破的十大领域,为航空产业跨越式发展提供了千载难逢的机遇。

(三)湖北较好的航空产业基础将为抢抓机遇、推动新一轮发展赢得先机

全省从事航空工业研发、制造和修理的企事业单位近30家,涵盖特种飞行器、通用飞机、无人机、航空仪表、航空座椅、复合材料、飞机维修等领域,部分航空产品研发制造和总体航空维修能力在全国领先。通用航空公司10家,各型飞机达100多架,运营业务遍及全国各地,飞行业务量占中南六省(区)一半以上。湖北蔚蓝国际航空学校与海南航空学校的飞行员培训业务在全国领先。全省在建和规划建设的航空产业园及以航空综合体为主要业态的项目14个,将有力促进全省航空产业发展。

（四）长江经济带等战略为湖北航空运输改革先行先试创造条件

国家正在大力推进长江经济带和长江中游城市群建设，湖北作为带、群重要省份，可充分利用独特的区位优势、强劲的经济发展势头、完善的基础设施、四通八达的地面交通和空中航线网络，向国家申请开展长江经济带航空运输改革试点，建设中部地区枢纽机场，打造长江中游航空运输中心，进一步缩短带、群时空距离，促进区域生产要素和各类资源有效流通，为湖北航空产业发展提供更加广阔的空间。

第二节 存在的主要问题

虽然湖北航空航天产业的发展已经取得了长足的进步，关键技术攻关取得了重要进展，重点产品研制稳步推进，产品装备技术能力和水平都有了较大提升，但与国际先进水平相比还存在较大差距。

一、核心技术及产业基础薄弱

虽然我国自主研发了包括C919、ARJ21在内的多种机型，航空产品的自主创新能力不断提高，但与国际一流水平相比，在核心技术掌握方面仍然比较落后，核心产品依赖进口的现状并没有改变。发动机、机载设备与系统、关键材料工艺和元器件等核心技术和产品一直制约着我国民用航空工业的发展。

（一）通用航空方面

从现阶段来看，我国通用航空产业技术基础仍较薄弱。我国自主知识产权的通用航空器种类、数量少，产品单一、生产线重复，性能、可靠性不足，无法满足通航日益增长的需求。通航企业缺乏先进整机设计、研制及材料工艺、核心关键技术，严重影响了通航产业对经济发展的带动作用。

（二）航天产业方面

虽然我国航天事业近年来取得了巨大进步，但航天技术成果二次开发和应用潜力尚未得到释放，对国民经济社会发展的辐射带动作用仍有待加强。

（1）卫星导航领域。北斗系统在民用市场的推广应用仍处于培育阶段，北斗企业发展存在小、散、乱的问题。我国北斗产业龙头企业的产值的主要来源仍以军品为主，民品占比很低。

（2）卫星通信领域。通信卫星技术水平与国际领先国家仍有差距,国内卫星通信终端产品技术和服务水平难以在国际上形成竞争力。卫星通信产业发展首先亟须进一步提高通信卫星及终端产品技术水平,积极拓展商业模式,加强国际合作,提高卫星通信产业国际市场竞争力。

（3）卫星遥感领域。我国卫星遥感以服务行业应用为主,商业化发展程度低。数据处理与自动化生产能力不高,自主遥感卫星的应用技术与应用服务少,定量化标准化信息服务产品严重不足;卫星数据产品价值链短,资源利用率低,共性技术支撑与增值产品服务能力与国外有很大差距,国家数据政策不完善,卫星综合运管、数据分享及分发机制不健全,商业化模式尚未有效形成,制约了我国遥感产业的发展。

二、技术水平相对落后

国际航空市场以波音和空客为双寡头的垄断竞争格局依然存在,波音和空客两大巨头始终占据着大飞机制造的主系统集成商地位及资源和技术优势。同时,我国正在地球遥感、通信、导航等应用领域赶超俄罗斯,但在载人航天方面落后于俄罗斯,在基础空间研究方面落后于欧洲。

虽然我国自主研发了多种机型及"长征"系列运载火箭,航空航天产品的自主化率不断提高,但是部分产品核心技术与国际一流水平相比仍然落后,对国外技术的依赖性较强,核心产品仍依赖进口。发动机、关键材料和元器件等仍是制约我国民用航空航天装备制造业发展的瓶颈。

三、产业链条不够完善

在航空领域,我国航空制造产业规模偏小,与日本、韩国相比仍然落后。同时,由于缺乏全球性的物流和营销网络,我国航空产业研发设计、培训、租赁、维修、航空工业旅游、飞机回收处理等上下游产业链高端环节发展较为滞后,产业链的不完善使得我国整个航空产业链上的价值流失较为严重,每年60%的飞机维修市场价值流失到国外,也导致我国飞机生产出来以后应用率低,造成生产成本回收无保障,企业积极性和效率低下。

在航天领域,军用航天发展迅猛,民用、商用航天相对滞后。军用航天主要指用来提高国家安全的航天活动。民用航天是指国家开展的,有利于提高国家的科学、技术、荣誉、经济水平,以及我国航天技术在世界上领先地位的航天活动,主要包括对地观测、空间探索、载人航天等活动。

四、配套体系不健全

我国航空航天产业发展的配套政策有待进一步完善。航空航天装备制造业属于高投入、高风险产业,仅仅依靠政府加大投入远远不够,必须引入民间资本,鼓励民营企业参与。目前,我国还缺乏相应的机制和规则,鼓励民营企业进入航空航天发展的相关配套政策还需完善。在各地众多的航空航天产业园中,由于缺乏统筹规划及管理,一些园区发展无序,过度投资建设和引进项目,落地产品单一低端,盲目铺摊产业链,给产业发展带来了严重的风险和隐患。在我国航空领域,由于缺乏机场及配套保障等设施建设,管理体制改革和发展滞后,空域开放、基础设施、维修服务、人员培训等明显滞后,人才储备、技术经验积累也明显不足。

第三节 发展主要举措

坚持"军民结合、科技先行、重点突破、集群发展"的原则,培育引进龙头企业,加快推进航空航天技术、装备、系统和关键零部件工艺、产品的研发和产业化。突出飞机设计与制造,航空零部件,航电与机电系统,运载火箭、卫星制造、应用及服务,航天发射地面装备及制造等重点领域,加快推进航空航天技术、装备、关键零部件工艺、产品的研发和产业化。到 2020 年,将湖北的航空航天装备产业规模提高到 1000 亿元;到 2025 年,产业规模将达到 2700 亿元,努力将湖北打造成全国重要的航空航天产业发展基地。

一、航空工业

充分利用全省现有航空工业基础,积极壮大和发展航空科技研发与生产制造。

(一)大力发展民用飞机制造

重点研发和生产干线飞机、新型支线飞机、新型通用飞机、新型直升机、无人驾驶飞机等飞行器整机及其关键零部件、专用装备等。

巩固大型灭火/水上救援水陆两栖飞机、浮空飞行器等特种飞行器设计与研发在国内的主导优势地位,积极拓展试验、总装集成、试飞等业务。建立水面飞行器、高性能轻型直升飞机、轻型飞机等通用飞机的自主研发设计和生产体系,推动轻型航空器核心产品达到世界先进水平。依托中航工业特飞所,重点发展水上飞机、浮空飞行器等特种飞行器。

大力发展固定翼、旋翼、柔翼等各类无人机及地面站和通信指挥车的自主研发、设计、制造能力，加快无人机产品向多用途高性能领域扩展，大力促进无人机在航空测绘、灾害应急侦察、电力和道路巡线等方面的应用。

（二）完善航空产业配套

完善飞机座椅产业配套并向航空内饰等产业链延伸，巩固航空仪表的技术优势并提高产业化应用水平，推动航空防护救生、空降空投装备等航空生命安全领域技术和产品达到国际水平，促进军用航空救生器材向民用航空、通用航空领域扩展。

鼓励发展航空机载电源、电子器件、传感器、惯性器件、多功能显示器、变流器、变压器、蓄电池、照明装置等航空电子设备及元器件，重点发展环控系统、燃油系统、防/除冰系统、液压系统等关键机电系统，积极发展商用飞机客舱系统及各类机载系统，着力突破高集成度通用航空通信导航监视系统、通用航空飞机座舱线控系统、飞控计算机系统、综合处理与网络系统、光电探测系统、综合惯性导航系统、飞行控制系统等航电系统。

（三）航空维修及服务

重点发展航空维修、航空再制造、航空技术服务、航空运营支持等服务。大力发展飞机维修、客机改货机等业务。

二、航天工业

优先发展新型运载火箭及发射服务、卫星平台及载荷、空间信息应用、地面及终端设备制造等领域的关键技术及相关主导产业，带动和辐射上下游产业发展。培育壮大自主可控信息技术、智能制造、新材料、新能源等航天相关基础产业，为核心产业发展提供支持和配套，并在商业航天项目牵引下创造新的更大价值。积极拓展延伸大数据、智慧产业、激光产业等关联技术在商业航天核心产业领域的同步发展，形成相互促进、协同增长的良好局面。

（一）空间基础设施

重点研发和生产：航天器系统、运载火箭、火箭发动机、先进运载火箭部组件、先进卫星平台及有效载荷、先进卫星分系统部组件产品、航天器测控地面站、移动测控设备以及航天器空间环境模拟系统；基于自主数据源的高速全交换式卫星遥感地面接收系统，基于网格架构的卫星遥感数据处理及存储系统，面向服务的卫星遥感数

据分发系统,遥感卫星地面标校系统和增强系统,导航卫星地面监测站,以及导航信号增强系统等。

(二) 卫星应用系统

重点研发和生产:基于北斗卫星导航系统应用为基础的遥感数据服务、导航应用与位置服务、地理信息系统软件开发、三维数据获取、移动道路测量、智能道路路面检测、大型工程变形监测等。

(三) 航天新能源

重点研发和生产:新型LNG液体燃料火箭发动机关键技术及产品。

(四) 航空航天新新材料

重点研发和生产:树脂基复合材料、C-C复合材料、碳纤维、芳纶纤维、金属基复合材料、陶瓷基复合材料、气凝胶复合材料、隐身材料、石墨烯材料等。

第四节 发展建议

一、完善创新体系

建立创新创业共享机制。发挥湖北省的科教资源优势,推进机制体制创新,搭建创新资源产学研用合作平台,在航天产业基地设立国家级科技人才交流和服务中心、院士工作站、博士后流动站等,促进航天产业、高校、地方企业和政府相关部门协同创新。

搭建技术创新平台。建立产学研一体化的航天科技创新体系。建设若干国家级企业技术中心、工程(技术)研究中心,并以各类技术中心的建设推动技术创新和科技成果转化。组建国家和国防科技重点实验室,重点推进具有自主知识产权的新概念、新原理、新方法、新材料、新器件和新技术的研究与应用。建设军民共用技术创新平台,促进军民共用技术的转移转化。建设创业和技术成果转化孵化器,优先支持科技人员科技成果的转化,利用其所掌握或拥有的、具有自主知识产权的先进技术和高水平的技术成果进行创业,提高初创企业抵御成长早期风险的能力。以提高航天技术基础科研、评价保障、标准验证、信息服务能力为目标,加强计量测试、科技情报、信息中心、培训中心等公共技术基础平台建设。强化与科研机构、大专院校、行业协会等联系,突破关键技术壁垒、掌握核心技术,推动产学研合作逐步向以经济利益为纽带的技术、产业创新战略联盟转变。

推进商业模式创新。转变传统发展理念和发展方式,充分利用市场配置资源的能力,统筹内外部市场资源、资金渠道以及运作模式;最大范围内寻找合作伙伴,以应用为出发点和突破口,构建发射联盟,满足用户对不同载荷的按需发射需求;探索商业发射服务商和在轨服务运营商紧密联合的集群创新、联合创新等商业模式,以较低的成本和技术门槛发展用户,提供各种延伸服务和增值服务,在产品价值链的高利润点开展经营。

大力发展众创空间。加大基地中小微科技企业培育扶持力度,制定加快发展众创空间、支持大众创新创业政策措施。通过后补贴方式,鼓励社会力量建设创新型孵化器,并向其提供新扩建补贴、平台建设补贴等。对小型微型企业创业示范基地给予一定标准的补贴,以政府购买服务的方式支持其为入驻小微企业提供公共服务。

推进创新成果转化。实施自主创新成果产业化工程,设立创新基金,组织实施创新成果产业化专项工程,开展技术研发、检验检测、技术评价、技术交流、质量认证、人才培训等一体化服务,推进新一代信息技术、自主可控及信息安全、智能装备、新材料、新能源、地球空间信息应用等领域重大创新成果的产业化,建设一批具有国际先进水平和国际竞争力的高技术产业集群。

二、加强资金筹措

充分利用资本市场融资。注重与多层次资本市场的融合,积极引进社会资本发展混合所有制经济,完善企业治理结构,形成多元产权共生共荣、利益相关又相互制约的格局。积极创造条件,引进包括风险投资在内的各类投资公司、投资管理公司入驻基地,加快航天企业的股份制改革,优先扶持有条件的企业进入资本市场。建立创业融资风险补偿机制,鼓励天使投资、风险投资、股权投资、并购基金等聚集发展,发挥科技天使投资基金的引导作用,促进资本向初创科技型企业倾斜。抢抓股票发行注册制改革机遇,深度挖掘后备企业资源,推动符合条件的企业尽快上市。鼓励新三板企业采用做市、竞价交易方式活跃交易,支持其通过定向增发、并购重组进行产业整合;深化国企改革,支持基地企业挂牌新三板,引入民营资本,提高经营运作效率。

探索融资新模式。针对航天等知识密集型产业发展需求,探索实施股权众筹、产权众筹、债权众筹等融资模式。引导保险资金、境外资金、社会资本投资设立风投、创投及并购基金等股权投资基金,探索建立公募众筹平台,开展公开、小额股权众筹融资试点,规范支持社会资本发起私募众筹,探索推进债权众筹,拓宽创新创业投资资金供给渠道。通过发行公司债、企业债、短期融资券、中期票据、中小企业集合票据,拓宽多元化直接融资渠道。与工银金融租赁等金融租赁公司合作,设立为航天产业企业服务的金融租赁公司,提供大型成套设备、新型设备的融资租赁服务,推进产业链与资金链有机融合,打通企业资金链,缓解企业融资难问题。

采用PPP模式筹措建设资金。鼓励通过实施公共部门与私人企业合作的模式推进园区建设,政府与企业形成项目合作关系,各方共同承担责任和融资风险,达到双赢或者多赢的目的。基地的建设也可以借鉴和采用这种模式,在加大政府投入的同时,积极引入社会资本参与基地投资建设和产业发展,快速集聚建设发展资金,促进重点项目早日建成投产。

三、强化人力支撑

推动航空人才队伍建设,紧紧围绕湖北省航空航天产业总体发展目标,加大人力资源开发力度,不断深化人事制度改革,创新人才工作机制,努力营造有利于优秀人才脱颖而出、人尽其才的良好环境,充分利用国家"千人计划"和省"百人计划",积极引进飞行、空管、机务、民航管理、航空物流、营销等民航高端人才和急需人才。加强与高等院校等机构的合作,培养民航所需人才。鼓励和支持航空科技人才落户,建立完整的人力资源开发机制及人才选拔培养机制,形成满足产业发展需要、结构合理的通用航空高技术人才和经营管理人才队伍。

推动人才交流。充分利用湖北省科研院所、高等院校等资源集聚优势,以联合办学、联合培养等模式,加强与华中科技大学、武汉大学等知名高校及专业培训机构的合作,构建科教合作交流平台,加强科技合作协同创新,加强职业教育合作,深化产教融合。搭建教学科研平台,创建创新人才联盟。

四、大力推进国际合作

树立开放式创新理念,积极融入全球创新网络,全面提升航空航天产业科技创新的国际化水平和在全球科技创新体系中的话语权。坚持"引进来"和"走出去"相结合,全面深化与世界各国之间的地区合作,引进海外创新资源,鼓励航天及相关产业跨国公司、大型企业入驻设立研发中心、分支机构,组建跨境跨地区的产学研联盟。以航天科工与俄罗斯、乌克兰等国家部分重点合作项目为支撑,建立国际合作创新示范园区,开展技术、资本和产业化等多层面的合作。

第十三章 轨道交通装备

轨道交通装备是铁路和城市轨道交通运输所需各类装备的总称,主要涵盖机车车辆、基础工程施工及养路机械、通信信号、牵引供电、安全保障、运营管理等各种机电装备。先进轨道交通装备是中国高端装备"走出去"的闪亮名片,是未来公共交通发展的主要载体,是《中国制造2025》战略确立的重点发展领域。

为抢抓国际国内轨道交通建设机遇,湖北省加快全省轨道交通装备供给侧结构性改革,提高产业核心竞争力,建设国内一流的现代轨道交通装备产业体系。

第一节 基本情况

一、发展现状

湖北省地铁车辆制造已实现本地化。全年完成铁路货车产量4550辆,同比增长28.6%。湖北金鹰重型工程机械有限公司共制定了《铁路大型线路机械检查与试验方法》等4项国家标准、《电气化铁路接触网立杆作业车》等8项行业标准,逐步掌控行业话语权。该公司生产的重型轨道车辆、电气化铁路施工维修检测设备和城市轨道交通工程车辆,全国市场占有率达60%以上。近年来,平均每年出口产品价值1亿元左右,涉及美国、巴西、新西兰、印度、沙特阿拉伯等20多个国家和地区。

(一)特色更加突出,实力不断增强

目前,全省轨道交通装备在机车车辆、工程养路机械、智能化设备与系统、检修服务、车辆配件、铁路用钢等领域特色突出,并形成了较强的竞争实力。

(1)机车车辆。中车长江车辆有限公司具备年新造货车15000辆能力(省内6500辆),"十二五"累计出口5000多辆。武汉中车长客轨道车辆有限公司和武汉中车株机轨道交通装备有限公司均可生产地铁、无接触网超级电容有轨电车和城际动车组,设计年产能分别达300辆、总装能力200辆。

（2）工程养路机械。金鹰重型工程机械有限公司可生产大中型养路机械等56种产品,年产能达到600多台套,其中重型轨道车辆、电气化铁路施工维修检测设备和城市轨道交通工程车辆占全国60%以上,产品出口欧洲、美洲、非洲、亚太等世界诸多国家和地区,年出口额超过1亿元。中铁科工集团机械研究院可为高速铁路预制梁架设提供国际领先的架运搬提成套设备。武汉重型机床有限公司、中铁科工集团轨道交通装备有限公司、武汉船用机械有限公司和湖北天地重工集团有限公司实现盾构机规模生产。中铁武汉电气化局集团科工装备有限公司的单轨跨座式工作车占全国95%以上份额,年产能达到60余台。湖北时瑞达重型工程机械有限公司的小曲线半径轨道车和地铁电瓶应急抢险车、武汉重型机床有限公司的数控不落轮车床实现批量出口。襄阳国铁机电合作研发的高端公铁两用综合检测车和轮轨减磨修正装置批量生产。华舟重工应急装备股份公司应急机动铁路站台和钢梁抢修设备保障能力进一步提升。

（3）智能化设备与系统。湖北轨道交通的通信信号、牵引供电、安全保障、运营管理等系统设备及配件实力较强。武汉征原电气有限公司研发的电控电器、牵引及辅助变流器、传感器及电源模块等六类产品,国内市场占有率超过30%。武汉长海电气科技开发有限公司和武汉中直电气有限公司自主研发的1500/750伏直流牵引供电系统应用于多条城轨。武汉中车电牵科技有限公司开始生产地铁、轻轨车辆牵引控制系统。铁四院的高铁焊轨装备以铣代磨,生产的焊轨精度、合格率世界领先。烽火通信的OTN/MSTP铁路通信光传送产品应用广泛,自动售检票系统国内领先。襄阳中车电机生产的变压器、电抗器产品远销海外10余个国家,国内市场占有率超过50%。襄阳国铁机电生产的各类移动式、地坑式架车机和基于大数据、云计算技术的轮轨智能养护系统等,武汉利德测控技术有限公司生产的轨道衡、钢轨焊缝粗铣设备等,具有突出特色和较强市场竞争力。

（4）检修服务。武汉市已建成年检修能力400列的、全球最大的动车检修基地,年检修能力466台的机车检修基地。中车四方维保中心已具备检修CRH2型动车组技术能力。中车长江车辆有限公司年修理货车能力达1.1万辆。中车洛阳机车有限公司襄阳分公司的内燃机车检修能力全国最大最齐全,具备年修造接触网作业车、重型轨道车等轨道交通工程机械300台套的能力。襄阳机务段设有铁路机车轴承检测站。

（5）车辆配件。中车长江车辆有限公司的货车车轴、摇枕侧架和车钩年产能达3万件。襄阳中车电机有限公司可生产地铁等各类轨道交通用异步、永磁牵引电动机和发电机、直线电动机等。中车洛阳机车有限公司襄阳分公司和湖北威能达开始大批量提供机车轮对、铁路齿轮箱等装备。瑞泰潘得路铁路技术武汉公司生产减振扣件。湖北航宇嘉泰飞机座椅公司生产高铁座椅。武汉铁路安通有限公司可生产机车电机碳刷、润滑棒。襄阳国铁机电公司生产各类轨道交通运营维保机电设备。襄阳轴承股份公司铁路轴承已试制成功。

(6) 铁路用钢。武钢的高速重轨已占国内市场40%份额并批量出口，车辆耐候板应用广泛，并生产轻轨和磁悬浮支撑钢梁。新冶钢的铁路轴承钢已占国内市场50%。

(二) 创新成效显著，成果不断涌现

通过引进、消化、吸收、再创新，全省轨道交通装备整体研发能力和产品水平大幅提升，掌握了重载和快捷货运列车、城轨车辆、大型养路机械、列车运行控制、综合监控等产品制造技术，形成了覆盖基础技术、共性技术、产品工艺技术的研发创新体系。

中车长江、中铁科工集团机械研究院、金鹰重工和铁四院等参与了多项国家标准制定，拥有国家级或省级企业技术中心。中车长江研制的漏斗车、机械保温车和高速重载货车(120 km/h、25 t轴重轴箱悬挂摆动式)转向架等技术先进，获批国家两化融合管理体系贯标试点企业。金鹰重工的钢轨打磨列车、道岔打磨车和焊轨车、道砟清筛机等达到国际先进水平，重型轨道车、接触网综合检修车等产品填补国内空白。中铁武汉电气化局集团科工装备有限公司的单轨跨座式工作车系国内首创。襄阳中车电机研制出国内最大功率的高铁永磁牵引电动机。中铁十一局集团汉江重工有限公司研制成功SLJ900/32型流动式架桥机、900t/32m铁路箱梁提运架等施工成套装备。湖北威能达研制的高端传动装置液力变矩器打破欧美垄断。武汉征原电气自主掌握机车远程监测与诊断系统和列车网络控制系统等关键技术。烽火集成公司设有省轨道交通车地无线通信系统工程研究中心。中铁科工集团机械研究院的大直径硬岩掘进机、五臂新型凿岩台车和50米胎带机打破国外垄断，同时主持制定多项轨道交通施工装备国标。武重研制成功GT-500型公铁两用牵引车。时瑞达的19米曲线转向架国内首创、国际领先。汉江重工的SLJ900/32型架桥机填补国内空白。

(三) 项目投资踊跃，发展后劲增强

轨道交通装备项目成为投资热点。总投资均为18亿元的武汉中车长客轨道车辆有限公司和武汉中车株机轨道交通装备有限公司地铁、城际动车组和有轨电车整车生产项目已经建成。总投资20亿元的我国第一家专业磁浮交通投资建设公司——中铁磁浮交通投资公司已经在汉成立，搭建起磁浮、单轨等新型轨道交通产业发展的平台。总投资22亿元的襄阳中车工业园生产轨道交通特种电机项目、总投资31亿元的襄阳金鹰铁路工业园项目、总投资6亿元的时瑞达重工建设重型工程机械和机车驱动齿轮箱项目已经投产。湖北威能达传动征地300多亩，开始生产机车

轮对、齿轮箱等产品。中铁科工集团机械研究院的运架施工设备、湖北盛坤的铁路电气化控制和监控设备、大桥车灯厂的车灯生产等项目即将投产。

（四）集群发展明显，产业格局趋于完善

地域布局上，形成了以汉江为走廊、武汉和襄阳集聚发展的"一走廊两集群"格局。主要产品上，品种日臻完善，型谱不断丰富，形成了以铁路货车为龙头，地铁、有轨电车为两翼，信号设备、基础工程施工及养路机械、牵引供电设备为三极的"一头两翼三极"格局。产业链培育上，形成了以铁四院、大桥院为主的勘察设计链，以中铁十一局、大桥局和中建三局为主的基建施工链，以中铁武汉电气化局为主的"四电"施工链，以武汉铁路局、省铁路建设投资集团和武汉地铁集团为主的运营服务链，以武汉动车和机车基地、四方维保和中车长江公司、中车洛阳机车有限公司襄阳分公司为主的维修检修链，以武汉理工大学、武汉铁路职业技术学院和湖北铁道运输职业学院为主的教育培训链，体系较为完整。

二、面临的形势

（一）轨道交通装备外需正处于发展"黄金期"

一是国外高铁和新铁路建设增大轨道交通装备市场需求。未来5年，全球轨道交通装备市场将呈现出强劲增长态势，年复合增长率为3.3%。预计到2030年，全球铁路规划新建里程将达10万公里（不含中国），其中高铁4万公里以上，直接投资1.1万亿美元。

二是"一带一路"倡议拓宽国际轨道交通装备市场空间。"一带一路"倡议，涵盖中亚、西亚、中东、东南亚、南亚、北非、东非等超过40个国家，辐射东亚及西欧。我国目前境内在建铁路项目达81个，其中芝加哥地铁一次采购846辆我国车辆，非洲第一条电气化铁路全套采用中国标准和装备。

（二）轨道交通装备内需仍处于发展"壮大期"

一是国内轨道交通需求潜力巨大。铁路运输需求的稳定增长和国家政策的大力扶持，使全球干线铁路网和城际铁路、城市轨道交通系统建设快速推进，为轨道交通装备市场带来新的增长机遇。"十三五"期间全国铁路投资规模将达3.5万亿元，仅车辆投资就达8000亿元。加之城市轨道交通建设审批权限的再次下放和地铁建设城市准入标准的下调，全国城市轨道交通新增投资近3万亿元，城市轨道车辆平均年需求超过5000辆。

二是省内轨道交通建设注入发展新动能。到2020年,省铁路建设投资集团计划投资2500亿元,新增铁路里程2000公里。城轨建设全面提速;武汉地铁线路总长将达401公里,在建线路达11条。襄阳、宜昌和黄石分别规划新建5条、3条和4条城市轨道交通线路。

三是国家政策为产业发展提供了有力支撑。轨道交通装备是我国高端装备制造领域自主创新程度最高、国际竞争力最强的行业之一。随着国家战略的深入实施,"十三五"期间,轨道交通装备作为重点发展行业将获得更多政策支持。

(三)轨道交通装备市场竞争态势更加激烈

一是跨国集团竞争实力不容小觑。一方面,受金融危机和发达国家再工业化影响,国际分工与合作进入新阶段,贸易保护主义呈蔓延之势,中国轨道交通装备国际市场开拓难度不断加大。另一方面,大型跨国公司利用知识产权、技术标准、品牌和资本优势等,不断挤占国内市场空间。如:庞巴迪、西门子、阿尔斯通、通用电气、川崎重工等国外轨道交通装备企业通过合资设厂、技术输出、联合投标等方式不断进入,成为国内轨道交通装备企业强劲竞争者。

二是国内垄断竞争格局基本形成。一方面中国南车和中国北车合并成立中国中车股份有限公司,基本形成国内寡头垄断市场格局。另一方面,国内轨道交通装备整车制造企业主要布局在株洲、青岛、长春、常州、南京、唐山、大连等地区,也已基本完成产业、人才、技术、资金等要素的集聚。加之,国内新增轨道交通装备园或基地已超过20个,新增年产能在5000辆以上,竞争将更加激烈。湖北企业作为后来者将面临市场阻力。

三是运营方式转变提出竞争新要求。轨道交通路网规模扩大,产品技术升级,系统集成度提高,运营方式向网络化和多样化发展,对轨道交通装备的安全性、可靠性提出了更高要求。传统的外延式发展模式已不适应需要,制造企业必须更加注重提高产品质量和水平,加强技术创新,改善试验验证和检测条件,加快由单一制造型企业向提供全面解决方案的服务型企业转变。

第二节 存在的主要问题

一、创新能力亟待提升

我国轨道交通行业关键系统和核心零部件研发基础薄弱,在产品的安全性、可靠性和使用寿命等方面与发达国家相比仍存在一定差距,难以满足主机发展的需要,核心技术和关键零部件仍旧受制于人。一是企业研发投入方式欠妥。我国轨道交通装备行业目前仍然倾向于产品开发应用,基础性研发不足,专业研究所已经实现转型,行业科技储备、设计仿真、分析计算和试验验证等原始创新能力不足问题较为突出。二是行业创新链条尚不顺畅。行业创新要素分工不明晰,过度看重经济利益增长,相关高校和科研院所仅以企业显示需求为主,对于基础研究、技术集成工程化研究投入存在不足,相关科研人员相对较少,导致技术要求跟不上企业步伐。同时,产业技术创新联盟尚未完全建立,产学研合作因缺乏利益分享机制导致运转不畅,行业创新要素未得到充分利用,低水平重复研发、科技力量分散等问题仍旧较为突出。

二、发展活力不足

产业主体以央企为主,民营企业不多、不强,体制机制有待创新,行业活力有待增强。产品主要以国内市场为主,企业参与国际竞争的意识和能力不够强,国际营销网络构建仍处于起步阶段,在全球范围内配置人才、技术、研发、制造等能力不足。

三、本地配套水平不高

产业基础配套能力不能适应发展需要。基础零部件、制造工艺、材料发展相对滞后,轻量化车体材料基本空白;专用设备及器材配件仅能部分配套,基础工程施工及养路机械配套产品性能质量和可靠性与国外相比存在差距,且配套企业规模小,本地化配套率低。

四、产业链有待进一步延伸

产业重心主要集中在制造环节,技术咨询、工程建设、工程机械、新材料等上下游产业的关联效应和辐射功能较弱。国家在湖北主要布局货车生产维修,机车、客车生产长期空缺。城市轨道交通装备也由中车长客和株洲机车等先行定点生产,湖北也不占先机。

五、产业结构尚需优化

在高速动车组方面,高速动车组齿轮等基础材料以及高端轴承等关键零部件仍需相关行业进行持续深入的研究开发和实际应用,实车线路测试与试验验证手段还需要进一步完善。在城际动车组方面,速度等级 120～160 km/h、大载客量、快启快停、快速通过、既可高速连续运转又可短时大扭矩工作的典型城际列车尚无成熟业绩,产品谱系尚处于萌芽阶段,亟待加快产品研制过程;在有轨电车方面,产品模式相对单一,无法满足用户多样化需求,还需要通过引进消化吸收和自主开发,加快产业化应用步伐。在通信信号装备方面,我国虽已经构建了 CTCS 列控系统技术体系,初步掌握了系统技术和部分关键技术,但还有一些关键技术及硬件平台目前还依赖国外供货商。城际铁路通信信号装备目前只是处于研制阶段,尚未形成成熟的应用经验;现代有轨电车信号控制技术已完成自主研发并投入运营,但缺乏统一的技术标准,系统的功能定位不规范。在关键核心部件方面,与转向架、牵引传动、制动、列车网络控制及列车运行控制等系统相关的部分关键零部件创新成果仍需进行试验验证和运营考核。

六、服务能力还需加强

目前,西门子、阿尔斯通、川崎等大型装备制造商具备十分突出的工程设计、系统集成、融资租赁、工程总包、全生命周期维护保养等商业服务能力,能够为不同市场、不同区域的客户提供轨道交通系统整体解决方案。我国轨道交通装备企业仍以加工、生产、装配及组装为主,轨道交通商业服务等业务仍处于起步探索阶段,提供商业服务的能力不足。

第三节　发展主要举措

构建完善的轨道交通装备产业链,强化零部件、系统、设备与整车之间的有机联系,壮大产业规模,推动轨道交通装备"走出去"。突出车辆制造、车载设备与列控系统、车用关键部件等重点领域,壮大产业规模。力争到 2020 年,轨道交通装备产业规模提高到 600 亿元;到 2025 年,产业规模达到 1200 亿元。

一、深化供给侧结构性改革,加强产业能力建设

继续深化供给侧结构性改革和转型升级步伐,紧紧围绕我国铁路和城市轨道交通建设需求,不断增强适应不同地域、不同文化、不同环境和优质、安全、可靠的新型轨道交通装备供给能力。鼓励企业进行新一轮技术改造,全面提升产品技术、工艺

和能效、环保保障能力。不断降低低附加值产品比例,不断提高产品档次,力争地铁等高附加值产品产值占总产值的 50% 以上。

对标国家《工业强基工程实施指南(2016—2020 年)》,强化关键系统及核心零部件企业配套能力建设,发展一批高起点的"专精特新"配套企业,破解瓶颈制约、补齐发展短板、夯牢发展基础,力争本地配套率达到 50% 以上。积极扶持民营中小轨道交通装备企业发展,按照国家中小企业发展规划要求,依托省中小企业成长工程,优化政策环境、服务环境和融资环境,进一步提高专业化协作等综合能力,培育一批轨道交通装备"小巨人"、"单项冠军"企业。把握"一带一路"倡议契机,构建"产品＋服务＋技术＋投资"的全方位国际化经营能力,引导企业有序"走出去"。

二、推进绿色智能化发展,加强产业综合创新能力建设

依托国家轨道交通装备相关重点实验室、国家工程实验室、国家级企业技术中心,鼓励上下游企业广泛合作、联合研发,逐步完善以企业为主体、市场为导向、政府持续推动、产学研用合作的技术创新体系和技术试验验证、标准及知识产权保护体系;不断增强新一代高效节能技术研发能力,实现绿色智能轨道交通装备的工程应用;突破牵引传动、制动、控制系统等关键系统和核心部件的技术瓶颈,进一步提高轨道交通装备的可靠性、安全性、舒适性、经济性和轻量化、标准化、模块化、信息化、网络化水平。积极吸纳总包、设计、施工、制造、运营等多方参与,筹建湖北省轨道交通装备产业创新联盟,全面提供设计施工、技术研发、产品设备、运营维护、培训咨询等解决方案。

全面推进节能降耗、提质增效,重点开发先进、绿色的特种加工工艺,以及高品质结构材料和工艺材料。推进轨道交通装备制造企业智能工厂、数字化车间建设,培育一批国家级、省级智能制造试点示范项目。推广绿色制造,争取列入国家级绿色制造系统集成项目计划,培育一批"绿色智能工程化样车"示范产品。鼓励重点企业在研究设计、生产制造、检测检验、运营管理等各个环节深度融合互联网技术,实施"绿色智能轨道交通系统集成工程"示范。

三、完善和延伸产业链,扩大高质量产品和服务供给

依托中车长江、武汉中车长客和武汉中车株机等企业,壮大主机制造产业链;依托襄阳中车电机、武汉中车电牵和征原电气等企业,拓宽关键设备配套产业链;依托金鹰重工、时瑞达重工、中铁科工和中铁十一局集团汉江重工有限公司等企业,拉长基础工程施工及养路机械链;积极引进青岛四方庞巴迪、阿尔斯通等企业投资湖北,

补齐客车生产链;依托武汉动车和机车基地、四方维保和中车长江公司、中车洛阳机车有限公司襄阳分公司等企业,发展维修服务、产品及大部件再制造产业链。同时,以铁四院、大桥院为龙头,联合中铁工程机械研究设计院、中铁武汉勘察设计院、中铁建大桥设计院、中铁十一局勘察设计院等机构,构筑设计服务链;以中铁十一局、中铁大桥局、中建三局为龙头,联合中铁科工、中铁七局武汉公司等单位构筑建设施工链,不断完善和延伸全省轨道交通装备产业链。引进西门子等企业,发展机车电力、电气系统、通信信号和屏蔽门系统等。

对标国家《发展服务型制造专项行动指南》,发展具有轨道交通装备特色的现代制造服务业,扩大服务供给能力。鼓励开展多模式、全流程、全生命周期的工程总承包,开拓系统集成、试验验证、认证、监理咨询、维护保养、物流、运营维护、维修改造、再制造、备件供应、设备租赁、培训等方面的增值服务,促进本地投资主体和承担单位、设计施工单位和装备制造企业、主机企业和配套企业协调发展,打造一批拥有总承包商资质、具有国际竞争力的大企业集团。

四、提升发展品质,增强产业品牌竞争力

提高质量标准,进一步做强存量和做优增量。对接国家《装备制造业标准化和质量提升规划》,指导企业主动对标贯标达标,力争国家质量管理标准认证企业达到10家。加强基础性、工程施工、前瞻性和产品应用性研究,鼓励龙头企业主导开展车辆、通信信号主要装备等相关技术标准的制(修)订工作。加强标准的宣传贯彻和企业标准化工作,促进新产品、新技术、新材料、新工艺的推广应用。车辆、信号系统生产企业率先进行城轨装备认证,到2020年实现城轨装备重点产品认证全覆盖。引导企业推进先进质量管理和检测保障体系建设,全面提升生产工艺、装备和技术水平,提高产品附加值。

品牌培育建设取得突破,打造一批国内外有重要影响力的自主品牌。加大自主知识产权保护力度,培育鼓励优势企业开展商标国际注册、收购国际品牌。配合实施全省工业产品质量提升行动,支持建设完善轨道交通科技信息服务公共平台。

五、优化区域和产品布局,促进产业协调发展

统筹规划产业布局,加强政策引导,创新园区管理机制,加快产业集群集聚发展,力争在"十三五"时期培育1个国家或省级轨道交通装备产业示范基地。以武汉为龙头,襄阳、宜昌为两翼,黄石、十堰、随州为三极,形成全省轨道交通装备"一头两翼三极"的产业布局。依托武汉经济技术开发区、东湖新技术开发区和江夏区、黄陂

区高端装备制造产业集群和轨道交通装备基地,在武汉重点布局地铁动车组、铁路货车及零部件生产和车辆控制系统、信号及综合监控、运营管理系统,以及基础工程施工及养路机械、检测检修和教育培训等业务。依托襄阳高新技术开发区、襄阳经济开发区高端装备制造产业集群和轨道交通装备基地,在襄阳重点发展中大型养路机械、重型轨道车、维护和检测成套设备、高速轨道车、检修作业车等装备。突出重点和特色,培育壮大研发设计、系统集成、现代制造、维护检修、关键系统及部件配套等能力形成,形成以产业链为纽带的产业资源要素集聚,实现规模化和专业化。加强牵引与网络控制系统、制动系统等关键系统和部件基地建设。整合既有制造、维修等资源,加强轨道交通装备维修服务基地建设。加大海外投资力度,形成全球化优势资源配置格局。

坚持整机装备与关键系统及核心零部件协同发展,进一步加强基础性、通用性、前瞻性研究和产品应用性研究。壮大龙头骨干企业和重点配套企业,积极引进上下游产业链配套企业和服务业企业,发展一批高起点、专业化、具有国际竞争力的配套企业群。开发与研制一批有高技术含量的基础元器件、关键核心技术的部件及系统,提高产品技术水平和可靠性。加快以整机制造为核心,以基础工程施工及养路机械、智能化设备与系统、车辆配件、配套加工设备为重点的产品发展。加快促进以中车长江为龙头,武汉中车长客、武汉中车株机和金鹰重工、中车襄阳电机、征原电气为骨干的主机及配套企业发展。加快以宝武钢为龙头,新冶钢、立晋钢铁、鄂钢、宝钢黄石、武钢襄阳重材为主的原材料企业发展。加快以中铁科工集团、中铁工程机械研究设计院有限公司为龙头的轨道交通基础工程施工成套装备研发制造企业发展。加快以武汉动车基地和机车检修段为龙头,中车洛阳机车有限公司襄阳分公司、中车长江、武汉地铁、襄阳地铁、四方继保为主的维修检修企业发展。

第四节 发展建议

一、稳步提升产业基础能力

一是以企业为主体,产学研用相结合,加强基础性、前瞻性技术研究,建立和完善国家工程实验室、国家工程研究中心等国家级研发基地。二是以轨道交通装备"安全、可靠、节能、环保"为目标,重点研究开发碳化硅新型高效变流器、大功率电力电子器件、计算机网络接口器件、信号安全计算机、轨道参数计算机等核心基础器件。三是以安全可靠性、经济可承受性为主旨,重点开发关键基础零部件所需的高分子材料、碳化硅材料、IGBT 芯片封装及基板材料、碳纤维增强材料等工艺材料。四是以节能降耗、提质增效为目标,重点开发先进、绿色的铸造工艺、锻压工艺、焊接工艺、热处理工艺、表面处理工艺、切削加工等特种加工工艺。五是开展轨道交通装备制造基础理论和共性技术研究和典型绿色智能装备研制,提升轨道交通加工、检测装备国产化、自主化水平。

二、全面加强人才队伍建设

以重点项目、创新工程、研发基地为依托,培养和汇聚一批具有国际领先水平的专家和学术带头人,培养和锻炼一批优秀的技术研发和创新团队,培养和造就大量面向高层次需求的工程技术人才。依托国家"千人计划"和省"百人计划"等重大项目、高层次人才引进计划,引进一批国内外领军人才创业兴业。企业通过团队引进、核心人才带动引进、项目开发引进等方式吸引和招聘海外高端人才。培育精益求精的工匠精神,加大职业培训力度,加快技能大师工作室、高技能人才工作站和职业技能鉴定机构、人才实训基地建设,培养更多的管理、操作、维修等实战人才。

三、进一步加快"走出去"步伐

一是借助国家及政府实施"走出去"战略的有利时机,加快推进轨道交通装备企业资源整合,进一步强化轨道交通装备企业工程勘察设计咨询、系统集成、融资租赁、工程总包、运营管理、全生命周期维护保养等增值性服务能力。二是加强轨道交通装备"走出去"过程中的行业管理与组织协调,强化对企业"走出去"的宏观指导和服务,避免企业对外盲目投资和无序投资。三是灵活运用异地投资、兼并重组、合资合作等资本运营手段,实现由单一的产品输出到产品、技术、资本、服务配套输出的转变。四是进一步完善城轨车辆产品技术平台,形成适应国家各个不同技术标准要求且满足全球市场在文化、环境与性价比等方面有不同需要的多系列城轨车辆产品谱系。

第十四章 节能环保装备和资源循环利用

节能环保产业是指为节约资源、发展循环经济、保护生态环境提供物质基础和技术保障的产业，主要包括节能产业、资源循环利用产业和环保产业，设计节能环保技术装备、产品和服务等，其产业链长，关联度大，吸纳就业能力强，对经济增长拉动作用明显，是国家的战略性新兴产业。

经过多年发展，湖北省已初步建立起集研发、生产、销售、服务于一体的节能环保产业体系，产业基础优势和发展潜力逐渐凸显。加快发展节能环保产业，不断增强节能环保技术领域的自主创新能力以及重大装备、产品生产和服务的市场竞争优势，努力打造市场竞争力强、结构及布局合理、产业特色鲜明的节能环保产业体系，既是调整经济结构、转变经济发展方式、构建全省新的支柱产业和新一轮经济增长的内在要求，也是推动节能减排、发展绿色经济、建设资源节约型和环境友好型社会、积极应对气候变化、抢占未来竞争制高点的战略选择。

第一节 基本情况

一、发展现状

（一）形成了一批骨干龙头企业

湖北已有一批具有自主创新能力、自主知识产权和自主品牌的节能环保企业在激烈的市场竞争中站稳脚跟，产品市场占有率稳步提高，企业迅速发展壮大，已初步成长为各自领域里的领军骨干企业。

在高效节能领域，有从事电力能源装备的长动集团、武汉南瑞、三环发展、合康变频、大力电工、孝感大禹、襄阳万洲、追日电气等，从事蓄热式燃烧的仙桃神雾，从事节能窑炉的华窑集团，从事三联供空气源热泵的武汉朗肯，从事半导体照明的华

第十四章 节能环保装备和资源循环利用

灿光电、迪源光电、匡通电子,从事节能保温建筑材料的武汉沃尔浦等。长动集团20万千瓦以下热电联产机组市场占有率达30%以上;神雾公司占有国内高温空气燃烧应用份额50%以上;宜昌匡通电子在国内LED封装行业居于龙头位置。

在先进环保领域,有凯迪控股、都市环保、中钢天澄、凯迪水务、武汉华电、中碧环保、天虹仪表、方元环境、华丽环保、创新环保、合加环境、东之盛、沙市水处理设备制造厂等。都市环保公司自主研发的"氨硫铵烧结烟气深度脱硫"技术和"双循环三段式脱硫塔"装置达到国际先进水平。武汉华丽环保公司研发的可热塑淀粉生物降解材料可有效解决废弃塑料产生的"白色污染";沙市水处理设备制造厂已成为亚洲最大的管式超滤膜生产厂家,市场占有率在50%以上;中钢天澄是国内除尘行业最具影响力的工程总承包商之一。

在资源循环利用领域,有格林美、湖北金洋、千里马、法利莱、江南实业、宜昌立帝、华山水产、华新水泥、黄石大江集团等。格林美是国内"城市矿产"领域首家上市公司,在荆门、武汉、仙桃等建有多个再生资源回收加工基地;宜昌力帝是国内最具专业化的废钢加工处理设备研发生产企业;华新水泥窑协同处置城市生活垃圾技术攻克了垃圾处理过程中的四大难题,处置过程中无二次污染;武汉法利莱实现激光再制造设备的产业化生产,被列入国家再制造试点。

(二)产业集聚化发展态势初显

经过多年发展,湖北节能环保产业逐步呈现出依托骨干企业向重点园区和区域集聚的发展格局。

在高效节能产业领域,阳逻开发区以西门子、阿海珐和国电南瑞公司产业园为基础,形成了大型输变电设备和智能电网应用装备产业基地。黄冈节能窑炉的发展颇具特色,华窑集团、中洲窑炉、中亚窑炉等行业领军企业正抱团推进"绿色工业窑炉"省级标准制定,填补国内该项标准的空白,黄冈逐步成为"窑炉之乡";襄阳以大力电工、追日电气、万洲电气等企业为龙头,建立了襄阳软启动产业联盟,成为全国最大的软启动产业生产基地。

在先进环保产业领域,武汉东湖新技术开发区集聚了凯迪电力、中冶南方、都市环保、中钢天澄、绿世界、芳笛环保等一批龙头企业,在电力环保、水处理、节水技术和设备、环保工程总承包等领域门类齐全、优势突出。

在资源循环利用产业领域,谷城再生资源园区围绕国家"城市矿产"示范基地建设,依托金洋公司、骆驼蓄电池、三环锻造等一批"城市矿产"资源回收、加工和利用企业,初步构建了再生钢、再生铝、再生铅等三条较为完整的循环型产业链,已形成年回收各类再生资源200万吨、年处理利用各类再生资源130万吨的能力,再生资源产业产值占全县工业总产值的60%以上。黄石市围绕创建国家循环经济示范市,依托大冶有色、大江集团等龙头企业,初步形成以有色金属和稀贵金属回收利用为特色的循环经济产业链。青山工业区内武钢、武石化之间实现氮气和氢气资源互补,武钢、青山电厂与利用钢渣、粉煤灰、磷石膏的建材企业之间也形成了良好的协作模式,形成了以工业固体废弃物综合利用、工业污染治理、环保设备设计制造产业基地;武汉市东西湖区工程机械装备再制造园区聚集了龙工、三一、千里马等国内主要工程机械生产与再制造厂家,形成了再制造产业集群。格林美在荆门高新区打造废旧电池、电子产品等回收利用基地。

(三)社会参与节能环保产业的积极性增强

湖北积极落实国家资源综合利用税收优惠政策,相关企业年减免增值税和所得税约17亿元。每年争取国家支持节能环保重点项目资金近15亿元。政策扶持提高了企业投资节能环保产业项目的积极性,不仅一批中小企业积极参与,同时推动了建材、化工等行业从传统的高能耗、高污染行业向节能环保型行业转变。原武钢集团、华新水泥、大冶有色等均成立了以节能环保为主攻方向的企业,如武钢金属资源公司对冶炼废弃物进行循环利用,生产矿渣微粉等产品,年产值超过80亿元。中节能等央企也开始在湖北投资布局。一大批在建或拟建的节能环保产业化项目正在稳步推进,总投资近1200亿元,为产业发展提供了较强的后备力量。

(四)各地逐步加大对节能环保产业的支持

湖北各地对节能环保产业的重视程度不断提高,推出了一系列支持政策和措施。武汉市加快新能源汽车推广应用,制定了节能产品推广、废旧产品回收利用财政补贴政策,加快节能环保服务模式创新,出台合同能源管理项目支持办法,安排5000万元市级循环经济引导资金。鄂州市把节能环保产业纳入重点发展产业,依托高新区建设专业节能环保产业园。荆门市出台了加快循环经济发展、加强生态文明建设的政策措施,设立了循环经济专项资金,建立了循环经济统计评价体系。襄阳市积极争取国家循环经济示范试点,拥有谷城再生资源园区国家"城市矿产"示范基地、餐厨废弃物资源化利用和无害化处理试点、东风康明斯国家再制造试点等一系列"国字招牌",为节能环保产业发展发挥了引领作用。

二、面临的形势

(一)节能环保产业面临重大发展机遇

(1)新一轮全球技术革命和产业革命正在酝酿和突破,为节能环保产业发展带来机遇。这一轮技术革命主要体现在新能源技术、信息技术、智能制造技术和绿色低碳技术等方面,节能环保产业可以借助这些技术突破实现新的发展。

(2)我国对未来节能环保产业发展、节能减排、绿色发展、生态文明建设等制定了一系列规划,为节能环保产业发展带来了机遇。比如"十三五"规划明确,到2020年,碳强度下降18%;非化石能源占比达到15%;地级以上城市的优良空气天数占比达到80%以上;二氧化硫排放、氮氧化物下降15%、化学需氧量、氨氮下降10%;单位GDP用水量下降23%;劣五类水小于5%;森林覆盖率达到23.04%。所有这些非常具体而明确的规划,对节能环保产业来说都是机遇。

(3)党中央、国务院及相关部委多年来已制定了一系列促进节能环保产业发展或者促进绿色发展、生态文明建设的法律、法规、标准和政策,为节能环保产业发展提供了越来越好的制度环境。比如2015年颁布了历史上最严格的《环境保护法》,最近又推出了省以下环保垂直管理制度、环境税、排污许可证制度等,所有这些法律、法规、政策都为发展节能环保产业带来了新的机遇。

(4)消费结构持续升级为节能环保产业发展带来了新的市场需求。过去人们主要满足"吃、穿、住、行、用"五大基本需求,现在需求向"学、乐、康、安、美"新五大需求转变和升级。"学、乐、康、安、美"是指学习的需求、快乐的需求、健康的需求、安全的需求、美丽的需求。节能环保产业可满足其中的健康需求、安全需求和美丽需求。这些新需求的不断成长毫无疑问给节能环保产业带来了新的机遇。

(5)全社会节能环保意识的提升给节能环保产业的发展带来了机遇。在目前严峻的环境污染形势下,很多人对生态环境的态度由原来的漠视转变为高度的警觉和重视,生态保护观念越来越强,节能环保意识越来越多,这会增加节能环保产品和服务的需求。在这种意识下,消费者购买产品不仅关注其价格高低,更关注产品节不节能、环不环保、绿不绿色、低不低碳。

(6)产业转型升级为节能环保产业带来了机遇。多年来,许多地方主要发展了低端、低附加值、资源能源高消耗、环境破坏型的工业或制造业,尤其是重化工业。在资源环境约束日益加剧的新形势下,环保对这些行业的要求越来越严格,迫使其需求发生新的变化,行业发展空间日益缩小,这些产业要么必须转型,要么必须升级,否则将被淘汰。这些行业向节能环保方向转型升级,必将为节能环保产业发展带来了新的机遇。

(二)经济下行压力加大给节能环保产业带来挑战

经济下行对节能环保产业来说是一把"双刃剑",既有好处,也有挑战。好处在于,经济下行会减轻对资源能源消耗和环境污染的压力;挑战在于,经济下行造成企业不景气,导致对节能环保产品和服务需求的减少。同时,由于经济下行,有些地方

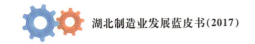

政府在稳增长和保环境之间进行权衡时,容易做出偏向于稳增长而不太重视节能环保的选择,这对节能环保产业发展不利。

(三)节能环保企业面临高成本的挑战

节能环保行业基本属于实体经济行业,而实体经济行业面临的共同挑战是高成本压力。成本过高,会导致企业利润空间缩小,生存面临挑战。企业增加利润逻辑上有三个基本途径:一是降低成本;二是提高附加值;三是提高产品的销售价格。而销售价格是由国内外市场统一决定的,不是企业单方面能决定的。现在,制度性交易成本、税费成本、融资成本等一系列成本的上升不是企业内部能解决的,但是企业必须要承受。对很多企业来说,要应对高成本的挑战,就必须提高产品的附加值,推进产品转型升级,寻找"蓝海",但对多数企业来说,要做到这些并不容易。

第二节 存在的主要问题

一、整体竞争力不强

突出表现在"两小一低"。一是产业规模偏小。湖北节能环保产业产值占全省工业总产值比例不足5%,该产值仅为江苏的四分之一,为浙江、山东的三分之一左右。二是企业规模偏小,大型企业(集团),特别是具有系统解决方案提供能力的企业还不多,仍以中小企业为主,集中度低,市场竞争力不强。三是技术水平偏低。掌握关键核心技术、从事高端设备制造的企业不多,大多属于一般加工制造企业,产品附加值较低。

二、产业结构不优

产业内部结构不尽合理,湖北资源循环利用产业发展较快,但节能环保装备产业和节能环保服务业发展不足,特别在高效锅炉、垃圾处理成套设备、废旧电器和汽车拆解等节能环保装备制造领域存在明显短板。产业空间布局也不尽合理,"撒得不开、聚得不够",部分市州县节能环保产业发展滞后。产业集聚度不高,产业链不成熟。

三、市场开拓难度较大

节能减排总体上属于政策驱动型市场,其中很大一部分为政策拉动型需求和政府公共投资,节能环保产业领域相关的目录清单、资质资格认定较多,进入市场的门槛较高。节能环保产业作为新兴的高新技术产业,一些技术和装备研发成本高、产品性能不稳定,难以为市场接受并得到应用推广。现有的节能环保企业大部分是民营中小企业,普遍存在贷款难、融资贵的问题,资金积累缓慢,企业发展面临很多实际困难。

四、扶持政策不够系统

一是在创新驱动方面,没有把节能环保产业关键技术和装备的研究开发作为省级科技计划的重点领域。二是在需求牵引方面,国家通过推广节能环保产品、实施节能环保重点工程来推动节能减排和扩大投资消费需求,但地方政府不能只推广使用本地产品,需求牵引政策难以精准发力。三是在投资促进方面,主要是申请国家资金扶持,省级没有设立节能环保产业发展专项资金,相关节能环保企业的产业化项目只有变换主题申请有关部门的其他专项资金,影响了企业投资积极性,甚至导致墙内开花墙外香的局面。四是在政策引导方面,对一些新兴的服务模式,如合同能源管理、环境污染第三方治理等,政策不明确、法律规范不健全,影响了推广应用。资源循环利用领域,废弃物回收利用增值税进项抵扣问题尚未得到解决。五是在组织协调方面,没有建立规范统一的统计体系,影响对产业发展形势的科学研判。部门之间协调配合还不够。

第三节　发展主要举措

"十三五"期间,为适应绿色发展、循环发展、低碳发展的新需求,努力推进产品与技术高端化、企业总承包运营一体化、设备制造与环保节能服务融合发展,形成较为完善的节能环保产业链。

坚持引进与自主开发相结合、研发制造与拓展服务相结合的发展原则,做大做强节能环保产业,使之成为推动湖北产业创新发展、转型升级的重要产业。突出节能装备及产品、环保治理装备及产品、资源循环利用等重点领域,发展循环经济,提升绿色发展水平。到 2020 年,湖北节能环保产业规模达到 5000 亿元;到 2025 年,节

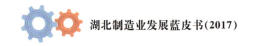

能环保产业规模达到8000亿元。

一、提升节能环保产业创新能力

（一）支持节能环保关键核心技术攻关

把环保节能关键核心技术列为省级科技计划的优先主题，组织开展前瞻性的攻关研究，开发一批具有自主知识产权的重大技术装备。加快二氧化碳利用与封存研发及产业化。

（二）增强节能环保企业技术创新能力

支持节能环保企业的技术创新平台建设。支持节能环保企业组建产业技术创新联盟。加强产学研结合，提升节能环保企业的技术吸纳、成果转化能力。争取到2020年，全省节能环保企业中省级以上企业技术中心、工程（技术）研究中心、重点（工程）试验室等创新平台的数量达到150家以上。

（三）加强人才引进培养和对外合作

把节能环保产业领域的创新创业人才作为重点，加大引进力度。发挥武汉东湖开发区国家级海外高层次人才创新创业基地的作用，吸引节能环保产业高端人才。鼓励省内高等院校加强节能环保类专业的学科建设和人才培养力度。支持企业、科研机构广泛开展国内外技术交流与合作。

二、扩大节能环保市场性需求

（一）加大政府采购力度

严格执行政府优先采购和强制采购节能产品制度。逐步扩大政府采购节能环保产品范围，不断提高政府采购节能环保产品的比例，发挥示范带动作用。鼓励政府机关、事业单位采取购买服务的方式，提高煤炭、石油、天然气、水等资源利用效率。把合同能源管理作为公共机构开展节能改造的主要方式，研究制定促进公共机构合同能源管理实施的具体办法。

（二）引导节能环保产品市场消费

继续组织实施节能惠民工程，扩大高效节能产品市场消费。加快武汉、襄阳等

第十四章 节能环保装备和资源循环利用

新能源汽车试点城市推进步伐。加快推广应用LED照明产品,鼓励各市(区、县)开展对公共场所的LED照明改造。鼓励居民购买油烟净化器、室内空气净化器等环保产品。组织好节能宣传周、世界环境日等活动,引导公民和企事业单位提高节能环保意识,倡导绿色消费。

(三)推广市场化机制

支持省内企业申报列入国家重点节能技术推广目录、节能产品政府采购清单、"节能产品惠民工程"推广目录,申请节能低碳产品标志认证、环境标志产品认证等,对首次进入国家目录清单、获得认证的企业,各地方政府可给予一次性奖励。开展能效水平对标达标活动,落实终端用能产品能效"领跑者"制度,对达到"领跑者"标准的企业予以表彰和奖励。推进碳排放权和排污权交易试点工作。健全污染者付费制度,建立生产者责任延伸制度。鼓励社会资本进入环境污染治理领域,大力推行环境污染第三方治理,稳妥推进政府向社会购买环境监测服务,建立重点行业第三方治污企业推荐制度。

三、着力实施节能环保重大工程

(一)实施节能环保技术装备产业化工程

以提高核心元器件、生产工艺核心技术以及先进仪器仪表的国产化水平,提升系统集成和装备成套能力,推动先进成熟技术产业化应用和推广为重点,实施重大节能环保技术装备产业化示范工程。依托"城市矿产"示范基地、资源综合利用"双百工程"示范基地和企业、循环经济示范单位,实施资源综合利用产业化工程。以汽车零部件、工程机械、机床、轮胎等再制造产业化为重点,实施再制造产业化工程。以合同能源管理、环保服务总承包、环境治理特许经营等为重点,实施节能环保服务产业培育工程。

(二)实施节能环保产业集聚发展工程

依据武汉、襄阳、荆门、黄石、黄冈、鄂州等地产业基础和特色定位,以龙头企业为依托延伸产业链条,促进产业集聚化、高端化发展。在污染治理成套设备、半导体照明、工程机械再制造、"城市矿产"资源开发利用、电机软启动、工业固废综合利用以及节能窑(炉)等领域,推进节能环保产业集聚发展。发挥园区聚集带动作用,引导节能环保优势企业向园区集中,积极推动形成节能环保专业化集团,提高产业集中度,逐步形成产业化特色鲜明、集聚效应明显、创新活力勃发的节能环保产业发展高地。对建设确有成效、发展方向明确、组织推动有力的特色园区,由省发展改革委、省经信委联合授予"省级节能环保产业示范基地"称号。

(三) 实施节能减排降碳重点工程

加强节能技术改造,深入推进工业、交通运输、建筑、公共机构等重点领域节能。以烟气脱硫脱硝、燃煤锅炉节能环保综合提升、机动车减排等为重点,实施大气污染防治工程。加快重点流域、清水廊道、规模化畜禽养殖场等重点水污染防治工程建设。加强城镇污水管网和处理设施建设,全面推进餐厨废弃物资源化利用和无害化处理,探索城市垃圾新出路,实施协同资源化处理城市废弃物示范工程。加大农村、农业面源污染治理力度。

四、推进试点示范

近年来,国家在与节能环保产业相关的领域,特别是循环经济和生态文明建设等方面开展了一系列试点示范,把这些试点示范抓好了,就能为深化改革、完善机制、培育产业发挥重要引领作用。要积极推进湖北省国家级生态文明先行示范区建设,探索符合各地特点的生态文明建设模式,实现绿色发展、循环发展、低碳发展。推进湖北省国家节能减排财政政策综合示范城市、"城市矿产"示范基地、园区循环化改造示范试点、再制造试点、循环经济示范市(县)、"双百工程"等国家级节能环保各类示范试点建设,切实发挥典型带动和辐射效应。开展省级循环经济示范创建活动,进一步促进资源循环式利用、企业循环式生产和园区循环式发展,构建覆盖全社会的资源循环利用体系。

五、营造节能环保产业发展良好环境

(一) 加大财政投入力度

积极争取中央预算内投资和中央财政节能减排专项资金,加大对湖北节能环保产业的扶持力度。对省级财政现有的有关专项资金调整支持方向,将节能环保产品生产、推广补贴纳入到有关专项资金使用范围,简化程序,创新方式,加强绩效评价,充分调动各方面积极性推动节能环保产业积极有序发展。

(二) 拓宽融资渠道

鼓励银行业金融机构针对节能环保产业的特点开展金融创新,实行绿色信贷政策,逐步扩大对节能环保企业的信贷规模。探索将特许经营权等纳入贷款抵押担保物范围。支持符合条件的节能环保企业上市融资及发行企业债券、中小企业集合债券、短期融资券、中期票据等。支持有条件的地方政府开展节能环保小微企业增信集合债试点。支持有条件的地方政府采取参股等方式联合社会资本发起设立节能环保产业投资基金,支持骨干龙头企业并购扩张。各级政府创业投资引导基金将节能环保产业作为重点领域,支持设立节能环保产业创业投资基金,并积极申请国家"新兴产业创投计划"参股支持,加大碳金融支持力度,鼓励金融机构开展碳基金、碳质押贷款、碳债券等业务,利用政府预留配额公开竞价收入建立碳减排基金,引导企业自觉减少碳排放。

(三)落实税收优惠政策

简化办事程序,规范相关备案、认定工作,认真落实国家对资源综合利用企业的税收优惠政策。落实合同能源管理、鼓励购置先进节能环保技术设备的税收优惠政策。对符合条件的节能环保企业,按规定认定为高新技术企业,暂按15％的税率征收企业所得税。

第四节 发 展 建 议

一、加大节能环保宣传力度

倡导节能环保理念,深入开展全民节能行动、节能宣传周、地球环境日等系列宣传活动,推动社会公众自觉履行节能环保义务,营造全社会共同推进节能环保的良好氛围。将节能环保知识纳入各类教育培训体系,相关部门和行业协会积极组织企业开展节能环保管理培训、技术推广、宣传和典型经验交流活动。普及节能环保知识,树立生态文明观念,大力倡导节约、环保、文明的生产方式和消费模式,形成节约能源资源和保护环境的良好社会风尚。

二、健全标准体系

加强节能环保产业相关标准的研究,支持企业参与承担国家节能环保产业相关技术标准的制定、修订工作。鼓励电机软启动、水泥窑协同处置等领域龙头企业率先制定相关标准、地方标准,主导产业发展话语权。制定严于国家标准与行业标准

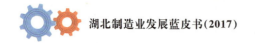

的重点行业、主要产品能耗的地方标准和污染物排放地方标准。

三、加强人才队伍建设

一是切实推进产学研一体化人才培养模式,建立校企联合培养人才的新机制。依托知名研究机构,通过实施大型合作项目,联合企业培养多层次技术人才。二是运用职业培训、职业资格制度,通过实际项目锻炼来培育人才。三是加强高层次人才引进,吸引海外留学人员回国创新创业。

专 题 篇

第十五章　智能制造试点示范

第十六章　制造业创新中心

第十七章　工业强基

第十八章　服务型制造

第十九章　智能化技改

第二十章　制造业国际化

第十五章　智能制造试点示范

当前,新一代信息通信技术快速发展并与制造技术的深度融合,正引发制造业制造模式、制造流程、制造手段、生态系统等的重大变革。智能制造是将制造技术、信息技术、智能科学技术、系统工程技术及产品有关专业技术等融合运用于制造全系统及全生命周期(全产业链)的活动。推进智能制造发展,可有效缩短产品研制周期,提高生产效率,提升产品质量,降低资源能源消耗,对深化制造业供给侧结构性改革,加快我国制造业转型升级和"互联网+"融合发展,培育制造业竞争优势,建设制造强国具有重要意义。

2015年以来,智能制造相继写入《中国制造2025》、中央"十三五"规划建议和国家"十三五"规划纲要。同时,《中国制造2025湖北行动纲要》要求,促进新一代信息技术与制造业的深度融合,加快智能制造先行区建设,打造全国智能制造发展高地。智能转型是建设制造强省的关键。实现数字化、网络化、智能化制造,是制造业发展的新趋势,也是新一轮科技革命和产业变革的核心所在。近年来,湖北智能制造试点示范在多方面取得了重要进展。

第一节　目标要求

一、基本原则

牢固树立创新、协调、绿色、开放、共享的发展理念,以推进供给侧结构性改革为主线,将发展智能制造作为长期坚持的战略任务,分类分层指导,分行业、分步骤持续推进,"十三五"期间同步实施数字化制造普及、智能化制造示范引领,以构建新型制造体系为目标,以实施智能制造工程为重要抓手,着力提升关键技术装备安全可控能力,着力增强基础支撑能力,着力提升集成应用水平,着力探索培育新模式,着力营造良好发展环境,为培育经济增长新动能、促进新一代信息技术与制造业的深度融合,加快智能制造先行区建设,打造全国智能制造发展高地,建设制造强省奠定坚实基础。

（1）坚持市场主导、政府引导。充分发挥市场在配置资源中的决定性作用,强化企业市场主体地位,以需求为导向,激发企业推进智能制造的内生动力。发挥政府在规划布局、政策引导等方面的积极作用,形成良好的发展环境。

（2）坚持创新驱动、开放合作。建立健全创新体系,推进产学研用协同创新,激发企业创新创业活力,加强智能制造技术、装备与模式的创新突破。坚持互利共赢,扩大对外开放,加强在标准制定、人才培养、知识产权等方面的国际交流合作。

（3）坚持统筹规划、系统推进。统筹整合优势资源,加强顶层设计,调动各方积极性,协调推进。针对制造业薄弱与关键环节,系统部署关键技术装备创新、试点示范、标准化、工业互联网建设等系列举措,推进智能制造发展。

（4）坚持遵循规律、分类施策。立足省情,准确把握智能制造的发展规律,因势利导,引导行业循序渐进推进智能化。针对不同地区、行业、企业发展基础、阶段和水平差异,加强分类施策、分层指导,加快推动传统行业改造、重点领域升级、制造业转型。

二、主要目标

通过工程的实施,实现以下目标:

（1）形成一批有效的智能制造经验和模式。选择100家骨干企业,围绕离散型智能制造、流程型智能制造、网络协同制造、大批量定制、远程运维服务、工业云平台、众包众创等方面,实施智能制造新模式试点示范项目。

（2）推广一批形成的智能制造经验和模式。遴选确定20家在实施智能制造成效突出的标杆企业,围绕设计、研发、生产、物流、服务等全生命周期,在相关行业进行移植、推广。

（3）提升智能制造关键技术装备应用水平。将高档数控机床与工业机器人、增材制造装备、智能传感与控制装备、智能检测与装配装备、智能物流与仓储装备五大关键智能制造技术装备应用水平提升10%,在智能制造关键领域形成20项综合标准。

（4）促进智能制造试点示范项目作用的有效发挥。试点示范项目实施前后实现运营成本降低20%,产品研制周期缩短20%,生产效率提高20%,产品不良品率降低10%,能源利用率提高10%。

第二节 主要进展

一、加强顶层设计，制定智能制造试点示范工程实施方案

2015年是《中国制造2025》颁布并组织落实的开局之年，也是确定智能制造战略导向和发展规划的关键之年。2015年12月，湖北省人民政府印发了《中国制造2025湖北行动纲要》。2017年2月，湖北省制造强省建设领导小组根据湖北制造业发展特点，进一步加强智能制造试点示范顶层设计，组织编制了《湖北省智能制造试点示范工程实施方案》(2016—2020年)，进一步明确了湖北智能制造试点示范的总体要求、重点任务以及实施的保障措施。

二、制定智能制造试点示范工程保障措施

(一) 加强统筹协调

加强领导，加强省直部门联动，有效推进智能制造试点示范的组织实施和协调。加强与各地主管部门、行业协会的联动，协同推进智能制造试点示范工作。加强与国家、省其他重点工程、科技计划的衔接。加大系统解决方案供应商培育力度，推动组建智能制造产业联盟，鼓励龙头企业建设"双创"平台，推进开放合作创新。

(二) 加强支持引导

对湖北省智能制造试点示范项目，优先推荐参加国家、省相关项目遴选；对试点示范项目主要承担单位授予"湖北省智能制造示范单位"牌匾；各地应加强对试点示范项目的指导，并结合本地实际给予资金、要素保障等鼓励支持；鼓励武汉、襄阳、宜昌等智能制造基础好的地市，开展市级智能制造试点示范工作；智能制造试点示范项目和单位实行动态调整，不能保持达到《智能制造试点示范项目要素条件》要求的，将予以剔除。

(三) 加强政策支持

充分利用国家工业转型升级资金、省级股权投资引导基金、长江经济带产业基金等现有渠道，加大对试点示范的支持力度。

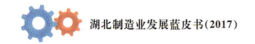

落实智能制造发展的税收优惠政策。鼓励建立按照市场化方式运作的各类智能制造发展基金,加强政府、企业和金融机构的对接,引导金融机构创新产品和服务。

(四)加强国际合作

在智能制造标准制定、试点示范宣传推广等方面广泛开展国际交流与合作,不断拓展合作领域。支持企业及行业组织间开展智能制造技术交流与合作。鼓励跨国公司、国外机构等在鄂设立相关研究机构、培训中心等,建设智能制造示范工厂。

(五)加强人才培养

充分利用现有技能人才培养平台,有针对性地实施技能人才培育,开展智能制造职业技能竞赛表彰活动。鼓励试点示范企业加强顶层设计人才、跨界人才培养,建设智能制造人才培训基地。

三、编制湖北智能制造"十三五"规划

装备制造是湖北省重要支柱和优势产业,加快建设制造强省,"智造"是主攻方向。2017年1月11日,湖北省经济和信息化委员会发布的《湖北省智能制造装备"十三五"发展规划》(以下简称《规划》)提出,到2020年,湖北省智能制造装备产值力争达到2000亿元,加速建成国家级智能制造装备产业基地。

根据《规划》,湖北省将以高档数控机床及系统、机器人、智能光电子装备、智能增材制造(3D打印)装备、智能交通运输装备、智能医疗装备和智能制造核心基础设备等七大领域为重点,开展核心技术攻关,培育40家年收入过10亿元的骨干企业和50家集成能力强、辐射带动力大的工程技术服务公司,参与全球智能制造的竞争与合作。《规划》提出,依托多层次技术创新体系,在机制改革、环境创新和人才高地等方面发力,力争到"十三五"末,全省智能制造装备主营业务收入达到2000亿元,年均递增19%,建成在全国具有重要影响的智能制造装备产业基地。资料显示,"十二五"末,全省智能制造装备实现收入850亿元,综合实力居全国第8位。

四、认定2016年湖北省智能制造试点示范名单

2016年4月25日,湖北省经济和信息化委员会为贯彻落实《中国制造2025》,深入推进全省智能制造,按照《省经信委关于开展湖北省智能制造试点示范工作的通知》(鄂经信机械函〔2015〕371号)要求,经各市(州)推荐、专家评审、社会公示等程序,认定"武汉美的智能工厂流程制造"等14个项目为2016年"湖北省智能制造试点

示范项目",美的集团武汉制冷设备有限公司等14家主要承担项目单位为"湖北省智能制造示范单位"。

将进一步扩大行业和区域覆盖面,启动传统制造业智能化改造,开展离散型智能制造、流程型智能制造、网络协同制造等智能制造新模式的试点示范。继续注重智能化持续增长、关键技术装备安全可控、基础与环境培育,加快智能制造在制造业各领域全面推广,奋力实现湖北省"装备大省"向"装备强省"转变。

五、组织申报 2016 年国家智能制造试点示范项目

2016年5月6日,湖北省经济和信息化委员会根据工信部《关于开展智能制造试点示范2016专项行动的通知》(工信部装〔2016〕125号)和《关于开展2016年智能制造试点示范项目推荐的通知》(工信厅装函〔2016〕270号)精神,组织湖北省有关企业申报2016年国家智能制造试点示范项目。

六、推进智能制造试点示范项目建设

智能制造是新一轮工业革命的核心,是实施"中国制造2025"战略和制造业转型升级的主攻方向。2016年8月3日,湖北省经济和信息化委员会按照工信部部署和《中国制造2025湖北行动方案》要求,积极开展制造业智能制造试点示范和智能制造专项工作,强劲助推全省智能制造的发展和推广应用。工信部公布的2016年智能制造试点示范项目名单中,全国共63个项目入围,覆盖38个行业、25个省区市。其中,湖北省4个项目入围,数量居全国第四,中部第一。工信部、财政部联合批复的2016年度智能制造综合标准化与新模式应用立项项目中,湖北省3个项目入围。湖北省智能制造试点示范项目数量位居全国前列。

湖北省2016年智能制造试点示范项目入围的4个企业分别是美的集团武汉制冷设备有限公司、武汉船用机械有限责任公司、劲牌有限公司、湖北卫东化工股份有限公司。其中,美的集团武汉制冷设备有限公司是我国目前白电(空调)制造行业唯一一家通过国家智能制造试点示范的企业。武汉船用机械有限责任公司"船海工程机电设备数字化车间应用"成为我国今年唯一一个船舶领域项目。

湖北省2016年度智能制造综合标准化与新模式应用项目立项的3个项目分别是武汉华中数控股份有限公司的标准试验验证项目,美的集团武汉制冷设备有限公司、长飞光纤光缆股份有限公司的2个新模式应用项目。

在积极争取国家政策支持的基础上,为广泛动员更多制造企业进行智能制造转型升级,湖北省组织开展了省级智能制造试点示范工作,首批14家省级智能制造试

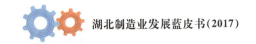

点示范项目已经公布,此举属国内首创。

下一步,湖北省经信委将全力支持和推进智能制造试点示范项目建设,通过试点示范逐渐发展为行业应用解决方案,提升为共性技术和共性标准,促进湖北省智能制造产业发展走在全国前列。

七、召开全省智能制造产业发展现场推进会议

2016年9月8日,为加快推进全省智能制造发展,湖北省政府在美的集团武汉制冷设备有限公司隆重召开了全省智能制造产业发展现场推进会议,并向首批14家省级智能制造试点示范单位授牌。

会议强调,要进一步提高思想认识,切实增强加快推进智能制造产业发展的责任感和紧迫感。全球制造产业换代升级已是大势所趋,我国智能制造产业亟待竞进提质、跨越赶超。国家做出战略部署,湖北省要狠抓落实、积极推进,做出湖北应用的担当和贡献;加快推进智能装备产业发展,也是地方和企业释放动力与活力、赢得未来的必然途径。会议要求,突出重点,加快推进全省智能制造产业发展。按照《中国制造2025湖北行动纲要》要求,从省级、地方、企业层面抓好顶层设计,坚持系统思维、整体谋划、联动推进。智能制造,首在"智能",重在创新。要进一步完善创新体系,突破关键核心技术,重视行业标准制定,坚持示范项目带动。各部门要积极做好与国家各项政策的衔接、争取工作,鼓励各地按市场化方式建立各类智能制造发展基金,建立相应智能制造公共服务体系。对企业遇到的困难和问题,相关部门要强化组织协调沟通,定期开展检查督办,确保各项工作有序开展。

近年来,省经信委按照省委省政府要求,在深化"两化"融合、推进智能制造应用工程、开展智能制造试点示范、组织实施国家级智能制造专项、营造智能制造发展良好环境等方面开展了卓有成效的工作。目前,全省智能制造装备产业体系基本形成,创新能力显著增强。智能制造行业应用不断拓展,数字化车间建设有所突破。集聚效应作用明显,示范推广成效喜人。下一阶段要抓住当前结构调整升级和新旧动能转换期,加强供给侧结构性改革,推进全省智能制造产业加快发展。要加强政策指导和规划引导,开展智能制造试点示范应用,着力推进传统产业智能化改造升级,狠抓智能制造创新发展,夯实智能制造产业基础,加大对智能制造产业发展的政策支持和协调服务。

八、召开食品工业智能制造现场交流会

2016年11月4日,由工信部消费品工业司主办,湖北省经信委、黄石市人民政

府承办的食品工业智能制造现场交流会在黄石召开。会议旨在落实《中国制造2025》，坚持智能制造主攻方向，促进食品工业转型升级，食品企业由大变强。鼓励相关企业建立产业技术联盟，共同探讨智能制造，提高质量和效益。

九、组织评审《中国制造2025湖北行动纲要》"1＋X"相关规划

2016年12月27日，湖北省经信委（省制造强省建设领导小组办公室）召开专家咨询委员会第二次会议，评审《中国制造2025湖北行动纲要》"1＋X"相关规划，讨论通过专家咨询委员会2017年工作计划。专家咨询委员会主任李培根院士等14名专家以及省经信委、省国防工办等规划编制单位负责人参加会议。

专家分两组对智能制造试点示范工程、制造业创新中心建设工程、工业强基工程等3个实施方案以及新一代信息技术产业、智能装备产业、新能源汽车及专用车产业、生物医药和高端医疗器械产业、新材料产业和海洋工程装备及高技术船舶产业等6个发展行动方案进行了质询评审，提交了评审意见。

同时，各地各有关部门也按照职能和分工要求，对《中国制造2025湖北行动纲要》中的政策部分进行了细化，颁布实施了《关于加快发展新经济的若干意见》、《加快推进传统产业改造升级的若干意见》等110多个配套政策。制造强省建设的规划政策体系框架已基本形成。

十、开展2017年省智能制造试点示范项目推荐工作

2017年2月10日，湖北省经济和信息化委员会为贯彻落实《中国制造2025湖北行动纲要》，促进湖北省新一代信息技术与制造业的深度融合，加快智能制造先行区建设，打造全国智能制造发展高地，按照《湖北省智能制造试点示范工程实施方案》精神，决定2017年重点在机械制造、电子信息、轻工纺织、食品医药、原材料等行业，继续开展湖北省智能制造试点示范项目推荐工作。

第三节　面临的主要问题

目前湖北制造业尚处于机械化、电气化、自动化、数字化并存，不同地区、不同行业、不同企业发展不平衡的阶段，发展智能制造面临关键技术装备受制于人、标准/软件/网络/信息安全基础薄弱、新模式推广刚刚起步、智能化集成应用缓慢等突出问题，存在的问题主要有以下几方面：

(1) 产业规模效应有待增强。全省智能制造装备产业整体规模偏小,创新资源和产业资源分散于央企、校企、民企,体制机制不活,市场开拓力不强,具有创新精神和国际竞争力的大企业集团缺乏,对全省工业转型升级的促进作用亟待增强。

(2) 整体创新能力有待提高。全省智能制造装备关键核心技术创新能力和高技术转化能力较薄弱,协同创新氛围不浓,产学研合作缺乏系统性和持久性,"重模仿、轻创新,重引进、轻开发"现象普遍,拥有自主知识产权和核心技术的产品少,关键技术及核心部件受制于国外。

(3) 系统集成水平有待提升。全省智能制造装备单机应用居多、成套装备较少,能够提供智能制造整体解决方案的制造型服务企业,以及在工程设计、模块设计制造、设备供应、系统安装调试、技术咨询服务等领域竞争力强的专业化企业缺乏,系统集成能力较弱。

(4) 推广应用力度有待加强。全省智能制造装备推广应用缺乏包容创新的环境,部分应用企业对国产智能制造装备存在认识误区,崇洋媚外现象时有发生,以致在航空航天、汽车、船舶等重点领域用户的示范推广积极性不高。同时,也缺乏有针对性的政策引导和激励机制。

第四节 下一步推进的思路和发展重点

一、推进的思路

(一)制定、完善智能制造试点示范项目评选方案

针对当前湖北制造业尚处于机械化、电气化、自动化、数字化并存,不同地区、不同行业、不同企业发展不平衡的阶段的特点,组织开展试点示范项目要素条件研究,结合实际明确试点示范项目的要素条件,制定、完善湖北省智能制造试点示范项目评选方案和智能制造标杆企业遴选标准。

(二)遴选年度智能制造试点示范项目

省经信委采取边试点示范、边总结经验、边推广应用的方式,每年组织开展智能制造试点示范项目推荐活动。按照政府引导、企业自愿原则,各地优先推荐基础条件好、成长性强、符合两化融合管理体系标准要求、在一个企业中可开展多种类别试点示范的项目。按照省级试点示范项目的要素条件和遴选标准,公平、公正地进行评审并向社会公示评审结果,每年确定 20 个左右智能制造试点示范项目和企业。

(三) 开展智能制造经验交流与推广工作

组织召开全省智能制造试点示范经验交流会议,组织开展轻工、装备、电子、民爆行业典型案例经验交流与模式推广,编制完成智能制造试点示范项目经验交流材料汇编。组织智能制造试点示范项目集中展示,支持试点示范项目参加中国国际工业博览会等,集中展示智能制造试点示范项目取得的成果。

(四) 做好国家相关项目的组织和实施工作

对接国家《智能制造发展规划(2016—2020 年)》,争取更多国家级试点示范项目在湖北实施。按照《国家智能制造综合标准化与新模式应用项目管理办法》和《国家智能制造标准体系建设指南》要求,争取更多国家智能制造综合标准化与新模式应用项目落地湖北。积极做好项目管理、评价、验收工作,培育一批系统解决方案供应商。

(五) 开展传统产业智能化改造工作

组织石油化工、冶金、建材、船舶、航空、汽车、电力装备、机床、纺织、食品、医药、轻工、民爆等传统行业重点企业持续开展关键环节、生产线、车间、工厂的智能化改造,形成智能化标准与模式并进行复制推广。

(六) 开展工业互联网产业推进工作

组织在工业以太网、工厂无线应用、标志解析、IPv6 应用、工业云计算、工业大数据等领域开展创新应用示范,支持相关单位和高校参与国家工业互联网试验验证平台、工业互联网关键资源管理平台和工业互联网商用流转数据管理平台建设。开展智能制造网络安全保障能力建设,开展工业互联网安全监测、工控网络安全防御、工业控制系统仿真测试与验证等项目建设,开展关键技术攻关。

(七) 开展智能制造发展对策研究

组织开展高档数控机床与工业机器人、增材制造装备、智能传感与控制装备、智能检测与装配装备、智能物流与仓储装备等五大关键智能制造技术装备细分领域发展对策研究,进一步研究、完善促进离散型智能制造、流程型智能制造、网络协同制造、大批量定制、远程运维服务、工业云平台、众包众创等方面智能制造新模式试点示范的相关政策。

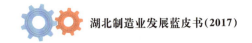

二、发展重点

（一）离散型智能制造试点示范

在离散制造典型应用的机械、汽车、航空、船舶、轻工、医疗器械、电子信息等领域，开展智能车间/工厂的集成创新与应用示范，推进数字化设计、装备智能化升级、工艺流程优化、精益生产、可视化管理、质量控制与追溯、智能物流等试点应用，推动企业全业务流程智能化整合。

（二）流程型智能制造试点示范

在流程制造典型应用的石化化工、冶金、建材、纺织、民爆、食品、医药等领域，开展智能工厂的集成创新与应用示范，提升企业在资源配置、工艺优化、过程控制、产业链管理、质量控制与溯源、能源需求侧管理、节能减排及安全生产等方面的智能化水平。

（三）网络协同制造试点示范

在机械、汽车、航空、船舶、家电、集成电路、信息通信产品等领域，利用工业互联网网络等技术，建设网络化制造资源协同平台，集成企业间研发系统、信息系统、运营管理系统，推动创新资源、生产能力、市场需求的跨企业集聚与对接，实现设计、供应、制造和服务等环节的并行组织和协同优化。

（四）大规模个性化定制试点示范

在石化、冶金、建材、汽车、纺织、家电、家居产品等领域，利用工业云计算、工业大数据、工业互联网标志解析等技术，建设用户个性化需求信息平台和个性化定制服务平台，实现研发设计、计划排产、柔性制造、物流配送和售后服务的数据采集与分析，提高企业快速、低成本满足用户个性化需求的能力。

（五）远程运维服务试点示范

在石化、冶金、建材、机械、船舶、轻工、家居、医疗设备、信息通信产品等领域，集成应用工业大数据分析、智能化软件、工业互联网联网、工业互联网IPv6地址等技术，建设产品全生命周期管理平台，开展智能装备（产品）远程操控、健康状况监测、虚拟设备维护方案制定与执行、最优使用方案推送、创新应用开放等服务试点。

第十六章　制造业创新中心

传统制造业创新活动中,技术与产品创新高度依赖单个企业的技术研发与设计生产等活动。随着新一代信息技术的持续发展和广泛应用,制造业分工日益细化,产品复杂程度不断提升,单个企业很难覆盖全部创新活动,需要与不同创新主体联合,实现创新资源优化配置。制造业创新中心可以充分利用现有科技资源,通过跨行业、跨领域、跨平台、跨地区等合作方式,实现全省创新资源整合与凝聚。

制造业创新中心建设工程是《中国制造2025》提出的五大建设工程之首,工程实施旨在构建包括国家制造业创新中心和省级制造业创新中心两个层次的国家制造业创新平台,全面提升国家制造业创新能力。

2015年以来,制造业创新中心工程相继写入《中国制造2025》、中央"十三五"规划建议和国家"十三五"规划纲要。同时,制造业创新中心工程也是《中国制造2025湖北行动纲要》的核心任务。近年来,湖北制造业创新中心建设工程在多方面取得了重要进展。

第一节　目标要求

一、基本原则

贯彻落实"创新、协调、绿色、开放、共享"的发展理念,深入推进供给侧结构性改革,坚持创新驱动,培育发展新动能,紧扣《中国制造2025湖北行动纲要》规划,按照"领军企业牵头、面向市场运作,行业协同创新、贯彻产业链条,关键共性突破、引领产业未来"的发展思路,打造跨界协同的制造业创新生态系统,推动湖北制造业转型升级,为制造强省和制造强国建设提供战略支撑。

一是市场主导和政府引导相结合。发挥市场在资源配置中的决定性作用,强化企业的创新主体地位,完善市场化运作机制。更好地发挥政府引导作用,推进体制机制改革,搭建创新服务平台,完善政策支持体系,营造有利于创新的生态系统。

二是技术创新和社会资本相结合。创新产融结合方式,引入多元化投资机制,发挥金融资本和产业资本助推器作用。面向制约制造业发展的技术瓶颈,发挥创新中心在前沿技术和共性关键技术供给中的核心载体作用,加快推进科技成果的转移扩散和商业化应用。

三是资源整合与人才发展相结合。围绕制造业技术研发、成果转移和商业化应用各个环节的重大需求,聚集整合创新资源,打造政产学研用紧密结合的协同创新体系。加快培养制造业发展急需的高端研发人才、专业技术人才、经营管理人才、技术技能人才,培育企业家精神和工匠精神,营造支持鼓励人才创新创业的氛围。

四是自主创新与开放合作相结合。增强制造业自主创新能力,通过打造创新链,完善产业链,培育创新生态系统,提高制造业技术创新水平,形成制造业持续创新能力。积极利用和整合全球创新资源和成果,加强技术人才等国际交流,提高国际创新合作水平。

二、主要目标

充分发挥湖北科教资源富集、特色产业集群密集优势,围绕《中国制造2025湖北行动纲要》提出的新一代信息技术产业、智能装备、新能源汽车及专用汽车、生物医药和高端医疗器械、新材料、海洋工程装备与高技术船舶、航空航天装备、北斗、轨道交通装备、节能环保装备和资源循环利用等十大重点领域,兼顾各地特色产业、支柱产业发展,加快构建以创新中心为核心节点的多层次、网络化的制造业创新体系,用10年时间,将湖北打造成为全国制造业创新体系中区域领先、全国一流的制造业创新中心。

第一阶段(2016—2020年):

在光电子、数控装备、新能源汽车、北斗、高技术船舶等领域形成1~2家国家级制造业创新中心、5~10家省级制造业创新中心,全省制造业研发经费投入水平和创新成果转化效率明显提升,初步形成区域制造业创新体系。

第二阶段(2021—2025年):

到2025年,形成2~3家国家级制造业创新中心、15~20家省级制造业创新中心,湖北制造业自主创新能力显著增强,形成较为完善的区域制造业创新体系。

三、主要任务

(一)构建新型制造业创新体系

创新中心是国家制造业创新体系的重要组成部分,在创新主体、运营模式、体制机制设计方面不同于以往各类创新载体,创新中心面向湖北产业基础好、市场潜力大、引领作用强的制造业创新发展重大需求,以省内具有业界影响力的企业为牵头单位,以资本为纽带,联合具有较强研发能力的科研院所,汇聚区域创新资源,探索多种协同创新模式,实现多元投资、多样化模式运作和市场运作,推动产业链上下游重点领域前沿技术和共性关键技术的研发供给、转移扩散和首次商业化,发挥公共服务平台、工程数据中心、企业技术中心、重点实验室、创新创业平台等载体的重要支撑作用,打造新型制造业创新体系。

(二)加速科技成果转化和产业化

创新中心积极探索科技成果转化运行机制和知识产权运营机制,建设集科技信息服务、技术转移对接、科技投融资和网上技术交易等于一体的科技成果转化服务工作体系。充分利用现有创新资源和载体,完成创新链条各环节的活动,促进项目、资金、人才对接,搭建以促进产业化为目标的技术转移平台,为全省企业的技术转移提供全方位、综合性服务。创新中心开展与国内外大型创新成果推广交易组织的合作交流,提供更为广泛的技术转移服务,推进湖北制造业创新成果的市场化和产业化。

(三)聚焦《中国制造2025湖北行动纲要》重点领域

创新中心重点关注颠覆性的、带动产业发展的共性关键技术,聚焦于《中国制造2025湖北行动纲要》提出的十大重点领域,兼顾各地特色产业、支柱产业发展。

第二节 主要进展

一、加强顶层设计,制定制造业创新中心建设工程实施方案

2015年是《中国制造2025》颁布并组织落实的开局之年,也是确定工业强基战略导向和发展规划的关键之年。2015年12月,湖北省人民政府印发了《中国制造2025湖北行动纲要》。2017年2月,湖北省制造强省建设领导小组根据湖北制造业发展特点,为深入推进《中国制造2025湖北行动纲要》规划制造业创新中心建设工程,加快构建湖北制造业新型创新网络系统,组织编制了《湖北省制造业创新中心建设工程行动方案》,进一步明确了湖北制造业创新中心建设工程的总体要求、重点任务以及组织保障措施。

二、制定制造业创新中心建设工程组织措施

(一)组建要求

创新中心应有明确的产业化发展方向和目标,有全省领先、国内前列、拥有自主知识产权的制造业关键共性技术,技术所在领域产业化前景良好;创新中心应具备凝聚产业链上下游企业、科研院所、产业联盟等单位创新资源的能力与号召力;创新中心应在组建过程中投入足够的资金,确保其商业化运营和可持续发展,主要股东初创资本不得低于2000万元;创新中心应制定系统可行的发展规划,包括技术路线图、成果转化目标、资金筹措方案、收支预算计划等;创新中心应具备完善的市场化运营机制,重点是股东决策机制、科研项目管理机制、知识产权运用机制、收益分配机制和风险控制机制等;创新中心应能够吸引省内外、国内外优秀创新人才,面向行业和地区输出人才、培训、成果等服务,发挥制造业创新公共服务平台作用。

(二)组建流程

(1)省经信委印发通知启动创新中心申报工作。

(2)各地重点行业领军企业联合行业相关企业、高校院所向当地经信部门提出建设创新中心申请,申请资料主要包括建设方案建议书、股本构成及各成员单位出资证明材料、以独立法人形式完成工商注册的证明材料、省经信委要求出具的其他资料。

(3)当地经信部门初审通过后出具推荐文件,报省经信委复审。

(4)省经信委组织来自经济、技术、产业、管理、法律等领域的专家,对市州经信部门申报的创新中心进行专家评审、现场考察,形成复审意见报省政府。

(5)省政府同意后,由省制造强省建设领导小组批准组建创新中心。

(三)评估考核

创新中心获批挂牌后,省经信委每年组织对创新中心开展以创新水平、成果扩散、人才培养、市场效益等衡量指标为重点的年度评估。参照连续三年年度评估结果,每三年组织一次定期考核。未通过定期考核的创新中心经省政府同意,取消创新中心资格。通过年度评估与定期考核的创新中心,择优向工信部推荐创建国家制造业创新中心。

三、制定制造业创新中心建设工程保障措施

（一）加强组织领导

创新中心建设工程由省制造强省建设领导小组统筹，省制造强省建设领导小组办公室（设在省经信委）负责创新中心的日常管理工作，省制造强省建设领导小组成员单位及各地共同推进。建立从国家到地方、从省到市州各行业主管部门共同支持创新中心建设的上下联动机制，争取各方对创新中心发展的支持，加强对创新中心的规划引导，鼓励有条件的市州开展市级制造业创新中心建设。发挥武汉国家自主创新示范区引领和带动作用，通过科技创新带动、产业链分工协作、管理模式输出、平台资源共享等方式，辐射带动其他市州创新中心发展。

（二）财政资金引导

由省政府协调省级股权引导产业投资基金等政府投资基金与地方共同出资设立制造业创新中心建设基金，为国家、省级制造业创新中心提供引导资金支持。省财政对通过年度评估及定期考核的创新中心重大技术创新、核心设备研制、创新成果产业化、重大科研设备引进给予后补助资金支持。获批的创新中心可优先认定为湖北省高新技术企业，享受相关财税政策支持。

（三）拓宽融资渠道

鼓励社会资本以股权投资等形式参与创新中心建设。鼓励各类银行、证券、保险等金融机构在风险可控条件下加大对创新中心的支持力度，加快凝聚股权投资、融资担保、小额贷款、信托等各类金融服务资源，推进知识产权质押融资、股权质押融资、投贷联动、科技保险等金融产品创新，为不同类型和不同发展阶段的创新中心提供针对性服务。鼓励创新中心创新运营模式，建立从实验研究、中试到生产的全过程创新融资模式，促进创新成果资本化、产业化。

（四）强化考核评估

设立省级制造业创新中心建设工程专家咨询委员会，为领导科学决策提供支撑。完善创新中心评定考核工作流程，形成科学有效的创新中心考核评估机制。积极配合工信部对国家级制造业创新中心的考核评估工作。以技术创新成果、模式创新示范、服务创新成效等作为重心开展"年度评估＋三年考核"，使用委托研发合同数及金额、技术市场交易额、发明专利数、重大设备成果等量化指标予以衡量。

四、开展建设湖北国家制造业创新中心调研工作

2016年7月21日,湖北省经信委按照省委决策支持重大课题调研工作部署,开展建设湖北国家制造业创新中心调研工作。

(一)调研目的

了解湖北省创建国家制造业创新中心的现实基础和优劣势,探索湖北省建设国家制造业创新中心有效路径,为起草制定湖北省相关政策文件提供支撑。

(二)调研内容

(1) 各地制造业发展的现状,主要是产值产能、产业布局(含重点产业集群)、产业结构、产业优势、制造业创新能力、龙头企业及其牵头的行业协会、产业联盟等。

(2) 各地落实中国制造2025,推动制造业创新发展的主要举措,取得的成效与存在的主要问题。

(3) 有条件的市州提出的建设国家级制造业创新中心的工作思路,重点是其主体架构、建设目标、实现路径及当地能够给予的支持政策。

(4) 各地围绕《中国制造2025湖北行动纲要》确定的十大重点领域,结合当地产业特色初步推荐三个左右以企业为主体,政产学研用相结合,市场化运作,能够引领全省乃至全国相关产业未来发展协同创新的省级制造业创新中心。

(5) 各地对湖北省建设国家级、省级制造业创新中心的意见建议。

五、组织推进湖北省制造业创新中心建设

2016年9月1日,湖北省经信委转发工信部《关于完善制造业创新体系,推进制造业创新中心建设的指导意见》,并组织推进湖北省制造业创新中心建设。要求各地市以国家高新技术产业开发区等创新资源集聚区域为依托开展试点,有序推进制造业创新中心建设;可选择优势领域建设省级制造业创新中心,打造区域制造业创新平台。主要解决面向行业的共性技术,以企业为主体,产学研用相结合,采用企业法人等形式组建,探索并完善运行机制,形成内生发展动力。省级制造业创新中心应围绕区域性重大技术需求,探索实现多元化投资、多样化模式和市场化运作,打造新型研发机构。

六、召开湖北省制造业创新中心建设方案论证会

2016年9月26日,为加快推进湖北省制造业创新中心建设工作,湖北省经信委在武汉组织召开了湖北省制造业创新中心建设座谈会。武汉市经信委介绍了推进制造业创新中心建设先行经验,各地经信委分管领导就推进本地制造业创新中心建设的重点领域、建设路径和主要任务展开座谈。襄阳骆驼蓄电池、十堰凸凹模具、鄂州华威科等企业作典型发言。

会议指出,制造业创新中心是工信部在听取了许多地方、科研院所、高校、骨干企业、学者等的意见和建议,借鉴了美国等发达国家在制造业创新网络计划方面的一系列创新载体基础之上提出的,与以往各类创新载体有很大不同。推进这项工作,要从源头上满足当地产业发展需求,从灵魂上最大限度的发挥人的领袖作用,从制度上给予组织者及其团队相应的激励,从环境上提供更好的政府政策保障。在"制造业创新中心"的概念中,"制造业",要突出产业为本体、产业为导向、企业为主体;"创新",要突出企业通过技术创新、模式创新、组织创新、业态创新、体制机制创新等,把先进的技术、科技成果转化为生产力和财富;"中心",要突出从创新生态到产业生态的中枢与制高点。

会议强调,面对我国经济发展新常态和湖北省经济结构性问题的双重考验,经信部门作为湖北省发展产业、服务企业的职能部门,要积极抢抓《中国制造2025》重大战略机遇,坚决完成省委、省政府交办的任务,以推进制造业创新中心建设为履行本职工作的重要抓手,积极推进这项工作。着力构建以创新中心为核心节点的新的制造业创新体系,实现创新载体从单个企业向跨领域多主体协同创新网络转变,创新流程从线性链式向协同并行转变,创新模式由单一技术创新向技术创新与商业模式创新相结合转变,为传统产业、战略新兴产业发展强化支撑,提升湖北省制造业持续竞争力,带动湖北省制造业提质增效、转型升级。下一步,全省经信系统要进一步明确制造业创新中心建设工作目标,强化组织领导,完善配套政策,集中人财物力,开展先行先试,尽早实现突破。

第三节 面临的问题

制造业创新中心是产业转型升级发展的重要支撑,建设制造业创新中心是当前世界主要发达国家提升制造实力、重塑制造业竞争优势的重要举措。各国创立制造业创新中心的共同出发点是:面向产业发展需要,通过推进产学研用协同创新来开

展产业共性技术研发推广,以填补基础研究和产业化之间的"鸿沟",解决基础研究与产业化商业化实践应用的"死亡之谷"问题,实现实验室技术向产品生产应用的顺利转化。近几年,湖北也在加快部署制造业创新中心建设,推动湖北制造业转型升级,为制造强省和制造强国建设提供战略支撑。

改革开放以来,我国制造业解决了"大"的问题,但"强"的问题仍十分突出,根子在创新能力不强上,突出表现为对外技术依存度高、关键核心技术受制于人、产业共性技术供给不足、产业发展缺少创新支撑、创新成果产业化不畅等。造成这些问题的主要原因包括缺乏实现实验室技术向产品技术转移的创新平台和中试系统,产业共性技术供给体系缺失,以及产业发展的基础材料、基础工艺、技术基础较为薄弱等。实现制造业由大变强,是湖北制造业面临的全新历史性任务。要应对这一挑战,关键靠创新,难点也在创新。建设新型创新载体,构建全新的制造业创新生态网络,是全面提升制造业持续竞争力的重要途径。面向制造业创新发展的重大需求,我们要积极借鉴发达国家的战略部署和成功经验,以创新中心建设为途径,打通技术、组织、商业、资本之间的分割与壁垒,整合重组各类创新资源和主体,推动机制创新、模式创新和管理创新,构建能够承担从技术开发、转移扩散到首次商业化的新型制造业创新平台。

第四节 下一步推进的思路和发展重点

一、推进的思路

(一) 构建新型制造业创新体系

创新中心面向湖北省产业基础好、市场潜力大、引领作用强的制造业创新发展重大需求,以省内具有业界影响力的企业为牵头单位,以资本为纽带,联合具有较强研发能力的科研院所,汇聚区域创新资源,探索多种协同创新模式,实现多元投资、多样化模式和市场运作,推动产业链上下游重点领域前沿技术和共性关键技术的研发供给、转移扩散和首次商业化,发挥公共服务平台、工程数据中心、企业技术中心、重点实验室、创新创业平台等载体的重要支撑作用,打造新型制造业创新体系。

(二) 加大核心关键共性技术研发

瞄准湖北制造业转型升级重大战略需求和未来产业发展制高点,制定实施重点领域技术创新路线图,明确阶段性目标、关键技术和路径,建立长期的持续跟踪研究和投入机制。整合创新资源,加强对关键技术研发的专利布局导航,积极推进由企业牵头、产业目标明确、产学研结合的协同创新联盟建设。以汽车、光电子、智能制造、海工装备、生物医药等优势产业为突破口,聚焦有较好研发基础和潜在市场前景的关键核心技术、共性技术等,集中力量,重点突破,支撑产业技术发展和集成能力提升。

(三)加速科技成果转化和产业化

创新中心积极探索科技成果转化运行机制和知识产权运营机制,建设集科技信息服务、技术转移对接、科技投融资和网上技术交易等于一体的科技成果转化服务工作体系。充分利用现有创新资源和载体,完成创新链条各环节的活动,促进项目、资金、人才对接,搭建以促进产业化为目标的技术转移平台,为全省企业的技术转移提供全方位、综合性服务。创新中心开展与国内外大型创新成果推广交易组织的合作交流,提供更为广泛的技术转移服务,推进湖北省制造业创新成果的市场化和产业化。

二、发展重点

制造业创新中心建设工程重点关注颠覆性的、带动产业发展的共性关键技术,聚焦于《中国制造2025湖北行动纲要》提出的十大重点领域,兼顾各地特色产业、支柱产业发展。

(1)新一代信息技术。光通信领域重点发展大尺寸预制棒、特种光纤、光电子芯片、核心器件等光电材料和光器件产品;集成电路领域重点发展红外气体敏感传感器、压力传感器、磁敏感传感器、电子标签和MEMS传感器等物联网传感器;智能终端领域着力开展新一代智能终端的研发、制造和示范应用;新型显示领域大力发展LED芯片设计制造,外延片生产、封装测试和LED显示屏等;软件领域重点支持计算机辅助设计和辅助制造、制造执行管理系统、计算机集成制造系统等软件研发。

(2)智能装备。高档数控机床领域重点发展数控系统、新型驱动电机及其控制单元、高精度电主轴及其伺服单元、数控回转工作台等功能部件,提升大型数控机床、大型薄板冷热连轧及数控系统等核心产品技术水平;激光领域重点支持高功率半导体泵浦源、特种光纤、光纤功率合束器等核心器件的研制;工业机器人领域重点支持六自由度工业机器人、智能输送成套装备、工业机器人控制器、工业机器人运动控制系统及关键部件的研发推广应用;增材制造(3D打印)领域重点支持3D打印高分子及其复合材料、金属粉末材料、打印设备的创新与研制。

(3) 新能源汽车及专用汽车。围绕整车驱动系统、控制系统进行技术研发和品质提升,增强电池、电机、电控系统的技术改进,深入研究电池单体及模块设计、生产工艺,开展氢燃料电池堆、发动机及关键材料的技术研发;推动专用车差异化、高端化发展,拓宽专用车品种,重点发展应急救援、消防、警务等城市公共服务车辆,矿山专用车、桥梁施工车、道路养护车等工程施工车辆,以及各类专用特种车辆。

(4) 北斗。北斗芯片领域重点支持北斗卫星导航智能芯片的关键技术和芯片研制生产,带动全省数据获取、加工与处理以及相关软硬件研发等产业发展;高端接收机及终端产品领域重点支持研制北斗/GPS 参考站接收机、北斗/GPS 流动站接收机、北斗/GPS CORS 管理和服务软件系统、北斗/GPS 区域增强系统管理和定位服务软件、基于北斗/GPS 的定位定向、测姿产品和北斗车载智能终端;北斗 CORS 基站领域重点支持厘米级高精度定位智能终端产品。

(5) 生物医药和高端医疗器械。生物制药领域重点支持治疗性基因工程药品、单克隆抗体等药物,蛋白质改构和修饰技术、抗体人源化技术、大规模细胞培养与纯化技术等产业化关键技术;化学制药领域重点支持改进和提高原料药的生产工艺;中成药领域重点支持研制开发适合中药制药技术的配套设备,实施中药制药工艺参数在线检测;高端医疗器械领域重点支持数字化医疗设备及系统、疫苗培养器械、生物基因检测试剂及器具等新型医疗机械。

(6) 新材料。高性能金属材料领域重点支持开发热轧超高强钢和高强薄钢板、高速铁路车轴钢、航空航天用超高强度钢等高端特殊钢;高端化工新材料领域重点支持精细化工、高端化学品材料向产业链中高端延伸,开发特种工程塑料、特种合成橡胶等乙烯系列先进高分子材料;电子信息功能材料领域重点发展通信用光电子材料与集成技术、微电子材料等信息新材料;新型无机非金属材料重点支持高档液晶显示玻璃基片、无铅低熔封接玻璃、锗锑硒玻璃等;前沿新材料领域重点支持硅基太阳能与薄膜太阳能电池材料、太阳能光电转换材料、热电材料等新能源材料。

(7) 海洋工程装备及高技术船舶。高技术船舶领域重点支持三用工作船、平台供应船、物探船、工程勘察船、潜水作业支持船、深海工程作业船、深远海柔性铺管船、深水起重铺管船等高技术船舶;高性能特种船舶主要支持高级豪华邮轮、游船、游艇系列、高速船系列、普及型游艇系列等;海洋工程装备重点支持海洋牧场平台、经济型自升式生产平台、浮式生产储卸油装置(FPSO)、深远海渔业资源开发综合保障平台等海洋工程装备。

(8) 航空航天装备。航空装备领域重点支持水上飞机、浮空飞行器等特种飞行器,发展环控系统、燃油系统、防/除冰系统、液压系统等关键机电系统,完善飞机座椅产业配套并向航空内饰等产业链延伸,促进军用航空救生器材向民用航空、通用航空领域扩展;航天装备重点支持卫星平台及载荷,突破小卫星、卫星组网等核心技术。

（9）轨道交通装备。车辆制造领域重点支持城市轨道车辆、干线机车、城际列车、动车组装配及制造，铁路救援车等轨道交通车辆与机械设备；车载设备与列控系统领域重点支持牵引传动、制动控制、列车运行控制等系统；车用关键部件领域重点支持车体、转向架、连接装置、受流装置、电气系统等核心零部件。

（10）节能环保装备和资源循环利用。节能装备及产品领域重点支持开发工业锅炉（窑炉）、高效风机、高效传动系统、余热余压利用等重点领域节能技术和产品；环保治理装备及产品领域重点支持工业废水处理回用等水污染治理关键技术和装备，发展烟气脱硫、尾气控制、洁净燃烧技术设备等大气污染治理关键技术和装备；资源循环利用领域重点支持工程机械、机床、电机等旧工业产品再制造。

第十七章　工业强基

工业基础主要包括核心基础零部件(元器件)、关键基础材料、先进基础工艺和产业技术基础(简称工业"四基"),直接决定着产品的性能和质量,是工业整体素质和核心竞争力的根本体现,是制造强国建设的重要基础和支撑条件。

经过多年发展,我国工业总体实力迈上新台阶,已经成为具有重要影响力的工业大国,形成了门类较为齐全、能够满足整机和系统一般需求的工业基础体系。但是,核心基础零部件(元器件)、关键基础材料严重依赖进口,产品质量和可靠性难以满足需要;先进基础工艺应用程度不高,共性技术缺失;产业技术基础体系不完善,试验验证、计量检测、信息服务等能力薄弱。工业基础能力不强,严重影响主机、成套设备和整机产品的性能质量和品牌信誉,制约我国工业创新发展和转型升级,已成为制造强国建设的瓶颈。未来5~10年,提升工业基础能力,夯实工业发展基础迫在眉睫。

2015年以来,工业强基工程相继写入《中国制造2025》、中央"十三五"规划建议和国家"十三五"规划纲要。同时,工业强基也是《中国制造2025湖北行动纲要》的核心任务,是制造强省战略的基石。近年来,湖北工业强基在多方面取得了重要进展。

第一节　目标要求

一、基本原则

落实制造强省建设战略部署,围绕《中国制造2025湖北行动纲要》十大重点领域高端突破和传统产业转型升级重大需求,坚持"问题导向、重点突破、产需结合、协同创新",以企业为主体,应用为牵引,创新为动力,质量为核心,聚焦五大任务,开展重点领域"一揽子"突破行动,实施重点产品"一条龙"应用计划,建设一批产业技术基础平台,培育一批专精特新"小巨人"企业,推动"四基"领域军民融合发展,着力构建市场化的"四基"发展推进机制,为建设制造强省奠定坚实基础。

(1) 坚持问题导向。围绕重点工程和重大装备产业链瓶颈,从问题出发,分析和研究工业"四基"的薄弱环节,针对共性领域和突出问题分类施策。

(2) 坚持重点突破。依托重点工程、重大项目和骨干企业,区分轻重缓急,点线面结合,有序推进,集中资源突破一批需求迫切、基础条件好、带动作用强的基础产品和技术。

(3) 坚持产需结合。瞄准整机和系统的发展趋势,加强需求侧激励,推动基础与整机企业系统紧密结合,推动基础发展与产业应用良性互动。

(4) 坚持协同创新。统筹各类创新资源,促进整机系统企业、基础配套企业、科研机构等各方面人才、资本、信息、技术的有效融合,产品开发全过程对接、全流程参与,探索科技与产业协调、成果和应用互动的新模式。

二、主要目标

经过5~10年的努力,部分核心基础零部件(元器件)、关键基础材料达到国际领先,产业技术基础体系较为完备,"四基"发展基本满足整机和系统的需求,形成整机牵引与基础支撑协调发展的产业格局,夯实制造强省建设基础。

到2020年,工业基础能力明显提升,初步建立与工业发展相协调、技术起点高的工业基础体系。40%的核心基础零部件(元器件)、关键基础材料实现自主保障,先进基础工艺推广应用率达到50%,产业技术基础体系初步建立,基本满足高端装备制造和国家重大工程的需要。具体目标如下。

(1) 质量水平显著提高。基础零部件(元器件)、基础材料的可靠性、一致性和稳定性显著提升,产品使用寿命整体水平明显提高。

(2) 关键环节实现突破。推动80种左右标志性核心基础零部件(元器件)、70种左右标志性关键基础材料、20项左右标志性先进基础工艺实现工程化、产业化突破。先进轨道交通装备、信息通信设备、高档数控机床和机器人、电力装备领域的"四基"问题率先解决。

(3) 支撑能力明显增强。建设40个左右高水平的试验检测类服务平台,20个左右信息服务类服务平台,服务重点行业创新发展。

(4) 产业结构优化升级。培育100家左右年销售收入超过10亿元、具有国际竞争力的"小巨人"企业,形成10个左右具有国际竞争力、年销售收入超过300亿的基础产业集聚区。

第二节 主要进展

一、加强顶层设计,制定工业强基工程实施方案

2015年,国务院颁布《中国制造2025》。同年12月,湖北省人民政府印发了《中国制造2025湖北行动纲要》。2017年2月,湖北省制造强省建设领导小组根据湖北制造业发展特点,进一步加强工业强基顶层设计,组织编制了《湖北省工业强基工程实施方案》(2016—2020年),进一步明确了湖北工业强基的总体要求、重点任务以及组织保障措施。

二、制定工业强基工程组织措施

(一)目录引导

支持咨询机构组织行业协会、科研院所、重点企业等单位编制印发《工业"四基"发展目录》,根据实际适时调整,引导社会资金资源投向。以目录为依托,细化年度工作目标和工作重点。引导各地区协同推进发展目录的落实,根据本地区产业基础,在进行充分市场分析的前提下,确立"四基"发展重点和目标,分阶段、分步骤稳步推进。发挥中国工业强基信息网的平台作用,组织信息对接。

(二)协同推进

健全工作机制。组织各部门、行业协会、科研院所等建立工业强基工程实施统筹协调机制,明确职责分工,加强部门联动。充分发挥湖北省制造强省建设专家咨询委员会作用,研讨"四基"发展重点和推进机制,为重点行业和重点企业发展提供咨询建议。鼓励地方加强组织考核,制订工作方案,围绕重点领域开展需求对接。

实施示范项目。围绕实施方案,突出年度重点,创新工业强基示范项目组织模式,采用公开招标、竞争性评审等遴选方式确定示范项目。创新资金支持方式,分类施策,采用后补助(奖励)、贷款贴息、股权投资等多种方式,提高资金使用效益。通过示范项目实施,带动基础产品和技术实现高端突破,培育"四基"企业持续发展能力。

引导社会参与。鼓励研发实力较强的企业联合高校、科研院所成立技术研发联盟，集中资源对涉及多个应用领域的共性技术进行协同攻关。加强宣传引导，通过总结典型经验、宣传示范应用案例、组织现场会等方式，利用各种媒体不断加大宣传力度，鼓励民营企业广泛参与，推进"四基"领域大众创业、万众创新，营造重视基础、积极参与的氛围。

（三）考核评估

细化年度工作重点和推进计划，加强事中事后监管，建立年度、中期等动态评价体系，根据评价结果对重点任务和实施目标进行动态调整。完善示范项目考核办法，建立项目全周期管理流程，将项目考核评价情况和后续支持相挂钩，促进承担单位如期保质完成任务和目标。

三、制定工业强基工程保障措施

（一）优化"四基"产业发展环境

完善工业基础领域标准体系，加快标准制定，推进采用社会团体标准，强化标准试验验证，加强产业链上下游标准协同，推动重点标准国际化。开展"四基"领域知识产权布局，建立产业链知识产权联合保护、风险分担、开放共享与协同运用机制。加强量传溯源体系建设，提升国际承认的最高校准测量能力。规范检验检测等专业化服务机构的市场准入，提高第三方服务的社会化程度，构建公正、科学、严格的第三方检验检测和认证体系，并加强监督。加大对创新产品的采购力度，完善由政府出资或支持的重大工程招标采购办法，运用政府采购首购、订购政策积极支持基础产品发展。建立"四基"产品和技术应用示范企业。营造基础领域国有企业与民营企业公平竞争的市场环境，鼓励更多民营企业进入基础领域。

（二）加大财政持续支持力度

利用现有资金渠道，积极支持"四基"产业发展。研究通过保险补偿机制支持核心基础零部件（元器件）、关键基础材料首批次或跨领域应用推广。充分发挥政府中小企业发展基金的引导作用，带动创投机构及其他社会资金支持种子期、初创期、成长期的"四基"中小企业加快发展。对涉及科技研发相关内容，如确需中央财政支持的，应通过优化整合后的中央财政科技计划（专项、基金等）统筹考虑予以支持。

（三）落实税收政策

切实落实基础产品研究开发费用税前加计扣除、增值税进项税额抵扣等税收政策。

(四) 拓宽"四基"企业融资渠道

促进信贷政策与产业政策协调配合,加强政府、企业与金融机构的信息共享,引导银行信贷、创业投资、资本市场等在风险可控、商业可持续原则下加大对"四基"企业的支持。对于主要提供《工业"四基"发展目录》中产品或服务的"四基"企业,在进入中小企业股份转让系统挂牌时"即报即审",并减免挂牌初费和年费,优先审核推荐上市。积极支持主要提供《工业"四基"发展目录》中产品或服务的"四基"企业在银行间债券市场发行非金融企业债务融资工具,在沪深证券交易所、全国中小企业股份转让系统、机构间报价系统和证券公司柜台市场发行公司债券(含中小企业私募债),进一步扩大融资规模。

(五) 加强技术技能人才队伍建设

面向工业强基发展需求,探索推广职业院校、技工院校和企业联合招生、联合培养、一体化育人的人才培养模式,加强职业院校、技工院校工业基础相关专业建设,提高职业培训能力,着力培养"荆楚工匠"。设立卓越工程师引才计划,支持企业引进一批工业"四基"重点发展领域急需的顶尖高技能人才。健全高技能人才评价体系,完善职业资格证书制度。加强对企业职工培训教育经费使用的监督。

四、组织开展工业强基工程实施方案申报工作

2017年5月27日,湖北省经信委、湖北省财政厅转发《工业和信息化部办公厅 财政部办公厅关于发布2017年工业转型升级(中国制造)资金工作指南的通知》(工信部联规〔2017〕53号),为全面实施"中国制造2025",加快促进工业转型升级,并联合组织开展2017年智能制造综合标准化与新模式应用、工业强基工程实施方案、绿色制造系统集成申报工作。

第三节　面临的主要问题

经过多年的发展,我国工业总体实力迈上新台阶,但大而不强的特征仍十分突出,这与我国巨大的工业体量和规模极不协调,工业基础能力薄弱是重要原因,而且越到基础与国外领先水平差距越大,难以支撑整个工业创新发展、转型升级。主要表现如下。

（1）严重制约了整机、系统创新能力的提升。部分关键基础材料、零部件（元器件）不能自给，大量依赖进口，没有集成的基础，无法形成有特色、有竞争力的整机及系统设备，部分整机行业沦为比较典型的"组装车间"，如计算机芯片、操作系统等核心元器件（软件）主要由国外掌控，许多电子信息产品的自主创新和竞争能力无从谈起。

（2）成为我国工业产品可靠性差、质量低劣、品牌难以创立或持久的主要制约因素之一。部分基础产品可靠性低，性能、质量难以满足整机用户的需求，导致一些主机和成套设备、整机产品陷入"空壳化"、患上"软骨病"，如国内涡喷、涡扇发动机主要轴承由于材料和加工质量问题，其使用寿命与国际先进水平相差近100倍。

（3）成为产业自主发展、提升核心竞争力的瓶颈。先进产能比重低，产品附加值低，导致工业产品普遍产能结构性过剩，低端产品产能过剩、高端产品供给能力不足的矛盾十分突出，如我国高档工程机械中的液压件和发动机基本依赖进口，两项占整机成本比重高达30%~50%；数控机床配套的高档数控系统95%以上依赖进口。

（4）成为影响工业转型升级和经济可持续发展的软肋。产业技术基础体系缺失，难以支撑行业发展，不能为企业提供高效的公共服务，先进工艺推广应用程度不高，一些整机企业只能依赖廉价的资源成本扮演国外企业的"代工厂"。

（5）成为制约我国工业由大变强的症结所在。国民经济建设及工业生产所需的"四基"产品主要依赖进口，价格高、供货时间无保证，成为一些重要国产化工程的卡脖子环节。

我国工业"四基"发展严重滞后，产业被锁定在中低端的状况，直接影响我国产业的核心竞争力。如果不能尽快改变这一局面，随着长期支撑我国工业快速发展的低成本优势趋于减弱，我国工业将加速"失血"，特别是一些关系国计民生的重大工程和重点装备，一旦遇到外国禁运可能会发生"心肌梗死"，直接影响国家经济和国防安全。

第四节 下一步推进思路和发展重点

一、推进重点领域突破发展

围绕《中国制造2025湖北行动纲要》十大重点领域高端发展以及传统产业转型升级，加强统筹规划，利用各类资源，分领域分阶段分渠道解决重点工程和重大装备的"四基"发展急需。发挥工业强基专项资金的引导作用，突出重点，创新管理，梳理装备和系统需求，分析产业现状，遴选170种左右标志性核心基础零部件（元器件）、关键基础材料和先进基础工艺组织开展工程化、产业化突破。按照小规模、专业化、精细化的原则组织生产专用核心基础零部件（元器件）和关键基础材料，重点解决终端用户的迫切需求。按照大批量、标准化、模块化的原则组织生产通用核心基础零部件（元器件）和关键基础材料，推广先进基础工艺，重点提升产品可靠性和稳定性。组织实施"一揽子"突破行动，集中成体系解决十大重点领域标志性基础产品和技术，完善机制、搭建平台，引导材料、零部件研发生产企业，工艺和技术研发机构等有机结合，协同开展核心技术攻关，促进科技创新成果的工程化、产业化，解决高端装备和重大工程发展瓶颈。

专栏1 十大领域四基"一揽子"突破行动

（1）新一代信息技术产业"一揽子"突破行动。突破嵌入式CPU，支持DDR4、3D NAND闪存的存储器，智能终端核心芯片，量子器件，FPGA（现场可编程门阵列）及动态重构芯片等核心元器件。突破8英寸/12英寸集成电路硅片，显示材料、光刻胶、光掩膜材料、高端靶材、集成电路制造材料和封装材料等关键基础材料。突破集成电路16/14nm FinFET制造工艺、CPU专用工艺、存储器超精密工艺等先进基础工艺。突破操作系统、数据库、中间件、工业软件等关键基础软件。

（2）高档数控机床和机器人"一揽子"突破行动。突破高档智能型、开放型数控系统，数控机床主轴、丝杠、导轨，大型精密高速数控机床轴承，机器人专用摆线针轮减速器和谐波减速器及轴承，智能活塞压力计，高速高性能机器人伺服控制器和伺服驱动器，高精度机器人专用伺服电动机和传感器，变频智能电动执行器等核心基础零部件。开发具有系列原创技术的钛合金、高强合金钢、滚珠丝杠用钢、高温合金、高强铝合金等关键基础材料。推广高性能大型关键金属构件高效增材制造工艺，精密及超精密加工（含切削、磨削、研磨、抛光等）工艺等先进基础工艺。

（3）航空航天装备"一揽子"突破行动。突破显示组件、惯性器件、大功率电力器件、航空传感器、智能蒙皮微机电系统、紧固件和轴承、SoC/SiP器件、微机电系统等核心基础零部件（元器件）。开发高强高韧轻质结构材料、高温结构材料、结构功能一体化材料、高性能碳纤维材料、PBO纤维及其复合材料、高性能Rusar纤维及其复合材料、耐高低温和高耐候性氟硅橡胶材料、耐650℃以上高温钛合金材料、拉伸强度超过1400 MPa的高强钛合金材料、高性能高导热镁合金材料、飞机蒙皮和机翼用铝合金材料、高温合金单晶母合金、标准件用高温合金等关键基础材料。推广热加工工艺与精密高效快速成形技术、复合材料构件制造工艺、增材制造用高性能金属粉末制备工艺等先进基础工艺。

（4）海洋工程及高技术船舶"一揽子"突破行动。突破齿轮、密封件、高压共轨燃油喷射系统、智能化电控系统、深水作业和机械手等核心基础零部件。开发高性能海工钢、特种焊接材料、双相不锈钢、高性能耐蚀铜合金、低温材料、降低船体摩擦阻力涂料等关键基础材料。推广高可靠、高精度激光焊接工艺等先进基础工艺。

（5）轨道交通装备"一揽子"突破行动。突破车轴、车轮、轴承、齿轮传动系统、列车制动系统、轨道交通用超级电容、功率半导体器件、车钩缓冲装置、空气弹簧、抗侧滚扭杆等核心基础零部件。开发高强度大尺寸中空铝合金型材、绝缘材料、高性能齿轮渗碳钢、新型高分子材料等关键基础材料。推广金属型压力铸造技术、无模化铸造成型技术、双频感应热处理技术等先进基础工艺。

（6）节能与新能源汽车"一揽子"突破行动。突破电控喷油系统、动力总成电子控制、驱动电机、电机电子控制系统、动力电池系统及电堆、机电耦合装置、自动变速器等核心基础零部件。开发轻量化车身复合材料、轻合金材料、动力电池电极和基体、电机用硅钢和永磁材料、特种橡胶、高强度钢、低摩擦材料、高端弹簧钢、超高强汽车钢板等关键基础材料。推广轻量化材料成形制造工艺、汽车件近净成形制造工艺等先进基础工艺。

（7）电力装备"一揽子"突破行动。突破重型燃气轮机高温部件、大型核电压力容器、蒸汽发生器、高温变送器、核级变送器、变频智能电动执行器、冷却剂主泵、煤粉泵、固体泵、堆内构件，大型核电汽轮机焊接（整锻）转子、2000毫米等级末级长叶片、德士古汽化炉专用热电偶、自补偿式智能固态软启动装置、无功补偿装置、大型半速汽轮发电机转子、可变速水泵水轮机转轮、大型水轮机转轮模压叶片、大容量发电机保护断路器等核心基础零部件。突破重型燃机关键高温材料、叶轮用高强韧不锈钢等关键基础材料。推广重型燃机高温合金熔模铸造及定向和单晶铸造工艺、超大型铸锻件制造工艺及焊接和热处理工艺、典型高温零部件结构设计与制造工艺、高压开关灭弧室核心部件3D打印一次成形等先进基础工艺。

（8）农业装备"一揽子"突破行动。突破转向驱动桥及电液悬挂系统、农业机械专用传感器、导航与智能化控制作业装置等核心基础零部件。

（9）新材料"一揽子"突破行动。突破新一代功能复合化建筑用钢、高品质模具钢、圆珠笔头用高端材料、特种工程塑料、高端聚氨酯树脂、高性能轻合金材料、高性能纤维及单体、生物基材料、多功能纺织新材料、高性能分离膜材料、宽禁带半导体材料、特种陶瓷和人工晶体、稀土功能材料、3D打印用材料、可再生组织的生物医用材料、高温超导材料、特高压用绝缘材料、仿生智能与超材料和石墨烯材料。

（10）生物医药及高性能医疗器械"一揽子"突破行动。突破 8 MHU 以上大热容量 X 射线管、新型 X 射线光子探测器、超声诊断单晶探头、2000 阵元以上面阵探头、微型高频超声探头（血管或内窥镜检测）、MRI 用 64 通道以上多通道谱仪、CT 探测器、PET 探测器（基于硅光电倍增管）、超精密级医疗机械轴承等核心基础零部件。开发可降解血管支架材料、透析材料、医用级高分子材料、植入电极、3T 以上高场强超导磁体、临床检验质控用标准物质等关键基础材料。突破抗体药物大规模工业化生产技术，开发重组蛋白药物新型治疗性疫苗和细胞免疫治疗嵌合体抗原受体 CAR-T 细胞技术等制剂，推广具有生物活性的 3D 打印人工血管工艺。

以上内容包括核心基础零部件（元器件）80 种左右、关键基础材料 70 种左右、先进基础工艺 20 项左右。

二、开展重点产品示范应用

应用是提升基础产品质量和可靠性，促进"四基"发展的关键。以需求为牵引，针对重点基础产品、工艺提出包括关键技术研发、产品设计、专用材料开发、先进工艺开发应用、公共试验平台建设、批量生产、示范推广的"一条龙"应用计划，促进整机（系统）和基础技术互动发展，协同研制计量标准，建立上中下游互融共生、分工合作、利益共享的一体化组织新模式，推进产业链协作。鼓励整机和系统开发初期制定基础需求计划，吸收基础企业参与；鼓励基础企业围绕整机和系统需求，不断开发和完善产品和技术。鼓励整机和系统企业不断提高基础产品质量、培育品牌，满足市场需求。提升先进基础工艺的普及率，提升生产技术和管理水平，促进高端化、智能化、绿色化、服务化转型。

专栏 2 实施重点产品、工艺"一条龙"应用计划

（1）传感器"一条龙"应用计划。立足光敏、磁敏、气敏、力敏四类主要传感器制造工艺提升，与主机用户协同，开发针对数控机床和机器人的全系列配套传感器及系统；构建模拟现场的试验环境；建设适合多品种小批量传感器生产的柔性数字化车间；通过批量应用和工厂实际环境考验，优化产品设计与工艺，大幅度提

高产品可靠性和稳定性;提升电子信息和通信领域传感器技术水平,在轨道交通、机械、医疗器械、文物保护等领域推广使用。

(2)控制器"一条龙"应用计划。立足现有可编程控制器(PLC)与机器人控制器产品的基础,与系统集成和主机用户协同,开发针对离散制造自动化生产线和多关节机器人的控制器产品以及相应的控制软件模块;构建模拟实际应用的可靠性试验环境;推进制造过程的数字化;通过批量使用,不断改进硬件设计和软件功能,提高产品可靠性和稳定性。

(3)控制系统"一条龙"应用计划。立足现有分散型控制系统(DCS)和地铁交通综合监控系统的基础,开发石油、化工、高铁等领域高安全要求的安全控制系统;创建安全系统的试验环境,取得国际功能安全的认证,建设高质量要求的生产线,从试点应用到逐步推广。

(4)高精密减速器"一条龙"应用计划。突破非标摆线曲线修正设计、材料极限稳定、整机性能测试、非标角接触球轴承设计研制、高精度工装夹具研制、专用机床研制或通用机床专机化改造、高精密装配等核心技术和产品。在保证批量生产RV减速机产品性能一致性和可靠性的前提下,严格控制生产成本。

(5)伺服电动机"一条龙"应用计划。发挥稀土永磁技术和产业优势,开发伺服电动机,改造升级数控化、智能化伺服电动机生产线,提高产品性能及可靠性;加快推广伺服电动机在机器人、数控机床、注塑机中的应用;带动电机智能制造设备及新材料等相关产业发展。

(6)发动机电喷系统"一条龙"应用计划。推广高压共轨系统(含共轨喷油器、共轨泵、共轨管及ECU等)应用。建立完善在线检测与试验的数字化装备体系,积累关键制造环节测量数据;系统研究质量评价标准和规范,与主机用户协同,构建质量评价与监控体系;加大装机应用量,通过检测数据的积累与分析,优化制造工艺和产品设计,建立保证性能稳定性和质量一致性的制造体系;推进批量生产所需高档数控设备、智能装配系统的研发与应用。

(7)轻量化材料精密成形技术"一条龙"应用计划。针对节能和新能源汽车及先进轨道交通等高端装备轻量化需求,采用铝合金、镁合金、钛合金及超高强度钢,高性能尼龙、纤维复合材料,高性能聚酰胺等轻量化材料,推广铝及镁合金精密成形铸造工艺、塑性成形工艺及连接工艺、超高强度钢精密塑性成形工艺等,实现既"控形"又"控性"的"双控"目标。

(8)高速动车组轴承及地铁车辆轴承"一条龙"应用计划。组织钢铁行业、轴承行业和铁路、地铁部门协同创新,进行工业性试验,装车运行考核,组建示范性生产线,提升批量化生产能力。同时,带动整个轴承行业实现高端突破,由国际轴承产业链的中低端迈向中高端。

（9）IGBT器件"一条龙"应用计划。集合国际研发资源，发挥国内8英寸600～6500V IGBT芯片生产线优势，开发系列化IGBT器件及组件产品；推广IGBT在铁路机车与城市轨道交通中的应用，从应用端快速获取反馈信息进行产品改良；推动IGBT器件及功率组件在风电、太阳能发电、工业传动、通用高压变频器和电力市场等领域的应用。

（10）超大型构件先进成形、焊接及加工制造工艺"一条龙"应用计划。针对核电等能源装备及海洋工程和船舶装备等对超大型构件先进制造工艺的需求，推广超大型构件铸造工艺、锻造工艺、焊接工艺及加工工艺、超大型构件精密焊接工艺等。

（11）超低损耗通信光纤预制棒及光纤"一条龙"应用计划。推广超低衰减光纤的制造技术，包括超低衰减光纤关键原材料制备及质量控制技术、超低衰减光纤剖面设计与精确控制技术、光纤精密拉丝退火技术、光纤全套性能分析测试评估技术、超低衰减光缆制备技术，实现批量化稳定生产，在下一代超高速率、超大容量、超长距离光传输通信网络中推广使用。

（12）工程机械高压油泵、多路阀、液压马达"一条龙"应用计划。立足高端高压柱塞泵型液压马达、液压泵、整体式多路阀的数字设计技术、材料、铸造技术、加工工艺技术、试验技术和检测标准等，实现工程机械急需的高端液压元件稳定批量生产及在主机上的大批量配套。

（13）航空发动机和燃气轮机耐高温叶片"一条龙"应用计划。立足世界先进的精密铸造工艺技术，实现航空发动机、燃气轮机以及民用航天等领域的旋转叶轮式热力发动机热部件批量化生产，加快推广应用；有效地推动耐高温陶瓷材料、高温合金材料等应用以及机械加工、特种工艺焊接、等离子喷涂和电火花精确打孔等上下游工业领域的长足发展；促进精密铸造行业的高精尖生产制造设备的开发和应用。

（14）高性能难熔难加工合金大型复杂构件增材制造（3D打印）"一条龙"应用计划。突破产学研用结合，推广钛合金、高强度合金钢、难熔金属等高性能难加工合金大型复杂构件高效增材制造（3D打印）工艺以及系列化工程化成套装备、质量和性能控制及工程化应用技术，实现"工艺-装备-材料-质量-标准"整套成果在大型飞机、航空发动机、燃气轮机、船舶、重型轨道交通、核电等重大装备研制和生产中的应用示范及工程化推广。

（15）石墨烯"一条龙"应用计划。立足石墨烯材料独特性能，针对国家重大工程和战略性新兴产业发展需要，引导生产、应用企业和终端用户跨行业联合，协同研制并演示验证功能齐备、可靠性好、性价比优的各类石墨烯应用产品。

（16）存储器"一条龙"应用计划。积极拓展服务器、台式计算机、笔记本电脑、平板电脑及手机等终端应用中CPU和存储器有效保障水平，逐步形成较完整的上下游产业链和具有竞争力的价值链，提升整机产品的安全可控能力、信息安全的保障能力和存储器产业竞争实力。

三、完善产业技术基础体系

针对新一代信息技术、高端装备制造、新材料、生物医药等重点领域和行业发展需求，围绕可靠性试验验证、计量检测、标准制（修）订、认证认可、产业信息、知识产权等技术基础支撑能力，依托现有第三方服务机构，创建一批产业技术基础公共服务平台，建立完善产业技术基础服务体系。根据产业发展需要，持续不断对试验验证环境、仪器设备进行改造升级，形成与重点产业和技术发展相适应的支撑能力。注重发挥云计算、大数据等新技术和互联网的作用，鼓励企业和工业园区（集聚区）依托高等学校和科研院所建设工业大数据平台，构建国家工业基础数据库，推进重点产业技术资源整合配置和开放协同。鼓励在工业园区（集聚区）率先建立第三方产业技术基础公共服务平台，提升工业集聚集约发展水平。

专栏3　建设一批产业技术基础公共服务平台

（1）产业质量技术基础服务平台。围绕《中国制造2025湖北行动纲要》十大重点领域建设40个公共服务平台。开展产品可靠性、稳定性、一致性、安全性和环境适应性等关键问题研究；开展计量基准及量值传递、标准制（修）订、符合性验证、检验检测、认证认可等质量技术基础研究；研究制定试验检测方法；加强计量基标准建设，完善提升量值传递体系；研制相关设备，提供相关服务。

（2）信息服务类服务平台。研究先进的信息采集工具，构建专题信息库和知识产权资源数据库，建设20个公共服务平台，提供政策研究、产业运行分析与预测、信息查询、知识产权分析评估和综合运用等服务，向政府、行业、社会推送产业信息。

（3）工业大数据平台。支持在工业园区（集聚区）建设工业大数据平台，实现对产品生产、流通、使用、运维以及园区企业发展等情况的动态监测、预报预警，提高生产管理、服务和决策水平。

四、培育一批专精特新"小巨人"企业

通过实施十大重点领域"一揽子"突破行动及重点产品"一条龙"应用计划,持续培育一批专注于核心基础零部件(元器件)、关键基础材料和先进基础工艺等细分领域的企业。完善市场机制和政策环境,健全协作配套体系,支持"双创"平台建设,鼓励具有持续创新能力、长期专注基础领域发展的企业做强做优。优化企业结构,逐步形成一批支撑整机和系统企业发展的基础领域专精特新中小企业。鼓励基础企业集聚发展,围绕核心基础零部件(元器件)、关键基础材料和先进基础工艺,优化资源和要素配置,形成紧密有机的产业链,依托国家新型工业化产业示范基地,培育和建设一批特色鲜明、具备国际竞争优势的基础企业集聚区,建设一批先进适用技术开发和推广应用服务中心。

专栏4　培育一批专精特新"小巨人"企业和优势产业集聚区

(1)培育百强专精特新"小巨人"企业。通过基础产品和技术的开发和产业化,形成100家左右核心基础零部件(元器件)、关键基础材料、先进基础工艺的"专精特新"企业。该类企业应具备以下条件:①掌握本领域的核心技术,拥有不少于10项发明专利;②具有先进的企业技术中心和优秀的创新团队;③主导产品性能和质量处于世界先进水平;④主导产品国内市场占有率20%左右,居于全国前两位;⑤年销售收入不低于10亿元。

(2)打造十家产业集聚区。围绕重点基础产品和技术,依托国家新型工业化产业示范基地,打造十个创新能力强、品牌形象优、配套条件好、具有国际竞争力、年销售收入超过300亿元的"四基"产业集聚区。针对集聚区企业生产过程改进提升的共性需求,建设一批技术服务中心,提供先进适用技术、产品的开发、应用及系统解决方案,有效提高工业生产效率和质量水平。

五、推进"四基"军民融合发展

调动军民各方面资源,梳理武器装备发展对"四基"需求,联合攻关,破解核心基础零部件(元器件)、关键基础材料、先进基础工艺、产业技术基础体系等制约瓶颈。建设军民融合公共服务体系,支持军民技术相互转化利用,加快军民融合产业发展。

充分发挥军工技术、设备和人才优势,引导先进军工技术向民用领域转移转化;梳理民用口优势领域和能力,跟踪具有潜在军用前景的民用技术发展动态,促进先进成熟民用"四基"技术和产品进入武器装备科研生产。推进军民资源共享,在确保安全的前提下,鼓励工业基础领域国防科技重点实验室与国家重点实验室、军工重大试验设备设施与国家重大科技基础设备设施相互开放、共建共享。推动国防装备采用先进的民用标准,推动军用技术标准向民用领域的转化和应用。

专栏5　实施"四基"军民融合发展联合行动专项

（1）军民共性基础和前沿技术联合攻关。围绕"四基"领域军民通用重点产品的现实需求和长远发展,聚焦3～4英寸碳化硅单晶、光刻胶、浆料、锂电材料等电子材料,高性能真空电子器件、大功率激光器、红外焦平面、MEMS器件等元器件,突破相关基础理论、前沿技术和关键技术。重点开展电子用高纯化合物、高性能碳纤维、高温合金/钛合金回炉料、高纯陶瓷粉体等低成本工程化制备技术研究。构建材料基因组工程数据库。围绕军工科研生产中长期依赖进口、受制于人的高端元器件和测试仪器、科研生产软件等,加大攻关力度,推进军工能力自主化。推动军民共性基础技术转移转化和关键技术工程化应用,培育"四基"领域百家军民融合典型单位。加强军民两用计量测试技术攻关及计量基(标)准建设。

（2）重点领域军民两用标准联合制定。地方和军队有关部门协同配合,建立军民通用标准建设的协同机制,推进军民标准通用化;通过军用标准转化、民用标准采用、军民标准整合和军民通用标准制定,完成集成电路、卫星导航等领域150项军民通用标准制(修)订及发布工作;探索开展其他领域军民通用标准的建设、民用标准采用等工作。

（3）引导"四基"领域军民资源共享。编制发布年度军用技术成果转民用推广目录,向全社会发布不少于100项成果,推动先进军用技术成果向民用领域转移转化,促进工业转型升级。编制发布"民参军"技术与产品推荐目录,向军工单位和军队推荐不少于100项技术成果,促进民用先进适用技术与产品参与国防建设。鼓励工业基础领域国家重点实验室与国防科技重点实验室,国家重大科技基础设施与军工重大设备设施、民用设备设施相互开放共享。建立军工重大试验设施分批分类发布机制,推动100余项军工重大设备设施面向社会提供服务。

第十八章　服务型制造

智能制造、绿色制造和服务型制造,是中国制造业转型升级的三个重要方向。服务型制造,是制造与服务融合发展的新型产业形态,是制造业转型升级的重要方向。制造业企业通过创新优化生产组织形式、运营管理方式和商业发展模式,不断增加服务要素在投入和产出中的比重,从以加工组装为主向"制造＋服务"转型,从单纯出售产品向出售"产品＋服务"转变,有利于延伸和提升价值链,提高全要素生产率、产品附加值和市场占有率。

服务型制造是工业化进程中制造与服务融合发展的新型产业形态。《中国制造2025》对服务型制造的发展做出了明确部署,提出加快制造与服务的协调发展,推动商业模式创新和业态创新,促进生产型制造向服务型制造转变。加快发展服务型制造,是促进我国制造业提质增效、转变经济发展方式的重要途径,也是培育国民经济新增长点、推动消费升级的重要举措。

顺应全球新一轮科技革命和产业变革趋势,牢固树立和贯彻创新、协调、绿色、开放、共享的发展理念,紧紧围绕落实《中国制造 2025 湖北行动纲要》,以《发展服务型制造专项行动指南》为指导,以制造业转型升级和提质增效为核心,加强政策引导,营造融合发展生态,增强支撑保障能力,并高度重视"互联网＋"为服务型制造发展带来的机遇,推动全省制造业由生产型制造向服务型制造转变。

第一节　目标要求

发展服务型制造,是增强产业竞争力、推动制造业由大变强的必然要求。发展服务型制造,以创新设计为桥梁,推动企业立足制造、融入服务,优化供应链管理,深化信息技术服务和相关金融服务等应用,升级产品制造水平提升制造效能,拓展产品服务能力提升客户价值,能够在转变发展方式、优化经济结构中实现制造业可持续发展,打造产业竞争新优势。推动服务型制造向专业化、协同化、智能化方向发展,形成国民经济新增长点,打造中国制造竞争新优势。

一、基本原则

（1）企业主体，政府引导。充分发挥市场配置资源决定性作用和企业的主体地位，鼓励和支持企业根据市场需求，增加服务要素在制造业投入产出活动中的比重，强化产业链两端资源投入，延伸服务增值链，倒逼制造链优化升级。鼓励服务型企业通过新技术、新设计、新平台服务建设，向掌控产品品牌和核心技术的服务型制造企业转型。更好发挥政府引导作用，完善政策措施，培育发展生态和龙头配套企业，增加公共服务供给，优化发展环境。

（2）创新驱动，融合发展。鼓励企业开展科技创新、制度创新、管理创新和商业（业态）模式创新，深化云计算、大数据、"互联网+"等在服务型制造领域的应用，激发企业发展服务型制造的活力和潜力。推动服务型制造向专业化、协同化、智能化方向发展。有计划、有步骤地推进服务型制造对外开放，建立与国际接轨的专业化服务型制造体系。

（3）突出重点，分类指导。把握服务性制造发展趋势，以创新设计、制造效能提升、客户价值提升、服务模式创新为重点，加强分类指导，鼓励和支持企业结合行业和区域实际，结合企业改组改革改造，优化流程和管理，丰富服务型制造内容，创新发展模式，探索实现路径，以服务提升带动制造能力、制造水平和管理效益提高。

（4）典型示范，全面推进。开展服务型制造示范区、示范企业、示范项目和公共服务平台建设，分行业推出一批典型案例和解决方案。多层次开展试点示范和宣传推广，发挥示范带动作用。坚持问题导向和发展导向，完善政策措施、搭建平台、制定标准，多渠道培养服务型制造急需复合型人才，形成发展服务型制造的多元合力，推动大中小企业全面协同发展。

二、主要目标

经过"十三五"发展，全省服务型制造水平明显提高，制造与服务全方位、宽领域、深层次融合，服务型制造企业集中化、大型化、专业化、社会化和信息化程度不断提高，创新设计引领作用显著提高，协同融合发展水平显著提升，网络化服务支撑能力显著拓展。企业服务化投入和收入占比显著提升，对企业提质增效和转型升级的促进作用进一步增强。服务型制造区域布局趋于合理，与全省工业转型进程相适应的服务型制造生产组织形式和区域发展新格局基本形成。

选择船舶、航空航天、纺织服装、家具、电子等特定行业推行服务型制造定制化生产模式;引导钢铁、装备等行业领军企业承接大型工程项目,开展从单纯提供产品向提供设计、制造、安装及运维服务等一体化服务转变;研究出台制造业电子商务行动方案,大力推进制造业电子商务应用,加强完善工业设计中心、工业设计示范企业创建工作。建设制造业大数据、云平台,将资金、信息、物流、服务等数据统一构成大型资源池,鼓励企业通过平台随时获取产品生命周期服务,实现产品需求和网络化制造资源的无缝对接。

到"十三五"末,建成3个服务特色鲜明、配套体系健全的服务型制造示范区;培育2~3家服务能力强、行业影响大的国家级服务型制造示范企业,30家在总集成总承包、个性化定制、网络化协同设计、在线支持服务等领域具备行业和地方特色的省级服务型制造示范企业;建设一批具有国内外影响力的工业设计园区,培育3~4家具有核心技术、代表行业最高水平的国家级工业设计中心,50家省级工业设计中心;支持一批服务水平高、带动作用好的示范项目;建设一批面向行业和产业集群的产学研用功能完备、高效运转的服务型制造公共服务平台。

到2020年,在船舶、航空航天、纺织服装、家具、电子等行业开展服务型制造的企业达到1000家;力争到2025年,开展服务型制造的企业达到3000家。成为全国服务型制造先行先试区。

第二节 主 要 进 展

一、加强顶层设计,制定服务型制造发展规划

为贯彻落实《中国制造2025湖北行动纲要》和《发展服务型制造专项行动指南》,深化制造业供给侧结构性改革,加速湖北制造业由传统生产型制造向现代服务型制造的转变,2017年2月,湖北省制造强省建设领导小组根据湖北制造业发展特点,进一步加强服务型制造顶层设计,组织编制了《湖北省发展服务型制造专项行动实施方案》(2016—2020年),进一步明确了湖北服务型制造的总体要求、重点专项行动以及实施的保障措施。同时,组织实施一批服务型制造试点示范项目,分行业推出一批服务型制造解决方案,组织开展对标贯彻活动,推动全省服务型制造向专业化、协同化、智能化方向发展。

二、制定服务型制造专项行动

（一）设计服务提升行动

提高工业设计在产业发展和转型升级中龙头关键和引领作用认识，增加对工业设计的投入，全面提升工业设计能力，加快第三方工业设计企业和公共服务平台建设，促进设计成果转化，通过创新设计提高产品技术附加值和企业核心竞争力。

（1）提高设计创新能力。引导企业加大资源要素向工业设计的投入，建立和充实企业设计创新机构。积极开展国家级工业设计中心创建和省级工业设计中心建设。不断深化设计在企业战略、产品合规、品牌策划、绿色发展等方面的应用。鼓励和支持制造企业加强与科研院所、设计机构、大专院校合作，以满足湖北日益增长的设计需求，开展基于新技术、新工艺、新材料、新系统、新产品、新装备的设计应用研究。推进 VR、人机工程、系统仿真、消费者行为研究等关键技术在设计领域应用。探索发展众包设计、用户参与设计、云设计、协同设计等新模式，推动设计创新走向高端综合设计。不断增强自主创新设计能力，强化设计创新对湖北电子信息、汽车、装备制造、航空航天、轻工纺织等行业的服务支撑。

（2）提升设计产业化发展水平。支持专用设计公司加强创新能力建设，提升专业化服务水平。鼓励优势制造企业"裂变"设计专业优势，通过业务流程再造，提供社会化和专业化服务。鼓励制造企业将设计及制造订单外包。支持武汉市积极创建中国设计之都，组织开展省级设计创意产业园（区）的认定工作。鼓励和支持武汉、宜昌、襄阳、荆州、黄石、十堰等中心城市，利用市区老厂房、旧仓库、闲置楼宇、科技园、孵化创业基地建设设计创意产业园区。结合地方产业特色，招商培育一批集创意设计、造型设计、工艺设计、模具设计、产品试制等功能为一体、产业链完备的设计服务园。

（3）搭建公共服务平台，加快设计成果转化。加强与国内外行业组织合作，支持国内外知名创业设计研究院、设计中心在湖北落户设立分支服务平台。支持优势企业、高校和科研院所面向市场提高研发服务能力，创建开放共享、专业高效的设计服务平台，健全行业交流、技术研发、实验验证、形式评价、标准制定、水平认证和知识产权等服务功能。支持举办多层次工业设计培训，建设工业设计成果、人才交流对接平台。精心打造"楚天杯"工业设计大赛，扩大范围、提高水平、提升影响力，营造全社会关心支持工业设计的氛围。

（4）推广定制化服务。适应市场多元化小批量需求，支持企业基于"互联网＋"，增强定制设计和柔性制造能力，强化用户体验，开展定制化服务，实现生产制造与市场需求高度契合,提升产品价值。

鼓励服饰、家电、家居、电子终端等日用消费品制造企业,建立线下客服体验、网上在线设计、大数据挖掘、客户需求精准采集分析的电子商务平台,形成动态感知、实时精准响应消费需求的个性化定制模式。支持汽车、智能装备制造等行业,加快零件标准化、部件模块化和产品个性化重组,推进生产制造环节组织调整和柔性化改造,形成对配套需求具有动态感知的设计、制造和服务新模式,支持开展大批量定制服务。培育增材制造定制服务。支持建设3D打印等公共服务平台的线上线下展示中心,引导中小企业在线提供快速成型、模具开发和产品定制等服务,培育互联网＋新型个人工作室等小批量个性化定制模式。

支持社会中介组织、互联网企业搭建信息采集、分析服务平台,开发具有行业特征的应用软件,探索定制化服务的设计方法,建立技术标准和服务规范,健全数据共享和协同制造机制,为制造业企业开展定制化服务提供应用支持和技术支撑。

(二)制造效能提升行动

(1)优化供应链管理。推广供应链管理(SCM)等先进管理理念和组织方式。加强产业链上下游的信息交互与流程协作,鼓励利用信息系统优化供应链运作,降本增效。

发展供应链管理专业化服务。支持制造企业整合内部物流资源,优化生产管理流程,将供应链管理独立或第三方外包,推动供应链各环节有机融合,提升供应链一体化水平和竞争力。鼓励制造企业与上下游企业、第三方物流企业建立战略联盟,实现风险共担和利益共享,提高供应链的市场响应效率和服务质量稳定性。支持高端装备、汽车制造、工程机械、家用电器等行业面向上游,纺织、轻工、冶金、石化、建材和医药等行业面向下游,分行业推广和应用集中采购、供应商管理库存(VMI)、零库存、精益供应链等模式和服务。

提高供应链管理水平。拓展网络信息技术在供应链管理领域的应用,推广使用先进供应链管理软件,加快标准化、智能化物流装备和仓储设施建设。支持建立以核心企业为龙头、配套企业为基础、战略合作为驱动的供应链联盟,深化大企业与中小企业的合作关系,逐步形成分工协作、协调配合、标准规范、运转高效的供应链组织体系。

(2)发展网络化协同制造服务。加快建设以制造业为核心的网络化协同制造服务体系,打造一批面向不同行业的网络化协同制造示范企业和服务平台。

鼓励行业龙头企业建设网络化协同制造系统,与配套企业信息系统有效对接,互联互通、协同运行,实现沿产业链产品研发、设计、制造、销售、采购等各环节基于互联网的企业间协同,提升整条制造链的快速反应和制造能力;支持互联网企业、信息技术服务企业与制造企业跨界联合,加快工业云建设,构建网络化协同制造公共服务平台,提供面向细分行业的研发设计、优化控制、设备管理、质量监测等云制造服务,推动创新资源、生产能力和市场需求的智能匹配和高效协同。鼓励中小企业采购使用工业云服务,承接专业制造业务,外包非核心业务,走专新特精发展道路。支持软件和信息技术服务企业面向制造业提供协同制造信息化解决方案,开发多功能、低成本、高可靠性的信息化软件系统,加大应用推广力度,不断提高网络化协同制造能力和水平。

(3)支持服务外包发展。以信息技术、业务流程和知识流程外包为重点,推动服务外包专业化、规模化、品牌化发展。引导制造企业改变传统理念和经营模式,将信息技术、研发设计、能源管理等业务,广泛采用服务外包。支持制造业企业提升专业化服务水平,剥离服务环节设立服务外包企业,积极承接离岸和在岸服务外包业务。大力发展软件和信息技术外包,培育一批创新能力强、集成服务水平高、具有行业竞争力的服务外包企业。引导中小企业释放服务外包需求,推动商业模式创新和管理创新。

(三)客户价值提升行动

引导制造业企业实施全生命周期管理,积极开展总集成总承包,合同能源管理,开展在线远程监控、诊断、维护等支持服务,提高专业服务在产品价值中的比重。

(1)发展全生命周期管理服务。支持制造企业延伸服务链,加速"产品+服务"制造转型。以保障产品质量和安全生产为重点,支持仪表装备、交通工具、通信制造、电力设备和耐用消费品制造企业开展远程在线监测/诊断、健康状况分析、远程维护、故障处理等保质服务。以节能绿色环保为导向,完善家电、办公设备、医疗器械以及部分机电化工类产品售后维修(护)体系和旧件回收体系,开展回收及再制造、再利用等绿色环保服务。创新按服务计费模式,发展直接面向用户,按流量或时间计费的租赁服务业务。

支持企业、高校和科研院所合作研发基于大数据的装备(产品)故障诊断预测、剩余寿命分析技术和软件,合作建设再制造公共服务平台。鼓励有条件的装备制造企业搭建产品远程检测与诊断平台,完善产品智能维护系统,向客户提供专业化远程状态管理和现场技术支持。引导中小企业开展设备维护外包,提升产品服务价值。

(2)发展总集成总承包服务。支持具有技术制造优势的制造企业,创新组织模式和商业模式,开展咨询设计、装备制造、设施建设、检验检测、供应链管理、节能环保、专业维护等领域总集成、总承包。引导企业增强咨询设计、项目承接等系统解决能力,面向重点工程和重大项目,承揽设备成套、工程总承包和交钥匙工程。围绕"一带一路"发展倡议,深化国际产能和装备制造合作,积极承接国际工程项目,带动制造业整体走出去。

（3）推广合同能源管理服务。重点支持钢铁、有色、建材、石化、电力等行业通过合同能源管理实施节能改造。引导节能设备、通用设备制造企业实施合同能源管理，由设备制造商向综合节能服务提供商转变，加大节能技术和产品研发力度，创新合同能源管理融资模式，加强项目风险防控能力，提升综合节能服务水平。培育壮大工业领域节能服务公司，支持高耗能企业与专业化节能服务公司对接合作，开展节能培训和节能诊断，实施合同能源管理项目，提高能源利用效率，降低企业运营成本。

（4）创新信息增值服务。鼓励企业利用软件和信息通信技术，创新服务模式，提升服务效率，提高产品附加值。针对客户特定需求，支持企业研发设计具备个性设定和动态更新功能的产品。在重大技术装备、特种设备和日用消费品等领域，开展在线支持和数字内容增值服务，提高企业盈利能力。鼓励企业拓展线上线下多元服务，增强客户黏性。支持企业采购产业链相关企业提供的信息增值服务，实现生产经营管理信息集成和协同运营。支持制造业企业升级传感器、芯片、存储、软件等，依托大数据、云计算、物联网平台为客户提供实时、专业和安全的产品增值服务。

（四）服务模式创新行动

（1）提升金融服务能力。鼓励开展产业资本与金融资本融合试点，完善政银担保合作机制，为制造业提供小贷、担保、保险理赔等特色化服务。支持符合条件的制造企业设立企业财务公司、融资租赁公司，重点支持通用设备、专用设备、交通工具、电气机械等生产线、公用设施制造企业及其上下游产业链企业开展设备融资租赁服务，扩大销售，提高市场占有率。

（2）培育智能服务新能力。大力发展面向制造业的信息技术服务，鼓励互联网企业发展工业电子商务、O2O等新模式，加快培育研发设计、科技咨询、物流等第三方服务，增强对制造业转型升级的支撑能力；鼓励企业开展基于B2B/C2B模式的工业电子商务应用；持续推进湖北工业云平台建设，培育提升中小企业应用信息技术开展研发、管理和生产控制的能力。

（3）探索智能服务新模式。加快物联网、移动互联网、云计算、大数据等新一代信息通信技术在制造业的应用，通过技术和管理模式创新以及众创、众包、众筹、众扶等服务平台的运用，积极构建智能服务数字生态，促进分享经济推广普及。鼓励有条件的企业开展基于工业大数据的产品和服务创新。

三、制定服务型制造专项行动保障措施

（一）加强组织协调

在省制造强省建设领导小组统一领导下，把全力推进服务型制造作为贯彻落实《中国制造 2025 湖北行动纲要》的重要内容，制定政策措施，建立协调机制，加强宣传推广，引导和推进本地区服务型制造业的发展。加大对服务型制造企业和项目的扶持力度。要加强调查研究，动态跟踪产业发展态势，对服务型制造发展过程中遇到的各类政策性问题，主动和相关部门协调，切实解决企业的困难。

（二）加强政策引导

建设和完善有利于服务型制造发展的政策体系，落实支持服务型制造业发展的财政、税收、金融、土地、价格等政策。利用现有资金渠道积极支持服务型制造发展。发挥好营改增推动服务业发展的积极作用。鼓励金融机构创新适合服务型制造发展的金融产品和服务，支持重点工程和重大项目实施。鼓励社会资本参与制造业企业服务创新，健全完善市场化收益共享和风险共担机制。加大对企业研发设计知识产权的保护力度，建立知识产权协同应用和风险防范机制，健全知识产权交易和中介服务体系。深化理论研究，逐步完善统计调查体系，探索开展服务型制造概念术语、参考标准、评价体系的研究制订和应用推广。

（三）加强示范推广

以提高设计创新能力，发展总集成、总承包服务，优化供应链管理，发展全生命周期管理服务，推广个性化定制，发展网络化协同制造服务，支持服务外包发展，创新信息增值服务等方面为重点，制定认定和管理办法，在全省开展服务型制造示范推广工作。在省内特色产业集聚区、重点工业园区和生产性服务业务集聚区，以龙头制造企业为依托，认定一批服务型制造示范区。以企业规模实力、服务收入比重、服务成效等方面为评价指标，认定一批服务型制造示范企业。将服务型制造列入工业转型升级和技术改造重点支持目录，以示范引领为目的，围绕服务水平和带动作用，组织实施一批示范项目。面向行业和产业集群，建设一批产学研用功能完备、高效运转的服务型制造公共服务平台。通过编写服务型制造典型案例，推广成熟的服务型制造解决方案，开展行业推进专题活动等，切实带动服务型制造的整体推进和全面提升。

（四）加强人才建设

多层次建设服务型制造人才队伍。加快高端化、复合型人才的培养和引进,建设"经营管理人才+专业技术人才+技能人才"的服务型制造人才发展体系。依托重点人才工程,加大服务型制造领域人才培养力度。支持制造业企业与高校、研究机构加强合作,开展有针对性的人才培训。建立湖北省服务型制造专家库。依托政府部门、制造企业、科研单位力量,形成全省服务型制造政策咨询、行业诊断、人才培训的智囊团,为推进全省服务型制造的发展提供智力支持。

四、开展服务型制造示范遴选工作

为贯彻落实《中国制造2025》关于发展服务型制造的战略部署,工业和信息化部决定开展服务型制造示范遴选工作。2017年1月16日,湖北省经信委转发《工业和信息化部办公厅关于开展服务型制造示范遴选工作的通知》(工信厅产业函〔2016〕838号),并组织各地市符合条件的企业、项目和平台申报。根据各地上报情况,建立省级服务型制造示范企业、项目和平台库,在此基础上,择优遴选推荐。

五、开展省级服务型制造示范创建工作

2017年4月12日,湖北省经信委为贯彻落实《湖北省制造强省建设领导小组关于印发〈中国制造2025湖北行动纲要〉"1+X"配套行动计划和实施方案的通知》(制造强省〔2017〕1号)精神,按照《湖北省发展服务型制造专项行动实施方案(2016—2020年)》要求,决定分批次有序开展省级服务型制造示范创建工作。

总体要求如下。

(1)突出成效。通过生产型制造向服务型制造转型,推动企业服务收入占比逐年提升,企业生产经营重心从制造环节向制造和服务环节并重转变,企业利润中心由制造部门向服务部门延伸,以引导各类主体围绕核心优势加速转型。

(2)注重创新。深入挖掘在模式创新、管理创新、服务创新等方面具有代表性,并取得良好经济效益和社会效益的典型案例,鼓励各类主体通过创新加快转型。

(3)鼓励融合。引导制造企业与产业链上下游企业融合,与互联网企业和信息技术服务企业融合,以服务为纽带建立协同共赢的合作关系。通过融合优化产业生态,提升资源统筹和专业协作水平,降低交易成本和合作风险,提升服务能力。

首批省级服务型制造示范创建的重点将聚焦供应链管理、产品全生命周期管理、总集成总承包服务和信息增值服务等领域,按照企业自主申报,地方经信部门推

荐的原则,择优选择一批有一定特色和示范效应的示范企业、示范项目和示范平台。

2017年7月5日,湖北省经信委根据《湖北省发展服务型制造专项行动实施方案(2016—2020)》部署,在企业自愿申报、市州审核推荐基础上,省经信委组织专家对各地申报材料进行了评审。推荐东风设计研究院有限公司等7家企业为省级服务型制造示范企业;烽火通信科技股份有限公司"面向定制化生产的柔性供应链系统"等6家企业项目为服务型制造示范项目;华工科技产业股份有限公司汽配产业链区域综合服务平台等7家企业为服务型制造示范平台。

第三节　面临的问题

总体而言,服务型制造依然处于发展初级阶段,多数制造企业主要基于产品的延伸服务,而基于客户需求的整体解决方案业务所占比重较小,服务活动所带来的经济效益尚不明显。湖北服务型制造发展依然面临着一些制约因素。

一、制造企业开展服务型制造的主动性不高

受传统粗放式工业发展思维模式影响,我国制造企业还普遍存在重规模轻质量、重速度轻效益、重批量生产轻个性化定制、重制造轻服务的现象。服务型制造仍是有待探索研究的新领域,对其重要意义和现实路径缺乏足够的认识和能力积累。

制造企业发展服务型制造,推动服务化转型,涉及企业的战略规划、经济管理、资源配置等因素,不仅需要大量的资金与人力资源支持,还缺少可供遵循的固定模式和路径,而且也面临着市场、技术和经营等不确定性风险,导致生产企业开展服务型制造业务时比较审慎。从相关信息汇总来看,人才、市场、资金成为制约企业发展服务型制造较为重要的因素。不少大中型企业缺乏足够动力开展服务型制造,而拥有人才和专业优势的一些企业服务部门和第三方服务机构,往往规模较小、资源较少,很难为大型制造企业提供系统化、一站式的专业服务。

二、企业发展不均衡

目前,一些行业领军企业和特色优势企业已将研发设计和系统解决方案等作为重要业务,但大部分企业仍只能提供安装或维修等基本服务。特别是部分关键领域自主研发设计能力欠缺,难以形成提供差异化、个性化集成服务的技术支撑,难以提供独创性的产品和服务,区域和行业发展不平衡,直接影响到企业向服务型制造转

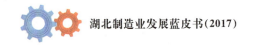

型的程度和效果,制约了服务型制造发展。

三、促进服务型制造的体制机制有待完善

虽然出台了一系列支持服务型制造发展的政策措施,但是在政府引导和支持方面仍亟待加强。在引导政策上,还缺乏有效的支持手段,特别是缺乏专项扶持资金或产业引导基金,以支持先发企业加快实施服务型制造项目,并平抑服务化转型风险;同时也难以支持服务型制造的公共服务平台建设、标准制定和人才培养。另外,服务型制造尚缺统一标准和口径,也在一定程度制约了服务型制造的发展。

四、专业化服务的平台网络有待进一步建设

服务型制造的重要方向是深化产业链上下游相关企业的合作关系,需要公共服务平台在集中采购、产业协同、平台营销、技术支持和服务集成等方面,提供专业高效的中介服务。

针对服务化转型的公共服务供给能力还较为薄弱,尚未形成有效的技术支撑和政策支撑体系,基础性的社会化服务体系还不能满足服务型制造的发展需要,特别是在引导企业对接市场需求、深化产业链协作等方面,还有很多工作要做。

五、高端复合型人才缺乏

长期以来,制造业在以产品为核心的模式下,人才的培养方式比较简单,人才储备大多围绕产品本身开展,适应服务型制造的创新人才培养体制机制尚不完善,缺乏复合型高端人才成长环境,人才保障和智力支持有待加强。

第四节　下一步推进的思路

一、加快发展工业设计创意产业

大力推广应用创新设计思维,开发服务重点产业的集成设计技术、绿色设计技术、品牌设计技术等先进设计工具软件,大力发展以制造工业设计、环保工程设计、汽车设计为主的工业设计,配套发展以广告设计、展示设计、包装设计为主的商业设

计。加强国家和省级工业设计中心创建工作,支持制造业企业设立工业设计中心,培育多种形式的工业设计公共服务平台,支持基于新技术、新工艺、新装备、新材料的设计应用研究,促进工业设计成果交易,促进工业设计向高端综合设计服务转变。加强工业设计企业与制造企业的对接,扩大工业设计市场容量,支持设计企业与制造企业建立合作联盟,形成平台化协作关系,实现异地设计、协同生产。办好"楚天杯"工业设计大赛,打造中部地区知名赛事和设计创新成果转化平台。打造武汉"设计之都"品牌。

二、加快生产性服务业创新发展

依托制造企业集聚区,以外引、内联等方式,吸引、培育一批现代化的生产性服务企业。在智能制造、海工装备、轨道交通、汽车等领域,大力发展融资租赁服务业,对高附加值设备、成套生产线等提供融资租赁服务,鼓励融资租赁企业支持中小企业发展。以智慧湖北建设为契机,推广信息服务业,重点支持信息服务机构面向"四六十"产业提供专业化服务,推动制造业的智能化、网络化、柔性化发展。充分利用高校、科研院所、企业的检验检测设备资源,聚焦光电子、新材料、生物医药等领域,大力发展分析、测试、检验、认证和计量等综合性服务,通过检验检测服务业引领提升制造业发展水平。利用北斗导航等先进技术,加快发展第三方物流,加快物流公共信息平台建设,提升物流业信息化水平,降低湖北制造业流通成本。大力发展服务贸易,积极推进服务外包,努力把武汉创建成为全国服务外包示范城市。

三、促进生产型制造向服务型制造转型

围绕拓展产品功能和满足用户需求,增加研发设计、物流、营销、售后服务、企业管理、供应链管理、品牌管理等服务环节投入,提升服务价值在企业产值中的比重。鼓励发展定制化生产,支持船舶、航空航天、纺织服装、家具、玩具等行业积极开展个性化定制,建立快速响应的柔性生产模式,在重点行业推行定制化生产试点,以点带面促进全产业实现定制化生产。支持高端装备制造企业搭建智能服务平台,利用智能技术和信息技术,对装备使用过程的运行状态、利用效率进行远程监测,提供在线检测、检验、监控服务。推动新一代信息技术在产品营销中的应用,拓展电子商务平台功能,通过大数据、云计算的数据挖掘和分析提高消费类制造企业的市场响应能力。

第十九章　智能化技改

当前,湖北发展正处于历史机遇叠加期和转型升级关键期,工业经济发展面临的内外环境更加错综复杂。湖北的工业化进程还远未完成,工业的发展环境在不断优化向好,"十三五"甚至更长一个时期,工业仍是湖北的核心竞争力。

工业是实体经济主体,是推进供给侧结构性改革的主战场。加快推进企业技术改造和设备更新,是补短板、调结构、培育发展新动能,推动产业向中高端迈进的重要举措。推动湖北全省新一轮企业智能化节能改造和设备更新工作,促进产业转型升级,促进传统产业焕发新的生机,实现新旧动能在新常态下的融合发展,对加快推进制造强省建设具有重要意义。

第一节　目标要求

一、基本原则

（1）实施一个战略,即加快制造强省建设。到 2020 年,工业总量进入全国前 6 位;到 2025 年,进入全国制造强省第一方阵。

（2）突出一条主线,即大力推进供给侧结构性改革。紧盯满足需求这个最终目的,把准提高供给质量这个主攻方向,抓住深化改革这个根本途径,从根本上提升制造业供给体系的质量和水平。

（3）主攻一个方向,即推进制造业与网络信息技术融合发展。实施"两化"融合示范工程,加强基于互联网的新型基础能力和平台建设,加快信息基础设施演进升级,培育推广网络化协同制造、个性化定制和服务型制造等新兴模式,拓展制造业与互联网融合发展新空间。

（4）提升两种能力,即提高创新能力和工业基础能力。在强化企业创新能力建设的基础上,着力搭建新型协同创新平台、创业创新服务平台,推进制造业创新中心建设。开展工业强基专项行动,瞄准汽车轮毂轴承、工业机器人、新材料、汽车发动机关键零部件、高端芯片和海洋工程装备关键技术等湖北市场需求大、具备产业基础又亟待实现重大突破的领域,加强"四基"技术研发、市场培育和产品应用,进一步强化湖北制造业基础。

(5)用好三个手段,即投资、消费、开放合作。稳定工业有效投资,加强项目谋划和项目库建设,滚动实施"万企万亿技改工程",建立完善重点项目推进机制。强化质量品牌,提升工业有效供给能力,促进多元化、个性化、高品质消费,滚动实施"工业千项精品工程",积极开展工业质量品牌提升专项行动,大力培育"专精特新"科技性企业。高水平承接产业转移,全方位扩大国际产能和装备制造合作,加强政策引导,加快推动产业园区合作共建,建立海外营销服务体系。

(6)突出四个重点,即高端化、智能化、绿色化、服务化。在高端化方面,主动对接工信部《中国制造2025分省市指南》,围绕十大重点领域,突出集成电路、光通信、新能源汽车、高端数控装备、北斗、海工装备、生物医药等高端装备领域,培育一批世界级先进制造业集群核心区,加快形成独特的比较优势,培育新经济重要增长点。在智能化方面,牢牢把握智能制造这一主攻方向,以实现重大产品和成套装备的智能化为突破口,以推广普及智能工厂为切入点,加快提升制造业产品、装备及生产、管理、服务的智能化水平。在绿色化方面,坚决淘汰落后产能和化解过剩产能,狠抓重点行业节能降耗,全面推进清洁生产,引导循环产业规范发展。在服务化方面,组织实施服务型制造示范工程,办好"楚天杯"工业设计大赛,大力发展软件服务、现代物流、工业设计、电子商务等生产性服务业,推动生产性服务业向专业化和价值链高端延伸。

二、主要目标

围绕冶金、石化、建材、纺织等优势传统产业,充分运用移动互联网、云计算、大数据、物联网等信息技术,推动企业研发、制造、管理、服务等全流程和全产业链的智能化改造,提高精准制造、敏捷制造能力。加快集散控制、制造执行等技术在原材料企业的集成应用;加快运用数字化、自动化技术改造提升消费品企业信息化水平力度。

通过5年的努力,全省智能化水平显著提升,打造中部地区制造业智能化改造高地,成为全国产业转型升级示范区。

(1)提高智能制造水平。到2020年,新一代信息技术在制造业重点领域应用取得明显进展,制造业数字化、网络化、智能化水平明显提升,重点领域和重点骨干企业数字化研发设计工具普及率达到85%,关键工序制造装备数控化率达到65%,技术装备水平居国内先进水平的达到80%。

(2) 提高绿色制造水平。到2020年,全省重点行业单位工业增加值能耗物耗及污染物排放达到国内领先水平,规模以上单位工业增加值能耗比2015年下降18%,单位工业增加值二氧化碳排放量下降22%,单位工业增加值用水量降低23%,工业固体废物综合利用率达到73%。

(3) 提高产品质量水平。到2020年,全省制造业全员劳动生产率和产品质量稳步提高,品牌附加值和品牌经济比重进一步提高,全省制造业质量竞争力指数达到85%,制造业增加值率比2015年提升2个百分点。

(4) 优化产业布局结构。到2020年,全省国家和省两级新型工业化产业示范基地达到45个以上,战略新兴产业占制造业比重进一步提升,优势传统产业改造提升成效显著,生产性服务业不断发展壮大,高技术制造业和高新技术产业增加值占规模以上工业比重分别达到12%和50%左右。

第二节 主 要 进 展

一、加强顶层设计,制定智能化技改实施方案

牢固树立和贯彻落实"创新、协调、绿色、开放、共享"发展理念,深入实施《中国制造2025湖北行动纲要》和"互联网+"行动计划,2016年9月,湖北省人民政府办公厅印发了《关于加快推进新一轮技术改造和设备更新 促进工业转型升级的意见》,坚持以企业为主体、市场为导向、创新为动力,坚持改造提升传统动能和培育发展新动能相结合,坚持绿色改造升级与推进循环生产方式相结合,坚持制造业与服务业融合发展相结合,引导和推动企业实施新一轮更大规模、更高层次的技术改造升级工程,加快推进新技术、新工艺、新装备、新材料应用,实现由设备更新为主向研发、设计、营销、服务全流程改造转变,由单个企业改造向产业链协同提升改造转变,由分散布局改造向促进集聚化改造转变,提升产业整体竞争力,促进工业中高端发展。

二、制定智能化技改工作保障措施

(1) 强化政策规划引导。根据产业发展形势,科学制定和完善重点行业产业政策,研究发布技术改造投资指导目录和年度重点项目导向计划,积极引导企业技术改造和社会投资方向。

（2）简化行政审批程序。推行并联审批，简化和规范技术改造投资项目审批事项办理流程。对列入省重点技改工程的项目，优先安排用地指标，优先落实主要污染物总量指标，减少环评审批前置条件，提高环评审批效率，对符合条件的项目开辟绿色通道，加快项目落地。改革不新增建设用地的技术改造项目审批方式，在规划调整、环评、节能评估、建设工程设计方案、招投标等环节，采取告知承诺、同步审批、限时办结等方式，进一步简化审批事项，不新增建设用地的技术改造项目审批期限在法定时间基础上压缩1/3以上，强化事中事后监管。

（3）组织实施典型示范。每年支持100家企业重点围绕"机器换人""产品换代"实施100项重大示范项目，以点带面普及推广智能制造。建立投资额1000万元以上的工业技术改造项目库，实行省、市（州）、县三级联动服务跟踪机制，掌握项目情况，强化跟踪服务。建立省级重大工业技术改造项目监测跟踪机制，由省经信委牵头，省发展改革委、省科技厅、省国土资源厅、省环保厅、省国防科工办等部门参与，建立问题反馈和协调制度，实施精准对接、精准服务。

（4）加大财税金融扶持。鼓励地方政府探索实施技术改造财政贡献增量事后奖补政策，有效落实固定资产加速折旧、资源综合利用产品免征或即征即退增值税等现行有关税收优惠政策，大力支持企业技术改造。充分发挥长江经济带产业投资基金和省级股权投资引导基金等政府性基金作用，引导社会资本、金融资本加大对工业技术改造和设备更新的投入，激发企业对接市场需求自主升级改造的动力。

（5）强化分类指导考核。坚持问题导向，探索建立重大工业技术改造投资项目考核评价机制。由省经信委依据考核工作有关规定，组织对各市（州）完成省下达企业技术改造目标任务情况进行年度考核通报，有效推进企业技术改造工作。

三、召开中国制造2025推进暨技术改造工作座谈会

2016年3月31日，湖北省经信委在武汉召开中国制造2025推进暨技术改造工作座谈会，安排部署推进中国制造2025湖北行动、实施"万企万亿"技改工程和统筹落实"十三五"工业规划等相关工作。

会议认真总结了"十二五"以来全省工业经济发展取得的成绩，以及全省工业规划技改战线在推进中国制造2025湖北行动、加快传统产业改造升级、谋划编制工业"十三五""1+28"规划体系等方面取得的明显成效。

会议指出，当前湖北发展正处于历史机遇叠加期和转型升级关键期，工业经济发展面临的内外环境更加错综复杂。湖北省的工业化进程还远未完成，工业的发展环境在不断优化向好，"十三五"甚至更长一个时期，工业仍是湖北省的核心竞争力。必须深刻认识制造强省建设的极端重要性、严峻复杂性和现实紧迫性，切实增强责

任感、紧迫感、危机感。

会议要求,全省规划技改系统要迅速把思想和行动统一到省委、省政府关于制造强省建设和技术改造工作的一系列重大战略部署上来,实施一个战略,即加快制造强省建设,到2020年,工业总量进入全国前6位;到2025年,进入全国制造强省第一方阵;突出一条主线,即大力推进供给侧结构性改革,紧盯满足需求这个最终目的,把准提高供给质量这个主攻方向,抓住深化改革这个根本途径,从根本上提升制造业供给体系的质量和水平;主攻一个方向,即推进制造业与网络信息技术融合发展,实施"两化"融合示范工程,加强基于互联网的新型基础能力和平台建设,加快信息基础设施演进升级,培育推广网络化协同制造、个性化定制和服务型制造等新兴模式,拓展制造业与互联网融合发展新空间;提升两种能力,即提高创新能力和工业基础能力。在强化企业创新能力建设的基础上,着力搭建新型协同创新平台、创业创新服务平台,推进制造业创新中心建设。开展工业强基专项行动,瞄准汽车轮毂轴承、工业机器人、新材料、汽车发动机关键零部件、高端芯片和海洋工程装备关键技术等湖北省市场需求大、具备产业基础又亟待实现重大突破的领域,加强"四基"技术研发、市场培育和产品应用,进一步强化湖北制造业基础;用好三个手段,即投资、消费、开放合作。稳定工业有效投资,加强项目谋划和项目库建设,滚动实施"万企万亿"技改工程,建立完善重点项目推进机制。强化质量品牌,提升工业有效供给能力,促进多元化、个性化、高品质消费,滚动实施"工业千项精品工程",积极开展工业质量品牌提升专项行动,大力培育"专精特新"科技性企业。高水平承接产业转移,全方面扩大国际产能和装备制造合作,加强政策引导,加快推动产业园区合作共建,建立海外营销服务体系;突出"四个重点",即高端化、智能化、绿色化、服务化。在高端化方面,主动对接工信部《中国制造2025分省市指南》,围绕十大重点领域,突出集成电路、光通信、新能源汽车、高端数控装备、北斗卫星导航、海工装备、生物医药等高端装备领域,培育一批世界级先进制造业集群核心区,加快形成独特的比较优势,培育新经济重要增长点。在智能化方面,牢牢把握智能制造这一主攻方向,以实现重大产品和成套装备的智能化为突破口,以推广普及智能工厂为切入点,加快提升制造业产品、装备及生产、管理、服务的智能化水平。在绿色化方面,坚决淘汰落后产能和化解过剩产能,狠抓重点行业节能降耗,全面推进清洁生产,引导循环产业规范发展。在服务化方面,组织实施服务型制造示范工程,办好"楚天杯"工业设计大赛,大力发展软件服务、现代物流、工业设计、电子商务等生产性服务业,推动生产性服务业向专业化和价值链高端延伸。

会议强调,全省工业规划技改系统要强化担当落实,推进重大项目,营造良好环境,改进工作作风,全面深化改革,凝心聚力、迎难而上、埋头苦干,为扎实推进"建成支点、走在前列"做出新的更大贡献。

四、湖北省政府出台传统产业改造升级"十五条"

传统产业,是湖北工业的基础、优势和现实的生产力。加快推进传统产业改造升级,巩固提升传统动能,着力振兴实体经济,是全省供给侧结构性改革的主要任务和新旧动能转换接续的关键所在,既是当务之急,更是长远大计,事关全省经济社会发展全局。2017年1月5日,省政府正式印发《关于加快推进传统产业改造升级的若干意见》(以下简称《意见》)。全文共15条,围绕提升全省传统产业装备水平、网络信息化水平、品牌质量水平、绿色发展水平和集约集聚发展水平,着力推动设备更新、智能化、产品升级、节能减排和园区升级,加快推进湖北省传统产业改造升级。《意见》提出,"十三五"期间将大力推进"互联网+制造业"行动计划,支持重点企业开展"机器换人"现代化技术改造,建设智能工厂、数字化车间,滚动实施"万企万亿"技改工程。省政府提出,将整合相关财政专项资金5亿元,同时统筹长江经济带产业基金、省级股权投资引导基金、省级创业投资引导基金等政府投资基金,筹集规模不少于30亿元的专项引导基金,重点支持企业重大技术改造项目以及首台(套)重大技术装备保险补偿。《意见》指出,到2020年,全省力争培育形成100家以上国内"隐形冠军"和30家以上国际"隐形冠军",重点扶持一批传统行业"专精特新"和科技型企业。

五、湖北省政府召开全省工业技术改造现场推进会

2017年5月15至16日,为贯彻落实省政府《关于加快传统产业改造升级若干意见》,扎实推进"万企万亿"技改工程,研究部署工业技术改造投资和推进工业稳增长工作,保证全年工业技术改造投资和经济运行目标的顺利完成,湖北省政府在武汉召开了全省工业技术改造暨重大项目建设现场推进会。

会议指出,省委省政府高度重视工业技术改造、工业经济运行等工作,这次会议的主要任务就是要贯彻省委省政府主要领导关于工业投资、供给侧结构性改革工作的批示精神和工作要求,落实全省投资项目暨招商引资工作会部署,分析当前工业经济和工业技改投资形势,研究下阶段工业技术改造投资和工业稳增长工作措施,确保上半年工业经济目标任务"双过半"。他强调,一是要认真分析湖北省工业投资回落的严峻形势,增强紧迫感、责任感;二是明确工业投资的年度目标,努力实现工业主要指标的"双过半";三是确定一个抓手,努力实现"十三五"期间培育1000个行业冠军;四是完善工业投资的支持政策;五是强化环保意识,形成可持续发展的机制;六是建立工业增长、投资增长、技改增长的考核约谈制度;七是要坚定信心、保持

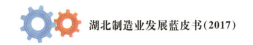

耐心、树立雄心,努力实现湖北省工业在全国保7争6的目标,实现跨越式发展。

六、组织申报2017年度第一批传统产业改造升级专项工作

2017年5月30日,湖北省经信委根据《省人民政府关于加快推进传统产业改造升级的若干意见》(鄂政发〔2016〕82号)和《湖北省传统产业改造升级资金管理暂行办法》(鄂财企发〔2017〕24号)有关精神,组织2017年传统产业改造升级专项申报工作。支持方向:贯彻落实省委、省政府重大决策部署,紧紧围绕推进传统产业改造升级和实施"万企万亿"技改工程,突出加快设备更新改造、提高装备水平,加快智能化改造、提高网络信息化水平,加快产品升级改造、提升品牌质量水平,加快节能减排改造、提升绿色发展水平,以及推动园区升级改造、提升集约集聚发展水平等五大重点任务,重点支持企业设备更新、智能化改造和产品升级,支持符合《湖北省工业与技术改造投资指南(2017年)》(鄂经信规划〔2017〕49号)所规定的重点产业发展方向的技术改造项目,首台(套)重大技术装备保险,以及获得国家"中国制造2025"重大试点示范企业(项目)。

第三节 面临的主要问题

一、投资下行压力依然较大,保增长的任务不容乐观

从总体经济形势来看,2016年以来,工业企业生产经营情况持续疲软,困难加重。2017年上半年湖北省规模以上工业企业亏损额上升7.8%,同比不断扩大,企业综合用工成本上涨,管理费用、销售费用不断上升。全省制造业应收账款3548亿元,与信贷余额3679亿元基本相当,为短期贷款1.2倍,流动资金严重不足。从工业投资到位资金看,2017年上半年全省工业投资本年实际到位资金同比增长9.3%,低于工业投资增速3.2个百分点;其中,占投资比重超过85%的自筹资金由2016年全年增长13.1%,2017年上半年转为同比下降0.8%。企业自有资金更加紧张,更大程度地限制了企业投资的增长空间。同时,2016年7月,湖北各地普遍遭受暴雨洪涝灾害,工业企业受灾较重,灾后重建、恢复生产的困难和压力依然较大,工业投资与技术改造保增长的任务不容乐观。

二、重大项目投资强度减弱,后劲乏力

上半年,全省在建亿元以上项目3041个,与去年持平,但项目总投资额同比下降4.9%;已完成投资同比下降17.9%,半年达产项目减少316个。全省新开工10亿元以上项目61个,完成投资231.7亿元,同比下降64.6%,单个项目平均完成投资3.8亿元,同比下降185%。

三、重点区域工业投资下降趋势明显,调整压力较大

武汉市是湖北工业体量最大的地区,工业投资情况不容乐观。上半年,武汉市10亿元以上工业项目新开工项目与去年同期相比减少3个;主要工业城区中,化工区、江夏区、东湖开发区的工业投资降幅也较大,分别下降50.6%、35.1%和31%;跨三环线的青山区、洪山区和汉阳区面临产业转型调整的压力,工业投资下降幅度较大,分别下降68.4%、34.2%和66.4%;武汉市预计全年工业投资大约只能完成2300亿~2400亿元,将比去年下降15%左右。黄石市作为湖北老工业基地,近年来因受到资源枯竭和产业结构调整等因素的影响,工业转型和调整的压力较大,上半年工业投资幅度下降16.6%,特别是新开工的重点项目个数和投资额大幅减少,5000万以上工业项目比去年同期减少91个,完成投资196.8亿元,同比下降32.2%。

四、产业政策落地较难,投资环境有待进一步改善

除市场需求疲弱、资金紧张等共性问题外,促进工业企业生产经营和项目投资建设的政策环境仍需继续改善。从市场环境看,依然有不少企业反映,部分基层政府办事机构不作为、审批手续繁琐、各类优惠政策难落实。同时企业办事遇到"玻璃门""弹簧门"等隐形限制情况依然突出,银行对企业信用评估低、利率上浮大,各类手续繁杂、费用高,信贷优惠政策难落实。同时,在对中小企业创新支持、税负减免、技术支持等方面也存在"政策落地难"的问题。从建设环境看,工业项目投资建设越来越受到环境的制约。受长江经济带重化工专项整治政策因素影响,沿江部分已获批建设的化工项目难以落地,宜都兴发化工有限公司300万吨/年低品位胶磷矿选矿及深加工项目(年度投资计划3亿元)、湖北宜化化工股份有限公司55万吨/年合成氨原料路线节能改造项目(年度投资计划8亿元)等项目无法开工实施。

五、民间投资信心不足

2017年上半年,全省工业民间投资实现4905.7亿元,同比增长8.4%,低于全省工业投资增幅4.1个百分点,占工业投资比重为84%。民间投资意愿低、增长慢,影响了工业投资的回升。

第四节 下一步推进的思路和重点任务

一、推进的思路

(一)推进优势传统产业智能改造升级

在汽车、冶金、装备制造、化工、建材、纺织等具有规模经济效益的重点领域,通过兼并重组、投资合作等方式,做强做优做大一批竞争优势突出、技术领先、带动性强、具有国际竞争力的大企业和大集团,促进规模化、集约化经营,提高产业集中度。持续推进企业技术改造,支持骨干企业改进工艺流程,实施精益制造,强化过程控制,提高制造水平;通过提高产品技术含量和附加值,占据产业链高端环节,全面增强核心竞争力。积极开展淘汰落后产能工作,加快形成落后产能退出的倒逼机制,分阶段做好全省淘汰落后产能、化解过剩产能、转移低效产能工作,对基础较好、效益下降的重点企业,以控制总量、优化结构、完善产业链、提升价值链为主攻方向,加快提质增效、转型发展。

(二)提高企业市场竞争力

提升大企业国际化发展能力,鼓励加快发展国际总集成、总承包,实现技术、装备、标准、资本、服务等走出去,支持企业在海外进行融资并购、落地投资、技术合作,促进企业海外股权投资和创业投资发展,构建全球性的资源供应保障、研发、生产和经营生态体系,着力提升企业全球资源整合能力、全球供应链管控能力和全球化服务水平。加快大众创业、万众创新的支撑平台建设,为小微创业者提供低成本、便利化、全要素的创业服务环境,引导和支持中小企业专业化、精益化、特色化发展,推动中小企业进一步优化结构和转型成长,培育一批产业细分行业"小巨人"和"配套专家"。

(三)促进制造业集群做强做大

按照大项目→产业链→产业集聚→产业集群的方向,优先发展电子信息、汽车、智能制造、海工装备、生物医药等具有比较优势的产业,促进关联产业集聚发展,打造一批特色鲜明、竞争力强、市场信誉好的产业集群区域品牌。依托国家级和省级高新技术产业园区现有产业基础,以"武汉·中国光谷"为主体,以光通信、激光加工和消费类电子产业为重点,大力发展电子信息与软件、生物技术与新医药、电动汽车与光机电一体化、新材料、节能环保等高新技术产业集群。以武汉为龙头,宜昌、襄阳、黄石、荆门、鄂州等地为重点,鼓励企业联合重组,推进建立一批冶金、化工、建材等原材料行业的新型工业化生产基地。以武汉、宜昌、襄阳、孝感、仙桃等产业基础较好地区为重点,引导纺织企业向园区集中,加强纺织服装名城、名镇建设,加快发展纺织服装专业市场,做优做强棉纺织产业集群。

(四)推进军民融合深度发展

发挥湖北军工大省优势,大力推动军民技术相互有效利用,引导先进军工技术向民用领域渗透,鼓励先进成熟民用技术和产品在国防科技工业的应用。重点建设武汉船舶与海洋工程装备基地、襄阳航空航天工业园、孝感军民结合产业园等三个国家新型工业化产业示范基地,积极推进武汉光谷未来城军民融合产业创新发展示范园区建设。深化与央企军工集团的战略合作,推进一批重大项目建设。加快发展船舶和海洋工程装备、光电子信息、磁电子、航空航天、机电工程、汽车、医药化工等领域的军民结合产业,形成以军民结合高新技术产业为主导,军工经济与民用经济融合互动的产业发展格局。

二、重点任务

(一)加快传统优势产业改造升级

实施智能化技改工程,聚焦冶金、石化、建材、纺织、食品等优势传统产业,支持基础条件好的企业采用新技术、新设备、新工艺、新材料,进行设备更新换代、质量品牌提升、智能制造、绿色制造和服务型制造等技术改造,提高先进产能比重。提高技术装备水平,支持优势传统产业企业实施设备更新和升级换代,重点淘汰20世纪90年代以前的老旧设备;支持在电子、家电产品装配企业和家具、纺织服装等劳动密集型行业购置先进适用设备,推广应用集多学科先进技术于一体的工业机器人装备;支持湖北工业企业优先购置和使用本省首次自主研发与生产的集机、电、自动控制

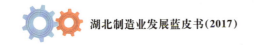

技术于一体的成套装备或核心部件,鼓励首台(套)设备跨领域推广使用。加快产品结构调整,提高行业准入标准,严格控制低水平重复建设,加快淘汰落后产能,努力化解产能过剩矛盾。

(二)推动战略性新兴产业发展壮大

扎实推进"中国制造2025"湖北行动,以智能制造为主攻方向,以创新驱动为主要支撑,以"中国制造2025"城市试点示范等为重要载体,促进战略性新兴产业规模发展,培育发展新动能。重点围绕新一代信息技术、智能装备、新能源汽车及专用车、生物医药和高端医疗器械、新材料、海洋工程装备及高技术船舶、航空航天装备、北斗、轨道交通装备、节能环保装备和资源循环利用等十大领域,聚焦集成电路、光通信、新能源汽车、海工装备、生物医药等优势行业细分领域,强力推进一批重大技改示范项目,引导支持企业优化投资结构,培育细分市场领军企业和行业"隐性冠军",加快形成竞争新优势、构建产业新体系。实施产品升级和工业强基工程,促进新兴产业"四基"领域新产品的工程化、产业化。

(三)强化企业创新能力建设

推进制造业创新平台和公共服务平台建设,聚焦重点地区和优势领域,谋划和组织推进创建5~10家国家和省两级制造业创新中心,重点支持一批产业共性技术开发、研发设计、质量认证、试验检测、电子商务、信息服务、资源综合利用、人才培训、第三方中介组织等公共服务平台的建设和升级改造,加快形成以企业为主体、依托产业创新联盟的创新平台网络。深入推进"双创"活动,支持企业集聚整合创新资源,建设高水平的企业技术中心、工程(技术)研究中心、重点实验室等创新研发机构。支持有条件的企业牵头或参与承担国家重大科技专项和重点研发计划,在新能源汽车、3D打印、机器人等领域,开展产业核心技术的原始创新和集成创新,着力突破一批核心关键共性技术。支持企业开展新技术新产品的工程化研究应用,组织实施一批科技成果转化示范项目,拓展技术改造项目源,加快实现科技成果的规模化、标准化、规范化生产。

(四)促进产业集聚集约发展

以各类开发区、产业集聚区和出口基地为载体,优化产业布局,引导企业、项目、要素向工业园区和产业集中区集中,积极推动产业集聚发展,优先支持国家和省级新型工业化产业示范基地、高新区、重点成长型产业集群的重点技改项目。支持地区间产业梯度转移与技术改造相结合,主动对接"一带一路"倡议及长江经济带等国家战略,承接有利于延伸产业链、提高技术水平、资源综合利用的产业,培育发展特色优势产业集群;积极推进老工业基地和资源枯竭城市转型升级以及城区危险化学品企业搬迁改造,拓展发展空间,促进区域共同发展。聚焦高端装备制造、船舶和海洋工程、信息产业、新材料、北斗等重点领域,加快推进军民融合产业发展平台建设,努力打造创新能力强、产业集聚度高、特色鲜明、具有国际竞争力的军民融合高技术产业聚集区。

(五)提升绿色低碳制造水平

聚焦钢铁、有色金属、建材、石化、化工和电力等六大高耗能产业,建立健全环保、能耗、安全等倒逼机制,以资源消耗减量化、废弃物资源化、机电产品再制造为重点,组织实施一批节能和循环经济技术改造项目,提高能源资源利用效率。组织实施一批运用国内外先进节能、节水、节材设备及工艺技术改造项目,以及工业产品绿色设计研发系统运用项目,提升资源能源综合利用水平,提高成熟适用清洁生产技术普及率。加快燃煤电厂技术改造,全面实现清洁排放。以食品、轻纺、医药和石化行业为重点,组织实施一批生态化改造示范项目,加快全流程密闭化、智能化技术改造。

(六)深入实施"三品"工程

大力实施增品种、提品质、创品牌"三品"工程,在消费品、电子信息和新材料等重点领域,滚动开发千项工业精品,提升工业有效供给能力。深入开展改善消费品供给专项行动,支持企业在创意设计、提高科技含量和性能等方面下功夫,促进大众消费品创新和有效供给。深入实施供给结构升级专项行动,支持企业利用现代信息技术,推进个性化定制,丰富产品和服务品种,满足差异化需求。大力实施制造业标准化提升专项行动,加强产品质量技术攻关,鼓励企业创建和提升自主品牌,提升产品的市场影响力。

(七)提高制造业与服务业融合发展水平

实施两化融合试点示范工程,支持发展以现代传感技术、网络技术、自动化技术等为主的信息技术,推进楚天云等面向企业、区域和行业的信息服务平台建设,推动重点企业建设示范性智能工厂或数字化车间,推进工程机械、电梯等领域重点企业建设产品数据采集、智慧识别、实时定位、远程监控和在线诊断等智能服务平台,促进信息技术与企业设计研发、生产制造、营销管理的全面融合,实现设计数字化、装备智能化、生产自动化、管理网络化、商务电子化、服务定制化及全流程集成创新。

开展服务型制造试点示范,搭建产学研洽谈会、"楚天杯"工业设计大赛等平台,引导支持企业围绕拓展产品功能和满足用户需求,加大对产品设计、营销方式、售后服务、企业管理、供应链管理、品牌管理等服务环节投入,促进制造业与服务业的融合发展,助推制造业向价值链高端攀升,实现"工业服务化、服务产品化"。

第二十章　制造业国际化

在全球产业结构加速调整、我国经济发展进入新常态的背景下，推进国际产能和装备制造合作，是利当前、惠长远、一举多得的重要举措，有利于我国优势产能对外合作，增强企业核心竞争力；有利于推动经济结构调整和产业转型升级，促进我国经济中高速增长和迈向中高端水平；有利于推动新一轮高水平对外开放，增强国际竞争优势；有利于深化我国与有关国家的互利合作，促进当地经济和社会发展。

为贯彻落实《国务院关于推进国际产能和装备制造合作的指导意见》的决策部署，推进"一带一路"建设和供给侧结构性改革，创新和完善投融资机制，支持企业利用全球要素，优化资源配置，积极融入全球产业链和价值链，鼓励企业把国外的先进技术、优质资产、高端人才和先进管理经验引到中国，促进企业转型升级和技术创新，近年来，湖北制造业国际化在多方面取得了重要进展。

第一节　目标要求

一、基本原则

全面贯彻落实党的十八大和十八届三中、四中、五中全会精神，按照"四个全面"战略布局，牢固树立和贯彻落实创新、协调、绿色、开放、共享发展理念，按照国家推进国际产能和装备制造合作的决策部署，抢抓国家实施"一带一路"倡议机遇，推动湖北优势产能和优质装备"两优出海"；坚持以企业为主体，以共赢为导向，以生产加工、装备制造、基础设施建设为主要领域，以境外直接投资、对外承包工程、装备出口和技术合作为主要形式，建立完善促进国际产能合作的政府服务保障体系；着眼国际国内两个市场、两种资源，大力开展国际产能和装备制造合作，拓展湖北产业发展空间，带动产业转型升级，打造经济增长新动力，为促进全省经济提质增效和跨越式发展提供新的支撑。

（1）坚持企业主导、政府推动。以企业为主体、市场为导向，按照国际惯例和商业原则开展国际产能和装备制造合作,企业自主决策、自负盈亏、自担风险。政府加强统筹协调,制定发展规划,改革管理方式,提高便利化水平,完善支持政策,营造良好环境,为企业国际化创造有利条件。

(2)坚持突出重点、有序推进。国际产能和装备制造合作要选择制造能力强、技术水平高、国际竞争优势明显、国际市场有需求的领域为重点,近期以亚洲周边国家和非洲国家为主要方向,根据不同国家和行业的特点,有针对性地采用贸易、承包工程、投资等多种方式有序推进。

(3)坚持注重实效、互利共赢。推动湖北装备、技术、标准和服务国际化,促进湖北经济发展和产业转型升级。践行正确义利观,充分考虑所在国国情和实际需求,注重与当地政府和企业互利合作,创造良好的经济和社会效益,实现互利共赢、共同发展。

(4)坚持积极稳妥、防控风险。根据国家经济外交整体战略,进一步强化湖北比较优势,在充分掌握和论证相关国家政治、经济和社会情况基础上,积极谋划、合理布局,有力有序有效地向前推进,防止一哄而起、盲目而上、恶性竞争,切实防控风险,提高国际产能和装备制造合作的效用和水平。

二、主要目标

力争到 2025 年,优势产业对外直接投资规模进一步扩大,质量和效益进一步提高,全省境外投资项目协议投资总额年均增长 10% 以上;与"一带一路"沿线国家、"金砖国家"以及欧美发达国家等重点国别(地区)开展国际产能和装备制造合作的机制基本建立;一批重点产能和装备制造合作项目在海外落地生根,并力争建设形成一批竞争优势强、配套水平高、集群化发展的国际产能合作示范基地;政府对境外投资合作的支持政策和服务体系进一步健全和完善;国际产能和装备制造合作经济和社会效益显著提升,重点行业技术、装备及产品出口规模市场份额显著提高,对全省产业转型升级和国际化经营的促进作用显著增强。

推动龙头企业国际化,支持企业建立海外生产加工基地,在装备、汽车、冶金、电子信息、轻纺等领域,培育跨国企业集团。依托光纤通信、汽车等行业优势,积极承办具有国际影响力的全球性贸易博览会及国际会议,打造省内制造业企业交流的国际平台。依托湖北产业集聚区和沿江产业带,培育国家级制造业出口创新示范基地,建设省级制造业出口创新示范区。

到 2020 年,培育 8~10 家具有国际竞争力的跨国公司;到 2025 年,培育 15~20 家百亿规模的跨国集团。通过 5~10 年的努力,将湖北打造成为全国内陆开放高地和对外开放体系中的重要节点。

第二节 主要进展

一、组织开展工业企业"走出去"专题调研活动

2016年8月31日,湖北省经济和信息化委员会在全省范围内组织开展了工业企业"走出去"专题调研。调研组先后赴武汉、襄阳、黄石、荆州等地,实地调研了人福医药、光谷北斗、三环轴承、新冶钢等10多家"走出去"企业,分片区与各市州经信委及武汉扬子江、襄阳中航精机、荆州恒隆汽车等30多家企业进行了座谈交流。

此次调研,主要是为抢抓"一带一路"倡议及长江经济带等重大战略机遇,认真贯彻落实《中国制造2025湖北行动纲要》,深入推进湖北省工业企业参与国际产能和装备制造合作,加快产业发展国际化步伐,构建开放型经济发展新优势。年底前,省经信委将在调研基础上,形成全省工业"走出去"专题调研报告,编制出台《全省工业企业推进国际产能和装备制造合作三年行动方案(2017—2019)》,建立全省工业企业"走出去"动态名册和重点项目库,为提升湖北省制造业国际化水平,加快制造强省建设夯实基础。

二、加强顶层设计,制订制造业国际化发展专项行动计划

为深入贯彻落实《中共湖北省委 湖北省人民政府关于印发〈湖北产业转型升级发展纲要(2015—2025)〉的通知》(鄂发〔2015〕25号)精神,根据《国务院关于推进国际产能和装备制造合作的指导意见》(国发〔2015〕30号)以及工业和信息化部《促进中小企业国际化发展五年行动计划(2016—2020年)》部署要求,2017年1月,湖北省发改委制订了《湖北省国际化发展专项行动计划》,推进湖北企业参与国际产能和装备制造合作,加快产业发展国际化步伐。

抓住实施"一带一路"倡议、自由贸易园(港)区等战略机遇,鼓励和引导湖北优势企业国际化、富裕产能转出去、技术标准带出去,促进引进外资和对外投资平衡,构建湖北开放型经济新优势。积极搭建国际产能和装备制造合作金融服务平台,加快建立湖北"一带一路"基金,支持湖北优势制造业企业在境外开展并购和股权投资、创业投资,扩大资源性产品和先进技术设备、关键零部件进口,提升企业技术、研发、品牌的国际化水平。加快推动龙头企业国际化,在电子、化工、装备、汽车等领域,培育一批具有国际竞争力的湖北本土跨国公司。

三、制定制造业国际化保障措施

(一) 完善国际产能和装备制造合作支持政策

(1) 加快研究在长江经济带产业投资基金中设立国际产能和装备制造合作子基金,重点支持和引导省内优势企业到海外落地投资、兼并收购以及建立研发、营销中心。积极支持和帮助省内企业争取国家丝路基金、中非基金、东盟基金、中拉基金、中阿基金等专项基金支持,拓宽多渠道的股权投资来源。

(2) 全面落实企业境外投资涉及的技术、装备及服务出口的税收优惠政策,加快境外投资企业相关的出口退税办理进度。认真执行国家关于企业境外投资避免双重征税的有关政策。

(3) 积极争取国家开发银行、中国进出口银行、中国信保、亚投行等政策性银行和开发性金融机构的支持,在省政府与相关金融机构建立的合作机制框架内,搭建金融机构支持湖北企业国际化的银、政、企合作平台。积极支持和帮助省内境外投资企业争取国家国际产能和装备制造合作的"两优"贷款,争取国家开发银行、中国进出口银行定向发行的专项债券。积极支持省内境外投资企业以境外资产和股权、矿权等权益获得国内金融机构的信贷支持。大力鼓励符合条件的企业通过发行股票、债券、资产证券化产品在境内外资本市场募集资金。

(二) 健全促进境外投资的政府服务体系

(1) 依托省人民政府与国家发展改革委建立的推进国际产能和装备制造合作的委省协同机制,加强中央与地方联动,积极争取国家发展改革委等有关部门加强对湖北国际产能和装备制造合作的宏观指导,将湖北重点境外投资企业与重大项目纳入国家重大战略规划和双边合作机制,统筹协调国家相关金融、投资、信保机构和基金组织对湖北重点境外投资项目提供融资和保险支持。

(2) 建立国际产能和装备制造合作工作省直部门联席会议制度。研究促进湖北国际产能和装备制造合作的重大战略和规划,加强政府与境外投资企业之间及政府相关部门之间信息沟通和政策协调,组织境外投资重点国别政情、商情调研和重大项目推介,做好境外投资重大风险评估和防控等。

(3) 进一步简政放权,除涉及敏感国家和地区、敏感行业的投资外,实行备案管理。简化设立境外投资企业和外汇管理登记等行政流程,缩短办理时限。简化境外投资人员出国(境)审批手续,对符合条件的人员办理"一次审批,多次有效"的出国(境)任务批件,为境外投资企业管理及营销人员申办 APEC 商务旅行卡。

(4)充分利用国家和湖北省与境外投资重点国别建立的双边及多边合作机制,通过政府高层互访、企业合作交流、社会中介组织及海外华侨团体牵线搭桥等多种形式,搭建湖北省与重点国家、地区深化国际产能和装备制造合作的制度化平台。

(5)积极鼓励和支持有实力的企业赴湖北省境外投资的重点国别及地区,以市场化运作方式建设国际化境外公共服务平台,为湖北企业、尤其是广大中小企业开展境外投资和国际合作提供投资咨询、项目孵化、投资融资、企业设立、招揽人才、研发服务、法律援助、商务会展、经营场所等综合服务。

(6)以省内境外投资企业为主体,按照自愿原则,组建湖北省境外投资企业协会,组织广大境外投资企业、社会中介服务机构,并联系海外华侨社团、商会协会,为企业国际化提供牵线搭桥、信息咨询、项目推介、行业自律以及代表境外投资企业与政府相关部门沟通等服务。

(7)大力支持省内高校、培训机构与境外投资企业合作,通过委托培训、建立实训基地等多种方式,培养具有跨国经营管理的专业人才,积极支持境外投资企业实施人力资源本土化战略。用好、用活、用足国家和湖北人才引进的各项政策,适当提高高端人才引进的资金补贴水平。支持企业用好 CEPA(内地与香港关于建立更紧密经贸关系安排)、ECFA(海峡两岸经济合作框架协议)等相关协议确定的政策,引进境外(港澳台地区)经营人才。采取更加优惠的政策,吸引和招揽境外留学生加入湖北境外投资企业。

(三)建立境外投资风险防控体系

(1)依托国家重点国别或地区风险评估和预警机制,加强湖北省境外投资重点国别或地区的风险评估和预判,及时通报、警示重大风险。积极配合国家有关部门妥善处理涉及湖北境外投资等重大风险和问题,综合运用外交、经济、法律等手段,切实维护湖北境外投资企业合法权益。加强部门联动,建立境外投资企业信用管理制度,完善对境外投资企业的事中事后监管。

(2)积极指导境外投资企业加强境外工作人员及生产生活设施等安保措施,支持、督促境外投资企业加强对境外员工的安全教育及所在国法律法规、文化风俗等方面的培训,依法依规为外派职工购买工伤、人身意外伤害等保险。加强与我国有关驻外使领馆的密切沟通和合作,建立健全境外投资、工程承包、外派劳务人员风险处置联动机制等。

第三节 面临的形势

一、制造业国际化具有的重要优势

（1）部分优秀企业率先国际化积累了较丰富的经验。在市场开拓上，详尽的前期调研和可行性分析是企业国际化的前提条件。在投资风险规避上，要缩短投资周期，积极融入东道国文化，履行社会责任，充分学习和理解当地法律法规。在投资规划上，依托海外工业园区和产业集群，促进大型企业和中小型企业"抱团国际化"。

（2）部分高技术产业快速发展形成了较强的技术优势。全省已形成由光电子信息、新材料、先进制造、新能源与新能源汽车、高技术服务业、生物医药和节能环保等七大板块为主导的高技术产业体系，东风、烽火、人福等龙头骨干企业突破和掌握了一大批高新产业核心关键技术。

（3）优势传统产业在发展中国家具有广阔的市场需求。湖北省汽车、纺织、化工、建材等传统优势产业技术成熟，与亚、非、拉等广大发展中国家的市场需求和产业发展有着较强互补性。尤其在国家"一带一路"倡议支持下，沿线国家和地区对湖北工程装备、机械设备等制造业产品有着巨大需求。

（4）湖北企业文化的优秀品质。湖北企业文化与荆楚文化一脉相承，塑造了鄂企特有的优秀品质，那就是湖北企业家敢想敢干勇于开拓、富有商业智慧的品质和湖北产业工人艰苦奋斗、勤劳艺精、肯于钻研的品质。湖北工业企业坚持以人为本，从调动员工积极性、主动性和创造性入手，精心打造特色企业文化，以特色企业文化促进企业发展，已经取得积极进展和显著成效。

（5）湖北具有较强的资金优势。节俭是中国人民也是湖北人民普遍的品质。湖北居民普遍具有较高的储蓄率，这使得湖北企业具有较强的资金优势。目前，湖北金融系统比较健全，银行信用很高，具有很高的资金动员能力。对于具有良好发展前景的国际化项目，资金筹措能力较强。这与处在欧洲经济危机中的欧洲企业形成鲜明的对比。尤其是，在湖北省委省政府的大力支持下，社会主义国家集中力量办大事的优越性可以帮助实施一些重要的国际化项目。这一优势在三环集团襄轴收购波兰KFLT公司、华新水泥筹建俄罗斯子公司、人福药业筹建美国子公司、安琪酵母筹建埃及子公司等项目中就得以体现。

二、迎来制造业国际化的黄金机遇期

（1）全球金融危机为湖北工业企业国际化提供了广阔的空间。金融危机发生后，美国制定"再工业化"战略，这为中国工业企业国际化，进行海外投资提供了机遇。同时，中美在产业发展方面有一定的契合度，也增大了双方在某些领域内的合作空间。欧洲经济的低迷为中国优质企业的进入创造了契机。中国工业企业可以借此机遇扩大对欧洲高端制造业的投资规模，这对中国工业企业品牌国际化意义重大。拉丁美洲国家较大的引资力度使得中国工业企业能够凭借自身强大的资本基础和技术条件进入当地市场，运用其丰富的能源矿产等资源进行生产。

（2）全球兴起基础设施投资浪潮。欧盟提出战略投资计划，北美、南美主要国家提出高铁等大型基础设施建设计划，亚洲部分国家提出大湄公河次区域经济合作，印尼等国提出印尼-马来西亚-泰国经济增长大三角合作倡议，中国提出"一带一路"合作倡议，这些倡议都将基础设施建设作为基本抓手，将在全球范围掀起公路、铁路、电力等基础设施投资热潮。在此背景下，钢铁、水泥等湖北具有比较优势的传统产业市场将扩大，国际市场对湖北工程、劳务的需求也将增加，相关优势产业将迎来对外投资合作的良机。2016年，湖北对外承包工程累计新签合同额126.35亿美元，同比增长10.3%。

（3）"一带一路"缔造开放新格局。"一带一路"倡议以基础设施建设为牵引，以产能合作为抓手，以金融合作为支撑，最终实现欧洲经济圈、东亚经济圈的互联互通。"一带一路"沿线众多国家主动参与合作，"两行一金"为其提供资金支持，湖北也制定了《湖北省实施"一带一路"倡议工作意见》。这些为湖北企业利用"一带一路"倡议国际化提供了平台保障、政治保障、资金保障和政策保障。"一带一路"倡议为我国区域合作搭建了坚实的平台，也为湖北企业国际化提供了重要机遇。

（4）境外经贸合作区蓬勃发展。目前，我国正在全球50个国家建设经贸合作区，并签订了100多个双边投资协定保障企业的海外资产及合法权益，园区总投资额达100亿美元，累计产值超过480亿美元，境外经贸合作区已经成为规避海外风险的重要投资模式。境外经贸合作区是我国企业积极拓展海外发展空间、扩大对外投资合作的一种全新的模式，有力地促进了我国企业对外投资合作和集群发展。

三、制造业国际化的制约因素

（1）制度设计不合理，政府行政推力较小。第一，政府制度设计仍显滞后。当前，湖北在推进企业国际化的管理上政出多门，部门间职能交叉、内容重叠，缺乏统一的权威性管理机构,资源优势未能充分整合和有效发挥。涉及跨国经营的财务、税收、信贷、外汇、统计等制度也不够完善,缺乏有实质内容的、可操作的支持政策和措施。第二,部门管理机制仍需改进。相关部门对企业国际化的项目审批程序仍比较复杂,企业人员办理出国手续也比较烦琐,不利于企业在第一时间抓住投资并购机会。同时一些境外国家和地区对中方工作人员的签证时间也很短,一次最多半年,不利于长期发展。第三,各方服务能力仍需提升。政府相关部门和中介机构服务跟不上,很多投资信息不对称,企业不能及时了解境外国家的投资、产业发展等情况,对投资目的地的政策、法律、金融环境等不熟悉,国际化的氛围还不浓。第四,国际化区域发展不协调。综观全省工业企业国际化业务,就全省来看,武汉发展形势整体突出,境外投资企业90%集中在武汉、襄阳、宜昌、荆州、十堰、随州等市,部分城市至今仍是空白。国际化工作尚未纳入对地方政府的考核指标,地方政府对国际化工作的重视程度不够。

(2)国际化层次低,品牌效应不足。湖北大部分工业企业对于海外发展战略方面还是处于无规划状态,一些企业还停留于比较原始的产品推广阶段,规模大、实力强、具有品牌影响力的企业尚不多,大多数企业处于整条产业链的低端,产品和技术创新能力不强。国际化投资的生产性项目少、贸易型项目多,且生产性项目多数缺乏核心技术和自主品牌,高新技术少,产品附加值低,收益微薄,很难形成规模经济,竞争力不强。目前,我国企业对外投资,至少可以带动相当于投资额150%的出口,而湖北对外直接投资整体带动出口远远低于这个比例,主要是缺乏像烽火科技那样利用境外营销网络促进国内产品销售的企业。同时,工程施工企业境外项目的带动作用也有待提升。核心产品、核心技术和创新能力的相对欠缺,不但限制了企业自身做大做强,也导致企业在海外发展的综合实力不够,持续发展的动力不足,抵御风险的能力不强,海外投资的成功率不高。

(3)国际化意识弱,缺乏复合型人才。湖北经济外向度程度不高,目前境外投资金额相对较少,占省内GDP份额也相对较低,对经济增长的拉动严重不足,国际化经验和氛围相对薄弱,极大限制了湖北具有潜在优势企业的国际化信心。复合型人才匮乏是当前困扰湖北工业企业国际化的重要因素。缺少从事境外投资所必备的复合型人才,特别是既有专门的生产技术和管理技能,又通晓国际商务惯例、国际营销知识和外语水平的跨国经营的高级管理人才。这也直接导致湖北工业企业在国际化过程中产生了一些不必要的损失和成本,跨国经营的能力和水平仍然较弱。

(4)国际化融资困难,阻碍企业稳定发展。目前湖北尚未设立企业国际化的专项基金,而半数以上国际化工业企业在国内很难获得银行贷款支持,融资渠道十分狭窄。国内金融机构及其境外分支机构在风险和责任方面受到更多约束,资金配置不尽合理,富余产能境外转移尤其是民企受困于政策限制、自有资金不足、资产抵押不够等原因,无力进行更大规模的拓展。同时,资金匮乏极大限制了湖北工业企业在进行生产设备的更新换代和增加研发投入,最终导致资金供应不足、流动不畅,严重影响企业稳定健康发展。企业在境外投资设立的公司由于资信状况和运营前景不明朗,也难获得外国银行贷款。

(5) 国际化信息不畅,影响企业科学决策。信息顺畅与否是影响企业国际化的重要因素之一。国际化的企业面临完全陌生的市场和经营环境,对投资国的市场需求、投资环境、政策法规及传统文化等缺乏了解,贸然国际化,极易导致决策失误,甚至投资失败。目前,湖北对外投资主体中,半数以上为中小企业,它们与海外市场接触少,对国际市场了解不深,获取有效信息的渠道十分有限;全省商务、信息、金融、外事、财税等各方信息资源未能得到有效整合,难以形成统一的政府信息搜集体系和发布平台。此外,湖北缺少专门从事境外投资的研究机构和中介服务机构,无法为企业国际化提供高质量的信息咨询服务。

(6) 国际化风险较高,文化融合程度不够。由于国际环境和世界形势的剧烈变化,湖北国际化的企业正面临着安全风险、政策风险、汇率风险等各种外部风险叠加的考验,同时企业自身也面临管理机制设计上的内部风险。从外部看,由于东道国的政治、经济、社会、法律、文化等方面存在较大差异,加上战争、自然灾害、产业政策变化等,国际化面临的各种风险更为复杂和难以把握。从内部看,湖北国际化的一些项目本身存在缺陷,为国际化而国际化,还有公司治理结构不完善,决策管理机制不健全,特别是相互杀价,都将导致企业海外经营陷入困境。文化差异可能产生语言沟通理解、对当地员工管理、外派中国员工生活适应等各方面的问题,也增加了湖北企业在海外投资的不确定性。

第四节　下一步推进思路和主要任务

一、推进与"一带一路"沿线国家和地区的国际产能和装备制造合作

(1) 紧密对接国家"一带一路"倡议,引导、鼓励湖北传统优势产业与龙头企业加快在"一带一路"沿线战略布局和集聚发展,充分发挥湖北技术装备和相关国家自然资源、劳动力资源及区域市场的优势,加快打造一批湖北企业国际产能和装备制造合作的境外示范基地。积极推进重点省属国有企业在"一带一路"沿线国家和地区加强项目合作、工程承包、经贸往来,带动和辐射中小企业同步参与合作发展。

(2) 积极参与中俄、中法、中非以及"金砖国家"等双边或多边合作，办好多种形式、具有实效的投资推介活动。加快推进重点合作项目建设，为更多企业国际化提供指引、搭建平台。

(3) 充分利用湖北省对口支援新疆博州的工作平台，建设湖北省产业向中亚及中东欧市场进军的前沿基地，全方位提高向西开放的水平。

二、积极鼓励高端制造业开展海外并购和技术合作

(1) 重点围绕湖北新一代信息技术（移动互联及智能终端，集成电路及新型显示器）、生物产业（生物医药，生物制造）、高端装备制造（智能制造装备及应用，航空航天装备制造及应用）、新材料（非金属功能材料）、节能环保（资源循环利用）、新能源（可再生能源）、新能源汽车（电动汽车）七大领域十个重点发展方向的追赶型产业，大力鼓励优势龙头企业抢抓机遇，在境外并购同类产业中拥有先进技术和高端人才的企业，使其成为湖北产业加快转型升级的助推器。

(2) 积极扶持省内高端制造业的优势企业通过海外并购、合资合作、购买知识产权以及吸引境外高科技人才技术入股等多种形式，在欧美发达国家科技和人才资源密集的地区投资建设研发中心，加速提高湖北骨干企业自主创新和消化吸收国际先进技术的能力。

三、大力支持传统优势产业拓展海外发展空间

(1) 积极引导湖北钢铁、有色、建材、电力、化工、纺织等具有比较优势的传统支柱产业加快向东南亚、南亚、中亚、非洲及拉美等自然资源丰富，劳动力成本较低、区域市场空间广阔的地区有序转移。通过投资建厂、建设工业园区等多种方式建立海外生产加工基地，带动省内优势技术装备出口，开拓海外市场，加快湖北产业国际化布局。

(2) 依托湖北勘察设计、建筑施工企业实力雄厚的优势，破除行业壁垒，整合、打造水利水电、公路桥隧、港口码头、通信设施等领域海外工程总承包企业。充分利用亚洲投资银行、"金砖国家"银行以及丝路基金、中非合作基金等合作机制，以集团化、"一条龙"服务等方式积极参与境外重大基础设施项目建设。建立与央企合作的机制，积极支持省内工程承包企业与央企联手国际化发展。

(3) 积极发挥湖北农业技术、人才、管理、设施、装备、产业化经营等方面的综合优势和多年援外合作的经验，大力支持省内具有实力的农业产业化龙头企业建立境外种养殖及加工等基地。充分利用境外土地资源、环境气候资源及国际农产品市

场,加快发展湖北境外优质绿色农产品生产基地,推进农业产业国际化经营。

四、大力推动服务业国际化发展

（1）大力支持省内企业与国内外著名跨境电商合作,积极融入国际商品和服务采购体系。依托湖北优越的区位和交通条件,引进和培育大型跨境电商平台和企业。支持省内生产企业、专业物流企业联手到海外建设商品分拨中心和售后服务体系,加快补齐湖北制造业海外市场营销能力的短板。

（2）积极推进旅游业国际合作,鼓励省内旅游企业到我国公民海外旅游主要目的地投资兴建旅游配套设施,在湖北旅游业的国外重要客源地建立营销推介机构,与境外旅游机构开展合作,促进外国游客来鄂旅游和湖北公民海外旅游共同发展。

（3）大力支持省内有实力的文化创意企业到海外,尤其是华人聚集地区投资兴业,向海外大力推介中华文化和荆楚文化,汲取国际先进文化的营养和创意产业的发展经验,促进湖北文化创意产业实现跨越式发展。

五、着力提高境外资源和能源利用水平

（1）大力支持省内钢铁、有色、建材、化工等行业的重点企业赴海外收购兼并、控股参股、投资开发国内省内急需的优质矿产、速生林木等资源,实现互利共赢、合作发展。

（2）积极鼓励省内重点能源企业发挥技术装备、工程承包等优势,通过境外投资和合作,开发煤炭、油气等能源资源,提高湖北能源保障能力。积极引导湖北新能源产业的优势企业开展国际合作和境外投资,在境外建立光伏、风电等新能源生产基地,带动新能源产业装备及零部件出口,加快提高湖北新能源产业的整体技术装备水平。

区域篇

第二十一章　武汉市
第二十二章　襄阳市
第二十三章　宜昌市
第二十四章　黄石市
第二十五章　荆州市
第二十六章　十堰市
第二十七章　孝感市
第二十八章　荆门市
第二十九章　鄂州市

第三十章　黄冈市
第三十一章　咸宁市
第三十二章　随州市
第三十三章　恩施州
第三十四章　神农架林区
第三十五章　天门市
第三十六章　仙桃市
第三十七章　潜江市

第二十一章 武 汉 市

第一节 基本情况

一、规模总量

2016年,武汉市规模以上工业增加值和产值总量分别达到3493亿元、13159亿元。规模以上工业增加值总量列副省级城市第四位。武汉市规模以上工业企业达到2514户;百亿以上工业企业18户,合计产值占武汉市规模以上工业的44.8%,其中,过500亿元企业5户(东风本田939.8亿元、湖北省电力公司829.1亿元、武钢596亿元、湖北中烟569.7亿元、神龙542.8亿元)。国家存储器基地、国家航天产业基地等重大项目相继布局,武汉市完成工业投资2117亿元,连续4年保持在2000亿元以上。

二、重点产业

汽车产业优势地位进一步巩固,整车产能突破200万辆,整车产量达到177万辆(约占全国的6%),2016年实现规模以上工业产值3062.5亿元。电子信息产业建成全球最大的中小尺寸面板生产基地,初步形成从光通信、集成电路、新型显示、地球空间信息到移动终端的世界级产业集群,2016年实现规模以上产值2056.5亿元。装备制造、食品烟草、能源环保规模以上产值规模均在千亿以上,分别达到1665.4亿元、1511.8亿元、1079.2亿元。家用空调产量1206万台,约占全国的10%;烟草产量244万箱,约占全国的6%;乙烯产量突破80万吨,中部领先。

三、结构优化

通过实施"千企升级三年行动计划(2014—2016年)",三年来,实施1000户规模以上工业企业的转型升级项目,技术改造累计投入1550亿元。2016年,高耗能原材料工业产值同比下降5.9%,占规模以上工业比重下降1.8个百分点。武汉市规模以上工业综合能耗2298.73万吨标煤,下降3.2%;规模以上工业单位增加值能耗下降7.8%。培育壮大战略性新兴产业,2016年武汉市战略性新兴产业规模以上工业产值增长8.9%,高于武汉市规模以上工业产值增长率3.1个百分点,占武汉市规模以上工业约14.8%。

四、创新发展

武汉市成为首批"中国制造2025"试点示范城市(2016年批复宁波、长春、沈阳、武汉等4个城市及珠江西岸、苏南、长株潭3个城市群,2017年批复成都);部省合作智能网联汽车智慧交通应用示范基地落户,成为国家工信部推进电子信息与汽车等重大产业融合发展的示范城市;入选全国15个稳增长和转型升级成效明显市(州),受到国务院表彰(其中副省级城市有长春、哈尔滨、宁波、厦门、青岛)。"信息光电子、海洋工程装备、高端数控装备"3个省级制造业创新中心组建完成,信息光电子、高端数控装备2个中心已向国家工信部申请建立国家制造业创新中心。制造业与互联网融合创新重点突破、整体推进。40家企业入选国家两化融合管理体系贯标试点,其中6家企业已通过工信部贯标评定。长飞光纤、武汉美的、武汉船用机械等3个项目获批国家级智能制造试点示范。

五、园区建设

武汉市3个跨三环线中心城区和5个新城区累计建成工业倍增发展区200平方公里;产城融合发展,成为承载重大工业项目的新平台。2016年,3个开发区规模以上工业总产值完成5503亿元,占武汉市的41.8%;5个新城区规模以上工业总产值完成4722亿元,占35.9%;3个跨三环线中心城区规模以上工业总产值完成2124亿元,占16.1%。中心城区都市工业园区研发、设计、结算等生产性服务业快速发展,对制造业支撑能力进一步提高,布局更趋合理。

第二节 存在的主要问题

一、规模总量还不够大

武汉市规模以上工业总产值整体水平处于全国第二方阵的位置，总量只相当于上海、苏州的30％，天津、深圳的40％，广州的一半，北京、无锡、青岛的60％。在中部省会城市中尽管武汉市工业增加值领先，但郑州市工业总产值已超出武汉市1000多亿元，长沙、合肥等市正奋起直追，大有赶超之势。从城市发展规律看，几乎所有大城市工业增加值占GDP比重达到45％，甚至50％左右以后，工业占比开始缓慢下降。上海2004年达到了46.9％，然后每两年以1个百分点的速度逐步下降；天津在2008年达到了55.61％，然后开始下降；重庆提出"十二五"工业投资15000亿元的重大决策，工业占比44.69％后，还在继续攀升。经济比较发达的深圳、杭州、南京工业占比均在2004—2005年达到了55.9％、46.7％、44.2％。相比较而言，2014年武汉市工业占全市GDP的比重仅为39.2％。武汉市工业化任务远远没有完成，工业转型升级的任务还非常繁重。

二、工业结构不够完善

由于历史等原因，一直以来武汉市工业结构偏重，2014年，武汉市规模以上工业总产值中重工业比重为76.3％，约高于全国平均水平10个百分点。重化工业占第二产业的比例约为73％。2014年，武汉市规模以上工业综合能源消耗量为2394万吨标准煤，增长7.7％，其中重工业消耗2299万吨标煤，占总量的96％，增长8.2％。工业结构偏重导致武汉市对能源、原材料的巨大消耗和高度依赖，而武汉市本身是一个能源净输入城市。随着经济快速发展，生态环境面临的压力不断增大，对武汉市加快转变经济增长方式、实现工业转型升级提出了更高的要求。民营经济规模偏小，民营企业户数少于同类城市，只有广州的52％、成都的81％，其中又有97.3％是中小企业，仅有10户企业进入全国民营500强（杭州52户、无锡24户、苏州23户），而且民营企业大半集中于零售和餐饮业，从事先进制造业的民营企业比例较低。民营经济占全市经济的比重（约为42％）低于湖北省平均水平近10个百分点，与东部沿海城市差距更大（宁波超过70％，其他东部城市也在50％以上）。外资经济在工业方面规模不大，约占全部工业31％，与外资遍布的北京、上海等发达城市相比，比例较低。消费品工业不够发达。武汉市消费品工业(包括食品烟草、纺织服装、日用轻工和生物医药产业等)占全部工业比重约为20%,全国和湖北省这一比重高达30%,相差近千亿元,分析来看,武汉市消费品工业主要在纺织服装、医药等产业方面,实力还不够,没有较多在国内能够叫得响的品牌。战略性新兴产业规模不大。武汉市战略性新兴产业总体规模偏小,规模以上工业总产值仅占全部工业14.7%,短期内难以形成支撑作用。武汉市高新技术产业规模只有深圳的30%、广州的60%,和先进城市相比差距较大。

三、中高端化产品和新业态发展不足

以武汉市最大产业汽车为例,整车与零部件之比为1∶1.7,而国际通行的是1∶4。特别是高附加值的发动机总成、变速箱总成、仪表盘总成、高性能底盘等产品较少。缺乏汽车产业中利润率较高的客车、施工机械、重型卡车等产品。电子信息产业,冠捷显示器达到了1350万台的规模,但是占价值80%的TFT薄膜晶体管却不在武汉,价值链中最高利润率达到70%的基板玻璃更是远在美国、日本。家用电器产业,压缩机、电动机、冷热交换系统等关键零部件都不在武汉生产,塑胶件、钣金件等低端产品和组装厂在武汉。新业态方面,目前武汉市工业生产仍然集中在传统的制造业,如汽车、粗钢、生铁、乙烯、空调、卷烟、饮料等产品的生产,没有顺应工业化与信息化、制造业与服务业融合的发展趋势,催生出各类新业态,例如工业APP应用众包研发平台、食品微信直营解决方案(微信营销)、家居行业消费服务模式创新O2O平台、新能源汽车智能管理网络化平台等。具体表现为生产型制造多,服务型制造少;全能型生产多,网络制造和云制造少;大规模批量生产多,定制化规模生产少。

四、企业自主创新投入不足

武汉市规模以上工业企业研发(R&D)投入只有上海、深圳的1/3;规模以上工业企业专利申请数只为青岛的2/3、北京的1/3、上海的1/4、深圳的1/9。R&D活动投入结构方面,目前投入主要集中于传统产业,新兴产业和具有远期发展前景和潜力的高新技术产业投入相对较少。武汉市科教实力全国第三,但75%的专业技术人才集中在科教卫生战线,90%以上的科技成果和60%以上的专利申请集中在高等院校与科研院所,科技成果的实际转化率只有35%,且其中的80%流向外地。同时,武汉市技术开发机构只有30%建立在企业,而深圳的90%建立在企业。科技成果与本地工业经济的衔接脱节。2014年武汉市规模以上工业企业有科技活动经费支出的

企业仅 633 户,占规模以上企业总户数的 25.6%;科技活动费用支出总计 226.34 户,占武汉市规模以上工业主营业务收入的 2%,远低于国际上 10%~15% 的一般水平。

第三节　发展的主要举措

一、完善实施机制,确保行动纲要落实

（1）明晰发展路径,强化政策保障。为推进"制造强国"战略在武汉市落地,武汉市围绕《中国制造 2025》的中心工作和重点领域,对接《中国制造 2025 湖北行动纲要》,突出武汉优势、特色,邀请国家制造强国建设战略咨询委员会的院士专家问诊把脉,历时一年多完成《武汉制造 2025 行动纲要》,明确了通过 10 年努力将武汉全面建成国家先进制造业中心的总体目标,提出打造"现有支柱产业—战略性新兴产业—未来产业"有机更新的"迭代产业体系",确定提升制造业自主创新能力、推动互联网与先进制造业融合发展、促进制造业结构优化升级等三大重点任务以及八大政策保障。配套编制《战略性新兴产业倍增计划》《智能装备产业发展规划》《工业转型升级指导目录清单(投资指南)》并按行业开展分类指导,制订《推进制造业与互联网融合发展行动计划》《领军企业实施计划》《促进智能制造产业发展若干政策措施》等细化政策,进一步完善推动制造业升级的政策体系。

（2）加强组织领导,切实落实责任。2016 年年初,武汉市人民政府召开专题会议,就实施《武汉制造 2025 行动纲要》作动员部署;成立工作领导小组,制定印发《市人民政府办公厅关于分解落实〈武汉制造 2025 行动纲要〉2016 年目标任务的通知》,明确各区、各部门的任务分工和年度重点工作,并加强协调督办和落实。

二、组织实施重大项目,持续增强规模优势

（1）持续实施重大项目,拓展产业发展新空间。武汉市委、市政府主要领导挂帅,多次赴国家发改委、工信部等部门全力推动国家存储器基地、航天产业基地落户。2016 年 3 月 28 日,国家存储器基地项目在东湖高新区左岭智能制造园举行了启动仪式,各项工作正有序推进。武汉国家航天产业基地实施方案已于 2016 年 8 月 5 日正式获得国家发改委批复,此项目建成后将形成年产 50 枚发运载火箭的生产能力,以及年产 40 颗 100 千克以上、100 颗 100 千克以下商用卫星的制造能力,填补武

汉市星、箭产业空白。编制《工业产业链招商引资路径》,以招大引强、延伸产业链为核心策划一批重大、关键项目。华星光电、比亚迪新能源汽车、金发科技新材料、金鸿桦烨超薄光电玻璃、格力电器智能装备产业园等一批50亿元以上项目开工或投产。

(2) 推进产业结构调整,打造产业发展新优势。加大技术改造力度,实施"千企升级行动计划",运用财政资金鼓励传统产业实施技改项目。大力培育战略性新兴产业,成立总规模102亿元的战略性新兴产业引导基金及天使、产业两支子基金,壮大新兴领域创新型企业;聚焦信息技术、生命健康、智能制造三大重点发展领域,确定新型显示、集成电路等12个细分方向,集中力量吸引战略前沿项目布局。进一步激发民营经济活力,制定《关于进一步促进民营经济健康发展的若干政策措施》《关于突破性发展民营经济的政策措施(试行)的通知》,设立小微企业融资应急资金,缓解中小企业融资困难,完善中小企业服务,提升中小民营企业经营管理水平。

三、抓创新改革,打造工业发展新驱动

(1) 以重大示范为牵引,增强制造业创新能力。在2016年获批"中国制造2025试点示范城市"基础上,积极建设"中国制造2025试点示范城市"。结合《政府工作报告》《全面深化改革工作要点》《系统推进全面创新改革试验实施工作方案》等系列文件精神,印发《建设"中国制造2025"试点示范城市2017年重点工作分工方案》,明确了30余项年度重点工作,细化了责任单位、落实形式以及完成时限。召开建设《中国制造2025》试点示范城市启动会。编制试点示范城市建设实施方案,8月7日、8月8日分别经武汉市政府第22次常务会议、武汉市委常委会第29次会议审议并原则通过,将印发实施。认真配合工信部相关工作,积极申报国家级示范区。全力建设基于宽带移动互联网的智能汽车与智慧交通应用示范,创建高端数控装备、海洋工程装备、新一代信息光电子创新中心;目前三家创新中心已获得部省共建授牌,待符合条件后再争取国家级制造业创新中心授牌。

(2) 推进互联网与制造业融合创新,培育发展新模式。开展数字车间、数字工厂建设,推进智能制造模式应用。长飞光纤、武汉美的、武汉船用机械等3个项目获批国家级智能制造试点示范项目,示范项目数量在15个副省级城市中位居第4位。武汉美的、华中数控获工信部2016年智能制造综合标准化与新模式应用项目立项。武汉新芯、华星光电、武重集团等6家企业获批省级示范,占湖北省的2/3以上。这些示范项目完成后,企业生产效率将提高20%以上,运营成本降低20%,产品研制周期缩短30%,产品不良品率降低20%,能源利用率提高10%以上。组织开展两化融合贯标,华星光电等21家企业入选2016年工信部两化融合贯标试点。截至目前,已有

武船、长飞、神龙、武重、远大医药、武石化等9家企业已通过工信部两化融合贯标评定。积极探索"互联网＋工业园区"的智慧发展新模式，制定出台《推进智慧园区建设工作方案》，以试点带动全局，逐步实现武汉市工业园区"同联一张网、共享一朵云"。

第四节　发展建议

一、深入贯彻落实"中国制造2025"

坚持以省党代会精神为指导，按照"五位一体"总体布局和"四个全面"战略布局要求，深入研究事关武汉工业全局和长远发展的重大问题，以创新的思路和举措贯彻落实"中国制造2025"，抓好"中国制造2025"试点示范城市建设，以发展高效高新产业为抓手，优化产业结构，加速工业供给侧结构性改革，加快开创转型升级新局面；以发展新民营经济为抓手，优化所有制结构，以发展新经济为主攻方向，开辟武汉创业创新创富惠民新天地；以服务企业稳增长为突破口，打好工业翻身仗，推进工业经济保持平稳发展，实现工业经济发展上新台阶。

二、制定财政资金政策支持企业发展

根据武汉工业重点发展方向和领域，在企业自身投入和市场化运作的前提下，系统整合财政扶持资金，逐年提高市、区财政资金对产业园区建设、优势产业发展、公共服务平台创建等方面的扶持。加大对企业自主创新和技术进步、高新技术产业发展、中小企业发展、节能减排和工业用地集约利用等方面的财税政策支持。加强金融机构、政府、企业三方信息互动，打造优势企业和重点项目推介平台，积极引导银行资金、民间资本通过银行信贷、融资租赁、探索设立股权投资基金等方式，对工业重点项目予以支持。支持中小企业信用担保机构发展，探索建立创新型中小企业贷款担保基金，建立健全企业再担保扶持体系。

三、通过政策引导进一步扩大工业投资

建立促进工业投资的工作机制，制定落实有针对性的优惠政策，做好重大投资项目的协调服务。突出抓好企业技术改造，推动一批突破产业发展瓶颈的共性技术

和关键技术项目,引导企业加快引进先进技术和设备。争取国家技改专项资金支持,组织实施一批重大技改项目。创新招商引资模式,充实完善企业项目库,重点围绕武汉产业振兴规划及延伸完善产业链与价值链,前瞻性、高起点策划引进一批带动产业发展的重大项目。落实激励政策,对成功引进先进制造业重大项目的单位和个人,给予精神和物质奖励。

四、营造良好投资和发展环境

坚持完善各类项目绿色通道服务,创新政府服务方式和方法,建立"高效率、低成本、零障碍"的服务企业新理念新标准。构建区级政府发展工业的激励机制,对各区新引进重大工业项目形成的税收,给予税收返还奖励。加大基础设施投入,创新管理机制,把市级及以上工业园区建设成为设施完善、方便快捷、"一站式"服务的创业投资乐园。注重发挥行业协会中介组织在行业管理、企业服务中的积极作用。

第二十二章 襄 阳 市

第一节 基本情况

一、发展规模逐步壮大

作为湖北省乃至全国重要的老工业基地,襄阳市委、市政府历来高度重视工业经济发展,牢固树立"产业第一、工业优先"的发展理念,先后实施工业跨越式发展、万亿工业强市建设、工业倍增等发展战略,全力以赴稳增长、调结构、促转型,全市工业经济保持平稳较快增长的发展态势。2016 年,襄阳市规模以上工业总产值达到 6500 亿元,规模以上工业实现增加值同比增长 10.1%,高于湖北省平均增幅 2.1 个百分点,位居湖北省第三位,襄阳市工业发展换挡不失势。

二、工业投资的拉动力进一步提升

2016 年,襄阳市累计完成工业投资 1599.5 亿元,同比增长 20.5%,共实施亿元以上工业项目 422 个,湖北美洋新能源汽车、三环精密锻造中心、骆驼新能源电池等 226 个亿元以上重大项目竣工投产,襄阳工业后劲更加充足。

三、工业经济结构更加优化

区域工业"一核多极"发展格局基本确立,高新区工业在襄阳市的核心地位巩固,占襄阳市工业比重保持在 40%,县市区工业竞相发展,枣阳、襄州分别突破 900 亿元,谷城、宜城、老河口分别突破 700 亿元。"一个龙头、六大支柱"主导产业形成多点支撑,汽车、农产品深加工突破 2000 亿元,装备制造突破 1000 亿元。

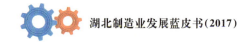

四、新兴产业加快壮大

2017年上半年,襄阳市战略性新兴产业实现产值586亿元,同比增长17.6%,快于襄阳市平均增速3.1个百分点。继2016年东风新能源汽车ER30、美洋新能源汽车E200成功下线后,2017年上半年,雅致EQ3、EQ1、卡通三款车型下线。襄阳市已拥有3家新能源乘用车整车企业,新能源乘用车已拓展为5个品牌。2017年上半年,新能源汽车产量实现244%的高速增长,"新能源汽车之都"强势崛起。

五、创新能力进一步增强

2017年上半年,襄阳市共有高新技术企业586家,占工业企业总数的31%,实现产值1868亿元,同比增长19.3%,实现增加值443.7亿元,同比增长16.3%,占GDP比重为25.1%,占工业的比重达到51%。襄阳市共建设有10个国家级企业技术中心、2个国家级质量监督检验中心、2个国家级生产力促进中心、88个省级工程技术研究中心和企业中心、6个省级重点实验室、24个校地企共建研究院(中心)、30个院士(专家)工作站、25个博士后科研工作站和产业基地,建设了3个国家级、16个省级科技孵化器,11个省级以上众创空间,孵化面积共60多万平方米,在孵企业近千家,引进海内外高层次创新创业团队29个。襄阳市拥有中央和省、市级科研院所4000多家,高等院校5所,中等职业技术学校43所;职业技术院校每年毕业学生2万多人,培训熟练工人10万人次。

六、两化融合进一步推进

推荐美利信、三五四二、欧安电气等企业申报两化融合试点、示范企业项目,三环锻造成功入围2017年制造业与互联网融合发展试点示范。积极组织企业参加省经信委在黄冈和宜昌举办的两期湖北省两化融合试点示范企业培训班暨对标评估诊断辅导班,与电信公司、东软等企业合作举办智能制造、两化融合等培训、讲座,参会企业共计40余家。襄阳市共有75家省级两化融合试点示范企业,占规模以上工业企业3.95%。

七、产业集聚步伐加快

目前,襄阳市共有10个产业集群通过考核复评入选2016年度省重点成长型产业集群,数量居湖北省第二位。10个省级重点成长型产业集群共有规模以上企业653家,占工业企业数量的34.8%;实现销售收入2782.3亿元,同比增长9.7%;完成固定资产投资477.5亿元,同比增长20%;就业人数16万人,新增就业人数3700余人;实现税收60.6亿元。10个产业集群中,拥有国家级名牌或驰名商标30个、国家科技进步奖励12个、省级科技进步奖励41个、国家高新技术企业69家、省级高新技术企业33家、省级以上技术中心40个、专利362个、产学研合作项目70个。目前,襄阳市共认定市级特色产业园区20个,遍布全市8个县市区和两个开发区,已建成面积达到210平方公里,未来五年建成面积预计达到320平方公里。园区现有规模以上企业704家,规模以上工业总产值5304亿元,占全市比重达到78.2%。其中,8个特色产业园区的基础设施达到"七通一平"水平,10个园区达到"五通一平"水平。

第二节 存在的主要问题

一、面临着做大总量规模和加快转型升级的双重压力

襄阳市作为地处内陆中部地区的城市,既赶又转的压力非常大,与东部发达地区同类城市相比,襄阳市的规模总量还存在较大差距,转型升级起步较晚,承接东部地区产业转移存在一些不利因素(如区位、科教、人才等)。尽管近年来襄阳市工业经济总量快速扩张,2016年达到6500多亿元,但与占湖北省总量六分之一的要求还有一定差距(湖北省4.89万亿元,占13%),发展不够、总量不足仍是当前面临的首要问题。但同时也面临着非常迫切的转型升级要求,不转型升级就无法实现持续快速增长,也将与标兵拉大差距,被其他城市赶超。从调研的企业来看,停产半停产企业大多属于过剩或落后的产能,未能及时转型升级,无法跟上市场变化的需求。在这样的双重压力下,作为政府及政府职能部门,也感到彷徨和迷茫,如在产业集聚集群集约发展上,虽然目前每个县市区都谋划建设了市级特色产业园区,但部分地方只要有项目投资,照单全收,在招商引资和项目落地方面同质化竞争严重,造成产业雷同,难以形成特色鲜明的产业集聚区。

二、传统产业瓶颈制约和新兴产业接续不足的矛盾并存

襄阳市工业前几年的高速增长,很大程度上来自汽车及零部件、农产品深加工、

化工等传统优势产业的拉动,但随着市场饱和、资源环境要素紧张等制约,这些传统产业的高速增长不可持续,部分传统产业企业的生产经营举步维艰。例如食品加工产业,大宗产品生产企业普遍规模较小,抗风险能力不足,部分块头较大的企业过去发展势头一直很好,但由于受粮油企业巨头低价倾销、资金链断裂等因素影响,一夜之间说垮就垮了,急需靠大联大才能实现持续发展;而精深加工产品严重缺乏,品牌化、特色化不足,如襄阳市部分特色精深加工企业由于缺乏品牌效应,一直难以走出去扩大市场份额,无法扩张总量规模。再比如,纺织产业主要集中在纺纱和织布等初端链条,服装加工和印染等高附加值环节能力很弱,2016年服装产业产值仅为80亿元,都是代加工生产的校服、工装等低附加值产品,没有自己的品牌。印染行业目前只有45家,还面临搬迁、环保等诸多问题。同时,襄阳市战略性新兴产业发展不够,对工业的支撑有限。目前襄阳市战略性新兴产业占工业总量的比重仅15%,芜湖等同类城市达到25%以上。新能源汽车产业虽是襄阳市的品牌,但当前也遇到技术、市场、政策变动等瓶颈制约,企业普遍反映发展困难,难以快速实现发展壮大。大数据云计算产业虽有华为、中国移动等一批大项目入驻,但基本都属于基础设施建设类,应用推广不足。目前华为机房数据中心应用率仅有30%,强化推广应用任务较重。

三、市场主体活力不足与激烈的市场竞争环境不相适应

襄阳市企业的创新能力较弱,很多规模以上企业都没有自己的研发团队,缺乏具有自主知识产权的关键技术和核心技术。2016年,襄阳市工业企业申请专利3049件,授权1727件(其中,发明专利申请2011件,授权257件),发明专利申请占专利申请总量的65.9%,授权发明专利仅占授权专利的12.8%,目前很多企业靠买专利进行生产。现有专利转化少,如42所的石墨烯新材料、枣阳的储能产业,虽说有专利技术,也有很好的市场前景,但离产业化还有很远的距离,无法快速转化成产能。襄阳企业知名品牌缺乏,绝大多数产品都是为最终产品配套的产品,尤其缺乏直接进入消费领域的精品名牌。襄阳市工业企业与同类城市相比,最大的一个短板就是龙头企业、全国500强企业较少;襄阳市过百亿元企业只有5家,尤其是缺乏过500亿元的企业;同时知名品牌不多,目前襄阳市共有中国驰名商标48件,但知名度都不太高。

四、企业家能力素质与经济发展新常态的要求不相适应

企业家是转型升级的主力军,但目前襄阳市很多企业家对经济发展形势的分析

研判不够,不能掌握发展的主动权,不能主动适应经济发展的新常态,存在"无暇转、无路转、无力转"等问题。宏观形势低迷情况下,大部分企业考虑的是如何生存下去,无暇考虑转型升级;受制于视野不够开阔、思想不够解放等因素,很多企业找不到转型升级的方向,如襄阳市占据全国70%市场的软启动行业,除少数企业已经成功转型外,其他大部分企业还在摸索转型方向;还有部分企业虽有转型的强烈愿望,但受制于技术研发实力的不足、融资难度的增大等而无力转型。

第三节　发展的主要举措

一、强化顶层谋划设计

（1）实施万亿工业强市建设战略。襄阳市委、市政府于2015年8月制定发布了《关于加快建设万亿工业强市的意见》,对襄阳工业转型跨越进行了系统谋划。为将万亿工业强市建设目标任务落到实处,以国家和省相关政策为依据,借鉴外地经验做法,结合襄阳工业企业发展需求,制定出台了《加快建设万亿工业强市的十条措施》,真金白银的配套支持政策极大地激发了企业加快转型发展的内生动力。

（2）启动实施工业倍增计划。《加快建设万亿工业强市的十条措施》(下称《十条措施》)于2015年印发实施,2018年结束。《十条措施》施行期间,其政策的兑现落实对推动襄阳市工业经济平稳较快增长发挥了重要激励引导作用,但这一政策在2018年兑现2017年投资等方面的项目后,襄阳市将面临没有支持工业经济发展的专项政策措施的局面,相关惠企政策也无法延续兑现。襄阳市委、市政府于2017年7月制定发布了《关于加快工业经济发展实现倍增目标的意见》,提出了到2021年,襄阳市工业规模总量倍增、主导产业倍增、工业投资倍增、市场主体倍增和质量效益倍增的目标。为将倍增目标任务落到实处,《关于加快工业经济发展实现倍增目标的意见》在《十条措施》基础上,制定了更加优厚的配套支持政策,尤其是降低了对固定资产投资补助政策的补助门槛,将固定资产投资补助政策的投资额由5亿元降到了2亿元;将对战略性新兴产业项目补助政策的条件由"三年内实际固定资产投资达到1亿元以上"降低为"两年内建成投产且实际固定资产投资额达到2000万元";增加了对中心城区云计算、电子商务、"互联网＋"、物联网等新经济项目的支持政策。

（3）推动《中国制造2025》在襄阳落地实施。及早谋划争创中国制造2025试点示范城市,根据襄阳市委、市政府主要领导同志的指示精神,2015年10月,襄阳市启动了创建工作,聘请赛迪研究院开展专题调研论证,编制了《襄阳市创建"中国制造

2025"试点示范城市实施方案》和《试点城市创建申报方案》,2016年9月通过省级评审,呈报了国家工信部。组织对《中国制造2025》"1+X"配套文件进行深入研究,结合襄阳产业发展基础,编制《中国制造2025襄阳行动纲要》,提出了"6+7+6"的工作布局,在六大新兴领域突破,实施七大专项行动,落实六项保障措施。

(4)以补短板为重点谋划推进供给侧结构性改革。研究制定并推动襄阳市政府出台了《关于补齐产业发展短板 加快建设万亿工业强市的行动方案》,明确要聚焦传统产业低端发展、战略性新兴产业规模不足、新产业增长点匮乏等制约产业发展最关键、最迫切的短板,着力实施传统产业转型升级计划、战略性新兴产业发展壮大计划、新产业增长点加快培育计划,力争经过3年努力,产业补短板取得明显成效,经过5年努力,基本补齐产业短板。

二、实现发展量级突破

(1)强化企业培育。继续组织开展百家领军企业"龙腾"专项行动和百家中小企业"星火"专项行动,建立"双百"企业动态管理机制和定期分析监测机制。聘请专业机构,为50家"双百"企业开展技术和管理咨询诊断活动,利用华中科技大学襄阳工研院等公共技术服务平台,服务12家"双百"企业开展智能工厂或数字化车间建设,助力企业技术和管理创新。组织实施企业家能力素质提升工程,整合卧龙商学院、中小企业服务中心、企业家协会和企业家联合会等企业培训平台资源,先后组织开展20多场专题交流培训活动,受训企业高管2000多人次。上半年,襄阳市规模以上企业新增99家,净增11家,达到1888家。

(2)强化项目建设。建立重大工业项目台账式管理制度,按照时间节点对账推进,每月在襄阳市排序通报,倒逼各地加快项目建设进度。建立实施重点工业项目协调推进机制,每月收集整理困难问题,提请襄阳市领导召开专题会议协调解决。在襄阳市组织开展季度项目拉练活动,按照"看新不看旧、看高不看低、看大不看小"原则,对11个县市区、开发区逐个现场观摩、现场打分、排序通报。对接融入中国制造2025、一路一带、长江经济带、长江城市群发展、汉江生态经济带等国家和省发展战略的重点领域、重点方向,谋划1785个对提升襄阳城市竞争力有支撑作用的重点产业项目,促成200多个重大工业项目列入国家和省相关规划。

(3)强化存量招商。紧紧围绕在建重大工业项目,谋划、推动产业链招商活动,紧紧围绕现有重点骨干企业转型升级,引导战略投资者,紧紧围绕驻襄央企加快发展,密切与央企总部的对接争取,策划承接央企扩张项目。2017年1至7月,襄阳市招商引资新签约、新注册工业项目的个数占签约、注册项目比重分别达到68.17%、63.85%,工业项目实际投资额占比超过70%。

三、加快发展层级提升

（1）推进产业高端化发展。一是大力实施技改提质工程。深入实施《中国制造2025襄阳行动纲要》和加快建设万亿工业强市意见，编制出台千企转型升级三年行动计划，连续三年组织实施百家企业技术改造示范工程，在新闻媒体宣传解读企业技改转型先进案例，营造浓厚氛围。突出抓好现有企业技改扩能，编制发布2017年工业企业技改转型指南，兑现落实技改投资补贴政策措施。二是强化质量品牌建设。组织开展"增品种、提品质、创品牌"专项行动，滚动开发百项新产品，培育一批拳头品牌产品，开展"襄阳工匠"评选活动。组织开展"襄品出襄"品牌推介活动，建设"襄品出襄"网上展销平台，开展知名品牌产品"全国行""网上行""进名店"等活动，开展电商企业与工业企业系列对接活动，利用大数据提升精准营销能力和品牌美誉度。

（2）推进制造业创新发展。一是搭建技术平台。依托华中科技大学襄阳工研院，组建襄阳工业机器人产业技术联盟和襄阳市机床再制造产业技术创新联盟，深入开展产业共性技术和机器人集成应用系统的开发，引导相关企业形成发展合力，形成可复制的经验与模式，在制造业各领域加以推广应用。二是开展"双创"培育主体。落实《襄阳市人民政府关于加强科技企业孵化器和众创空间建设的意见》《关于印发〈关于全面提升区域创新能力　加快推进国家创新型城市建设的实施意见〉的通知》等文件精神。组织企业先后赴上海、武汉与中国科学院、华中科技大学开展对接活动，促成了一批合作意向。举办2017年湖北省科技成果大转化工程之"请进襄阳来"技术需求对接会，为汉江流域技术交易市场揭牌，并达成了一系列成果转化协议。组织开展襄阳名家大讲坛、创业大讲堂、全民创业挑战赛等系列"双创"活动，着力搭建创业基地、创业园区、创客空间、科技孵化器等"双创"开展平台，北京优客工场入驻襄阳，襄阳科技城、汉江创新产业园等一批新型创新载体陆续建成。

（3）推进产业融合发展。一是推进两化融合。深化宽带中国示范城市、国家智慧城市试点城市和国家信息消费试点城市创建工作，制定出台《襄阳市"互联网＋制造"实施意见》，成功申报国家电信普遍服务试点城市，开展企业两化融合管理体系"贯标"和认定试点工作。二是推进军民融合。制定出台了《襄阳市军民融合产业发展"十三五"规划》，大力支持在襄军工企业发展，积极推进"民参军"。深化央企对接，加快推进与五大军工集团的战略合作协议落地生根。建立军民协同创新机制，引导襄阳市涉军企业从零部件配套到系统总成方向升级，加强与涉军科研院所对接，主动承接涉军科研院所的科研成果转移。支持优势企业加强军品研发和生产能力建设，融入军品供应链。

(4) 推进产业集聚化发展。坚持将产业集群培育工作与特色产业园区建设工作相结合,将特色产业园区打造为优势产业集群发展的平台和载体,实施"五个一"的园区建设推进机制,落实《关于加快建设特色产业园区培育优势产业集群的意见》。采用区镇合一的管理模式,镇政府与园区办的干部打通使用,实行"镇办园"一体化的管理模式,市级财政为挂牌命名的特色产业园区每年提供5000万元的调度资金,县(市、区)级财政每年安排专项财政资金支持园区的基础设施建设。

(5) 推进产业绿色化发展。一是注重规划引领工业企业大力实施节能减排。制定并实施《襄阳市工业大气污染防治方案(2016—2020)》《襄阳市工业水污染防治行动计划方案(2016—2020)》《襄阳市重点行业挥发性有机物削减方案(2016—2018)》。二是强化政策支持。2016年对湖北天鹅涂料股份公司挥发性有机物削减项目、泽东化工硫铁矿制酸尾气脱硫项目等7个项目进行了绿色发展资金支持,共补贴824万元。三是加强示范企业建设。推动5户企业进行了清洁生产示范建设,其中,金洋冶金公司成为湖北省生产示范企业。推荐企业申报工信部各项环保节能项目,争取资金支持。

第四节 发 展 建 议

一、支持襄阳进一步加快两化融合发展

近年来,襄阳市在两化融合方面做了大量的工作,有了很好的基础,但由于获评国家和省级示范后续没有相应扶持政策,企业申报积极性越来越低,后续组织企业申报的难度越来越大。因此,建议省政府加大对两化融合发展的资金扶持力度,设立两化融合专项资金,通过财政资金的杠杆作用,加大对国家和省级两化融合试点示范及管理体系贯标试点企业的资金扶持力度,进一步引导和促进企业推动两化深度融合,并适当向具有较好基础优势的襄阳倾斜,支持襄阳加快工业经济转型升级步伐。

二、进一步加大对襄阳产业转型升级和企业发展的支持

从政策、项目资金等方面加大支持力度,力争切块扶持资金总量达到湖北省六分之一左右。近年来,襄阳大力推动产业转型升级和企业成长壮大,每年专列2.4亿元产业发展专项资金和10亿元产业基金用于扶持产业、企业,襄阳工业总量也先后

突破 6000 亿元和 7000 亿元,但与省委、省政府六分之一的要求还有一定差距。若要实现突破性的跨越发展,需要予以重点扶持,仅靠襄阳的财力略显不足,需要省政府在相关专项资金、基金扶持中能加大对襄阳项目及相关企业的扶持力度,发挥襄阳在建成支点、走在前列中应有的支撑作用。

第二十三章 宜 昌 市

第一节 基本情况

2016年,宜昌市1388家规模以上制造业企业实现工业总产值5591.2亿元,同比增长13.3%;实现主营业务收入5230.2亿元,同比增长10.6%;实现利润210.2亿元,同比增长1.6%。2016年,宜昌市制造业完成固定资产投资1308.77亿元,同比增长31.8%;过千万的重点投资项目427个,完成投资324.3亿元,同比增长4.8%。

一、骨干产业支撑明显

(1) 产业门类齐全。制造业31个大的门类中,宜昌市均有涉及。其中,精细化工、食品饮料、先进装备制造、新材料、生物医药、电子信息、绿色建材等一批产业规模较大、发展势头良好。

(2) 打造了三大千亿产业。精细化工、食品饮料、先进装备制造产业先后成长为千亿产业,基本保持了每年新增一个千亿产业的发展速度。2016年,产值分别达到1906.3亿元、1720.1亿元、1200亿元,三大产业产值比重占宜昌市规模制造业的86.3%,为宜昌市制造业发展提供了多点支撑。三是部分产品市场占有率高。宜昌磷酸铵占全国产量的23.8%,磷肥占全国产量的9.9%,合成氨占全国产量的6.2%,化成箔国内市场占有率40%,稻花香和枝江酒业进入全国白酒销量前十强。

二、龙头企业实力较强

(1) 企业规模大。8家企业过100亿元,6家企业过50亿元,81家企业过50亿元。3家企业进入中国企业500强(宜化,170位;稻花香,302位;兴发,446位),4家企业进入中国民营企业500强(稻花香,86位;枝江酒业,351位;三宁化工,470位;

东圣化工,481位),数量均居中西部地级市第一。

(2)顶尖产品多。宜化季戊四醇全国第一,兴发六偏磷酸钠世界第一,二甲基亚砜、黄磷、电子级磷酸、电子级次磷酸钠、草甘膦全国第一,安琪的酵母提取物世界第一、酵母世界第三、全国第一,东阳光红霉素原料药世界第一,磷酸奥斯他韦(达菲)全国第一,三峡制药硫酸新霉素世界第一,宜昌人福芬太尼系列麻醉药国内市场占有率第一,华强科技医用丁基橡胶瓶塞国内市场占有率第一,403厂中小缸径船用低速柴油机全国第一,黑旋风金刚石锯片基体和硬质合金锯片基体亚洲第一,388厂液压启闭机和抽油泵全国第一,经纬纺机捻线设备全国第一,长机科技插齿机和铣齿机亚洲第一,东阳光化成箔全国第一,南玻光电玻璃0.2mm超薄电子玻璃全国唯一。

(3)资本市场活。截至2017年9月,宜昌市共拥有本土上市公司9家,总市值为833.32亿元。此外,长江电力、葛洲坝、乐星红旗、凯普松等众多域外上市公司在宜投资兴业。2016年以来新增"新三板"企业13家,截至2017年9月,宜昌市挂牌企业数达到21家,四板市场挂牌企业数达到110家。

三、创新能力提升较快

(1)创新平台较多。宜昌市拥有省级以上企业技术中心78家,其中国家级企业技术中心5家;拥有省级以上工程研究中心9家,其中国家级工程研究中心2家;拥有省级以上工程实验室8家,其中国家级工程实验室2家。

(2)产学研合作规模较大。每年涉及技术转让金额过2亿元,拥有有效发明专利1974件、国家级知识产权示范企业3家(黑旋风锯业、安琪酵母、宜化集团)、知识产权优势企业6家(长机科技、兴发集团、三宁化工、秭归屈姑食品、宜昌南玻显示器件、中船重工海声科技)。

(3)精品名牌多。拥有56个中国驰名商标,位居湖北省第二,仅次于武汉。湖北省著名商标171件,地理标志商标36件,集体商标3件。

四、转型升级成效突出

(1)结构调整进展迅速。2016年,六大高耗能行业在宜昌市工业中的比重逐步降低,完成产值占比为40.5%,比上年下降0.6个百分点;用电量占比为65.8%,比上年下降5.1个百分点。轻、重工业产值比由上年的39.3∶60.7调整为40.3∶59.7,用电量比由上年的7.7∶92.3调整为10.7∶89.3;化工、建材、纺织等传统产业增速分别低于宜昌市平均水平2.8个、1.6个和16个百分点,占宜昌市工业总量比重分别比上年下降 0.8 个、0.1 个和 0.5 个百分点。

（2）新兴产业发展迅速。2016 年，宜昌市高新技术企业 329 家，完成工业总产值 2654.0 亿元，同比增长 23.7%；完成增加值 666.2 亿元，同比增长 17%，其中高技术制造业产值 426.5 亿元，同比增长 20.1%，占宜昌市工业总量比重比上年提高 0.5 个百分点。

五、两化融合持续推进

宜昌市目前共有省级以上两化融合试点示范企业 79 家，其中安琪酵母为国家级两化深度融合示范企业；5 家企业获工信部批准为国家两化融合管理体系贯标试点企业，其中 3 家企业（兴发集团、长江电力、人福医药）通过国家两化融合管理体系贯标认定；150 家规模以上工业企业在国家两化融合管理平台完成了对标诊断工作；市级两化融合试点示范企业 60 家；省级智能制造示范企业达到 7 家。

第二节　存在的主要问题

一、产业结构欠优

传统产业比重偏重，化工产业占宜昌市工业 30%，占湖北省石化产业的 1/3，在国家强调长江大保护、强化环保约束的背景下，转型升级压力较大；战略性新兴产业规模偏小，占比不足 30%，尚不能形成有力支撑。产业链普遍不长，深加工度不高，粗加工产品、中间产品占比较大，主要靠以量取胜，效益水平不高。

二、市场主体不活

受微小工业企业进入规模工业企业（简称小进规）政策逐年趋紧影响，小进规难度加大、新进规企业数量减少、退规企业明显增多。2017 年上半年，宜昌市新进规企业仅 44 家，同比减少 37 家；退规企业达 98 家，比 2016 年退规企业还多 17 家。同时，企业在资本市场上的吸引力不强，一年多来，宜昌市有 30 家企业上"四板"，但成功融资的寥寥无几；仅 5 家企业获得产业基金支持。

三、制造业投资不足

2017年上半年,制造业投资占工业固定资产投资的比重为87.2%,低于湖北省90%的要求,夷陵、远安、兴山、秭归、长阳、五峰、点军占比低于宜昌市平均水平,其中长阳、点军低于50%以下。从1至6月中长期贷款余额看,投向制造业的中长期贷款69.95亿元,占宜昌市中长期贷款总量的5.7%,比年初减少3.08亿元。

四、企业成本压力大

金融对实体经济的支持力度不断削弱,宜昌市制造业占全市GDP的比重达40%,但制造业金融贷款余额只占全部金融贷款余额的16%。2016年,在宜金融机构制造贷款净减少23亿元,2017年抽贷压贷的趋势更加严重。匡通电子等一批生产经营正常的企业受抽贷限贷压力,面临流动资金断流、倒闭的困难境地。

第三节 发展的主要举措

一、出台的政策文件

根据湖北省政府近两年来围绕发展新经济、推进传统产业改造升级、促进制造业与互联网融合发展、稳增长、调结构等出台的一系列政策文件,先后制定出台了关于《推进军民融合产业加快发展的意见》《宜昌市2016年实施供给侧结构性改革 推进"三去一降一补"工作方案》《宜昌市推进供给侧结构性改革五大任务工业行动方案》《中国制造2025宜昌行动纲要》《宜昌市"互联网＋"总体行动方案》《宜昌沿江化工及造纸行业企业专项集中整治工作方案》《关于减轻企业负担的意见》《关于促进国有融资担保机构健康发展的实施意见》《宜昌产融合作试点城市实施方案》等一系列文件。正研究制定《宜昌化工产业转型升级绿色发展3年行动方案》《加快推进传统产业转型升级实施"千企千亿"技改工程行动方案》《宜昌市工业产业发展定位及工业园区布局与建设指导意见》。

二、转型升级的方向和重点

(1) 实施"双五双百"工程。根据《中国制造 2025 宜昌行动纲要》,围绕先进装备制造、生物医药、新材料、新一代信息技术等 5 大重点领域,开展信息化改造、智能制造、绿色技术改造等 5 项专项行动,重点选择 100 家企业、100 个项目开展示范试点。力争到 2020 年,宜昌市制造业总产值突破 1 万亿元,制造业数字化、网络化、智能化、绿色化取得显著进展;到 2025 年,宜昌市制造业整体素质大幅提升,整体实力达到中西部地区和长江沿线同等城市领先水平,拥有一批在国际上具较强竞争优势的制造企业和先进制造业集群,建成一批区域领先、全国一流的制造业创新中心。

(2) 推动化工产业转型升级。通过优化化工园区布局、规范化工园区建设、促进产业结构调整、推进绿色转型,实施化工产业"关、停、并、转、搬"计划,促进宜昌市化工企业实现高端化、精细化、绿色化、集聚化、循环化发展,建成与生态环境相协调、具有核心竞争力的现代化工产业基地。

(3) 实施"千企千亿"技改工程。根据省政府《关于加快推进传统产业改造升级若干意见》(鄂政发〔2016〕82 号)和省政府办公厅《关于加快推进新一轮技术改造和设备更新促进工业转型升级的意见》(鄂政办函〔2016〕94 号)精神,深入开展"千企千亿"技改工程行动。力争用三年时间,推动 1000 家工业企业实施技术改造,累计完成工业投资 1000 亿元以上,不断巩固提升传统动能,培育发展新动能,推进传统产业向高端化、智能化、绿色化、服务化方向发展。

(4) 科学定位产业发展和空间布局。按照"因地制宜、集中发展、相对集聚、绿色发展"的原则,围绕打造精细化工、食品饮料、生物医药、先进装备制造、电子信息、新材料、绿色建材七大千亿产业,力争到 2020 年,建成六大经济集聚区,重点打造 15 个国家、省级经济开发区(工业园区),培育壮大电网配套设备制造、汽车制造、新型显示及智能终端、海洋工程及船舶建造、高端化工新材料、茶产业、柑橘深加工、通航装备、锂离子电池、石墨烯等 10 个重点工业产业链。

三、工作措施

(1) 着力降低企业成本,优化发展环境。一是落实降成本惠企政策。提出 24 项 39 条全面减轻企业负担的措施,清理公布四个收费清单,设置 102 个企业负担监测点,开展降低企业成本大督查行动,落实各级降成本政策。2016 年降低企业成本 77.83 亿元,2017 年上半年降低企业成本 52.54 亿元。二是破解融资难题。组织成功申报国家产融合作试点城市,出台了总体试点方案,推动建行宜昌自贸区支行、宜昌高新科技支行先后挂牌成立,启动湖北省小微企业金融服务示范区。2017年上半年,宜昌市14家融资担保机构在保余额82.2亿元,同比增长5.5%;27支子基金(项目)进入设立运作和深度对接阶段,完成投资项目21个,投资金额11.09亿元。三是强化电力协调服务。2016年,争取25家企业签订直接交易合同电量82.65亿千瓦时,年可节约电费6亿元以上;2017年上半年,争取24家企业签订直接交易合同电量61.43亿千瓦时,年可节约电费1.6亿元以上。对宜昌市451家执行两部制电价且电价明显高于目录电价的企业,实施一对一分析诊断,提出改进措施,年可为企业减少电费支出5000万元以上。四是组织开展"联企业解难题"活动。95个市直单位分别对口联系100家企业,实行点对点上门服务,对企业问题实施销号管理。已收集问题264个,推动解决49个。

(2)着力推进项目建设,培育发展动能。一是抓工业投资项目。通过实施重点项目推进月督导、召开项目建设协调督办会和工业投资项目建设推进会、建立市领导联系重点项目制度,加强重点项目监测考核和问题跟踪督办、实行约谈问责制度,促使宜昌市工业投资保持稳定增长。2017年上半年,宜昌市工业完成固定资产投资839.3亿元,同比增长20%,高于湖北省增幅10个百分点,居湖北省第五位;宜昌市工业投资项目909个,同比增加156个。二是抓通信基础设施投资项目。开展两批电信普遍服务试点项目建设(共834个行政村)。在2016年投资9.4亿元的基础上,2017年又投资11亿元建设53个通信基础设施项目。截止2017年9月,宜昌市已建成通信铁塔5033座、移动通信基站1.74万个。宜昌城区和各县市区主要公共场所基本实现免费Wi-Fi全覆盖。三是抓电力基础设施建设。2016年,累计投资18亿元完成电力基础设施建设项目199个。2017年上半年,已累计完成电网投资7.9亿元。

(3)着力淘汰落后产能,推进转型升级。一是化解煤炭过剩产能。2016年关闭煤炭矿井72处,涉及产能421万吨,提前两年完成省下达的3年累计压减煤炭产能369万吨的目标任务。2017年计划管理煤矿5处,压减煤炭产能30万吨,目前已关闭3处,压减24万吨。争取2016年专项奖补资金两批合计49345万元。二是淘汰"十小"落后产能。2016年,完成淘汰5个行业18家企业任务;2017年计划淘汰涉及建材、食品等行业24家企业任务;开展取缔"地条钢"专项行动,福龙钢铁2台中频电炉及辅助设备彻底拆除,通过国家和省核查验收。开展燃煤锅炉专项整治,已淘汰燃煤锅炉280台,累计896.09蒸吨。三是关停化工企业落后装置。对列入国家产业指导目录内的按期淘汰类、限制关停类企业进行筛选,已先后关停化工企业4家(香溪化工、田田化工、亚泰化工、楚原化工)。

(4)着力培育市场主体,壮大经济底盘。一是抓"小进规"。建立"小进规"企业库,加强跟踪服务和约谈问责。2016年新增规模以上工业企业127家,超额完成省考核目标。2017年上半年新增规模以上工业企业44家,完成年度任务40％。二是抓资金扶持。落实重点产业发展基金调度资金3.75亿元、工业生产调度资金3.5亿元、市级中小企业发展专项资金2000万元支持了一批企业和项目。三是抓平台建设。开展民营企业建议现代企业制度试点,申报17家民营企业纳入省级试点;申报3家企业成为2016年省级小型微型企业创业创新示范基地、5家企业成为省级服务型制造示范项目;实施"123"企业家培育专项行动,落实"111"企业家培育工程。四是抓军民融合。提出打造1个国家级军民融合示范园区、培育5个百亿级的军民融合特色产业集群、宜昌市军民融合产业规模突破千亿的发展目标;争取将打造宜昌军民融合特色产业集聚区纳入省委、省政府战略布局;成功申报宜昌高新区、远安县工业园两个省级军民融合示范基地;积极争取中船重工风电装备总装及维护基地项目和三江航天火箭发动机推进剂研发生产及试验基地项目落户宜昌;组织5家纺织企业、7家船舶生产企业分别与809厂、404厂开展合作对接,召开了军民融合高新技术产品推介会。

（5）着力推进两化融合,实施智能制造。一是树立示范标杆。组织开展国家、省级智能制造示范试点申报,并取得成效。截至目前,累计培育1家国家级"两化"深度融合示范企业、54家省级以上两化融合试点示范企业、7家省级智能制造示范试点和30家市级两化融合试点示范企业。二是组织对标试点。组织开展国家两化融合贯标试点,5家企业启动国家两化融合贯标试点,2家企业通过国家认证。制定宜昌市两化融合对标试点工作实施方案,分行业确定150家企业开展两化融合对标试点、18家企业开展智能制造对标培育,逐步加强两化融合和智能制造管理体系建设。三是积极争取政策支持。组织推荐1家企业成功申报国家智能制造专项资金2700万元,2家企业成功申报国家绿色制造专项资金1570万元,23家企业纳入省传统产业转型升级专项资金补贴范围,9家企业申报省级中国制造2025重大专项。

第四节　发展建议

一、省、市政府加大资金支持力度

建议加大对新兴产业的支持力度,在长江产业发展基金中设立新兴产业发展子基金,加大基金投入力度,更好地促进新兴产业加快发展壮大。加大对"中国制造2025"示范项目的支持力度,进一步完善《湖北省传统产业改造升级资金管理暂行办法》,对传统产业固定资产贷款,增加自有资金投资补助或设备投资补助等支持方式。

二、省、市政府加大政策支持力度

建议湖北省政府尽快出台煤炭行业化解过剩产能实施办法和细则,明确煤矿关闭及配套政策;尽快出台淘汰落后产能方案及配套政策,为相关工作开展提供政策依据和决策参考。

三、省、市政府加大"中国制造2025"宣贯培训力度

建议围绕"互联网+"、制造业与互联网融合发展、智能制造等,搭建公共服务平台,组织开展各类针对性宣贯培训、专家"一对一"咨询服务,提升企业两化融合、智能制造发展意识。

第二十四章 黄 石 市

第一节 基本情况

一、总体规模逐年壮大

2016年,黄石市规模以上工业总产值实现2104.42亿元,增长7.7%;规模以上工业增加值实现501.11亿元,增长8.2%。"十二五"年均增长11.5%。从产业规模看,2016年,黄石市黑色金属、有色金属、建材产业、机械制造、食品饮料、化工医药等6大产业产值过百亿元,纺织服装、能源两大产业实现了规模倍增。从企业规模看,2016年规模以上工业企业达到769家,黄石市产值过亿元、10亿元、100亿元以上企业分别达到277家、22家、2家。大冶有色、华新水泥、大冶特钢跻身中国企业500强。进入湖北百强企业8家(大冶有色、湖北新冶钢、华新水泥、劲牌、十五冶、东贝、晟祥铜业),其中大冶有色位居湖北省百强企业第四位。

二、产业结构不断优化

2016年,黄石市轻重工业比为18∶82,轻工业占比比2010年的上升了4.5个百分点;传统资源产业占工业比重下降,比"十一五"的下降2.34个百分点。电子信息、生物医药等新兴产业发展加快,高新技术产业增加值增长8.7%。冶金、建材两大传统产业所占比重进一步下降。基本上形成了以冶金、建材等传统产业为主导,以装备制造、食品饮料、化工医药、纺织服装等优势产业为支撑,以新能源、新材料、电子信息、节能环保等新兴产业快速发展的新型产业格局。

三、工业投资进一步提升

近年来,黄石通过引进增量和盘活存量双管齐下,推动以高质量的投入带动高水平的发展。2014—2016 年黄石市完成工业投资分别为 574.53 亿元、621.92 亿元、527.09 亿元;2017 年上半年,黄石市完成工业投资 249.94 亿元,同比增长 2.2%。三年来,黄石市实施亿元以上重大项目 668 项,累计完成 1400 亿元,有力地推动了黄石市产业层次的提升和产业结构的优化。

四、新兴产业均衡发展

(1) 电子信息产业。近年来,黄石市电子信息产业实现持续快速发展,产业规模、产品质量、技术水平得到大幅提升,形成了以 PCB(印刷电路板)、光电子产品、应用电子、嵌入式软件等为主的产业门类,黄石市有电子信息制造企业 30 家,软件企业 6 家,其中规模以上企业 22 家,过亿元的企业 11 家。2016 年,黄石市电子信息产业产值达到 43.1 亿元,同比增长 8.8%。黄石市电子信息产业集群被列入了湖北省重点成长型产业集群。

(2) 高端装备制造产业。目前已基本形成专用设备制造业、汽车制造业、电气机械及器材制造业、铁路、船舶、航空航天和其他运输设备制造业、计算机、通信和其他电子设备制造业、仪器仪表制造业等门类较全的产业体系。黄石市汽车零部件产业集群和黄石(大冶)高端装备制造产业集群被列入了湖北省重点成长型产业集群。

(3) 新能源产业。"十二五"期间,黄石市新能源产业开始起步。2014 年,黄石市被列为全国首批新能源示范单位并出台了《关于支持光伏发电产业发展的意见》后,黄石市新能源产业呈现出良好的发展势头和广阔的发展前景,目前已逐步形成太阳能、风能、生物质能等新能源开发利用和光伏发电设备等新能源装备制造等两大门类,新能源产业初具规模。

(4) 节能环保产业。多年以来,黄石市节能环保企业通过自身努力,不断发展壮大,已初步形成了固废处理和资源综合利用、节能环保装备制造、新型节能环保材料三大门类,整体规模和竞争实力实现了较大提升,产业发展潜力巨大。

(5) 生物医药产业。随着我国市场经济的不断完善,黄石市生物医药产业结构不断优化调整,逐步形成了以食品饮料、原料药、中成药等为主的生物医药产业格局。

第二节　存在的主要问题

一、工业结构不优的矛盾依然存在

黄石工业基础雄厚、工业优势明显,但结构性矛盾较突出。黄石市产业呈"原字号、中间品、链条短"的特点,资源型、原材料产业、企业产品占80%以上,产业延伸不足,铜、特钢等主要产品本地加工不到10%。目前,钢铁、有色金属、建材、纺织等一些产能过剩行业正是黄石市的支柱产业,产业结构短期内难以有效改善,传统产业的改造升级任务繁重。

二、新兴产业培育发展比较缓慢

从工业总量来看,2016年黄石市新兴产业总产值占全市工业总产值不足30%,总体规模仍然偏小。在技术层面还需加大研发投入和推广的力度。黄石市规模以上工业企业R&D投入占GDP比重不足2%;黄石市拥有核心、关键技术的自主知识产权数量偏少,发明专利授权量占专利授权量比重不足10%。除大冶有色、新冶钢、华新等龙头企业外,部分中小企业技术水平、研发能力不高,产学研合作力度不大,一批企业技术难题(技术需求)亟待解决。需要进一步加大节能、减排等技术的研发和推广力度。

三、环境保护的压力不断增大

随着历史上最严的环保法出台,中央环保督察组进驻湖北,"雷霆行动"深入开展,国家对环保治理的力度越来越大,既给工业发展带来巨大压力,又迫使企业加大环保成本投入。同时,部分园区基础设施建设滞后,缺乏商务配套,对工业企业支撑能力受限,政府面临亟待完善配套功能的压力。

第三节 发展的主要举措

一、积极编制产业发展规划

始终坚持以"五大发展理念"引领产业转型升级发展,先后出台了机器人及智能输送成套装备、模具钢、模具制造、生物医药等四大产业转型发展指导意见,研究制定了《黄石市工业转型和升级"十三五"规划》,编制《中国制造2025黄石行动纲要》《智能制造三年行动计划》《新能源与节能环保产业发展规划》《新材料产业发展规划》《信息服务业发展规划》五个工业专项规划。全面构建节约集约的生产空间,进一步优化工业发展布局,形成"1+X"规划体系,以规划(指导意见)引领转型、指导发展。

二、深入开展培育改造工程

(1) 积极培育发展新兴产业。近年来,黄石市围绕产业链部署创新链,以装备制造、电子信息、生物医药、智能模具等产业为重点,组织实施了一批重大科技攻关专项,引进扶持一批新兴产业项目,聚集一批科技创新人才,着力打造一批具有较强竞争力的龙头企业和新兴产业集群。加快推进高端数控锻压装备、高效节能制冷设备、高品质特殊钢、高效节能换热装备、冷轧涂镀薄板、智能输送装备、汽车零部件等省级高新技术产业化基地建设。由三环锻压等完成的"多工位精锻净成形关键技术与装备"项目获得国家技术发明奖二等奖。目前,黄石市纳入高新产业统计企业170余家,生产高新技术产品近千种。2016年,完成高新产业总产值851亿元,实现高新产业增加值156.57亿元,占GDP的比重为12%。2017年上半年,完成高新总产值441.07亿元,同比增长35.8%;实现高新增加值86.18亿元,同比增长16.6%,增速居湖北省市州第三位。高新技术产业增加值占工业增加值的比重为32.92%,同比提高5.2个百分点,高新技术产业增加值占GDP比重为13.44%。

(2) 推动传统产业改造升级。围绕黄石市金属冶炼、建筑材料、服装纺织、食品饮料等传统支柱产业,积极运用高新技术和先进适用技术改造提升,组织实施了一批核心关键技术攻关、资源综合利用、节能减排等技改项目,推广应用了一批新技术、新工艺、新材料,开发出了一批新产品、新装备,有效提升了市场竞争力,促进产业向中高端跃升。华新水泥研发的"水泥窑协同无害化和资源化处置技术和装备"

获得2016年国家科技进步奖二等奖,该公司年生活垃圾处置量已占全国水泥窑协同处置总量的70%以上,取得直接与间接经济效益近100亿元,实现了向节能环保产业的成功转型。新冶钢"低成本高强韧非调质钢关键技术开发与应用"项目列入"十三五"国家重点研发计划,获经费支持200万元,有效降低企业生产成本,满足轻量化"绿色钢材"市场需求。

三、加快实施绿色低碳工程

(1)坚决关停整治。坚持"绿色决定生死"理念,以壮士断腕的决心,主动关停"五小"企业367家,整治重点污染源企业460家,完成排污口污水截流145处,治理和修复开山塘口20多处。坚持生态优先,以"五水共治"(治污水、防洪水、排渍水、保供水、抓节水)为抓手,综合施策、系统治理、协同推进;坚持推进长江经济带"共抓大保护",零容忍推进环境整治与保护行动,对长江沿线39家重化工及造纸行业企业开展专项集中整治,对黄石市89家企业121处重点污染源纳入在线监控。

(2)加快去劣存优。黄石市累计淘汰水泥、钢铁、冶炼、电解铝等行业落后产能204.65万吨,累计获得国家、省级淘汰落后产能奖励资金5628万元。2016年以来,按照中央"三去一降一补"五大任务要求,压减华宝钢铁粗钢产能33万吨,关闭退出煤炭企业15处、去产能129万吨。根据《黄石市模具钢转型升级指导意见》,积极落实黄石市模具钢企业整治工作,目前,黄石市169家模具钢企业全部停产,其中24家永久性关停。

(3)推动节能减排。大力发展循环经济,强力推进节能减排工作。2016年,黄石市制定出台了《"十小"企业排查整治工作方案》和《黄石市重点行业清洁生产改造工作方案》,开展了淘汰工业燃煤锅炉工作,关闭"十小"企业581家,淘汰工业燃煤锅炉58台。

四、着力推进科技创新工程

近年来,黄石市深入实施创新驱动发展战略,以创新型城市创建为抓手,大力培育壮大创新主体,着力提升企业自主创新能力,以技术创新支撑产业转型升级,加快发展高新技术产业,建立健全技术创新体系,不断优化科技创新环境。科技创新有力支撑了黄石市经济社会转型发展。

(1)加快培育壮大创新主体。深入推进"双创"活动,大力实施科技企业创业与培育工程,支持各类主体建设众创空间、科技孵化器,积极推动大学生、科技人才创办科技型企业。黄石市科技企业孵化器总数达到21家,拥有国家级科技企业孵化器

1家(黄石高新技术创业服务中心)、国家级众创空间1家(光谷联合科技城),省级科技企业孵化器6家,市级科技孵化器5家,市级众创空间8家。黄石市科技企业孵化面积达5万平方米,在孵科技型企业600余家。同时通过加大高新技术企业培育服务力度、科技项目向高新技术企业倾斜、推动自主创新优惠政策落实等方式,加强创新主体培育,促进高新技术企业主体加快发展。目前,黄石市高新技术企业总数达到123家,占规模以上工业企业的比重达到16%,在湖北省排名前列。2017年第一批已申报高企44家,预计2017年高企总数突破150家。

(2)支持企业创新平台建设。积极推动黄石市产业技术创新体系建设,鼓励创新平台加大科技投入,强化基础设施建设,促进平台提档升级,支持企业创建省级以上研发平台,不断增强产业持续创新能力。实行绩效评估和动态管理,引导各类创新平台科技优势资源向行业、产业开放共享。目前,黄石市拥有国家级企业技术中心5家;省级企业技术中心27家、工程技术研究中心18家、重点实验室8家、校企共建研发中心7家;市级重点实验室14家。2017年4月,出台了《黄石市产业技术研究院建设指导意见》,积极探索研究院试点建设,组建了由三丰智能、湖北理工学院、湖北师范大学为依托的黄石市智能物流输送装备及工业机器人产业技术研究院,引导龙头企业与高校院所共建公共技术创新平台,服务黄石市重点产业发展。

(3)加速科技成果转移转化。贯彻落实省政府促进科技成果转化的"黄金十条"和"新九条"政策,深入实施科技成果大转化工程,推动高校及科研院所科技成果来黄石市转化。依托武汉高校院所和中科院的科研优势资源,充分发挥"武汉城市圈技术转移集聚区黄石平台"与"中科院湖北产业技术创新与育成中心黄石中心"作用,积极帮助企业解决技术难题,加快科技成果转移转化。近年来,围绕黄石市电子信息、生物医药、先进制造等新兴产业,组织开展各类产学研与成果转化对接活动30余场,发布高校院所科技成果2000多项,征集发布企业技术难题200多项。先后邀请中科院相关院所专家来黄石市考察企业60余家。同时组织黄石市企业赴中科院、清华大学等院所上门对接。共帮助黄石市企业与高校及科研院所签订合作协议28项,实施科技成果转化项目50余项。2016年,黄石市技术登记合同714项,合同总成交额27.3亿元,在湖北省排名第四位。

(4)推进两化融合发展。黄石抢抓宽带中国示范市和国家新型工业化示范基地建设机遇,着力打造以智能制造、绿色制造、服务型制造为内涵的黄石制造。大力推进"智慧黄石"建设,推广船联网应用、车联网应用,打造国家工业物联网产业基地。两化融合的成效显著。如湖北特钢生产全过程实行动态化数字管理,生产成本大幅下降,吨钢利润位居全国第一;新兴铸管自主研发物联网管理系统,跻身国家级信息化和工业化深度融合示范企业;大冶有色创建华中矿产品交易中心,打造"现货资源+互联网+金融"模式,实现年交易额过万亿元,将成为中国矿产品贸易中心和定价中心。在"中国制造2025"第一批产业振兴和技术改造专项中,湖北省有9家企业入选,其中黄石市有新冶钢、东贝、劲酒、华新等4家企业入选。

五、深入实施百企技改工程

2017年,黄石市大力实施"百企技改工程",加强工业技改项目管理,建立和完善了工业企业技术改造重点项目库,实施动态监测。截至2017年7月,共实施投资500万元以上技改项目132个,计划总投资92.3亿元,累计完成投资24.2亿元;其中,计划总投资亿元以上项目24项,计划总投资65.7亿元,累计完成12.3亿元;计划总投资1000万元~10000万元项目78项,计划总投资25.9亿元,累计完成10.9亿元;计划总投资500万元~1000万元项目30项,计划总投资1.8亿元,累计完成0.86亿元。

六、大力推进产业集群发展

以"智能化、绿色化、高端化"为引领,以供给侧改革为动力,推进产业转型升级。一是发挥黄石汽车零部件配套企业优势,引进总投资90亿元的汉龙汽车项目,着力打造湖北汽车整车产业新增长极。二是加速发展电子信息产业。引进沪士电子、上达电子等一批知名电子信息企业,着力打造全国第三大PCB产业基地。以智能终端产业带动新型显示器件、集成电路、电子元器件等电子基础配套产业发展,着力打造国家电子信息产业基地和国家工业物联网产业基地。2017年将有一批电子信息项目建成投产。三是总投资10.48亿元的中铝华中铜业有限公司高精度铜板带箔项目二期项目,年新增铜板带57000吨,新增压延铜箔3000吨。既延伸了铜产业链,又发展了PCB产业上游供应链。四是模具产业集群围绕模具产业链大力开展招商引资,迅速发展壮大,产业链由最初的模具钢及模具,向上延伸到模具精品模块、塑料机械制造,向下延伸到模具生产制品制造等产品,"中国挤出模具之都"名牌越擦越亮,大步向"中国模具之都"迈进。

七、研究制定转型政策机制

黄石市在转型升级发展过程中,制定了"一揽子"政策措施,有力确保转型升级要求落细落实。一是坚持工业强市。2017年,黄石市委、市政府高度重视工业转型升级工作,制定出台了《黄石市人民政府关于工业强市赶超发展三年攻坚行动计划》,明确了黄石市工业转型发展的目标任务和工作措施。二是强化项目建设。

2017年初成立了黄石市推进供给侧结构性改革实施项目攻坚行动总指挥部。以项目建设为主要抓手,在黄石市形成了转型发展看担当、务实重行抓项目的浓厚氛围,深入推进供给侧结构性改革,加快经济转型发展。三是强化资金扶持。2015年4月,黄石市委、市政府出台了《振兴黄石制造 加快工业转型发展行动计划》,出台有力措施支持工业绿色转型升级。黄石市财政每年统筹整合工业转型发展资金1亿元,以奖励、补助和贴息等方式集中用于支持传统产业改造升级、优势产业发展壮大、培育发展新兴产业、支持企业创新能力建设和成果产业化。两年多来,黄石市财政已累计支出14184.33万元支持工业发展,促进产业转型。其中,2015年为4395万元,2016年为6785.63万元,2017年上半年为3003.7万元。

第四节 发展建议

在今后的工作中,黄石市将以推进供给侧结构性改革为主线,抢抓"一带一路"建设、长江经济带发展、"中国制造2025"和国家产业转型示范区等机遇,进一步解放思想、克难攻坚、奋力赶超,努力在推进工业创新、调整产业结构、增强发展后劲、优化发展环境上下功夫,努力构建以工业为主导、工业和服务业为支撑、产业间相互融合为特征的现代产业体系,为黄石建设长江中游区域性中心城市、打造湖北省重要区域增长极打下坚实基础。

一、从传统产业向新兴产业转型

超常规发展战略性新兴产业,加快新兴产业规模化;做优做强传统产业,加快传统产业高端化;培育壮大优势产业,加快优势产业集群化;加速发展生产性服务业,实现生产性服务业与工业发展的融合化。

二、从企业单打独斗向企业集群发展转型

充分发挥龙头企业顶天立地的引领带动作用,打造一批企业新"航母"。大力引进和培育中小企业铺天盖地发展,围绕龙头企业、名牌产品进行协作配套,形成品牌化、集群化发展新模式。

三、从原材料产品向中高端产品转型

加快产品结构调整,加强高科技、高品质、高附加值产品的研发和生产,大力发展中高端产品、终端产品,推动产品向技术链、价值链高端攀升,叫响"黄石制造",形成产品高质化、企业高效化的新格局。

四、从要素驱动向创新驱动转型

大力扶持一批"专精特新"和科技型企业,培育壮大一批细分市场领军企业。强化企业创新主体地位,鼓励企业加大科技投入、加快建设一批国家级、省级制造业创新平台,提升企业自主创新能力,提升新技术和新产品的贡献率。

五、从基础设施投资为主向工业投资为主转型

开展大招商,引进大项目,实施大建设,创造项目建设"黄石速度"。大力推进技改工程,大幅提高工业投资占固定资产投资的比重,增强工业投资对发展后劲的支撑能力。

六、从粗放式发展向生态工业转型

激励企业积极应用新技术、新工艺、新装备,走节约、集约、绿色、低碳发展之路,以最小的生态资源代价获取最大的经济发展效益,打造黄石生态工业发展的"新标杆"。

第二十五章 荆 州 市

第一节 基本情况

一、总量规模不断扩大

突出表现为"一扩大一放缓"。2016 年,荆州市规模总量不断扩大,规模以上工业企业实现总产值 2502.45 亿元,同比增长 5.9%。规模以上工业企业达到 1238 家,同比净增 99 家(其中过亿元企业 475 家,同比增加 35 家;过 10 亿元企业 30 家,同比增加 3 家。资产总计达 1465.67 亿元,同比增加 136.06 亿元);工业生产增速放缓。2016 年,荆州市规模以上工业完成增加值 601.2 亿元,同比增长 6.8%,增速较上年回落 0.5 个百分点。2016 年,荆州市工业增加值增速高开低走,分季度看,一季度增长 10.3%,上半年、前三季度、同比分别增长 8.5%、7%、6.8%,分别比一季度、上半年、前三季度回落 3.5 个百分点、1.7 个百分点、0.2 个百分点,工业增速逐步回落,但回落幅度收窄。

二、产销衔接继续向好

2016 年,荆州市规模以上工业完成销售产值 2410.98 亿元,同比增长 5.94%。工业产品产销率累计 96.34%,比上年提高 0.03 个百分点,其中轻工业产销率为 96.83%,重工业产销率为 95.66%。

三、效益水平有升有降

一是主营业务收入上升。2016 年,荆州市规模以上工业实现主营业务收入 2264.67 亿元,同比增长 4.6%。公安县、松滋市、荆州区主营业务收入过 300 亿元,荆州开发区、江陵县、公安县、沙市区增幅达到两位数。福娃主营业务收入达到108.9亿元。二是利税总额下降。2016年,荆州市规模以上工业实现利税总额165.32亿元,同比下降11.14%。其中利润总额、税金总额分别为109.9亿元、55.42亿元,同比分别下降9.3%、14.5%。三是主营业务收入利润率下降。2016年,荆州市规模以上工业主营业务收入利润率4.85%,同比下降0.75个百分点。四是亏损企业亏损总额下降。2016年,荆州市规模以上工业亏损企业亏损总额2.52亿元,同比下降15.7%。亏损企业亏损面6.78%,同比下降0.77%。

四、重点领域发挥支撑

从区域上看,2016年,荆州开发区(13.3%)、松滋市(12.3%)、沙市区(10.2%)、江陵县(9.6%)、公安县(9.4%)5个县市区增速高于荆州市平均水平,洪湖市(6%)、荆州区(5.8%)、监利县(3.9%)保持个位数增长,石首市(-11.7%)负增长。从重点企业看,2016年,53家重点企业实现总产值1075.12亿元,同比增长3.2%。有43家产值同比增长,能特、中粮、葛洲坝松滋水泥、法雷奥、吉象、宏凯等企业增幅超过20%。10家产值同比下降,楚源、汉兴、四机赛瓦、雷米降幅超过20%。从主导产业看,2016年,荆州市六大主导产业实现产值同比增长6.12%,高于荆州市平均水平0.22个百分点。食品加工完成产值937.44亿元,保持两位数增长,同比增长10.82%;电子信息产业、装备制造、纺织服装、轻工建材分别完成产值198.4亿元、633亿元、223.69亿元、381.23亿元,保持个位数增长,同比分别增长9.03%、8.75%、7.6%、5.82%;医药化工完成产值291.67亿元,同比下降12.6%。有11个集群被列入湖北省99家重点成长型产业集群,数量在湖北省排名第一。集群内企业配套、协作程度不断加深,技术合作、市场共享、协同创新的格局渐趋形成。

五、转型升级步伐加快

一是轻工业快于重工业。2016年,轻重工业实现增加值同比分别增长9.9%和3.2%,轻工业快于重工业6.7个百分点。二是高新技术产业快于一般产业。2016年,荆州市高新技术产业规模以上工业企业有179家,比上年增加38家,完成增加值162.75亿元,同比增长11.3%,高于荆州市平均水平4.5个百分点,占荆州市规模以上工业增加值比重为27.1%。三是高能耗行业增长明显放缓。2016年,荆州市六大高能耗行业总产值400亿元,同比下降8.4%,占荆州市规模以上工业产值的比重下降2.5个百分点。四是企业去库存取得成效。2016年,荆州市规模以上工业企业产成品存货95.44亿元,同比下降1.9%。产成品存货周转天数为8.5天,同比减少0.7天。

六、两化融合稳步推进

2016年,荆州市共有省市两化融合试点示范企业98家,参与对标的企业近220家。菲利华、湖北车桥、福娃集团纳入全国两化融合贯标试点企业,湖北赛乐氏公司也成功申报为全国两化融合贯标服务机构。

七、产业投资持续增长

2016年,荆州市工业投资持续"飘红",增幅一直保持两位数增长。荆州市完成工业投资879.45亿元,同比增长16.9%。其中制造业完成投资794.97亿元,同比增长11.8%。电气机械和器材制造业、医药制造业、计算机、通信和其他电子设备制造业、橡胶和塑料制品业、造纸和纸制品业等行业保持40%以上增长,同比分别增长163%、96.1%、87.8%、59.2%、43.9%。高技术产业完成投资60.25亿元,同比增长84.5%,增速高于荆州市工业投资67.6个百分点。

第二节 存在的主要问题

一、经济下行压力仍然较大

一是工业增加值增速低于湖北省平均水平。2016年,荆州市规模以上工业增加值增长6.8%,低于湖北省平均水平1.2个百分点。二是市场有效需求不足。一些周期性产业缺订单的问题较突出,导致开工不足、销售不畅、库存增加。再是外需持续偏弱,出口交货值增幅已连续21个月负增长,2016年规模以上工业出口交货值同比下降18.63%。三是企业抗风险能力不强。受市场需求不足、经济下行压力的影响,部分企业生产经营规模在逐步缩小,2017年,荆州市有62家规模以上企业退库。

二、经济结构有待优化

一是过度依赖龙头企业。部分地区过度依赖龙头企业的发展,出现"一荣俱荣、一损俱损"的现象。楚源占石首市工业经济总量的1/3,2017年停产,拉低石首市工业产值增速23个百分点以上。二是产业结构单一、层次偏低。荆州市主导产业以传

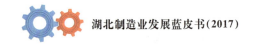

统产业为主,产业转型升级推进深度不够。洪湖市以石化装备和水产品加工为主,荆州区以石油机械、造纸为主,产业布局结构上较为单一、层次偏低,转型升级难度较大,影响了整个区域经济的发展。三是新兴产业增长点不多。2017年新增产值过亿元的增长点有175个,涉及新兴产业增长点的仅20个,占比11%,在增长方式转变上新动能不足。四是在产业布局上,重复建设的问题突出。各县市区基本上都是食品加工、轻工建材、化工医药、纺织服装等产业,同质化严重,没有实现错位发展。

三、企业经营较为困难

一是综合成本上升。2017年来原油、有色金属、铁矿石、钢材等大宗原材料成本上涨,用工、财务、环保、安全等成本持续增加,企业生产经营综合成本有增无减。2016年,荆州市规模以上工业企业每百元主营业务收入成本为88.95元,同比增加0.93元。二是部分要素制约发展。资金紧张问题仍较突出。中小企业融资难、融资贵现象仍未改观,企业"三角债"有上升趋向。2016年,荆州市工业应收账款同比增长16.9%。结构性用工矛盾突出,农副产品加工、纺织服装、机电汽配等劳动密集型产业高级技工短缺现象较为普遍。据调查,2017年综合用工成本上涨15%。部分地方用地紧张,有项目、有资金,因无用地指标,导致项目落地难。

第三节 发展的主要举措

一、加强运行监测预警分析

一是认真分析当前经济运行形势。把当前企业中面临的新情况、新问题分析透彻,找出薄弱环节,集中精力,对症下药,有针对性地解决一批突出问题。二是强化重点地区、重点行业、重点企业的监测调度,及时发现苗头性、倾向性问题,防止小事件引发大波动。三是对照2017年增长9%的目标任务,倒排进度,做到以旬保月、以月保季、以季保年,确保完成2017年目标任务。四是进一步完善经济运行监测体系,抓好40家重点监测企业直报工作,确保重点监测企业直报平台规范运行。

二、推进产业结构转型升级

坚持把新旧动力转换、提高质量效益作为中心任务。注重以绿色品牌、优质特色为引领,推动食品加工业创造新优势;以技术创新、引进嫁接为重点,推动电子信息、医药化工产业做大做强;以两化融合、产业升级为主攻方向,推进轻工建材、纺织服装、家具家居产业转型发展;瞄准新能源汽车整车及零配件产业化、集成化,推动汽车工业跨越发展;大力提升石油工程装备等产业的行业领先地位,加快形成一批创新型企业集群;推动产能过剩企业"二次创业",加快淘汰低端产能、提升中端产能、发展高端产能。

三、多措并举培植发展后劲

一是着力稳定有效投资。把重点项目建设作为稳定有效投资的首要任务抓实抓好。做好各类生产要素保障,促进项目开工、投产。确保2017年荆州市工业投资预期目标增长18%。二是抓好进规入库工作。大力实施中小企业成长工程,培育一批"专精特新"和"小巨人"企业,进一步完善新建投产企业和"小进规"申报进规目标责任管理体系。确保2017年新增规模以上企业100家。三是抓好县域经济发展。认真贯彻落实促进县域经济发展的一系列政策,支持县域工业园区和产业集群建设,培育一批特色产业和工业强县,促进县域经济转型发展、特色发展、绿色发展,在湖北省争先进位。四是抓好2017年增长点的投产出力。重点抓好2017年能特、沃特玛、汉能薄膜、葛洲坝水泥、长利玻璃、嘉施利肥业等11个新增产值过3亿元的项目的跟踪服务,协调解决项目投产运行中的煤电运要素的保障、原材料供应、产业链配套等方面的问题,促进项目建成投产、产能释放,确保新增产值达到预期。

四、推动供给侧结构性改革

从政府和企业两端发力,积极推动"三去一降一补"重点任务在工业领域取得实质性进展。落实已部署的各项任务,根据新情况新问题完善措施。继续抓好《关于促进工业经济稳增长的意见》(荆政发〔2015〕19号)和《关于降低企业成本 激发市场活力的实施意见》(荆政办发〔2016〕25号)的落实。

五、做好重大项目工程对接

力争更多项目挤进国家、省规划的"笼子"。特别是要对接智能制造试点示范工程,大力发展智能制造。对接两化融合示范工程,开展企业两化融合管理体系贯标工作,培育一批数字化车间、智能化工厂,用信息化促进传统产业转型。在新能源汽车、海洋工程装备、智能制造、生物医药、新材料、电子信息、节能环保等战略性新兴产业领域启动实施一批重大工程、重点项目并取得突破。

六、优质服务创优发展环境

一是推动市县两级"四大家"领导落实联系重点企业、重点项目制度。二是认真落实"双万"活动长效机制。继续巩固和深化"双万"活动成效,通过联席会议、现场办公、服务台帐、信息报送、督办检查、工作考核等制度,切实解决企业反映的突出问题和困难。三是认真落实重点企业、重点项目直通车服务制度。经信系统在推动落实以上三项制度中,搞好协调督办,服务工作再上新台阶。

第四节　发展建议

一、加强财政税收支持

加强财政资金对制造业的支持,重点投向制造业重大项目建设、企业技术改造和关键基础设施建设,为制造业发展提供良好的政策环境。积极帮助企业争取长江经济带产业基金、国家及省级股权投资引导基金等政府出资产业基金,充分发挥引导作用。全面贯彻落实国家、湖北省各项税收优惠政策,积极做好税务咨询和服务,引导荆州市内企业充分享受国家税收扶持政策。

二、加强资金政策扶持支撑

全面推进互联网金融、知识产权质押、众筹融资、融资租赁等金融产品和服务,建立全方位的科技金融服务体系。鼓励符合条件的企业在境内外上市或者发行企业债券,扩大社会融资。支持金融机构、龙头企业发起建立金融租赁公司、小额贷款公司、互联网金融公司等,为制造业提供金融服务。

三、优化服务环境

着力深化行政审批制度改革,实施企业投资准入负面清单、行政审批清单和政府监管清单,落实企业投资自主权,促进民间资本进入制造领域。重点清理涉及企业生产经营活动的审批事项,开展实体经济降低成本行动,全面落实涉企收费清单制度,加强监督检查问责,为企业创造宽松、公平、利于创新发展的市场环境。加强中小微企业综合服务体系建设,完善荆州市中小企业公共服务平台功能,加大对中小微企业在创业、创新、人才、管理、融资、政策等领域的服务和扶持力度。

第二十六章 十 堰 市

第一节 基本情况

2016年,十堰市规模以上工业企业955家,实现工业总产值2034亿元,同比增长12%。其中,制造业规模以上企业815家,实现工业产值1933亿元;汽车产业规模以上企业437家,实现产值1365亿元,占制造业产值的70.6%。2016年,十堰市制造业完成投资269.2亿元,同比增长14.6%。其中,汽车产业完成投资118.2亿元。

一、制造业发展情况

一是汽车产业一主独大,汽车产业占十堰市制造业比重三分之二以上,其他产业块头尚未形成骨干支撑能力;二是县域制造业占十堰市比重仍然徘徊在三分之一,虽然近年来增速较快,但对十堰市制造业的发展拉动效应不明显。

二、新兴产业发展情况

(1) 生物医药产业。生物医药产业初步形成了以湖北天圣康迪制药、神农本草、武当动物药业等为龙头,集医药科研、道地药材基地、医药生产、医药物流"四位一体"的产业发展体系。2016年,十堰市医药制造行业累计实现规模以上工业产值43亿元,占十堰市规模以上工业2.1%。

(2) 电子信息产业。十堰市汽车电子、光电子材料、电力电子、软件和信息服务业构成了十堰市信息产业的四大强势板块。有10家企业通过国家高新技术企业认定,3家企业通过省级企业技术中心认定,14家企业通过市级技术中心认定。2016年电子信息制造业完成工业总产值56亿元,占十堰市规模以上工业2.7%。

(3) 新材料、新能源产业。新材料、新能源产业主要包括水力发电、生物质、太阳能、风能发电以及电池生产等企业。新材料产业主要包括湖北精益高精铜板带有限公司、湖北万润新能源科技发展有限公司等。水电企业年产值占十堰市新能源产业产值80%以上；太阳能、风能等主要集中在郧西县、郧阳区、竹溪县等地；生物质发电企业相对较少，主要包括粤能（房县）生物质发电公司、竹溪凯迪生物质发电等企业（项目）；电池产业主要集中在十堰经济开发区，目前深圳沃特玛电池项目已在神鹰工业园投入生产，东风力神、苏州安靠及铝空气新能源动力电池项目已开工建设。

三、创新能力、两化融合、产业集聚、绿色发展等情况

（1）创新能力。截至2016年底，十堰市拥有国家级企业技术中心1家，省级企业技术中心52家；省级工程技术中心22家，省级校企共建研发中心18家，省级工业设计中心3家；高新技术企业数量达到168家。十堰市已获认定的中国驰名商标达17件，地理标志产品达30件，湖北省著名商标达97件。国家工业品牌培育示范企业2家，湖北省工业企业知识产权运用能力培育工程试点企业5家。企业科技创新和品牌建设成效显著。

（2）两化融合。2016年，新增省级两化融合试点示范企业9家，截至2017年9月，十堰市拥有国家级信息化示范企业2家、省级示范企业31家、市级示范企业31家。

（3）产业集聚。截至2016年底，十堰市商用汽车产业集群、十堰市生物医药产业集群、丹江口市汽车零部件产业集群、郧县铸锻件产业集群、竹房城镇带有机食品饮料产业集群、竹山县绿松石产业集群等6个集群列入省级重点成长型产业集群。

（4）绿色发展。2016年，十堰市万元地区生产总值能耗下降5%，继续保持湖北省第一，万元规模以上工业增加值能耗下降18.46%。化解钢铁行业过剩产能80万吨、淘汰落后产能54万吨，化解煤炭行业过剩产能36万吨、关闭煤矿6座，圆满完成国家和湖北省下达的去产能任务。

第二节　存在的主要问题

一、结构问题

从产业结构看，汽车产业一主独大，汽车产业主导十堰工业经济长达几十年，汽车特别是商用车的形势左右十堰市工业起伏的格局依然存在。具体情况如下：

(1) 汽车及新能源车产业。一是商用车市场产能过剩情况比较突出,商用车市场竞争更趋激烈;二是自身创新能力不足,零部件企业与商用车配套多、与乘用车及新能源车配套少,与二三线整车厂配套多、与一线整车厂配套少,间接配套多、直接配套少;三是新能源车产业创新发展动力不足,核心零部件中驱动电机、电控系统完全依赖外采,制造成本较高,充电配套设施严重不足制约产业发展。

(2) 装备制造产业。一是受地域条件限制很难引进更难留住中高端技术人才;二是发展领域不宽,基础装备制造优势未能得到充分发挥。

(3) 生物医药产业。一是规模小,缺乏带动性较强的龙头企业;二是研发投入乏力、公共技术服务平台较少,企业可持续竞争能力不足;二是医药行业是国内环保治理的12个重点行业之一,生态环保压力较大。

(4) 电子信息产业。一是整体发展水平不高,代表发展前沿和高端的大规模集成电路、计算机、光纤通信、数字化通信等领域几乎没有企业涉猎;二是企业信息化发展水平不平衡,多数企业信息化建设尚处于起步阶段。

(5) 新材料、新能源产业。一是规模小,产业规模不足50亿元;二是新的增长点较少,除水电企业外,其他方面新的增长点较少;三是缺乏统筹规划指导,新材料种类多,分布行业领域交叉重叠,目前湖北省以及十堰市均尚未建立完整的管理和统计体系,缺乏产业发展统筹规划和政策引导。

(6) 轻工纺织产业。一是精品名牌较少,区域竞争力尚显不强;二是纺织行业发展水平不高,产业基础薄弱。

(7) 冶金化工及建材产业。一是因淘汰化解过剩产能企业关停并转,稳增长压力大;二是亟待出台支持企业转型配套政策。国家、省对于淘汰、化解过剩产能出台相应扶持政策,但企业转型后的跟踪服务政策(如用地扶持、投资鼓励等)亟待研究和出台。

二、资金问题

(1) 中小企业融资矛盾仍然突出,银行抽贷减贷压贷及民间非法融资造成的不良影响仍然存在,自2016年至2017年9月,十堰市共有154家企业退出规模以上企业,其中一半以上企业退规与资金紧缺直接或间接相关。

(2) 企业综合成本上升较快,原材料、劳动力成本仍居高不下。调查显示:国内螺纹钢价格从2016年3月9日的均价2475元/吨涨至2017年3月9日的3852元/吨,上涨幅度达35%。

(3) 汽车零部件企业增产不增效,受主机厂家行业强势地位影响,企业货款回收周期大多需要3~6个月甚至更长(产品交付3个月以后才能正式挂账),且在产品价格上没有主动权,中小企业承受原材料成本飞涨和产品价格不变甚至下降的双重挤压,导致不少企业面临增产不增效的尴尬局面。

三、人才问题

一是人才难留住,伴随着国家人才流通领域的进一步开放,十堰市汽车人才外流现象日趋严重;二是人才难引进,受区位等方面影响,智能装备制造、生物医药、电子信息等技术密集型企业难以引进中高端专业人才;三是人才创新创业服务仍显薄弱,主要体现在政策扶持力度不大,服务、孵化平台档次不高。

四、可持续发展问题

一是十堰市在国家主体功能区定位为限制开发区域,从长远来看有利于十堰市工业的可持续发展,而从近期来看将会对十堰市的制造业对外招商、项目建设提出更高要求。二是制造业持续增长压力较大,随着商用车市场的降温以及国五标准的正式实施,国内商用车产能过剩的不利影响将会逐步显现,预计2017年年初的较快增长局势在年内难以重现,从投资结构来看,缺少大项目。三是新能源车能否成为新的增长极存在不确定因素,多数企业依赖补贴生存,自身盈利能力不足,核心零部件中驱动电机、电控系统完全依赖外采。一旦国家扶持政策有变,将会对十堰市新能源车产业提出新的挑战。更深层次的问题是,十堰市新能源车产业截至目前仍未完全突破以商用车为主的产业格局。

第三节 发展的主要举措

一、出台了相关文件

国务院、湖北省政府相继出台了《中国制造2025》和《中国制造2025湖北行动纲要》,十堰市高度重视,结合市情,聘请了工信部赛迪研究院制定了《十堰市工业和信息化发展"十三五"规划》,这也是首次采取由第三方机构为十堰市工业制定科学规划。新一届十堰市委、市政府成立以来,高度重视工业经济和信息化发展,目前,十堰市正在拟定《十堰市新兴产业培育和传统产业转型升级计划(2017—2020年)》,以十堰市工业"十三五"规划为引领,以"十三五"末十堰市规模以上工业产值突破3000

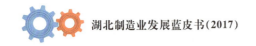

亿元为目标,明确重点企业和重点项目,重点发展汽车及新能源汽车、装备制造、电子信息、生物医药、新材料新能源、轻工纺织、冶金石化建材等7大产业。

二、提出了制造业优化升级的重点和方向

分产业制定发展路线。汽车及新能源产业方面,要强化汽车产业的主导地位,加快汽车产业的专用化、轻量化、电动化、智能化、乘用化发展;装备制造业方面,要以汽车装备制造为依托、以智能装备制造为引领,着力做大做强做宽十堰市装备制造产业;电子信息产业方面,要着力推进以工业互联网为主的电子信息产业发展,提升工业发展的信息化水平;生物医药产业方面,要充分发挥十堰的区域和资源优势,加快以中医药为主的生物医药产业发展;新材料新能源产业方面,要围绕国家新兴战略资源的开发,加快以稀有金属为主的新材料以及可再生的水能、电能、风能、生物质能产业发展,推进军民融合发展;轻工纺织产业方面,要发挥传统产业优势,以绿色发展为引领,以特色发展为路径,以品牌战略为抓手,着力推动十堰市县域工业可持续发展;冶金化工及建材产业方面,要着力推动传统冶金、化工产业的转型发展以及建材产业的循环发展。

三、推动落实的政策及工作机制

(1)加强规划引领,提升制造业经济发展水平。各大产业办要围绕各个产业做好行动规划,特别是瞄准各个产业的发展态势、重点企业、重点地区,结合十堰实际,做好项目策划、政策制定,促进招商引资和企业转型升级。

(2)加大财政支持力度,引领十堰市制造业转型发展。整合财政资金,设立转型升级专项资金,从企业技术改造、产业转型、信息化建设、绿色制造、科技创新、企业成长等方面进行鼓励,引导十堰市制造业转型升级、做大做强。

(3)创新服务方式,努力拓宽企业融资渠道。引导金融部门创新服务方式支持制造业发展;发挥财政资金杠杆作用,分产业逐步设立市级产业发展扶持基金,灵活运用市级中小企业应急周转资金缓解中小企业"过桥"难题;鼓励县市区政府(管委会)向科技型中小企业提供政策性融资担保服务。

(4)搭建服务企业的平台,提升服务水平。运用现代信息手段,搭建"企业服务直通车"平台,及时解决企业困难,为企业发展营造良好环境,保持制造业持续健康发展。

(5)加强人才引进和培育,增强企业的竞争力。鼓励企业吸引两院院士、国家"千人计划"专家等高端人才前来创建"院士工作站"等研发机构;进一步加大产学研

深度合作;弘扬"工匠精神",提升技术人才保障能力。

第四节 发展建议

一、进一步加大工业结构调整力度

围绕龙头企业,全力做好企业服务工作。为积极应对经济形势,要全力帮助引导企业做好结构调整工作,围绕汽车市场需求下降,积极引导企业提升单台汽车附加值,提升售后服务水平,根据市场需求调整车型结构,占领新一轮的产业调整高地,推动十堰市工业经济稳步增长。积极推进智能网联汽车发展,着力营造互联汽车产业新生态。加快推进智能装备制造业发展,力争在工业机器人研发应用领域取得突破。

二、发展县域绿色经济,大力推动工业可持续发展

夯实"一核多支点"战略的产业基础,全力支持县域工业发展,为实现2017年目标做出更大贡献。加快建设环丹江口库区生态经济带、竹房绿色食品加工产业集群、城区国家级生态工业园,引导企业集群集约发展。全力推进生物医药、食品加工等特色产业发展壮大,支持循环经济发展,大力发展战略性新兴产业,鼓励企业向新能源和新材料领域进军。

三、深入推动招商工作

深入研究新常态下工业转型和招商引资工作的新动向,转变招商理念,创新工作方式,以转型目标引导工业招商,以招商工作促进产业转型。由政策招商向产业链招商转型,由土地招商向优势资源招商转型,由多元招商向精准招商转型。

四、加强运行监测

充分发挥工业经济运行联席会议制度作用,完善协调沟通以及信息交流机制,

确保各相关单位形成工作合力。积极推进工业经济运行重点企业监测平台报送工作。建立并完善工业经济运行调度、监测体系,丰富运行监测手段,提高工业统计数据质量;加强重点企业运行监测,建立重点企业经济运行数据库,为监测、服务重点企业提供数据支撑。

第二十七章 孝 感 市

第一节 基本情况

一、经济实力不断增强

2016年,孝感市1281家规模以上工业企业实现增加值731.4亿元,总量居湖北省第六位,同比增长9.1%,高于湖北省平均水平1.1个百分点。实现主营业务收入2594.5亿元,增长4.5%;实现利税88.3亿元,增长6.1%;实现利润121亿元,增长—0.3%。销售收入过20亿元企业9家,过10亿元企业34家。孝感市完成工业投资855.37亿元,占孝感市固定资产投资45.0%,同比增长11.7%,投资总量居湖北省第五位(武汉城市圈第二位),增幅居湖北省第九位(武汉城市圈第四位)。

二、产业集聚效应初步显现,但产业布局不尽合理

孝感市形成25个优势特色产业集聚区,集聚规模以上企业733家,实现主营业务收入1957亿元;其中,过百亿集聚区达到7个,6个产业集群(孝感电子机械、孝感纺织服装、孝南纸品、应城化工、汉川食品、安陆食品加工)被列入省级重点培育成长型产业集群。汉川涤纶线占全国市场份额的60%,安陆小型粮油机械占全国市场份额的40%,孝南生活用纸占全国市场份额的6%。但产业布局较为杂乱,同质化现象比较突出,产业链上下游关联度不高,协作配套不够紧密,传统产品多,贴牌产品多,知名品牌少,龙头企业不突出,核心竞争力尚未形成。从区域分布看,发展也极不平衡。汉川一家独大,2016年实现工业增加值298亿元,占孝感市的40.8%;而市高新区工业增加值仅占孝感市的4.4%,大悟、孝昌分别占孝感市的3.2%、1.7%。

三、产业结构日趋合理

2016年,孝感市实现地区生产总值1576.69亿元,按可比价格计算,比上年增长7.9%。其中:第一产业增加值为281.52亿元,增长4.0%;第二产业增加值为756.40亿元,增长8.1%;第三产业增加值为538.77亿元,增长9.5%。三次产业结构由上年的17.8∶48.4∶33.8调整为17.8∶48.0∶34.2。孝感市汽车机电、盐磷化工、纺织服装、食品医药、金属制品等五大重点产业实现增加值435.80亿元,增长8.7%。

四、产业优势日益显现

孝感市11个重点产业实现主营业务收入2240亿元,占孝感市规模以上工业经济总量的86.4%,排名前三位的分别是食品饮料、纺织服装、盐磷化工,分别实现营业收入551.5亿元、427.2亿元、388亿元。2016年度孝感市"10+6"特色产业集聚区汇聚规模以上企业770家,实现主营业务收入1798亿元,占孝感市规模以上工业的70%。

五、创新能力不断提高

2016年,孝感市高新技术产业实现增加值198.8亿元,增长13.9%。新培育科技型企业122家,新认定国家高新技术企业86家(含期满重新认定的企业),高新技术企业总数达到192家。孝感市转化科技成果89项。2016年完成专利申请4299件,其中发明专利申请1732件,获国家专利授权1770件。孝感市建立各级各类企业研发机构160余个。其中,国家级孵化器1家,省级孵化器7家,其他孵化器10家,基本形成了"孵化器—加速器—产业园区"的创新体系;建立省级以上研发平台60余个,其中省级重点实验室2个,拥有省市重点创新团队57个;截止2017年9月,获得中国驰名商标15件,省著名商标127件,孝感市地理标志商标17件,知名商标66件,湖北省名牌91件,地理标志保护产品13件,长江质量奖1家。

六、两化融合水平进一步提升

大力推进信息化与工业化深度融合,编制了《孝感市两化融合发展行动计划》,积极开展两化融合试点企业评定工作;福星科技、孝棉集团等50家企业为省级两化融合试点示范企业。认真贯彻执行工信部两化融合评估诊断与对标引导工作,积极引导企业开展两化融合贯标试点,孝棉集团、大禹电气两家企业被工信部认定为信息化和工业化融合管理体系贯标试点企业。在孝感市重点企业中,大多数采用了计算机进行财务管理、成本控制,利用网络报税、上报报表等,实行了办公自动化(OA),企业两化融合综合水平得到普遍提升。

七、绿色发展取得积极成效

创建绿色示范工程,引导企业通过产品生态设计、清洁化生产、节能减排技术改造、绿色采购等措施实现绿色制造和转型升级,推荐易生新材料申报第一批绿色制造体系建设示范名单,推荐大禹电气、和天下东山资源循环利用申报2017年工业节能与绿色发展重点信贷项目,推荐易生新材料、环益化工申报2017年绿色制造系统集成项目。推动钢铁行业淘汰落后产能工作。2016年淘汰产能90万吨,通过了省钢铁行业化解过剩产能办公室验收。同时,持续深入抓好监督管控,在孝感市开展钢铁行业违规新增产能、规范建设生产经营秩序督查,先后深入钢铁企业督办检查5次,没有发生违规新增产能和已退出产能复产情形。

第二节 存在的主要问题

一、存量不优

市场主体偏小偏弱,重点骨干企业不突出,缺乏辐射力、带动力强的百亿级大企业大集团。食品、纺织、化工、金属制品、塑料制品等传统产业占比过高,达到60%以上,高新技术产业和战略性新兴产业发展不够,建材化工等部分行业还面临淘汰落后产能和化解过剩产能的风险。产业链中端加工企业偏多,面对终端消费者的知名品牌少,缺乏在国内外驰名的精品名牌产品。

二、自主创新能力弱

近年来虽然各级政府加大了投入和引导,情况有所改善,但在产学研相结合特别是技术创新方面,多数企业还基本处于被动局面。重眼前轻长远,重引进轻消化吸收再创新等现象在一些企业还比较普遍,企业间有计划地联合进行产品开发、标

准提升、技术创新活动不多。

三、研发经费投入不足

孝感市名牌产品企业传统惯性发展模式居多,新技术、新产品研发少,产品同质化现象普遍。初步调查显示,目前孝感市大中型企业有研发机构的仅占18%,研发经费支出与其销售收入之比,多年来一直在1%以下徘徊。

四、生产性服务业滞后

工业设计、现代物流、信息和计算机软件服务、金融保险、科技研发服务等生产性服务业发展相对滞后,对制造业快速发展难以形成持续的服务支撑。

第三节 发展的主要举措

一、出台对接政策

为对接《中国制造2025湖北行动纲要》,孝感市出台了《孝感市人民政府关于印发中国制造2025孝感行动方案的通知》(孝感政发〔2016〕9号,下称《行动方案》)、《孝感市人民政府关于降低企业成本促进实体经济发展的意见》(孝感政规〔2016〕1号)、《孝感市人民政府关于加快推进电子商务发展的意见》(孝感政发〔2016〕2号)、《孝感市人民政府关于印发加快智慧孝感建设行动方案(2016—2018年)的通知》(孝感政函〔2016〕31号)等一系列政策举措。

二、编制重点产业专项规划

围绕新一代信息技术、智能装备、新能源汽车及专用车、生物医药及高端医疗器械、新材料、节能环保装备和资源循环利用等6大领域,编制专项发展规划,为落实《行动方案》提供支撑。

三、建立重点领域重大项目包

已征集智能装备产业、新能源汽车产业、新一代信息技术产业等领域5000万元以上项目203个,总投资1098.8亿元。其中,湖北华中光电产业园、湖北惠商电路科技年产300万平方米线路板等7个先进制造业项目列为省委、省政府确定的重点建设项目。

四、推进信息化与制造业深度融合

加快信息基础设施建设。编制了《加快推进信息基础设施建设行动方案(2016—2018年)》,推进4G网络和光纤入户建设,2017年年底完成光网城市建设。建立100家两化融合试点示范企业,其中福星科技、孝棉集团等43家企业为省级两化融合试点示范企业。完善企业公共服务平台。充分对接企业需求,为孝感市企业提供金融服务、公共服务、政务服务、两化融合、产品服务五大核心服务,启动平台二期建设。

五、对接工信部推进"中国制造2025"五大工程

(1)在工业强基方面,征集孝感市2016年装备制造行业技术改造、工业强基重点项目,为工信部2016年行业技术改造和工业强基项目提供政策性投资方向参考目录。

(2)在智能制造方面,组织红林、红阳、万峰、德美等机器人生产企业与国家智能制造行动对接,争取纳入国家智能制造试点示范。促成湖北米婆婆生物科技股份有限公司与三江集团万峰公司签订首期150万元装箱码箱机器人全自动生产线合同,永祥粮机正在抓紧智能农机装备的研发和产业化。

(3)在绿色制造方面,加快盐磷化工等高耗能行业的绿色化改造,降低污染排放,推行清洁生产。钢铁行业淘汰落后产能90万吨。对孝南金达钢铁、云梦大展钢铁开展能耗专项检查工作,落实淘汰孝南金达钢铁5台20吨炼钢电炉。完成孝感中心城区108台(20蒸吨以下)工业燃煤锅炉淘汰及改造工作,督促云应地区39家企业按照清洁生产的要求整改到位。

(4)在高端装备创新发展方面,重点推进重型平板车、重型越野车、高档数控机床等产品。装有128条轮胎的国内最大吨位的1000吨重型平板车在三江航天万山特种车辆有限公司军民产业园成功下线。

（5）在军民融合发展方面，依托三江航天军工技术优势和重点产业领先技术，在光电子信息、装备制造、新能源等产业，推荐符合条件的企业，着手谋划建设省级制造业创新中心。

第四节 发展建议

一、突出企业创新主体地位

大力培育高新技术企业、创新型企业和科技型中小企业。推动规模以上工业企业研发机构、科技活动全覆盖，推进省级重点企业研究院建设。推动高校、科研机构与企业加强产学研协同创新，形成创新利益共同体，继续大力引进大院名校和国外创新资源共建创新载体，积极争取国家重大科技项目和重大创新领域国家实验室在湖北省落户。

二、深化科技体制改革

落实高新技术企业税收优惠、企业研发费用加计扣除政策，推动全社会加大研发投入。完善政府科技投入机制，提高软性投资比例，健全绩效评价机制。加快建设网上网下结合、省市县一体的科技大市场，搭建产学研合作、科技成果转化的信息和交易平台，推进创新链、产业链、资金链精准对接，打造具有全国影响力的科技成果交易中心。联动推进质量强省、标准强省和品牌强省建设，深入实施知识产权战略，强化知识产权法律保护。

三、大力推进产业创新

深入推进信息化与工业化、制造业与服务业融合发展，集中力量做大做强信息、环保、电子信息、高端装备制造等产业；创新产业引导扶持政策，充分发挥产业基金的引导带动作用，促进产业集群化、高端化、特色化、智能化发展；加强创新链与产业链衔接，切实推动产业创新落地。加大省级产业集聚区创新提升力度，突出核心区块建设，加快打造大产业集聚发展高地。

四、全面提升先进制造业竞争力

贯彻实施《中国制造2025湖北行动纲要》，统筹推进战略性新兴产业、装备制造业、高新技术产业发展和传统产业改造提升，培育一批具有国际竞争力的创新型龙头企业，建设一批信息科技、新材料、新能源汽车等先进制造业基地和创新中心，抢占制造业新一轮竞争制高点。以国内和国际市场引领制造业提升，提高湖北制造产品品质，打响湖北制造品牌。

五、加大企业技术改造力度

扩大固定资产加速折旧实施范围，推动设备更新和新技术应用。推进传统块状经济整治提升，坚决淘汰落后产能，切实消除环境污染、安全生产和治安隐患，加快发展成为具有稳定竞争力的现代产业集群。

第二十八章　荆　门　市

第一节　基本情况

一、工业总量不断提升

2016年,荆门市规模以上工业增加值同比增长9.7%,高于湖北省1.7个百分点,增幅居湖北省第四位,实现了"十三五"良好开局。2016年,荆门市规模以上工业主营业务收入达到3180亿元;完成规模工业产值3377亿元,同比增长9.4%,增速较2015年加快2.2个百分点;实现规模工业增加值815亿元,增加值增速9.7%,总量和速度均居湖北省第四位,处于湖北省同类城市前列。

二、七大产业不断壮大

培育壮大化工、农产品加工、装备制造、再生资源利用与环保、新能源新材料、电子信息、大健康等七大主导产业,编制完成发展规划,成立产业办公室。2016年,七大主导产业完成产值3324.7亿元,占荆门市工业的98.47%。其中,农产品加工1298亿元、化工940亿元、装备制造391亿元、再生资源利用与环保215亿元、新能源新材料210亿元、电子信息109亿、大健康158亿元。

三、转型升级不断加快

2016年,荆门市新增规模以上工业企业115家,规模以上企业总数达到1196家。产值过亿元企业585家,其中,10亿～20亿元27家,同比增加1家;20亿～50亿元13家,同比增加3家;50亿～100亿元3家(新洋丰、鄂中化工、国宝桥米),产值过百亿1家,同比均持平。荆门市高新技术企业达到232家,同比增加128家,完成高新技术产业增加值194.7亿元,增长15.1%,快于规模以上工业增加值增速5.4个百分点,高于湖北省1.2个百分点。省级以上企业技术中心、工程技术研究中心、校企共建技术研发中心31家,京山轻机、格林美分别创建国家级企业技术中心和国家级工程技术研究中心。拥有国家驰名商标12个,湖北省著名商标123件,湖北名牌80个。

四、发展后劲不断增强

2016年,荆门市新开工亿元以上工业项目184个,超全年目标计划54个;新竣工亿元以上工业项目132个,超全年目标计划12个。荆门市完成工业投资766亿元,同比增长28.4%,快于荆门市固定资产投资增速9.5个百分点,其中技改投资242亿元,同比增长25.7%。扎实推进重资产建设,策划重资产项目62个,计划投资510亿元,获批银行贷款166.7亿元,开工项目32个,完成建筑面积160万平方米。包装策划重点工业项目380个,向工信部申报"中国制造2025"重大项目105个,162个项目纳入《"中国制造2025"湖北行动纲要》十大项目包。

五、服务环境不断优化

2016年,荆门市出台降成本9条意见,为企业降低成本17.8亿元。积极争取电力直接交易,为16家企业申请直供电22亿千瓦时,节省电费开支1.5亿元。着力破解融资难题,市县两级组织开展36场政银企对接会,为606家企业解决银行贷款117亿元。其中市级举办8场,为129家企业落实贷款30.7亿元。深入开展"千名干部进千企,创优服务促发展"活动,面对面为企业解决问题3950个,其中融资20.2亿元,用工0.6万人,用地900亩。开通"荆门8718"(帮企一把)微信公众平台,构建"互联网+"思维下政企沟通新机制。组织1100家企业开展培训8场次,组织65名优秀企业家参加复旦大学CEO培训班。

第二节 存在的主要问题

一、总量不大,发展速度放缓

规模以上工业总量仅占湖北省的6.7%,工业增加值增速呈现逐年下降趋势,

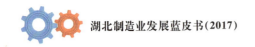

2014—2016年工业增加值增速分别为11.2%、10.6%、9.7%,2017年1—6月为9.1%。

二、结构不优,产业层级偏低

长期积累的结构性矛盾较为突出,化工、粮油加工、建材、机械、轻纺等传统产业占荆门市工业比重85%以上,其中,化工占据了近三成比重。除石化产业以外,目前还没有在全国、湖北省有影响力的特色产业集群。产业集中度不高,链条不长,以低端领域产品为主,附加值低。产品同质化竞争严重,行业内部既争夺资源,又争夺市场。

三、龙头实力不强,创新能力较弱

领军龙头企业偏少,销售收入50亿元以上企业只有荆门石化、湖北新洋丰、鄂中化工、国宝桥米4家企业,过百亿的只有荆门石化1家。本土上市企业只有京山轻机、天茂集团、湖北新洋丰、凯龙化工4家企业,税收过亿元的企业只有6家。"十二五"期间荆门市企业科研经费内部支出年均增速18.7%,比湖北省平均水平低11个百分点。

四、资源供给不足,要素制约趋紧

能源资源供给趋紧,用地指标紧缺。污染排放增加,化学需氧量和二氧化硫指标空间有限,大气PM2.5超标严重,水体质量下降,节能减排任务艰巨,资源环境的承载压力上升;企业生产成本刚性上涨,去库存化任务艰难,融资难、用工难、用地难、企业负担重等问题交织。

第三节 发展的主要举措

一、突出主导地位,营造发展氛围

(1) 营造大气场。荆门市委、市政府把工业作为"四个荆门"建设的硬支撑和主阵地,抓工业特别是制造业的决心和力度前所未有。每月召开市领导工业经济运行分析会,每季度召开荆门市招商引资和项目建设观摩会,形成了荆门市上下大抓工业、抓大工业的浓厚氛围。

（2）凝聚正能量。面对宏观经济下行压力，荆门市委、市政府坚持正面引导，凝聚发展共识，动员荆门市上下谋产业、帮企业。对企业家政治上关心，生活上关爱，发展上支持。大力弘扬尊重企业家、崇尚实业的良好风气。

（3）树立新理念。坚持聚焦发展，荆门市重点发展化工、农产品加工、装备制造、大健康、再生资源利用与环保、新能源新材料、电子信息等七大支柱产业；坚持错位发展、差异发展，每个县市区确立2~3个主导产业，在荆门市重点布局20个特色产业园区；设立七大产业发展基金，采取股权投资、阶段参股、跟进投资等方式，重点支持支柱产业发展、龙头骨干企业项目建设。

二、聚焦招商引资和项目建设，培育新的经济增长点

始终坚持把招商引资作为"一号工程"，把项目建设作为"第一位的任务"，千方百计扩大有效投资，构筑发展硬支撑。近两年新引进投资亿元以上项目920个，其中10亿元以上项目135个。长丰猎豹汽车、金泉新材料新能源动力电池、沈阳数控机床、厦门弘信电子等一批重大产业项目先后落户。

（1）转变理念抓招商抓项目。推动招商由注重招企业向注重招产业转变、由打造企业集聚区向打造产业集聚区转变、由单纯依靠优惠政策向更加注重完善产业配套环境转变、由政府主导向政府与企业联动招商转变、由单纯招商引资向招商引资与招才引智并重转变。出台促进招商引资推动创新发展政策措施49条，提振了企业家投资信心，增强了市场主体获得感。

（2）创新方式抓招商抓项目。实施产业链招商、重资产招商、与基金公司联动招商行动计划，2016年，荆门市引进投资10亿元以上的产业龙头企业及领军企业79家，带动90家核心配套企业和300多家关联企业落户；实施重资产项目62个，获批银行贷款180.6亿元，建设厂房及公共服务平台305万平方米，入驻企业140家。今年以来，引进亿元以上项目240个，同比增长42%；其中10亿元以上项目29个，同比增长70.6%。实施重资产项目56个，建设厂房及公共服务平台660万平方米。

（3）完善机制抓招商抓项目。完善项目研判评审、跟踪问效、分区入园、快速落地、统筹协调等机制，推行包联领导、项目秘书、驻点秘书"三级包联"服务，对招商引资和项目建设实行一月一通报、一季一晾晒、一季一拉练。2017年1至5月，荆门市在建亿元以上产业项目688个，同比增加119个，完成投资411.6亿元，同比增长25.3%。

三、着力供给侧结构性改革,推动产业转型

坚持把供给侧结构性改革作为应对经济下行压力的主抓手,把振兴实体经济作为供给侧结构性改革的主战场,全面落实"1+10+X"供给侧结构性改革行动方案,加快推动产业转型升级。

（1）大力实施战略性新兴产业倍增行动计划。聚焦新能源汽车、通用航空、智能制造、高端数控机床等产业,引进整车企业1家、新能源动力电池企业14家、通用航空企业11家、智能制造企业21家、高端数控机床企业12家,总投资过800亿元。2016年,战略性新兴产业产值同比增长21%。

（2）大力实施传统产业改造升级行动计划。开展"百企技改"行动,实施荆门石化油品质量升级改造等重点技改项目126个,荆门市精准调度40项重大技改项目。

（3）大力实施企业创新能力提升行动计划。深入实施创新型企业培育工程、科技成果转化工程和科技型中小企业成长路线图计划,建设院士专家工作站33个,今年共有5家省级工程技术研究中心、10家省级校企共建研发中心通过认定,增量居湖北省第一位。

（4）大力实施降低企业成本行动计划。坚持一企一策,降低企业税费成本、融资成本、人工成本和物流成本。2017年1至5月,荆门市共为企业降低成本10.34亿元。

（5）大力实施企业兼并重组行动计划。以粮油加工、磷化工等行业为重点,引进产业龙头企业对10家以上企业进行了兼并重组。强力推进磷化工、农产品初级加工、建材等过剩产能行业的转型升级与兼并重组。

四、增强服务保障,优化转型环境

（1）着力深化"放管服"改革。成立项目服务局,推行项目多评合一、多审合一、多图联审、联合踏勘、联合验收。加快电子证照库和政务服务"全市一网"建设,有序推进"互联网+行政审批"。对行政审批和政务服务事项进行全面清理,拟定"三办"（马上办、网上办、一次办）清单626项。在湖北省率先编制政府部门权责清单、监管清单,全面清理、规范中介组织收费,实行实体经济中介费用由政府购买的服务。

（2）搭建企业创新平台。建立"一所高校、一名市领导、一个部门、一个专班、一个平台"的合作机制。建成百盟慧谷、聚盛科技等15个产业孵化器、加速器。支持企业与高等院校、科研院所合作建立研发机构,鼓励企业消化使用高新技术成果。引进软通动力、中兴发展等互联网龙头企业,开展"机器换人"和"电商换市"试点示范。

（3）着力保要素。建立企业用工动态监测机制，对缺工大户实行"一对一"包联，通过开展多种形式的招工活动，有效地缓解了企业的用工难情况。积极争取电力直接交易，2016年为16家企业申请直供电22亿千瓦时，节省电费开支1.5亿元。着力破解融资难题，市县两级组织开展36场政银企对接会，为606家企业解决银行贷款117亿元。其中市级举办8场，为129家企业落实贷款30.7亿元。深入推进"进百企、解难题"活动，市领导深入32家企业现场办公，帮助解决难题68个。

第四节 发展建议

一、强化项目支撑

围绕七大主导产业，狠抓招商引资和项目建设，努力扩大工业有效投资。强化产业链招商，力争引进投资50亿元以上的工业项目5个以上。加快重大项目建设，推进281个亿元以上工业项目建设，力促120个项目投产，力争工业固定资产投资增长25%以上。特别是抓好"十大重点项目"，即投资50亿元的长丰集团"猎豹"SUV15万辆整车生产项目、投资25亿元的金泉新材料储能动力锂电池项目（二区）、投资20亿元的钟祥装备制造产业园重资产项目、投资32亿元的万华集团农作物秸秆综合利用项目、投资15亿元的泰富重装沙洋生产基地项目、投资12亿元的荆门石化年产280万吨重油催化裂化装置项目、投资12亿元的国安新能源电机及电控项目、投资27亿元的格林美城市矿产资源循环产业园项目、投资10亿元的东宝电子线路板产业园项目、投资10亿元的京山智能制造产业园项目。

二、强化产业升级

一是调结构。加快通用航空、智能装备制造、大健康、再生资源利用与环保、新能源新材料、电子信息等战略性产业发展，力争战略性新兴产业增加值增长20%以上。二是抓技改。围绕两化融合、节能降耗、质量提升、安全生产等领域，建立清单管理制度，实施"百企技改"行动，重点推进荆门石化280万吨重油催化裂化装置等技改项目126个，打造技改示范企业20家，力争全年技改投资达到320亿元。三是促重组。坚持"政府引导、企业主导、市场运作"和"转型升级、做大做强"原则，鼓励产能过剩企业和困难企业"找帅当兵"，重点加快东光电子与中船重工重组步伐，支持骨干企业"举旗当帅"，走出去并购重组，打造大企业、大集团。四是去产能。对于连

续多年亏损,产品确实已经没有市场,没有企业看中又严重资不抵债的企业,依法破产清算,实现"腾笼换鸟"、市场出清。

三、强化园区配套

加强园区基础设施建设,配套学校、医院、商业等公共设施,构建研发设计、综合物流、公共检验检测和金融服务平台,完善园区功能。对新入驻企业、新上项目,严格按照功能分区入园,实现产业集聚集群发展,力争荆门市重点工业园区总产值突破 3000 亿元。深化"园办一体化"改革,推动行政审批和中介服务机构到园区集中办公,实行一站式服务。加大重资产建设力度,确保全年开工建设 600 万平方米厂房,力争开工建设 1000 万平方米厂房,吸引一批龙头企业"拎包入驻"。

四、强化服务保障

一是降低成本。扎实开展降低实体经济企业成本行动,切实打好"组合拳"。2016 年全年力争降低企业综合成本 80 亿元。二是拓展市场。加大政府采购力度,使更多本市名优产品进入政府采购体系。一方面,分行业组织召开本地产品供销对接会议,帮助企业开拓本地市场。另一方面,创新营销模式,鼓励企业树立互联网思维,推广电子商务等营销模式,大力开展网上营销活动,扩大市场占有份额。三是抓好融资。推动政银企深度对接合作,争取各商业银行给予荆门更多的信贷资源配置,扩大直接融资规模,力争 2016 年全年新增 1 家以上企业在主板上市,20 家以上企业在"新三板"挂牌。扩大债券发行规模,力争荆门市总发债规模不低于 40 亿元。实施"特色产业链＋产业互联网＋基金"发展模式,抓好项目策划和跟踪对接,切实发挥各类基金的作用,对接并参与长江经济带产业基金建设,做大产业发展母基金;拓展子基金种类,围绕七大主导产业链条,构建政府引导、基金参股、特色鲜明的基金投资体系,为企业从种子期到卓越期提供优质资本服务。

第二十九章 鄂 州 市

第一节 基本情况

一、制造业发展情况

2016年,鄂州市制造业投资达到209.43亿元,同比增长29.2%。规模以上工业增加值增长8.6%,产业结构持续优化,以电子信息、先进装备制造、生物医药、新型建材为代表的新兴产业平均增长16.3%,在鄂州市工业中的占比提升至19.8%,同比提高1.8个百分点。高技术制造业投资增速加快,2016年鄂州市完成高技术制造业投资39.7亿元,同比增长20.0%,高于工业投资增速7.8个百分点。其中,医药制造业增长较快,同比增长91.9%。冶金、建材、能源等传统高能耗产业占比不断下降,从2015年同期的45.62%降至2016年的41.34%,占比降低4.28%。

近年来,鄂州市加快了推动传统制造业改造升级步伐。湖北恒基重工此前遭遇去产能和矿山开采市场换档调整的不利因素,面对产值、利润下降40%的困境,累计投入300多万元从国外买进液压圆锥破碎机,根据客户需求优化部分技术参数,开发出了单缸和多缸两个系列的液压圆锥破碎机产品,一举扭转企业颓势,成功完成时间过半任务过半的2016年年初既定目标。枫树线业最新投入的智能化高端缝纫线制造基地项目于2016年下半年开工,通过建设全数字化车间、智能化生产线,走出了传统产业两化融合的实质性步伐。鄂州市燕矶镇金刚石产业经过多年发展,通过兼并重组和联合发展,成立了湖北博创新型超硬材料技术创新中心有限公司,主要从事金刚石相关技术的研发、推广、应用和金刚石原材料及产成品技术检测、化验,将产业集群由单一的加工制造转向研发服务。鉴于鄂州市在推进制造业转型升级取得的积极成效,在2016年7月20日召开的湖北省工业经济形势分析会上,湖北省政府安排鄂州市做了工业"动能转换、换道超越"的典型发言。

二、新兴产业发展情况

实施制造业创新中心组建行动计划。对接工信部、湖北省经信委支持制造业创新中心建设的有关政策,依托有关行业核心企业,积极建设制造业创新中心,开展行业协同开发,实现行业开放共享。一是组织医药行业以爱民药业为主体、依托湖北李时珍药物研究有限公司,组建了"现代中药创新集群与数字制药技术创新中心",于2016年11月8日注册。正在引进健民、马应龙、中联集团四药等省内10多家优势企业建设国家级中药创新中心,增加注册资本至1.5亿元左右。下一步还将引进中国药科大学、上海药物研究院、武汉大学、浙江大学等院所的技术资源支撑。二是组织金刚石刀具行业,依托鄂信钻石组建湖北博创新型超硬材料创新中心。该中心于2017年1月10日注册,目前由鄂州市11家企业共同出资,注册资本1亿元人民币。下一步将引进郑州磨具磨料磨削研究所和中国地质大学(武汉)的资源支撑。三是正紧密跟踪华中科技大学机器人研究院和武汉大学人工智能研究院。积极谋划组建人工智能和数字医疗设备及产业创新中心,抢占新兴领域制高点。

三、创新能力情况

鄂州市坚持"五大理念",突出创新驱动,完善制造业创新体系,推进产业高端化。一是出台创新政策。2016年4月,市委、市政府召开了科技创新大会,出台了《关于加快科技创新的若干意见》。安排6亿元作为科技引导基金,安排5000万元设立科技型企业续贷周转资金,安排3000万元设立科技型企业资金池,安排2000万元设立科技型企业贷款贴息资金。二是激发创新活力。充分发挥鄂州华中科技大学工业研究院等平台的创新能力,引导专家团队与市内企业开展合作,同时加大与省内相关院校的"产学研"对接力度,加速成果转化,多渠道、多举措、共同发力,每年推出30～50个工业新产品。鄂信钻石与韩国合资开发的晶体排列金刚石刀具切割效率提高50%、增加寿命1.5倍,达到世界先进水平;汉衍新材料开发的微米级超纯铁粉填补了国内空白。三是引进创新平台。鄂州市高度重视科技创新工作,通过跟踪协调华中科技大学、武汉大学、中国地质大学(武汉)等一批高校、科研院所,促成一批战略合作重大项目落户落地生根。目前,华中科技大学工业研究院已落户鄂州,华中科技大学机器人及智能制造创新中心、武汉科技大学铁基功能材料研发中心、武汉轻工大学智能粮机研发中心等创新平台正在筹备;引进了华中科技大学谢庆国、曾小雁、韩宏伟、尹周平、张胜民、宋恩民、丁明跃等35个高校创新团队,启动了PET-CT、五轴联动激光装备、全印刷介观太阳能电池、机器人及智能制造、硅基人工关节材料、乳腺超声成像技术及产业化等43个国际先进产业化项目。

四、两化融合情况

一是组织开展企业上云。起草《百家企业上云行动计划》，对2017年两化融合工作进行总体部署和全面安排，确定工作目标和工作重点，指导工作开展。目前，514家企业已经录入航天云网。二是推进两化融合试点示范。湖北省经信委公布2016年度省级两化融合试点示范企业名单，鄂州市有6家成功入选，总入选数达到26家。三是组织优秀企业申报两化融合试点示范项目。根据省经信委统一安排部署，推荐顾地科技股份有限公司申报国家级两化融合贯标试点企业并申报成功。截至2016年底，鄂州市共有2家国家级两化融合贯标试点企业。四是鼓励引导企业两化深度融合。根据省经信委通知要求，先后3次组织鄂州市多家省级两化融合试点示范企业参加湖北省两化深度融合试点示范企业培训班暨评估诊断和对标引导辅导班培训。听取专家授课，学习华为公司、航天云网等优秀企业先进信息化经验。

五、产业集聚情况

目前，鄂州市有5个重点产业集群，分别是生物医药、金刚石刀具、工程塑胶管材、重型机械制造、绿色农产品加工产业集群等。一是集群规模不断壮大。各集群基本形成了有一定规模的产业基地、有较强带动力的龙头企业、有较完善的产业链、有较丰富的产品体系的良好态势。2016年度，鄂州市5个重点集群企业达到253家，实现销售收入498.4亿元，实现工商税收14.4亿元。二是创新能力不断提高。拥有金刚石刀具和金属成形装备2个省高新技术产业化基地，17个省级以上技术中心，20多个省级以上技术研究机构。高新技术企业15家，专利技术300多项，产学研合作项目38项。三是集群影响不断提升。鄂州市产业集群荣获多项国家级行业特色区域荣誉称号、中国驰名商标、省级名牌和省级著名商标。市场占有率明显提升，产品销售网络覆盖全国各地，海外市场不断开拓。葛店开发区经国家工商总局批准注册"中国药谷"商标，被国家发改委认定为武汉国家生物基地核心区。鄂州被誉为"中国金刚石刀具之乡"，燕矶镇被誉为"中国金刚石刀具第一镇"。

六、绿色发展情况

鄂州市通过鼓励资源综合开发利用，支持企业积极开发推广新技术、新工艺、新设备，加快高污染、高耗能行业和企业的技术改造，淘汰限制落后生产能力。重点推进了鄂钢5号高炉热风炉改造、鄂州发电抑尘网、世纪新峰节能中心、顺合脱硝SCR装备等12个节能降耗和资源综合利用项目，推广鄂州发电烟囱电动提升翻模工艺等一批清洁生产技术。

第二节　存在的主要问题

一、结构性矛盾仍然突出

制造业结构依然偏重，冶金、建材、能源等高耗能产业增加值占比超过40%，钢铁、水泥等产能利用率不足60%，相关行业发展困难。产业层次偏低，鄂州市大部分企业仍然停留在中低端制造领域，产品的档次不高，高新技术企业只有66家，只占民营制造业的15%。技术服务、职工培训、融资服务等生产性服务业发展仍显不足。

二、创新驱动力不足

鄂州市创新投入强度为1.02%，低于湖北省平均水平（1.9%）。创新人才不足，行业性协同创新模式处于探索阶段。工业设计能力不足，仅有鄂丰模具一家省级设计中心。

三、两化融合还有待深化

大部分企业对两化融合的认识不足，信息化建设投入不够。大部分企业信息化处于单项应用阶段，SCM（供应链管理系统）、PLM（产品生命周期管理系统）等集成应用不够。机械行业的数控装备不足30%，智能生产模式还处于探索阶段。

第三节　发展的主要举措

一、制造业优化升级的重点和方向

2015年以来，按照鄂州市委、市政府的安排，以《中国制造2025》及《工信部2015

版技术线路图》为指导,全面收集整理了现有的项目储备,并围绕顺丰机场落户认真研究临空产业发展趋势,起草完成了《中国制造 2025 鄂州行动方案》,鄂州市政府于 2016 年 4 月份印发。该方案共分指导思想、基本原则、行动目标、行动方向和典型载体、主要任务、保障措施和推进机制等 6 个部分,从产业结构、创新能力、质量品牌、绿色发展、两化融合等 5 个方面,提出了 15 项指标;明确了新一代信息技术、生物医药及高端医疗器械、机器人及高端智能装备、航空航天装备、新材料、新能源汽车和智能网联汽车 6 大类(20 个重点领域)作为主攻方向。

二、相关政策及工作机制

一是制定《鄂州市加快推进传统产业改造升级实施方案》。为贯彻落实省人民政府《关于加快推进传统产业改造升级的若干意见》(鄂政发〔2016〕82 号)文件精神,起草完成了《鄂州市加快推进传统产业改造升级实施方案》,鄂州市政府于 2017 年 4 月印发。该方案提出了改造提升一批、产业转型一批、关停重组一批、龙头带动一批等四大主要路径,确定了支持企业技术创新、支持装备改造和信息化改造、支持产品提档升级、支持企业兼并重组等十大政策措施。二是实施"百家企业技改工程",补齐制造业短板。鄂州市连续两年制订了百家企业技术改造行动计划。计划连续四年滚动推进 500 家企业、投入技改资金 500 亿元,同时开展百家企业走校进所和百家企业上云活动,出台了 10 项具体、可操作的政策措施,进一步加大了奖补力度。三是出台《鄂州市工业技术改造专项扶持资金管理办法》(鄂州经信发〔2016〕18 号)。2016 年,为鼓励技改项目加快达产投产进度,增强工业经济支撑能力,鄂州市在财政预算内安排 700 万元财政专项资金对 24 个工业技改项目进行了扶持。

第四节　发展建议

一、加强产业规划对接

以"中国药谷"、武汉光谷生物城为依托,积极加强与武汉市大专院校、科研院所和重点企业的联合,重点发展生物医药、生物农药、生物兽药、基因工程药物和新型疫苗,巩固发展中药、西药、生物制剂、医药中间体等传统医药领域,以生物工程为突破口,大力培育生物农业、生物能源、生物环保的研发和产业化。

二、协同拓展产业发展领域

大力发展高性能数控系统、大型精密机床、激光成套设备、模具铸造、汽车零部件等自主和规模化发展的高端装备制造产业。

三、加大支持力度

建议湖北省经信委进一步加大制造业创新中心建设力度，加大长江经济带产业基金的运作力度，大力扶持新兴产业发展，支持优势传统产业改造升级。进一步强化人才支撑。推动技能人才培训网络平台、技能人才培训示范基地建设，引导省内高校、职业技术院校、技工学校开设先进装备制造业专业课程，与企业合作培养人才。

第三十章 黄 冈 市

第一节 基本情况

一、工业主体成长加快

2016年,黄冈市规模以上工业企业达到1497家,完成总产值2008.5亿元,同比增长7.2%;规模以上企业数比2011年的783家净增714家,年均增长140家以上。麻城、武穴、黄梅、红安、浠水、黄州区、蕲春等7个县市区规模企业数突破100家。产值过亿元企业567家,比2011年的256家翻了一番多,共完成产值1582亿元,占工业总产值78.8%,拉动黄冈市工业经济增长8个百分点,其中461家企业实现增长,153家企业增幅超过20%。从规模结构看,过10亿元企业15家,完成产值358.8亿元,占总产值的17.9%;5亿~10亿元企业36家,完成产值232.3亿元,占总产值的11.6%;其中,中粮粮油(27.4亿元)、李时珍医药(26亿元)、九棵松工贸(13.9亿元)、雄陶陶瓷(12.5亿元)、鸿路钢构(11.2亿元)等龙头企业,继续保持高基数上两位数增长。

二、工业投资力度减弱

2016年,黄冈市在建工业项目1003个,同比减少172个,下降14.6%;新开工项目643个,减少29个,下降4.2%;黄冈市完成工业投资681.12亿元,同比下降0.1个百分点,低于黄冈市固定资产投资增速13.5个百分点。技术改造增添创新动力,一批企业通过实施技术改造,不断降低生产成本、提高市场竞争力,逐步摆脱困境、增强活力,实现创新发展。2016年,规模以上工业企业共新上技术改造项目600个,年新增产值150亿元左右,成为工业稳增长的新动力。如市区行星传动投入1.5亿元,一次性购进德国、日本30多台套高端设备,开展非圆齿轮传动系统等5项技术攻关,自主研制开发行星齿轮减速机系列产品18项,成功打入中联重科、三一重工等重工巨头,产品应用在奥运鸟巢、北京地铁等重大工程上,以及机器人、雷达、航天发射平台等高精尖领域中,实现产品结构转型的巨大飞跃。麻城博林机电投入1200余万元,开展技术改造和设备更新,先后购进20台(套)数控机床和国内先进的精锻加工设备,工作效率提高一倍,用工由90人减少到60人,产量增加20%以上。麻城仁奇科技投入6000万元,新上4条先进生产线,开发手机曲面触屏,价格由普通产品的12元/片提高到30元/片,并成功打入华为、小米、OPPO等知名手机厂商,2016年实现产值2.3亿元。

三、产业结构不断优化

2016年,食品饮料、纺织服装、医药化工、建筑建材、机械电子等五大主导产业发展稳健,共完成产值1397亿元,其中食品饮料完成产值328亿元,比2011年(151亿元)增长116%;医药化工完成产值247亿元,比2011年(146亿元)增长69%;纺织服装完成产值238亿元,比2011年(147亿元)增长62%;建筑建材完成产值379亿元,比2011年(175亿元)增长160%;机械电子完成产值202亿元,比2011年(165亿元)增长23%。黄冈市培育各类产业集群31个,成员企业2600多家,其中,华夏窑炉、武穴医化、蕲春医药、麻城汽配、大别山食品饮料、鄂东纺织服装、团风钢结构等七大特色产业,进入湖北省重点成长型产业集群行列。这七大省重点成长型产业集群已覆盖了10个县市区。

四、企业素质稳步提升

2011年,湖北远东卓越科技股份有限公司(以下简称"远东股份")在天津股权交易所挂牌,实现了黄冈企业在资本市场上零的突破;2012年,湖北天丰在上海股权托管交易中心挂牌,2013年11家企业在场外市场挂牌,2014年,兴和股份、宏源药业在新三板挂牌,49家企业在四板挂牌。2015年怡莲阳光、龙辰科技等10家企业结对荣登新三板,新三板挂牌企业达到12家,位列湖北省第二。2016年,又有远东股份、天雄科技、大二互等6家企业,成功登陆新三板,黄冈市累计达到18家;同时,在武汉、深圳和上海等四板市场,累计成功挂牌及展示335家;通过上市累计实现融资35亿元。如罗田宏源药业储架融资2.6亿元,其股票9月中旬因扶贫新政即将申报IPO,涨幅几近90%,被股转系统紧急停牌。黄冈市区兴和股份两轮做市融资7000万元,间隔不到半年,股价增幅实现翻番。远东股份采取协议转让、债转股、并购、定向增发、股权质押等方式,累计融资近2亿元。龙感湖鲁班药业根据募投项目和企业发展需要,伴随融资已进入第三轮。重点培育了一批制造业信息化示范企业,其中贵族科技、怡莲阳光、黄冈伊利乳业、祥云化工、三环气门、蕲春钢板弹簧等6家企业,被列为省科技厅评定的制造业信息化示范企业;兴和股份、纳福传动、金马玻纤、祥云化工、贵族科技、怡莲阳光、黄冈伊利乳业等13家企业,先后被列为省经信委评定的省级两化融合示范企业;48家企业被列为我委评定的市级两化融合示范企业。

五、转型升级步伐加快

(1) 一批高科技项目改造,打造黄冈经济升级版。根据2016年黄冈市工业和技术改造投资导向计划,在建和拟开工实施的高科技项目67个,工艺或产品技术达到国内先进或领先水平。

(2) 一批名新特产品开发,助推企业做大做强。近三年来,黄冈市新增湖北名牌产品32个,中国名牌工业产品2个(广济药业维生素B2和梦丝家蚕丝被),中国驰名商标1件(塞尚服饰),著名商标11件,地理标志产品8个。其中,湖北名牌产品数量位居湖北省第四位,名牌企业数列第五位,高于湖北省平均数量。

(3) 节能减排转型。黄冈市有1/3的规模以上工业企业,通过增加资金投入,实施环保治理和废旧资源利用,实现源头控制、减少排放,扩大了生存空间。

(4) 管理创新提质。面对各项成本费用加大的现状,众多企业通过实施不同重点的管理创新挖潜,有力地促进了提质增效。据统计,黄冈市企业主导或参与制(修)订国家、行业、地方标准35项,企业产品采用国际标准和国外先进标准40项;有620家规模以上工业企业,成功通过ISO9001国际质量管理体系认证,占总数的42%。

(5) 市校合作力度加大。围绕企业技术攻关、高校成果转化,深入开展"千企联百校",黄冈市345家规模企业开展校企对接,建立科研平台41个,完成成果转化12项,培植高新技术企业109家,申请专利1100余件,15家纺织服装企业与武汉纺织大学合作,成立"黄冈市纺织服装技术创新联盟",解决各种技术难题28个,成为行业发展跳板和平台。

六、两化融合取得新的成效

近年来,黄冈市委、市政府积极探索和实践新型工业化的道路,坚持以工业化带动信息化,以信息化促进工业化,大力推进信息化与工业化融合,着力推动信息技术的全面渗透、广泛应用和综合集成,取得了一定的成绩。2017年3月,湖北省两化深度融合试点示范企业培训班暨评估诊断和对标引导辅导班会议在黄冈召开。根据工信部和湖北省关于两化融合专项行动计划(方案)工作部署和要求,积极做好黄冈市两化融合管理体系贯标试点企业推荐工作,在黄冈市范围内开展企业两化融合评估诊断和对标引导工作,已组织近100家企业在网站上报分析。一是按照试点先行、典型引导的办法,推动传统产业转型升级,截至2017年9月,黄冈市37家企业被评为"省级两化融合示范企业",41家企业被评为市级两化融合示范企业。黄冈市湖北科峰传动设备有限公司、湖北迅达药业股份有限公司被评为2017年湖北省智能制造试点示范企业。二是按照市校合作、转化成果的思路,培育了一批新兴产业,行星传动、和越机器人等一批智能制造企业迅速壮大。目前,正积极准备申报2017年省级两化融合试点示范企业。三是按照顶层设计、逐步实施的路径,2016年,黄冈市引进浪潮集团投资16亿元建设黄冈市云平台,将打造"智慧黄冈"新一代云计算中心,建设政务云平台、电子商务平台、大数据创客创新中心、大数据交易中心,为推进智慧黄冈建设,带动黄冈大数据产业发展,加强制造业与互联网深度融合,建设企业工业云平台提供有力支撑。

第二节 存在的主要问题

一、市场疲软的压力

国内市场产能过剩、需求不足,部分企业订单下降、开工不足、库存增加,现有产能得不到充分发挥。黄冈市共有440家企业减产,占规模企业总数29.3%,共减少产值43.7亿元;产成品存货达到73.8亿元,同比增长1.5%,占销售产值3.8%,销售不畅的问题较为突出。同时,一部分企业产能闲置,黄冈市工业产能利用率不足75%。如团风钢构受产能过剩的影响,虽年加工能力有160万吨,但实际生产仅110万吨,从业人员由1.2万人流失到9000多人。大别山电厂受用电量下降的影响,2016年只有1台机组投入生产,产值同比下降17.4%。麻城博林机电,因市场容量有限、竞争激烈,产品价格平均下降3%~5%。黄冈市区大二互反映,下游客户压款严重,应收账款达到5000万元,占销售收入的50%左右。

二、转型升级的压力

转型升级主要面临三重压力。首先,企业不大。黄冈市规模以上工业企业,户平均产值只有1.34亿元,低于湖北省2.99亿元的平均水平,其中亿元企业只占企业总数37.8%,10亿元以上的企业仅占1%,导致黄冈市工业虽有转型的需要,但却无转型的实力。其次,产业不强。在五大支柱产业中,纺织服装、医药化工、建筑建材都属于传统产业,占黄冈市工业总量的80%。这些产业劳动密集程度高、环境资源消耗大,发展方式较为粗放,产品缺乏核心竞争力。如建材产业中的陶瓷行业,由于能耗高、污染大、产品低端,在巨大的转型压力下,近年来全面下滑。蕲春20家重点陶瓷企业,产品均价降低10%,销售额下降20%以上,其中中瓷万达,库存达到4000万元,超出常规2500万元,基本接近停产边缘。第三,创新不够。企业研发经费比重偏低,对新技术、新成果的运用不多,产品科技含量不高,没有大品牌的支撑,缺乏强劲的创新发展能力。黄冈市高新技术企业为185家,占工业企业总数9.2%;股份制改造的企业只有179家,仅占规模以上工业企业的12.3%。据黄冈市区规模企业抽样调查,有科技研发活动的企业53家,占企业总数的46%。因此,创新发展水平偏低日益成为黄冈工业转型升级的重大制约。

三、成本上升的压力

受煤炭、钢铁等大宗商品价格回升的影响,部分企业原材料价格急剧上涨。从原材料价格看,煤炭价格从500元/吨上涨到750元/吨,上涨幅度达50%;钢材平均价格从3000元/吨上涨到3500元/吨,上涨幅度达17%。市区雅比纺织,染料价格上涨10%,棉纱价格上涨8%,如企业使用的红色染料,由32元/千克上涨到38元/千克,环锭纺由1.7万元/吨上涨到2.2万元/吨。麻城佳锦纺织,由于石油价格上涨,原材料涤纶(石油副产品)价格,由7000元/吨上涨到8000元/吨。同时,企业普遍反映,尽管国家出台阶段性降低社保缴费比例等政策,但"五险"仍占工人工资40%左右,且社会平均工资连年上涨,缴费政策缺乏灵活性,导致用工成本居高不下。

四、要素制约的压力

当前,要素的最大制约是资金运转和人才引进。首先,从资金运转看,金融机构惜贷、抽贷、限贷现象严重,部分银行多收少贷或只收不贷,贷款手续繁琐、审批时间长、贷款期限短、高利率等新老问题,犬牙交错,制约成网,迫使企业铤而走险,进行民间融资、过桥拆借,担负着高额的费用和巨大的风险。黄冈市工业贷款余额156.36亿元,只占贷款余额13.57%,远不能满足实际需求,致使部分企业因资金问题陷入严重的生存危机。其次,从人才引进看,由于黄冈市受城市综合竞争力不足的影响,人才"引进难、留住难"成为制约企业发展的重大因素,并且加重企业用人成本。

第三节 发展的主要举措

一、对接《中国制造 2025》出台相关文件

（1）关于印发《黄冈市 2017 年"双百"项目行动实施方案》等四个实施方案的通知（黄四组发〔2017〕1 号）；

（2）黄冈市委办公室、市政府办公室《关于加强黄冈市投资和重大项目工作通知》（黄办发〔2017〕9 号）；

（3）黄冈市全面深化改革领导小组《关于印发推进供给侧结构性改革五大任务总体方案》及各专项方案的通知（黄改组发〔2016〕13 号）。

（4）市人民政府《关于实施招商引资"一号工程"的意见》（黄政发〔2017〕7 号）。

二、黄冈市制造业优化升级的重点和方向

黄冈市将继续以推进两化融合为牵动，立足现有的五大主导产业，以构建全产业链、集群发展为重点，育龙头、重创新、强载体、优环境，着重做好以下几方面工作：

（1）升级传统产业。重点抓好食品加工、建筑建材、纺织服装三个传统产业的升级。食品加工产业要以粮油、畜禽、果蔬、茶叶精深加工以及国家地理标志产品开发为基础，以乳品饮料、保健性饮料、功能性饮料发展和安全、有机、营养、方便、休闲食品开发为重点，引进和依托龙头企业、品牌企业加快产业整合与升级，提高食品加工业发展水平。建筑建材产业要将传统企业向具有绿色建筑研发能力、掌握装配式建筑技术的现代建筑企业转型，着力构建以科技为导向、以设计为龙头、以工程为纽带、以材料为基础的现代建筑建材产业体系。纺织服装产业要全面提高纺织服装企业创意设计和新型纺织材料研发能力、印染后整理技术和工艺水平；大力发展家用、医用、产业用纺织品；加快建设国家废旧纺织品循环再利用产业基地，构建纺织服装行业绿色循环发展体系，推动纺织服装产业加快发展和转型升级。

（2）壮大优势产业。重点抓好森工家具、医药化工、汽车及零配件、装备制造四个优势产业的壮大。森工家具产业要重点引进和支持龙头森工、家具企业发展，以林浆纤一体化为基础，以绿色环保家具、厨具、地板、装饰材料为重点，提高森工家具品牌化、集约化发展水平；医药化工产业要加快培育大健康产业，统筹推进医疗服务、医药保健产品、营养保健食品、医疗保健器械、休闲保健服务、健康咨询管理等生

产和服务产业加快发展。重点发展现代中成药物、保健性中药、生物技术药物、化学创新药物,突破性发展卫生材料、医疗器械、制药机械。着力提升精细化工综合利用、精深加工、循环发展水平;汽车及零配件产业要以壮大汽车零部件模块化研发制造产业链、提升总成及关键零部件整车配套能力为重点,推动传统汽车零部件产业高端化发展。以引进纯电动汽车、插电式混合动力汽车、燃料电池汽车等新能源汽车整车以及关键零部件企业为重点,突破性发展新能源汽车产业;装备制造产业要加快发展农业机械、森工机械、医疗机械、工程机械、机电装备等机械制造产业,推动窑炉产业向绿色窑炉装备制造业转型发展,突破性发展智能制造、轨道交通、应急救援等高端装备制造业。

(3) 培育新兴产业。重点抓好新能源和新材料、节能环保、电子信息三个新兴产业的培育。新能源和新材料产业要大力发展光伏发电、风力发电、沼气发电、生物质发电等新能源产业,突破性发展高端金属材料、先进高分子材料、无机非金属材料、高性能复合材料、新型建筑结构材料,着力培育新能源新材料产业;节能环保产业要加快发展污水处理、生活垃圾处理、烟气脱硫脱硝、工业污染治理等节能环保服务业,突破性发展节能降碳和清洁能源装备、环保技术装备、资源循环利用装备、节能环保新材料等产业,大力培育节能环保产业;电子信息产业要加快电子材料、电子元器件、电子机电、计算机配套及耗材向规模化、高端化、品牌化发展。依托中国光谷·黄冈科技产业园,着力打造电子信息产业集群。按照"整机＋配套、生产＋研发、硬件＋软件"等模式,加快培育云计算、物联网、新显示、新媒体,加快应用新一代信息技术,加快培育电子信息技术产业。

三、推动落实《中国制造 2025》的政策及工作机制

黄冈市推动落实《中国制造 2025》主要政策分别有:促进招商引资的八条措施;扶持企业创新发展的五条措施;降低企业成本的五条措施;金融支持实体经济发展的六条措施;促进招商引资高层次人才引进的八条措施;加快现代职业教育发展的四条措施;促进新经济发展的五条措施;加快新能源汽车产业发展的五条措施。

第四节 发展建议

一、抓谋划推进

围绕湖北省"千企千亿"技改工程,精心谋划科峰传动 10 万台套精密行星减速

机、索菲亚工业4.0智能化生产线、兴和股份装配式变电站、马勒三环"机器换人"等140个投资1000万元以上的重点技改项目,计划总投资168亿元;2017年计划投资65亿元。

二、抓目标督导

根据当前形势的变化,将工业增长速度,工业投资增速、工业投资占全社会固定资产投资的比重、制造业投资占工业投资的比重、民间工业投资占工业投资的比重五个指标,纳入黄冈市委、市政府对各县市区的考核,进一步强化目标导向。同时,对照各项目标任务,加强对重点地区、重点行业、重点企业的监测调度,继续实行一月一调度、一月一分析、一月一通报的工作机制,针对工业增速、工业投资下滑较大的县市区,派出工作专班实地开展督查,进一步传递压力、强化调度。

三、抓项目推进

围绕传统产业改造升级、战略新兴产业培育,黄冈市确定50个重大工业项目,建立市级领导领衔推进机制,其中市区20个,其余每个县市区3个。针对项目推进的具体情况,逐一制定路线图、时间表、任务书,实行定时、定项、定向调度,着力解决项目建设过程中规划、用地、环评、环境等问题,促进一批重大项目早建设、早投产、早达效。

四、抓政策扶持

抓紧出台工业倍增计划,并围绕建立产业投资基金、鼓励企业扩大投资、激励企业做大做强、推进产业园区建设等方面,实施系列实打实、硬碰硬、看得见、摸得着的激励措施,在当前"双过半"和全年稳增长、保目标的关键时刻,打出政策扶持的"组合拳",以提振企业信心、引爆创业发展,并使之成为黄冈工业倍增的强大动力。黄冈市政府每年安排中小企业技改资金300万元支持市区传统产业转型升级改造;麻城市设立1亿元产业发展基金,蕲春县每年安排专项资金1000万元、黄梅县每年安排1200万元、英山县每年安排专项资金200万元主要用于支持企业改造升级、招商引资、企业进规、企业上市等。

五、抓精准服务

按照规模大、效益好、成长快的原则,黄冈市确定50家重点企业,建立市级领导领头服务机制,其中市区20家、每个县市区3家。对列入市级重点服务的企业,各级各部门政策要重点倾斜,优先保障,尤其要优先使用大别山产业基金、县域经济调度资金、中小企业发展专项资金等各类政策性资金。对于市级重点服务企业反映的问题,实行清单管理、挂牌督办,确保事事有回音、件件有着落,努力为企业加快发展创造良好环境。

第三十一章 咸 宁 市

第一节 基 本 情 况

一、2016年整体发展情况

2016年,咸宁市规模以上工业增加值增长7.0%;主导产业稳步壮大,36个大类行业中28个实现增长;产业结构逐步优化,轻工业占比达到45.8%,比上年提高0.8个百分点;以电子信息、先进制造、生物医药为代表的新兴产业加快发展,占咸宁市比重提升至13.5%,同比提高1.9个百分点;新增规模以上工业企业100家,总数达到885家;工业企业技术改造投资90.5亿元,同比增长20.2%。

二、推动"工业崛起"战略全面实施

科学制定2016年度咸宁市实施"工业崛起"战略主要目标任务,建立了"一月一调度、一季一拉练、一年一考核"倒逼机制,开展了季度督办检查,编发了信息专报、督办检查专刊、督办检查专题片,通报了"工业崛起"战略主要指标完成情况,将发展压力层层传导,实现了县域经济快速发展。强力推进"一工程、三计划",以制定出台《中国制造2025咸宁行动方案》为指引,通过招商引资和实施产业倍增计划,通过加大政策扶持、优化发展环境等七条措施,加快培育大企业、大产业、大园区,做大总量、做优增量、提升质量。

三、推动工业经济转型升级

一是大力实施企业技术改造工程。2016年,咸宁市直工业企业技术进步专项资

金重点支持立邦涂料等8个投资大、附加值较高、预期效益好的项目共174万元,项目建设完成后预计可新增销售收入20.4亿元,新增税金6950万元。三环奔驰方向机、华源印铁扩能、三赢兴二期扩建项目等一批重点技改项目进展顺利。二是大力推动产业升级。加大咸宁市政府政策落实力度,实施高新技术产业发展、专利倍增、科技服务能力提升、科技成果转化"四大工程"。三是加快去产能步伐。2016年,咸宁市关闭煤矿生产企业12家,化解煤炭过剩产能69万吨,在湖北省领先;协同市发改委化解钢铁过剩产能60万吨,在湖北省首家完成工作任务。四是产业集群迅猛发展。2016年,咸宁市省级重点成长型产业集群10个,总产值突破500亿元。纺织服装、机电制造、冶金建材等六大支柱产业占规模以上工业总量75％以上。通城县电子信息基材产业集群成功晋升湖北省重点成长型产业集群,咸宁市省级重点产业集群达到10个,数量位居湖北省第二位。

四、推进全面深改措施落地

一是率先出台降成本政策。根据咸宁市政府主要领导意见,提请市政府印发了《关于支持企业降低成本提升竞争力的意见》,政策出台后,共为咸宁市工业企业减免各类税费成本5.13亿元。二是全面推进非公经济体制改革。出台《关于推进民营企业建立现代企业制度试点工作实施方案》,联合浙江大学对60多家中小企业开展民营企业建立现代企业制度培训,并重点选择10家企业开展试点,通过第三方机构评估,10家企业全部合格,其中3家企业达到优秀。

五、推动企业发展环境优化

一是建设中小企业服务体系。近年来,咸宁市中小企业公共服务平台共投入160万元,使平台初步具备了融资对接、信息咨询等八大服务功能。二是加大企业人才培养力度。以省"123"企业家培育计划为引领示范,重点实施"555"人才培养工程,全面启动第二批中小企业领军人才培育计划。三是强化企业融资保障。进一步加强担保行业监管,壮大担保行业规模。截止到2016年底,咸宁市12家融资性担保机构在保余额50.9亿元,2016年新增担保户数604户。四是做好电力供应。裁减7项供电服务收费项目,加大直供电协调落实力度,为金盛兰冶金等5家重点企业落实直供电交易电量10亿千瓦时,为企业节省用电成本1.2亿元。

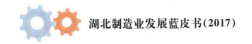

第二节 存在的主要问题

一、投资增长压力较大

咸宁市固定资产投资自 2012 年首次超过 GDP 以来,到 2016 年底已高达 129%,投资与经济总量形成倒挂,投资增长空间有限。重大项目储备不足,对投资形成主要支撑的大项目和新开工项目不多,后劲乏力。

二、工业较快增长和提质增效难度加大

咸宁市产业结构偏重、高端产业较少且对外协作配套权重较大,对外依存度高,使得外部风险和不确定性对咸宁市支柱产业的影响增加。经济下行压力与产能过剩矛盾加剧,企业生产成本上升与创新能力不足的问题并存,同时面临资源要素趋紧、市场竞争加剧等多重制约,结构调整和转型升级迫在眉睫,工业保持较快增长、提质增效的难度加大。

三、国家和省级政策落地难

近年来,国家和湖北省相继出台了一系列支持实体经济发展的各种优惠政策,虽然提振了企业发展信心,但是由于申报程序复杂、门槛较高,再加之有的政策在执行中选择性非常强,如国债基金只向央企和国企倾斜,支持度占比达 70%,民营企业很难获得商业银行青睐,中小企业很难得到实惠。

四、融资难问题依然突出

银行出于商业利益和信贷资金安全,基本不发放对企业的中长期和固定资产贷款,企业融资难瓶颈依然存在。

第三节 发展的主要举措

一、产业门类由"多"到"特",在培育主导产业上实现做优扶强

突出地方特色和优势产业,在产业发展上围绕"一区两带三大"做文章,重点培育壮大三个千亿重点产业,即千亿电子信息产业、千亿汽车及零部件制造产业和千亿食品医药产业。咸安区设立1亿元的乡镇工业园区建设发展基金,支持乡镇工业园区转型升级;赤壁市加大闲置资产盘活力度,通过招商、租赁、重组等方式,2017年已有10家企业闲置资产被盘活;通城县委县政府全力打造坪山高新技术产业孵化园,规划面积3488亩,重点发展电子信息基础材料和食品饮料等高科技、高效益、低污染的产业。

二、产业布局由"散"到"聚",在发展产业集群中形成竞争优势

咸宁市具有明显的产业集群发展特色,如钒合金、云母制品等新材料产业,苎麻、竹、砖茶、油茶等农林产品加工产业。崇阳县是"中国钒业之乡",钒产业已经拥有相当大的规模,产业链条已经相对完整;云母产业方面,平安电工是世界最大的云母产品专业制造商,优势巨大;市委、市政府依托特色资源优势,加大了对特色产业集群的扶持力度,支持集群内企业引进先进技术,建立产学研相结合的科研基地,组建公共研发和服务平台。目前,咸宁市省级重点产业集群达到10个,数量稳居湖北省第二位。

三、加工链条由"短"变"长",在延伸产业链中提高附加值

论产业基础,咸宁市在湖北省不靠前;论人才和科技基础,咸宁市同样不占优势。可很多高科技工业项目接二连三前来落户,一个重要原因就是注重产业链吸附。近年来,咸宁市坚持产业链招商,通过拉长延伸产业链条,构建园区发展"强磁场"。奥瑞金、南波光电、立邦涂料等企业落户于咸宁高新区,实现了产业发展的配套。通城电子信息基础材料产业集群发展势头迅猛,形成了通信线材、手机盖板、手机摄像头、绝缘材料、电路板微钻的加工产业链条。瀛通通讯的成功上市实现了本土企业A股上市零的突破。

四、手段由"拙"变"巧",在推进转型升级方法上实现突破

（1）坚持机制引领。以问题为导向,创新工作机制,践行"三抓一优"和一线工作法,鼓励党员干部到一线比贡献、比作为,抓落实、抓发展；采取"一月一督办、一季一签约、一季一开工、一季一调度、一季一拉练和一季一考核"的方式,通过召开现场推进会,对县市区项目进行全覆盖检查督办和综合考评,层层传导压力,在咸宁市上下形成全员抓项目、全民抓招商的浓厚氛围。

（2）坚持政策引领。结合发展实际,咸宁市政府陆续出台了《市人民政府办公室关于印发"一工程三计划"加快推进"工业崛起"的意见》(咸政发〔2014〕37号)、《市人民政府关于加快发展智能机电、互联网等绿色新产业的若干意见》(咸政发〔2015〕10号)、《市人民政府关于加快科技创新体系建设的实施意见》(咸政发〔2015〕18号)、《市人民政府关于支持企业降低成本提升竞争力的意见》(咸政发〔2016〕12号)、《市人民政府关于印发咸宁市推进供给侧结构性改革五大任务总体方案及相关专项行动方案的通知》(咸政发〔2016〕17号)、《市人民政府关于印发〈中国制造2025咸宁行动方案〉的通知》(咸政发〔2016〕23号)等促进咸宁市制造业发展的政策,对制造业的扶持力度、支持方向明确、精准。各县(市、区)结合实际,也出台了一系列促进制造业发展的政策,如高新区出台《关于鼓励发展总部经济和园区经济的若干政策》、通城县政府出台《支持中小企业发展奖励办法》。

第四节　发展建议

一、省政府制定相关政策和文件

建议省政府出台湖北省产业发展指南,根据各市州的工业经济发展特色,优化产业布局,避免招商引资上的恶意竞争,为相关工作开展提供政策依据和决策参考。建议省政府进一步加大对各地工业制造业发展的政策、资金扶持力度,制定政策支持金融机构对工业制造业的固定资产贷款,增加自有资金投资补助或设备投资补助等支持方式。

二、市政府加大财税金融支持力度

市政府加大财政资金对制造业的支持,形成财政投入稳步增长机制,重点支持智能制造、绿色制造等先进制造业。认真落实国家、湖北省出台的促进工业、民营企业、中小微企业发展的各项税收优惠政策,增强企业发展活力。加大金融机构对智能制造、先进装备、新能源汽车及管件零部件等重点领域的支持力度。鼓励企业依法利用商标质押、股权质押等方式拓宽融资渠道。推动优势企业在境内外上市或新三板挂牌。提高担保公司融资担保能力和服务实体经济发展的水平,缓解企业融资难、融资成本高等问题。

第三十二章 随 州 市

第一节 基本情况

一、主要指标好于省平均水平,规模效益同步提升

2016 年,完成工业总产值 1401.6 亿元,同比增长 10%;实现工业增加值 345.2 亿元,同比增长 9.1%;工业产品销售率 99.6%;实现利润总额 89 亿元,同比增长 8.8%,比上年提高 3.7 个百分点。随州市规模以上制造业企业达到 668 个,从业人员 100389 人。

二、结构调整扎实推进,新旧动能交替发力

传统产业得到改造提升,食品加工产业实现产值 351.2 亿元,同比增长 6.5%;冶金建材产业实现产值 264.8 亿元,同比增长 8.6%;纺织服装产业实现产值 116.8 亿元,同比增长 12.9%。战略性新兴产业实现加快发展,增加值同比增长 10.9%。其中,电子信息产业增长 22.6%,生物制药产业增长 11.9%,新能源产业增长 50% 以上。特色产业发展势头强劲,专用汽车产业实现产量、销量、质量、用电量全面提升。专用汽车(不含机械)产业产值同比增长 14.9%,其中,齐星车身、厦工楚胜、程力专汽、重汽华威、东风专汽、新楚风汽车等 18 家资质企业增幅超过 20%;2016 年 9 月中旬,随州专用汽车被工信部评为"首批产业集群区域品牌建设示范区"(全国仅 6 个产业获此称号);随州市专汽资质企业累计用电量同比增长 22.6%,高于随州市工业用电量增速 14.6 个百分点。

三、转型升级步伐加快,发展后劲明显增强

一批重点骨干企业围绕《中国制造 2025》、"互联网+"加快转型,发展明显提速。齐星集团大力开发新型房车、罐式车、立体停车库、无动力底盘,2016 年实现产值 32.36 亿元,同比增长 33.2%;程力专汽新开发消防车、新能源专用车、车载智能终端设备,2016 年实现产值 25.1 亿元,同比增长 21.4%;金龙集团新上 PVC 塑胶卷材地板、6 米多功能篷布项目,2016 年实现产值 9.8 亿元,同比增长 20%;利康材料实行多样化、综合化发展,2016 年实现产值 8.7 亿元,同比增长 39.1%;大洋塑胶对接国家"海绵城市"建设,开发市政管材,2016 年实现产值 5.9 亿元,同比增长 38.9%。截至目前,齐星集团、东风车轮、正大食品、青岛啤酒、程力专汽、恒天汽车、金龙集团、广同控股、湖北省风机厂等一批企业通过新上项目或技改扩能,为下一年发展奠定基础,确定新增产值亿元以上。

四、择优扶强成效明显,骨干企业茁壮成长

大力推进"差异化领域优势龙头企业培植工程",实施市级领导包保重点企业。随州市 50 家重点监测企业实现产值 380.2 亿元,同比增长 9.6%。50 家重点企业中,37 家实现增长,17 家增幅在 20%以上。其中,齐星集团、波导电子、程力专汽、厦工楚胜、金龙集团、利康材料、东风专汽、恒天汽车、华丰生物、神农生态等 10 家企业新增产值过亿元,同比分别净增 8.1 亿元、8.8 亿元、4.4 亿元、1.4 亿元、1.6 亿元、2.4 亿元、2.1 亿元、3 亿元、4 亿元、2.4 亿元。2016 年,泰晶科技实现 A 股主板上市;厦工楚胜公司获评"全国工业品牌示范企业";天星粮油获得"中国十佳粮油(食品)品牌"荣誉称号,跻身国家农业产业化重点龙头企业;金龙新材料成为篷盖材料行业标准的起草和制定者;东风车轮建成全球单体规模最大的自动化车轮生产线;青岛啤酒(随州)产能扩大 5 倍;裕国菇业、双剑风机入选湖北省上市后备企业"金种子";程力集团跻进中国民营企业 500 强。

第二节 存在的主要问题

一、产业结构有待优化,企业自主创新能力不强

目前,随州市资源开发型和劳动密集型企业多,资源深加工型、科技密集型企业

少,企业自主创新能力不强,工业原创技术研发水平不高,研发能力不足。随州市工业仍以传统产业为主,"高端产业、低端环节"现象较为普遍,企业大多处在产业价值链低端,高端品牌少,高技术含量、高附加值产品占比低。随州市虽然有700多家规模以上工业企业,但具有国际竞争力的大企业、大集团较少,单体企业规模不大,产业集中度高、核心力强、带动性好、行业领先的骨干龙头企业较少,"群山无峰"和"一业独大"问题仍然比较突出。

二、产业链不完整、产品关联性不够强、产业配套能力薄弱

随州市除专用汽车及零部件产业外,多数行业产品关联性不强,行业与行业之间的产业互补和联动不足,产业链短,企业间互相配套、协作生产的能力差。一是生产性服务业发展不足。近年来,随州市工业发展迅速,而为工业发展提供中间服务的信息、金融、物流、批发、租赁等各类生产性服务业发展不足,这直接制约了随州工业经济的整体竞争力的提升。二是产业本身配套能力弱。一些优势产业如专用汽车产业,仅仅是企业在空间上的聚集或简单"扎堆",存在同质化竞争。专用汽车产业是全市的传统优势行业,围绕专用汽车产业聚集了一大批小企业;随州本地汽车零部件企业配套能力不强,与整车龙头企业之间联系松散,产业组织分散,缺乏专业化分工,各自为政、单打独斗,集群效应尚未充分发挥。

三、融资难、融资贵制约企业做大做强

无论是技术研发、市场开拓,还是产品结构优化、设备更新换代,都需要充足的现金流作支撑。近年来,金融机构对工商企业普遍抽贷、断贷、压贷、惜贷、慎贷,随州市多数企业"失血"严重,没有转型升级的实力和基础,在"创新发展、转型升级"的号角声中只能望洋兴叹。部分管理规范、经营良好的骨干企业,由于缺乏长期的、低成本的贷款支持,对转型升级也不敢轻易应和。

四、各类人才奇缺束缚实体经济创新发展

家族式管理仍然普遍,职业经理人制度尚未推广,在企业决策层面缺乏领军人才,部分企业在盲目扩张、胡乱转型中陷入泥潭。高等院校所设专业与产业发展所需人才严重脱节,绝大多数企业反映人才难觅,在管理层面缺乏中流砥柱。多数企业不注重员工培训,不培养技能人才,技能工人严重缺乏。

第三节 发展的主要举措

一、做大做强汽车机械产业

坚持特色优先,发挥比较优势,着力促进汽车机械产业实现"四个转变",即由粗放发展向集约发展转变,由小而全向专业化系列化转变,由相互模仿向自主研发转变,由中、低端发展向高、精、尖转变,更加注重品牌打造,促进产业提档升级。一是做大汽车底盘产业。重点发展高性能、高可靠性、高附加值的重型车、特种车、轻型汽车和农用车底盘,形成批量生产。二是做强专用汽车产业。巩固罐式车、自卸车、半挂车、环卫车等专用汽车制造优势,大力研发生产新能源、新材料、消防、工程、起重举升、公路机场高铁维护、海鲜冷藏等专用汽车。三是做精汽车零部件产业。大力开发生产燃油供给、变速传动、转向悬挂、车身内饰、电气照明、电子控制、精密铸造系统等关键零部件,加快发展专用汽车关键零部件和主要配套元件,在关键零部件研发生产、装备水平、企业规模上实现突破,把随州建成湖北重要的汽车零部件生产出口基地。四是做优风机产业。发挥风机产业技术、品牌和市场优势,延伸产业链。重点开发高炉煤气风机、污水处理高速风机、高压锅炉风机、轴流压缩机等高端产品,促进与风机配套的铸造、电机等产业发展,实现高品质、大批量、规范化生产,把广水打造成名副其实的"中国风机名城"。

二、做精做深农产品加工业

坚持资源深度开发利用,着力促进以食用菌、畜禽、粮油、棉麻、木材等主要农林产品为原料的农产品加工业加快发展。食用菌,着力提高食用菌加工、转换能力,重点加强食用菌提取物及制成品的研发生产,加快开发菇丝、菇丁、菇粉、罐头和即食食品等产品,把随州打造成全国重要的香菇加工及香菇提取物生产基地。畜禽,加快发展预冷肉、小包装、细分割、熟食、即食食品、皮革制品等具有随州特色的畜禽加工产品,配套发展畜禽类饲料工业。粮油,重点开发优质米、免淘米、营养米、速食面条、营养面条、休闲即食食品、乳酸及制成品等系列产品,大力发展茶油、"双低"菜籽营养油、调和油等生产。棉麻,着力开发各种高支纱、高弹纱、天然彩色棉纱及各类服装服饰、棉麻等品种,逐步向高端产品方向发展。木材,重点发展高档家具、实木门、集成板材、复合板材、复合地板、工艺品、机制木炭等系列产品。

三、改造提升冶金建材产业

积极采用新技术、新工艺、新设备，降低消耗，延伸链条，开发新型实用产品，促使传统产业焕发新的活力。钢铁及金属加工以现有产业基础为依托，加强资本运作，挖掘内部潜能，完善企业管理，着力生产轴承钢、弹簧钢、汽车专用钢、手机铜螺母等产品，加大钢铁、有色金属深加工产业链的延伸，发展具有高附加值的精品钢材二次深加工产业。水泥及制品着重构建以水泥生产为支撑、水泥制品为重点的协调发展格局。采用新型干法窑外分解技术，利用高炉废渣、粉煤灰等作为原料，生产高品质水泥及制品。新型建材大力发展新型墙体材料、节能（保温）建材、防水防火建材、高档建筑涂料等产品，走资源节约和综合利用、节能环保之路。

四、着力壮大医药化工产业

围绕建立结构合理、特色鲜明、效益突出的医药化工产业，重点研发一批新特药，转变农业化工产业发展方式，促进产品升级换代，做大做强精细化工医药产业。要加快中药材生产示范基地建设，加强新产品研发，促进重大中药创新成果转化，重点研发生物医药、人血清白蛋白、岩龙抗癌口服液、护肝蚁王口服液、香菇多糖片、小儿宣肺止咳颗粒等新特药，并尽快投入批量生产。农业化工要壮大总量，在产量向1000万吨迈进的同时，应用氨酸法、氨化法等技术，推广复合生产法、高塔生产法等工艺，研发生产双酶多肽、缓控释肥、生物有机肥、水溶性肥等产品，推进化肥产业结构调整和转型升级。精细化工要加强科技攻关，研发生产高压耐硫变换催化剂、新型逆酯锡、非金属化合物热稳定剂、纳米级高纯三氧化钼、甲基环戊二烯等高端产品，使精细产品精而大、精而强、精而壮。

五、加快发展电子信息产业

抓住电子信息产业发展前景广阔的机遇，建立以新型电子元器件及消费电子为龙头，新一代电子信息技术应用为支撑的产业发展格局。电子元器件要围绕国内整机配套调整产品结构，提高微型片式TTF-146音叉晶体谐振器、新型电力电子器件、新型显示器件、高频率器件及其锂离子电芯、电解铝计量设备、光纤电流传感器等产品的研发生产能力，初步形成完整配套、相互支撑的电子元器件产业体系。消费电子产品打造以3G/4G技术为特色，集终端、网络系统设备和软件为一体的较完整的移动通信产业链。促进数字家庭产品和新型消费电子产品大发展。加强设备制造企业与电信运营商的互动,推进信息技术与传统工业结合,提高工业自动化、智能化和管理现代化水平。新一代电子信息技术以支持RFID(电子标签)、汽车电子、机床电子、医疗电子、工业控制及检测等产品和系统的开发、标准制定为切入点,加强信息技术在工业、教育、医疗、社保、交通等领域应用。

六、积极培育战略性新兴产业

瞄准战略新兴产业重点领域和方面,促进新能源、新材料、节能环保、高端装备制造等高新技术产业发展,提高核心竞争力,抢占未来发展制高点。新材料产业,要围绕新型功能材料、先进结构材料、高性能复合材料做文章,重点发展光纤四氯化硅、多晶硅、新型石英晶体、液晶材料、电池电解液等电子材料;着力发展新型塑料助剂、汽油添加剂等化工新材料;发展壮大生物医用复合材料。节能环保产业,鼓励企业在节能装备、环保治理、资源综合利用、清洁生产、循环利用、半导体照明等领域上设备、改工艺,开发新产品。重点抓好污水处理高效节能风机、烟气脱硫大型厌氧化风机、轴流压缩机等装备的研发和生产。高端装备制造业,要依托产业基础,发展高速精密数控车床、复合加工机床、数控专用机床、模具等,切实提高装备水平。

第四节 发展建议

一、以新模式推动产业转型升级

深入实施《中国制造2025湖北行动纲要》,重点发展新能源专用汽车、客车、校车和关键零部件,推动程力、恒天等6个总投资23.2亿元的在建新能源汽车项目加快建成投产,推进比亚迪、中国中车纯电动乘用车、客车等投资10亿元以上的项目尽快落地投产,着力引进国内500强和上市新能源汽车领军企业落户。大力发展轻量化汽车材料,推进辽宁忠旺铝制型材中部基地建设,加强与轻量化整车、铝合金罐体、东风铝制车轮、中车集团城市公交轻量化等项目合作,实现专用车产品高端、节能环保的目标。加快推进工业化和信息化深度融合,实施"互联网+制造"行动计划,推动新一代信息化技术、工业机器人、高端数控机床等技术在专汽领域应用。

二、以新动能推动产业转型升级

推进"千企千亿"技改工程,引导企业运用高新技术优化产业结构,增强核心竞争力。齐星集团完成投资2亿元,引进日本工业机器人,实现车间智能化改造;广同控股完成投资6000万元,引进日本Mazak智能装备,实现智能化流水作业;泰华科技投资3亿元,从美国、日本、法国、瑞典等国家引进先进生产设备,单台价值过1000万元;东风车轮、恒天汽车、江南专汽、卫东化工等企业智能生产车间初见雏形,随州市工业智能制造水平迈上新台阶。

三、以新业态推动产业转型升级

推动汽车零部件产业实现高品质、高附加值、规模化生产。大力发展汽车服务业,重点推进金融服务、研发设计、技术咨询、融资租赁、现代物流、人力资源、售后服务、电子商务、检测认证等生产性服务业创新发展,提高产业综合竞争力。推进专汽企业国际化发展,积极对接"一带一路"倡议,以建设国家出口专用车产业质量安全示范区为契机,深化国际产能和制造合作,推动优势企业"走出去",扩大专汽产品出口规模。

四、以新群体推动产业转型升级

随州市纳入湖北省重点培育的成长型产业集群已有4个,分别是专用汽车及零部件、随县香菇产业集群、广水风机产业集群、曾都区铸造件产业集群,2017年新申报电子信息产业集群为省级重点培育产业集群,已经形成了"一县一品一特色"的发展格局。

第三十三章　恩　施　州

第一节　基本情况

2016年,恩施州实现工业增加值213.06亿元,比上年增长8.2%。其中,规模以上工业企业实现增加值125.42亿元(不含烟厂和供电企业数据),增长8.5%。在规模以上工业中,轻工业实现增加值58.81亿元,增长3.7%;重工业实现增加值66.61亿元,增长13.1%。年末全州规模以上工业企业556家,2016年实现主营业务收入388.92亿元(不含烟厂和供电企业数据),同比增长3.9%;实现利税总额47.54亿元,增长16.0%;实现利润总额33.24亿元,增长22.7%。

一、产业总体发展状况良好

2016年,恩施州实现生产总值735.7亿元,比上年增长7.9%。按产业分,第一产业增加值152.52亿元,增长4.2%;第二产业增加值264.73亿元,增长8.2%;第三产业增加值318.45亿元,增长9.5%。三次产业结构比为20.7∶36.0∶43.3。

二、支柱产业发展优势凸显

2016年,恩施州绿色食品、新型建材、清洁能源、医药化工、矿业开发、现代烟草共实现产值429.5亿元,占规模以上工业企业(含烟产值)总比重86.3%,其中清洁能源产值同比增长31.2%,拉动作用明显。

三、制造业规模不断扩大

恩施州制造业总产值从2006年的179亿元增长到了2016年的429.5亿元,平均每年增长30.5%。其中,增长速度最快的是食品制造业、塑料制品制造业和黑色金属冶炼及压延加工业,增长速度分别为1542.87%、1792.32%和1792.32%,虽然这三类产业增长速度较快,但产值较低。从制造业总产值看,最大的依次为农副产品加工业、烟草制造业、饮料制造业等,2016年三大产业总产值依次为110亿元、100亿元、35亿元。

第二节 存在的主要问题

一、产业规模小,不易形成规模经济

由于恩施州是以农业、旅游业为主导产业的市州,虽然资源丰富,但是交通条件相对落后,工业基础条件差,大型工业企业较少,发展后劲不足。制造业产业存在主要问题为:工业发展产业规模较小,不易形成规模经济;产业结构不合理,技术密集型产业部门发展较差;产业发展两极分化,缺乏中间产业;产业基础与垂直化分工程度不匹配,不易形成集群经济。

二、煤炭、水泥行业降幅较大

2016年以来煤炭、水泥行业持续低迷,特别是煤炭行业仍未触底。导致全州内的39家规模以上煤炭、水泥企业大面积停产减产,企业总产值进一步减产。

三、企业生产经营困难

一是企业融资困难。缺乏抵押物等导致企业融资困难,据恩施州工业企业问题调查统计,全州规模以上企业资金缺口约60亿元,其中流动资金缺口约40亿元。二是用工成本持续上升。自2011年以来企业职工工资标准连年上涨,累计涨幅超过40%。

四、工业投资不足,后劲乏力

一是工业投资严重不足。整体经济下行,企业家投资意愿不足,全州工业完成固定资产投资同比仅增长0.5%。二是缺乏较大工业增长点带动。恩施州产值过10亿元的企业仅有湖北中烟恩施卷烟厂、恩施供电公司、水布垭电厂3家,全州内工业

企业没有较大增长点带动,导致恩施州工业增长回升基础不牢。

第三节 发展的主要举措

一、全面落实创新、协调、绿色、开放、共享的发展理念

党的十八届五中全会提出了创新、协调、绿色、开放、共享"五大发展理念",进一步明确了新形势下的发展思路、发展方向、发展着力点,是全面建成小康社会的行动指南。创新是引领发展的第一动力,也是制约恩施发展的短板,必须下大力气培育创新文化,让创新之泉充分涌流,让创新之举蔚然成风。协调是提质增效的内在要求,必须解决发展中不协调、不平衡、不同步的问题,形成协调平衡发展新格局,保证经济社会发展各项事业蹄疾步稳。绿色是永续发展的必要条件,是恩施的优势所在、潜力所在、希望所在,必须树立尊重自然、顺应自然、保护自然的理念,坚持推进绿色发展,坚决守住生态底线,让恩施真正成为人与自然和谐共生的美丽家园。开放是拓展发展空间的必由之路,必须立足武陵、面向全国、走向世界,坚持内外联动,全方位全领域扩大开放,全面提升对外开放水平。共享是发展的根本目的,必须坚持以人为本,践行"六民要旨",着力改善民计民生,让全州各族人民共享改革发展成果。树立"五大发展理念",是关系改革发展全局的一场深刻变革,全州上下必须进一步解放思想,提高认识,凝聚共识,切实增强贯彻落实"五大发展理念"的自觉性和坚定性,坚持把新的发展理念贯穿到经济社会发展的各个环节,努力塑造发展新优势,奋力开拓发展新境界,全力推进经济社会发展再上新台阶。

二、加快推进产业创新

坚持向改革要效益,向创新要红利,推动经济发展由要素驱动向创新驱动转变,全力推进产业转型升级。着力抓好现代烟草产业链建设,以烟农增收、财政增税、企业增效为目标,提升"清江源"品牌市场竞争力。以现代烟草企业为龙头,推动产业转型升级,带动相关配套产业发展,打造全国现代烟草农业建设示范区和现代烟草加工基地。着力抓好富硒茶叶产业链建设,突出"世界硒都"中的富硒资源与价值,围绕做大做强"恩施硒茶"品牌,抓好研发设计、生产种植、精深加工、分级包装、仓储运输、渠道批发、终端销售、文化演绎、龙头培植、品牌整合等环节,促进茶叶大州向茶叶强州转变。适度开发水能,大力开发页岩气,有序开发风能、太阳能、天然气、生

物质能等优势资源,加快能源生产和利用方式变革。突出抓好页岩气勘探开采、现代物流及相关产业配套,争取一批大型化工项目落户,全力打造华中地区重要的清洁能源生产基地。深入实施"互联网＋"行动计划,大力推进基于互联网技术的各类产业创新;深入推进信息网络提升工程、信息化融合示范工程、信息产业突破发展工程,全面推进信息化向各领域的深度融合;突出"信息兴业"和"信息惠民",积极培育大数据、云计算、物联网产业,加快建设"智慧恩施";着力抓好大健康产业链建设。发挥富硒资源优势,推进恩施"中国硒谷"建设,打造"全省样板、全国一流"的新兴产业品牌,推动硒产业做大做强;瞄准人类对健康的刚性市场需求,发挥自然旅游资源优势,深度开发户外运动健体、休闲旅游和养老养生医疗服务产业,加快培育新型健康产业体系,提升"硒＋"融合发展质量和效益。

三、加快推进技术创新

完善支持自主创新和推进集成创新、引进消化吸收再创新的政策体系,发挥科技创新在全面创新中的支撑引领作用;推动重点领域创新。集成创新要素,聚焦传统工业技改、高新技术孵化、硒资源开发、新能源开发等方面核心关键技术,实施一批重大科技专项;实施创新主体培育工程。鼓励和支持企业加强产学研合作,加快企业研发机构建设,完善以企业为主体的技术创新体系。完善创新创业服务体系,支持企业参与国家、省级重点科技项目、科技企业、产业技术创新基地等申报;加快促进科技成果转化。支持高校、科研院所与恩施州企业协同合作,建立促进产学研用互动发展的长效服务机制。加强公民科学素质教育。推进"校地""校企""校产"等产学研结合技术转移,积极组织企业以发展生产、提高质量、增加效益为目标,承接转化州内外高校、科研院所科技成果。加强知识产权保护,提升企业知识产权的创造、保护、运用和管理能力;强化农村实用技术培训。

四、加快推进体制创新

坚持把改革作为推动发展的根本动力,全面深化改革。更加注重发挥"改革开放、创新创业、生态民生"新三驾马车的作用,加强供给侧结构性改革,提高供给质量和效益,不断为发展注入新动力;充分发挥市场在资源配置中的决定性作用,加强和改进政府对市场的监管,强化发展战略、规划、政策、标准等要素的制定和实施,有效引导市场主体行为。建立完善公平开放透明的市场规则,建立统一高效的市场监管体系,深化价格体制改革,不断完善开放型经济新体制。深化市场配置要素改革,促进人才、资金、科研成果有序流动。高度重视质量建设,着力健全质量监督检测体系;深化行政体制改革,进一步转变政府职能,持续推进简政放权、放管结合、优化服务改革。巩固完善权力清单、责任清单、负面清单制度,切实强化事中事后监管,不断提高行政审批效率。鼓励民营企业依法进入更多领域,支持非公有制经济健康发展;深化财税体制改革,加大争取中央和省财政转移支付力度。健全和完善区域金融市场体系,提高金融服务实体经济能力。加快构建银行、保险、证券、担保、典当等传统金融业态,发展信托、融资租赁、消费金融公司、私募股权、互联网金融等新兴金融业态,积极引进更多金融机构设立分支机构,突出发展众筹融资模式,推进针对中小企业金融保障力度,完善担保机制。创新完善人才发展、引进、流动、扶持等各方面政策措施。

第四节 发 展 建 议

一、切实转变方式为企业服务

精心组织,强力实施"万名干部进万家企业活动",切实为企业排忧解难,创优企业发展环境。继续实施"市场主体增量行动",积极鼓励全民创业创新,在市场主体上有新的突破;针对企业融资难、融资贵,加强信用担保体系建设和银企对接,充分发挥民间资本的活力。加强煤炭、民爆、电力、融资担保行业监管,确保企业安全高效生产。

二、加快推进产业创新发展

推动全州经济发展由要素驱动向创新驱动转变,深入推动一、二、三产业融合发展,做大做强现代烟草、茶叶、畜牧、清洁能源、生态文化旅游、信息、大健康等"七大产业链"。突出抓好页岩气勘探开采、现代物流及相关产业配套,大力发展富硒产业,推进恩施"中国硒谷"建设,充分利用自然资源优势,为恩施州产业发展注入强劲动力。

三、加快推进企业转型升级步伐

深入实施《中国制造2025湖北行动方案》,对接国家重大战略需求,依托骨干和龙头企业,聚焦优势资源,实现重点突破。一是进一步做大做强食品、能源、烟草、建材、药化、矿业支柱工业,充分发挥主导产业已有优势,不断延伸产业链条,提高产品附加值,形成重点突出、特色鲜明的产业布局,推动支柱工业向集群化和高端化方向发展。二是鼓励发展战略性新兴产业。加快推进新一代信息技术、生物医药、新材料、节能环保装备和资源循环利用等新领域,推进循环生产方式,在有条件的企业、园区、行业之间探索开展原料互供、资源共享的循环利用模式。

第三十四章 神农架林区

第一节 基 本 情 况

一、神农架林区工业发展现状

近年来,神农架林区牢固树立"保护就是发展、绿色就是财富、文明就是优势"的理念,围绕"彰显生态保护与绿色发展价值,建成世界著名生态旅游目的地"的省级战略要求,加大了产业结构调整的力度,生态产业集群企业达到23家,逐步实现由"独木支撑"的单一产业结构向以生态旅游为主导的多元产业发展格局,实现了以"旅农林"生态产业为主要发展方向,适度发展"矿电化"循环经济的多元化产业结构,形成了矿石采掘、电力、化工、建材、食品、饮料等行业的工业经济发展格局,使产业结构逐步优化。

(1)骨干企业支撑作用明显。近年来,神农架林区牢固树立"产业第一、企业家老大"理念,包容企业发展中存在的问题,给予保姆式的服务,提供及时雨式的帮助,促进企业成长迅速。据神农架林区区第三次经济普查数据显示:2013年末共有企业法人单位551个,其中:工业151家,从业人员2676人。经过近几年的产业结构调整和发展,初步形成矿山采掘、电力、建材、医药、食品、饮料(水、酒、茶)等七个行业。2016年末全区规模以上企业12家,其中电力4家,矿石采掘4家,食品、酒、医药、建材各1家,实现工业总产值77150.3万元。2017年1至7月份,神农架林区完成规模以上工业总产值31407.3万元,同比增长14.8%。目前矿山采掘、水电业是地方财政收入的主要来源,是神农架林区支柱产业,而医药、食品、饮料是神农架林区重点培育的"旅农林"生态经济产业。已建成省级龙头企业4家,年产值过千万元企业5家,过亿元的1家。"神农架百花蜜"成为国家地理标志保护产品,"大九湖"商标成为湖北省著名商标。兴发集团、神农架磷业科技股份公司依托取得的磷矿资源开采权,加大了在神农架的水电、宾馆、景区等方面的投资力度,为神农架林区转变经济发展方式奠定了坚实的基础。

（2）农林加工业快速发展。2005年，神农架林区绿色产品加工企业不足10家，产值只有500万元。近几年来，神农架林区认真落实省政府《关于进一步促进全省中小企业发展的意见》等文件精神，出台《关于支持特色农林企业发展，实施"一品一企一策"行动计划的意见》等适合神农架林区特色的扶持措施，引导绿色加工企业与旅游产业对接，扶持优势产业、龙头企业，绿色产品加工企业发展进程加快，盘水生态产业园区挂牌省级产业园区，神农架生态产业集群列入省成长型产业集群，农林企业达到60多家，基本形成"一酒、一水、一药、一蜜、一茶、一菜"六大产品产业结构，对神农架林区农林加工业进一步发展确定了方向，奠定了基础。

二、神农架林区制造业发展现状

（1）酒类产品加工。充分发挥神农架林区高品质水、中药、粮食、果蔬等资源优势，采用现代生物技术，改进原料配方和生产工艺，重点发展养生酒、白酒与果酒。加强协调，全力支持劲牌神农架酒业有限公司加快推进神农御酒搬迁技改项目（总投资额达3.55亿元）、白酒酿造机械化项目（总投资额达1.15亿元），传承传统酿酒工艺，推行酿酒机械化、自动化生产，注重现代生物工程技术运用，稳定提高白酒、养生酒的品质与产量，培育地方特色酒类品牌，致力推进白酒与养生酒高档化、礼品化。大力促进酒渣的循环利用，提高综合利用率。

（2）饮料加工。一是矿泉水加工。依托神农架得天独厚的生态环境与水资源优势，大力发展高品质矿泉水。大力支持神农架康帝天然饮用水有限公司加快天然饮用水项目（总投资额达1.2亿元）建设与投产，已经推进的天然山泉水项目（总投资额达0.5亿元），联合旅游产业，建立销售渠道，注重展销推广与宣传，快速打开区内外市场。二是其他饮料加工。充分利用林区种植与野生猕猴桃资源优势，支持神农架绿源天然食品有限责任公司推进猕猴桃深加工项目（总投资额达0.4亿元），以及绿源食品开发有限责任公司继续建设猕猴桃果酒与果醋项目（总投资额达0.13亿元），把猕猴桃果酒与果醋打造成神农架招牌果汁饮料产品。支持神农架康帝天然饮用水有限公司建设植物蛋白功能性饮料项目（总投资额达0.5亿元）；引入技术成熟、实力强劲的大型饮料企业进入神农架林区，生产以高山核桃、板栗等原生态坚果为主要原材料的高品质饮料，不断拓展特色饮料产品。

（3）精制茶加工。运用新技术、新工艺加快对传统制茶业的升级改造；进一步改造和发展生态茶园基地，全面推进标准化茶叶生产基地建设，推广生态茶叶技术，发展无公害茶与有机茶，确保茶叶品质，增加名优茶产量与附加值。扶持、壮大神农奇峰茶业有限公司、神农架陆羽生态茶有限公司等茶叶加工龙头企业，大力支持神农架陆羽生态茶有限公司推进神农架茶叶科技园项目(总投资额达1亿元),神农奇峰茶业有限公司推进神农野生茶综合开发与利用项目(总投资额达0.15亿元)。鼓励茶叶加工企业利用高新技术提取茶多酚、儿茶素、茶氨酸等茶叶功效成分,延伸产业链,提高产品附加值,打造茶叶精深加工基地。整合林区茶叶市场,逐渐淘汰小作坊式茶厂,走精加工与品牌化道路。支持企业加强研发与创新,发展中高端绿茶的同时不断开发新的茶叶品种,如发展苦荞茶、双苦茶、金银花茶、黑苦茶、葛花醒酒茶、红茶、砖茶等,尤其是结合冬虫夏草等中药研制发展神农养生茶。

(4)蜂蜜加工。大力支持蜜蜂天堂食品有限公司继续推进中蜂生态产业园项目(投资总额达5.2亿元),使蜂群养殖得到大量的繁殖,建设鄂西最大中蜂基地。增强科技研发,不断增加精加工蜂蜜产量,围绕养生、美容不断开发蜂蜜新品种,规范蜂蜜神农架原产地标志管理,建设多个蜂蜜知名品牌,使蜂蜜成为神农架的一张重要名片。

第二节 存在的主要问题

一、可开发资源"被枯竭"

神农架林区是全国著名磷矿带区,拥有全国特大型铅锌矿床,潜在经济价值超过1000亿元。全区森林蓄积量达2178.65万立方米,河流地表水总径流量为22亿立方米/年,有金丝猴和珙桐等多种珍稀动植物。因生态保护要求,开发利用严格受限,突出表现在"五有五不能",即有木不能伐、有矿不能采、有水不能用、有兽不能猎、有药不能挖。

二、工业产品单一

神农架林区经济支柱产业矿山采掘业和化工业,基本停留在卖原料或半成品的初级产品阶段,经济增长方式粗放,经济增长质量不佳。资源型经济结构特征较为明显,工业产品单一,轻重工业发展不平衡,矿产、电力、化工占工业产值的92%以上,绿色产品加工业所占比例只有3%,工业经济受国际、国内销售市场价格的波动影响较大。

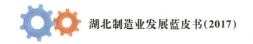

三、工业发展基础薄弱

神农架林区平均海拔1700米,山大人稀,气候寒冷,信息不畅,交通闭塞,是湖北省17个市州中唯一不通铁路、高速公路的地区,区内路网密度小、等级低,在区位、交通条件等硬环境方面不具备比较优势,物流成本高,招商引资缺乏优势,制约了工业经济的跨越发展。但是,随着高铁和高速公路的相继建成,情况将有所改善。

四、工业项目实施难度大

神农架林区地处生态环境敏感区,工业受到环境影响评价、项目申报、环境容量争取等政策障碍较多,难度大,在一定程度制约了神农架林区工业经济的发展。

五、融资渠道不畅

受国家信贷政策调整影响和神农架林区金融机构体制不顺及服务体系建设不完善等原因,企业的流动资金和项目建设资金贷款难,造成工业企业因流动资金紧张,企业发展困难。

第三节　发展的主要举措

神农架林区党委、政府提出的"一园四区"总体经济发展战略,在"保护自然环境,发展生态经济,建设富裕文明的神农架"的建设方针指导下,围绕"保护就是发展、绿色就是财富、文明就是优势"的理念,通过深化改革和加快结构调整步伐,完成一批重点项目的建设及改造,逐步形成和完善生态、绿色、循环经济产业链。

一、市场主导与政府引导相结合

依据神农架林区的工业发展现状,全面深化改革,充分发挥市场在资源配置中的决定性作用,强化企业主体地位,激发企业活力和创造力。积极转变政府职能,发挥政府在制定规划、结构调整、布局优化和环境建设上的功能,完善相关支持政策,为企业发展创造良好环境。

二、提质增效与发展速度相结合

提高发展质量和经济效益,切实推进工业经济增长方式的根本转变,在保证效益、后劲的前提下,保持工业经济的持续快速增长。

三、优化存量与扩大增量相结合

以创新带动增量扩张为重点,优化工业经济结构,跨越发展绿色农副产品加工业,培植新能源产业,不断开拓发展空间,扩大总体规模。

四、技术改造与技术创新相结合

依靠科技进步,加大工业投入,把传统产业的高新技术化与高新技术产业化紧密结合起来,开发与引进并举,采用先进的技术、工艺和设备,带动产业和产品结构的优化升级。

五、整体推进与重点发展相结合

坚持扶优扶强,实施重点带动战略,着力培植优势产业和主导产品,促进重点产业、集群、园区及企业优先发展。加快产业化龙头企业优先发展;坚持放开搞活,努力改善中小企业发展环境;充分发挥大企业的龙头作用,促进中小企业及整个工业经济的全面发展。

六、工业化和信息化融合发展

提高国民经济和社会信息化水平,强化信息技术在工业领域的应用,以信息化带动工业化,以工业化促进信息化,加快"两化"深度融合,大力发展生产性服务业,加快推进农业产业化和制造业服务化。

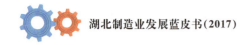

第四节 发展建议

一、狠抓协调服务，力保工业经济平稳运行

把保增长、保目标作为经济运行的头等大事，加强经济运行监测分析，密切关注运行走势和宏观环境变化，掌握重点行业、企业动态，及时研究和落实工作措施，为决策提供有效参考。

二、健全中小企业服务体系，为中小企业成长提供技术支撑和服务保障

完善综合性窗口服务平台，正常运行融资服务、咨询服务、产品推广、人才培训、法律维权、事务代理等窗口服务功能，推动全区中小企业健康快速发展。

三、做好工业企业技术改造管理工作，促进企业产业升级

及时了解和掌握企业技术改造和重点产业振兴投资动向，指导项目单位按照"建设一批、规划一批、储备一批"的要求，做好我区工业企业技术改造项目库建设。

四、加强保障服务建设，提升为工业服务的能力

进一步做好移动 4G 基站建设、电信 4G 建设和光网提档升级建设，确保 4G 信号覆盖全区主要公路沿线、主要景区景点、全部乡镇集镇。加强电力行政执法工作力度，深入开展电力设施建设和保护工作，提升供电安全水平，为我区经济建设提供可靠保障。抓好环境建设，深入推进企业负担监督工作，进一步强化服务意识，为企业排忧解难，加强组织指导和协调服务工作，切实为企业解决一些实际困难和问题，对已经出台的政策要坚决执行，特别是税费、用地等优惠政策要落到实处。

第三十五章 天 门 市

第一节 基 本 情 况

2016年,天门市规模以上工业总产值931.44亿元,同比增长11.85%;规模以上工业增加值增速9%,比湖北省平均增速高1个百分点,排在湖北省市州第八位;工业固定资产投资264.63亿元,同比增长14.6%;天门市高新技术企业达到26家,实现增加值45.74亿元,增长17.8%,高新技术产业增加值占工业增加值的比重达到21%。天门市拥有省级工程技术研发中心、企业技术中心、工程研究中心、工业设计中心达到11家。湖北名牌产品19个(其中有效证件9个),湖北著名商标30件,中国驰名商标1件。2016年天门市四大产业实现工业总产值780.47亿元,占天门市规模以上工业的83.8%。四大主导产业地位突出,支撑作用明显。纺织服装产业完成产值138.53亿元,同比增长3.8%。生物医药产业完成产值252.40亿元,同比增长17.2%。机电汽配产业完成产值212.45亿元,同比增长13.1%。食品加工产业完成产值177.09亿元,同比增长4.5%。

第二节 存在的主要问题

一、产业竞争优势还不明显

天门市企业生产要素成本升高,主要体现在原材料价格攀升,部分产品出厂价格赶不上原材料上涨幅度,例如:棉花价格从2016年同期14500元/吨上涨到16500元/吨,涨幅为13.8%;32支棉纱产品价格由2016年的23500元/吨涨到25000元/吨,涨幅仅为6.4%。人工成本持续上涨,普工月平均工资在3000元左右,比2016年同期上涨10%以上。原材料和劳动力的价格上涨,导致制造业成本急剧上升。

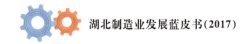

二、工业规模较小

虽然天门市制造业发展迅速,但由于基础差、起点低,与周边地区相比,天门市制造业企业以小型企业为主,企业规模较小,竞争力不强,创新动力不足;支柱工业规模较小,带动作用弱;企业间的生产协作配套差,产业链条短,工业规模效应差,整体实力较弱。工业发展落后于周边县市,从天门市经济总量和产业结构水平来看,目前天门市仍处于工业化中期的前期,第一产业比重较高,第二产业发展水平不高,第三产业发展较滞后。

三、工业结构不合理

天门市工业产业结构主要集中于传统加工行业,这些行业中部分企业从发达地区转移过来,不少企业属于下游行业,生产能耗较高、技术含量较低、产出不高,经营较粗放。工业产品以中初级产品和初加工产品为主,加工贸易产品多,具有自主知识产权的名优产品和高新技术产品还比较少,企业创新力较弱,品牌意识不强。

四、新兴产业发展较缓慢

由于受工业发展基础、综合技术水平、劳动者素质等因素的制约,天门市工业新兴产业发展的步伐较慢。生物工程、高新材料、电子信息、先进制造业等一批代表了当今世界工业产业发展方向的高新技术产业在天门市尚处于起步发展阶段。

第三节 发展的主要举措

近年来,天门市在省经信委的精心指导下,进一步强化"工业优先、项目优先、招商优先、环境优先"意识,全面落实《中国制造2025》,实施新一轮技术改造计划,有力推动了企业提质增效、工业创新转型,天门市工业经济发展的稳定性、协调性和可持续性明显增强。

一、创新政策扶持机制

一是政策引导。先后出台了《市人民政府关于进一步促进实体经济发展的若干意见》(天政发〔2016〕3号)、《市人民政府关于印发天门市工业园区基础设施建设及重资产贷款管理暂行办法的通知》(天政发〔2016〕4号)等政策举措。二是技改奖励。制定奖励政策,对技术改造项目,按固定资产投资额的5%给予奖励,每年列支1000万元表彰奖励工业企业二十强和完成技改项目企业。对企业购进先进设备,经认定符合条件后给予设备采购金额的5%予以补贴,年累积不超过50万元的补贴。

二、加速新旧动能转换

天门市高新技术制造业增加值始终比工业增速快6个百分点以上。以诺邦、申安、追日光伏、天明新能源、宇电能源等一批企业为支撑的新能源产业集群初步成型,2016年实现税收已超过4000万元,与棉纺产业税收持平。新动能蓄势造能的同时,旧动能也在加速淘汰落后产能、提档升级。2016年,天门市有23家企业采购先进设备482台套,稳健医疗、景天集团、益泰药业、天源木业等企业纷纷加快了技改扩规步伐,企业自主创新能力和核心竞争力得到进一步提升。

三、两化深度融合稳步推进

目前已有天门纺机、天瑞电子、佑琪制衣、景天纺织、稳健医疗、申安照明、人福成田、金莓科技等,总共17家企业成为湖北省两化融合试点示范企业。佑琪制衣利用"翼机通"、电脑打版等实现机器换人,通过电商平台和微商城等拓展线上销售渠道;天门纺机采购到位了数控激光切割机,天瑞电子已购进工业机器人,金莓科技引进全自动化生产线,实现智能化高效生产、科学管理。

四、电子信息产业稳步发展

近年来天门市电子信息产业呈现"前高后稳、持续增长、结构优化、实力增强"的良好发展态势,实现了平稳增长。2016年,天门市电子信息产业制造业主营业务收入已完成8.9亿元,同比增长19.1%;工业增加值完成2.96亿元,同比增长21.6%。企业通过开展合资合作、引进新型项目、技术改造等形式,扩规和策划一批处于科技前沿的高端电子、新能源等企业及项目,逐步提高新能源产业在天门市工业的比重。形成了以太阳能电池、磷酸铁锂电池、电子互感器逆变器、高亮度LED照明、太阳能光伏等为主导产品的电子信息产业。

第四节 发展建议

对接《中国制造2025》，坚持实施工业强市战略，实施招商引资扩增量、技改扩规提质量、兼并重组活存量、企业上市增变量"四大计划"，开展骨干企业成长和支柱产业培育"两大工程"，推进工业化与信息化深度融合，推动生产方式向柔性、智能、精细转变，建设省内重要的纺织服装产业基地、新兴生物产业基地、医药产业基地、专用设备制造业基地、农副产品生产加工基地，提升工业经济整体实力和竞争力。

一、壮大提升传统优势产业

以推动信息化与工业化、制造业与生产性服务业深度融合为着力点，加强传统优势主导产业改进工艺流程，强化过程控制，提高产品技术含量和附加值，提高企业智能化、信息化水平，提升产业层次和核心竞争力，实现传统产业高端化发展。

（1）医药生物产业。华世通、益泰药业、延安制药、人福成田等。重点在于加快先进过程控制和执行系统建设的应用进程，对生产自动化、生产过程实时监测、故障诊断、质量控制。建立天门市生物医药产品质量溯源查询平台，形成产业数据链，加强企业信息互联、产品质量安全管控，提高产品附加值。

（2）纺织服装产业。佑琪制衣、景天纺织、稳健医疗、锐风服饰等。重点在于持续加强信息化基础设施建设；通过引进自动化生产设备或样板以及生产管理信息化系统提高劳动生产率；自建或租用成套的企业信息化管理软件，实现单项应用全覆盖。

（3）机电汽配产业。天门纺机、天瑞电子、星星轮毂、天门泵业、三机特车等。机电汽配行业将成为示范企业申报的重点行业之一。重点在于引进行业中先进的创新生产技术，如工艺设计虚拟仿真、信息化数字模型等。深化生产制造与运营管理、采购销售等核心业务的综合集成系统，形成企业关键数据链。同时加强本地企业间、同行企业间的数据互联，形成企业的产业互联和产业生态链。

（4）食品加工产业。华润雪花啤酒、庄品健、红日子等。工作重点在于持续加大基础建设和单项应用的投入。合理规划，选择建立产销信息化系统进行企业信息化管理，逐步实现原料采购、商品销售等业务信息化；推进企业内部信息化管理，加强食品质量安全管控。

二、加快培育战略性新兴产业

坚持市场导向、前瞻布局、改革带动、跨越发展,加强政策集成,引导创新要素集聚,为产业转型升级拓展新空间,推进生物、新材料、新能源和节能环保产业等高新技术产业和战略性新兴产业成为重要增长点。

(1)生物产业。重点发展以生物医药为主体的生物产业,借助并发挥武汉国家生物产业基地区域生物产业园优势,加快发展天门生物产业园,推动生物产业由生物医药向生物制造、生物农业、生物能源等领域延伸。充分发挥农副产品资源优势,开发生产系列食品、化学品和新型生物材料制品,加快特色中药材种植业和重要资源开发与发展。

(2)新材料产业。按照"依托大企业、建设大平台、聚集大产业、培植大支撑"的思路,大力承接沿海产业转移,通过上门招商,大力引进不锈钢加工企业,形成不锈钢加工企业的规模优势。

(3)新能源和节能环保产业。积极发展新能源及节能环保产业,以太阳能光伏和生物质能为重点,打造光伏产业链和生物质产业链,加快实现新型电池及蓄能系统规模化发展,积极开发生物质能、太阳能热发电等领域。大力扶持新能源汽车电池及零部件、光伏新能源、节能照明产品及器件、垃圾处理装备及资源综合利用项目。围绕重大节能工程,大力推广高效节能技术及装备;重点实施工业节能绿色再制造、重点污染源治理、节能环保产业培育等。

第三十六章 仙 桃 市

第一节 基本情况

2016年,仙桃市共有规模以上工业企业377家;规模以上工业实现工业总产值1104.98亿元,同比增长11.47%;工业增加值增速为9%;建设工业项目10个,完成工业投资349.08亿元。仙桃市工业形成非织造布、食品、机械电子、纺织服装、生物医药和新材料五大主导产业。仙桃市被授予"中国非织造布产业名城""中国非织造布产业名镇""海峡两岸产业融合创新示范基地"等荣誉称号,彭场镇被授予"中国非织造布产业名镇"。

一、仙桃市非织造布产业集群

2016年,仙桃市非织造布产业实现销售收入297亿元,同比增长9.2%,占区域工业的比重28.5%。入库税金10.2亿元,同比增长5.6%。出口交货值超过200亿元,占全国出口总额的40%。

(1)产业规模持续扩大。2016年,仙桃市进一步加大无纺布产业投入力度,生产能力和技术装备水平得到不断提升。仙桃市从事无纺布生产、加工企业1003家(其中规模以上企业112家),无纺布生产线63条,年产各类无纺布45万吨。

(2)产业链条不断延伸。随着无纺布产业的不断发展壮大,带动了配套企业加快发展,产业链条不断得以加粗和延伸,形成了涵盖建筑、医疗、日用、环保、服装、电子、汽车、航空航天等32个行业类别的135个品种。

(3)产业转型步伐加快。2016年,仙桃市非织造布产业完成固定资产投资35亿元,新开工厂房面积20万平方米。仙桃市非织造产业取得50多项国家专利,与武汉纺织大学等院校签订技术转让合同40多项,38家企业及产品分别通过了ISO9002、CE、N95、FDA等认证。

(4)产业服务配套完善。仙桃市非织造布生产力促进中心被授予国家级示范平台,为非织造布产业搭建了产品检测、技术研发、信息交流和业务培训公共服务平台,建立了省级非织造布产品技术规格检测中心。恒天嘉华公司建立了非织造布新材料、设备制造和产品技术研发中心。

二、仙桃市食品产业集群

2016年,仙桃市食品产业实现销售收入220亿元,同比增长11%,占仙桃市工业比重21.5%;固定资产投资达到30多亿元,上缴工商税收2.5亿元;规模以上食品加工企业70家,就业人数21000人。

(1) 骨干企业品牌化。2016年,仙桃市知名食品生产企业已达到33家,其中中国驰名商标10个,湖北省著名商标15个。"国饼十佳"2个,地理标志商标认证5个。食品产业共取得国家专利138件,2016年新增25件。仙桃是湖北省唯一被授予"国家农业科技园"的县市,是湖北省农产品加工示范园。食品加工能力在湖北省处于领先地位。

(2) 产业发展集群化。食品产业形成了饼干、糕点、果冻、巧克力、面条、麦芽、糖果、果粒果冻、焙烤食品、中高档休闲食品和饮料等食品生产加工业。产业配套更加完整,围绕食品产业发展,从农产品种植、养殖、初加工、食品包装、冷冻冷藏、物流仓储、检验检测、人才培养、食品工程、机械制造等诸多领域形成了一条完整的产业链,上下游配套企业达到168家。

(3) 原料供应基地化。仙桃市已建立了沔城莲藕、郭河养鸡、彭场无公害蔬菜等认定无公害农产品基地43个,无公害农产品215个,绿色食品16个,出口备案基地12个。建成优质稻基地80万亩、优质油菜基地70万亩、优质蔬菜基地20万亩、啤酒大麦基地10万亩、湘莲生产基地10万亩、水产养殖基地67.5万亩。建设优质畜禽小区85个。

(4) 企业布局园区化。仙桃市形成三个食品加工集中区,总面积18.12平方公里,园区内基础设施功能配套完善。仙桃市80%以上的食品加工产能都集中在园区。

(5) 服务体系专业化。建成了食品生产力促进中心、农产品检验检测中心、水产品检测中心、蔬菜检测中心等6个专业性的农产品、食品检测机构。为解决企业融资问题,先后成立了中小企业、财源、博士通、金凌等4家担保公司以及北农商村镇银行等金融服务机构。先后建成富迪物流园、华中农产品物流园、农贸批发大市场、副食品交易市场以及261家专业合作社等市场体系为食品企业服务。

三、仙桃市汽车零部件产业集群

近年来,仙桃市以促进产业结构调整升级为主攻方向,促进仙桃市汽车零部件产业规模化、集约化发展,全面提升支撑带动力和综合竞争力,把仙桃市打造成武汉城市圈最具优势的汽车零部件制造基地和华中地区最大的电子电路板产业基地,仙桃市被省科技厅授予"汽车零部件高新技术产业化基地"。

（1）产业规模不断扩大、链条持续延伸。近年来,汽车零部件产业保持了高速发展,龙头企业迅速扩张,新生力量不断增加,产业规模不断扩大,链条持续延伸加粗。2016年,集群规模以上企业51家,从业12763人,销售收入105亿元。其中销售过10亿元企业4家,销售过亿元企业20家。

（2）装备水平不断提升,整体素质稳步提高。为保证产品质量,机械企业积极通过技术改造,引进国内外先进设备和工艺。数控机床、加工中心、计算机辅助设备设计等现代化生产装备被广泛应用于企业各个环节的生产。

（3）园区建设效果明显,产业承载能力显著提高。仙桃紧紧围绕武汉的主导产业、核心企业,立足于改变自己的传统产业格局,把仙桃建成与大武汉先进制造业配套的加工基地。2013年10月,湖北省发改委批准在仙桃经济开发区设立湖北省唯一的华中汽车零部件产业园。按照"全面当配角、局部当主角"的构想,仙桃主动对接武汉300万辆整车产能,依托武汉车都大力发展汽车零部件产业。

四、仙桃市纺织服装产业集群

截至2016年底,仙桃市纺织服装产业规模以上企业共165家,从业人员5万人,实现销售收入96亿元,利润总额5.5亿元,税金3.68亿元。

（1）产业链条配套完善。已形成集印染、纺纱、织布、服装设计、研发、生产加工、印花、绣花、辅料、仓储、物流完整产业链条,产品涵盖了警用服装、婴幼儿服饰、西服、运动服、羽绒服、针织衫等20多个系列。

（2）承接产业转移步伐加快。近年来,仙桃市抢抓汉正街、广东等地服装加工企业向内地转移有利机遇,积极搭建产业发展平台,吸引了一大批服装生产加工企业落户。目前,仙桃市已形成了以毛嘴、西流河、张沟、剅河等镇办为代表的服装产业园区。

（3）骨干企业实力增强。骨干企业纷纷进行改造升级,联亮纺织淘汰32支以下产品,投资5000多万元进行技术改造;银丰纺织是仙桃市纺织产业龙头企业,与成冠重组后新上清钢联设备,实现产品多元化,生产的高端棉纱供不应求。湖北朵以服饰有限公司旗下一线品牌"朵以"是全国十大女装品牌之一。毅缘针织主要生产以棉、毛为主的高档毛料、布料类针织品牌服装，年产值达 10 亿元，年税收 2000 万以上。

第二节 存在的主要问题

一、产业结构有待提升

仙桃市工业经济主体为传统产业和劳动密集型企业，占比在 60％以上，而高技术制造业和战略性新兴产业体量仍然较小，全市高新技术产业增加值占全市比重约 20％，难以支撑工业经济高速增长。传统制造业受需求不足、产能过剩等因素影响，增速减缓，拉低了工业的效益。产业结构转型仍面临较大压力，产业升级压力较大，绿色制造、智能制造任重道远。

二、总量规模不大，企业实力不强

2016 年，仙桃市工业经济总量跨入 1000 亿规模，但人均单项指标相对水平较低，产业相对脆弱，且分布不均衡，大多数乡镇经济发展明显不足。2016 年，全市规模以上工业企业没有产值超过 20 亿的，税收贡献没有超过 2 亿元的，仅有 1 家上市公司但已名存实亡。国有、中央、省级企业从未落子仙桃，工业企业不大不强，支撑和带动作用明显不足。

三、企业创新能力不足

仙桃市工业企业依靠设备和技术引进实现技术升级，从而在此基础上初步培育自主创新。然而，目前仙桃市企业缺少拥有自主知识产权的核心技术、发明专利，科技投入、产学研合作等方面投入少，技术进步对经济增长贡献过低。

四、要素瓶颈制约依然突出

困扰中小企业资金、用工矛盾长期存在，金融部门对制造业投入比例过低，中小企业融资问题很难得到根本性解决。企业用工结构性问题突出，管理型、技术性人

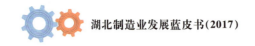

才较为缺乏,高学历人才引进难、留人难,劳动密集型企业员工流动性大,给企业生产经营带来较大影响。

第三节 发展的主要举措

一、强化运行调度,对标压实责任

坚持"五个必须",即发展工业的决心必须坚定,要求一以贯之、久久为功地强力推进新型工业化;党政齐抓的责任必须压实,要求牢固树立"不抓工业就没有抓准发展要点"的理念,进一步强化责任意识,各级党政主职亲自上手、亲自研究、亲自指导、亲自掌握工业经济发展的相关问题;工业经济运行的调度必须常态化,坚持一个月一次调度会、两个月一次协调会、一季度一次拉练的工作调度机制。2017年年初以来,每个月19号分析、研判、调度全市工业经济运行;服务企业的力度必须强化,真情实意、真金白银支持,认真落实好"四大家"联系重点企业制度、减税降成本等措施,对企业反映的诉求照单全收,积极协调办理;年初确定的目标任务必须完成,进一步压实主体责任,深挖潜力、化解阻力、增强动力,不松劲、不懈怠、不打折扣,全力以赴完成全年发展目标。

二、强力招商引资,增强发展后劲

始终把招商引资作为经济工作的"头版头条"、"一号工程"、"一把手工程",引进了一批投资额度大、产业层次高的大项目。其中,引进了投资50亿元的深圳波顿集团香精香料项目,投资10亿元的禾元生物"植物血清白蛋白"项目,投资5亿元的百合医疗、精美汽车、保税物流中心等项目。2017年1—8月,仙桃市市招商引资项目95个,项目协议总投资483.5亿元,其中亿元以上项目57个。为营造良好环境,仙桃市先后制定出台了《进一步加强招商引资工作的意见》、《招商引资奖励办法》、《招商引资优惠措施》等优惠文件。

三、强化项目建设,夯实发展基础

坚持把项目建设作为构建后发优势的关键,以项目建设推动全面发展。建立重点在建项目库,每一个重点项目由一名市领导牵头包保,落实一个项目、一名领导、一个专班、一张时间表、一套推进办法、一抓到底的"六个推进"机制。强化一月一调度、一月一通报、一季一拉练、全年结硬账,强力推进重大项目尽快投产。

四、强化技改扩规,培育市场主体

狠抓恒天嘉华、新发塑料、真巧食品、富士和机械等一批龙头企业的技改创新,促进传统产业的技改升级,积极培育一批单项冠军企业。力争将新蓝天新材料建成世界最大的有机硅生产基地,将恒天嘉华建成中国最大的高端非织造布生产基地,将绿色家园建成中国最大的环氧新材料生产基地,将中星电子建成中国最大的四氯化钛生产基地,将钛产业园打造成百万吨产量、百亿企业的钛产业园。同时,加大市场主体培育力度,出台了《市人民政府办公室关于印发仙桃市中小企业成长工程以奖代补资金管理办法的通知》(仙政办发[2017]27号)。截至2017年8月,仙桃市规模以上企业403家,比年初净增26家;2017年全年力争净增40家以上。

五、强化政策落地,降低企业成本

为深入推进供给侧结构性改革,落实"三去一降一补"任务,仙桃市出台了《仙桃市深化"三去一降一补"专项行动方案(2017—2020年)》、《市人民政府办公室关于进一步降低企业成本支持实体经济加快发展的意见》(仙政办发[2017]25号)等配套实施意见。2017年1—8月,为企业直接减负约3.8亿元。

第四节 发展建议

一、强化项目管理

对项目建设中的实际问题,逐条逐项加紧解决,不折不扣履行重大项目包保责任,密切关注项目进展,及时化解矛盾问题,千方百计服务项目、协调项目、推进项目,强化时间观念,精心组织、加强管理,倒排工期、挂图作战,加快建设进度,保障施工安全,保证工程质量,确保在建项目按期完工,早日投产达效。

二、推进成长工程

一是抓中小企业培育扶持。进一步落实支持小微企业发展有关政策,增强小微企业发展活力和动力,促进一批有发展基础的小企业进入"规上"(规模以上)企业。二是有序推进"小进规"工作。全面掌握仙桃市小微企业运行动态,摸清年内可进规企业情况,做好企业进规入库工作,确保应入尽入,"颗粒归仓"。

三、落实惠企政策

落实省市关于支持企业降低成本壮大实体经济系列文件精神,特别是加大落实仙桃市刚刚出台的《市人民政府办公室关于进一步降低企业成本支持实体经济加快发展的意见》(仙政办发[2017]25号)力度。要强化督促检查,综合协调,确保文件各项举措落实落细,切实降低企业用工成本、物流成本、融资成本、用电成本等资源要素成本,力争全年降低企业成本5亿元。

四、推进供给侧改革

要进一步加大产业、重点企业培育,强化配套设施建设及配套产业引进;加大过剩产能、落后产能处置,强化镇办处置困难企业责任,确保所有困难企业处置有专班、有进展,促进困难企业在两年内全部处置盘活,促进有效供给,形成良好发展环境。

第三十七章 潜 江 市

第一节 基本情况

潜江市突出重点产业发展,挖掘转型升级潜力,通过合并、扩充、延伸、变更、新增,确定了石油化工、高端装备制造、纺织服装、大健康、家居制造、生物医药、光信息电子、新能源新材料八大绿色产业。2016年,潜江市规模以上工业企业完成工业增加值288.9亿元,增长9.5%;实现工业产值1146亿元,增长15.6%。其中石油化工、纺织服装、大健康、高端装备制造产业过百亿元,分别为396.1亿元、250.7亿元、185.7亿元、134.2亿元。主营业务收入过百亿元企业1家,过20亿元8家,过10亿元15家(其中金澳科技跨入"中国企业500强")。2017年1至6月,潜江市规模以上企业完成工业总产值572.6亿元,同比增长12%,环比提高0.9个百分点。6月份当月工业增加值增长7.3%,环比提高2.7个百分点;累计工业增加值同比增长1.9%,环比提高1.1个百分点。传统产业中石油化工行业产值增长6.9%,食品行业增长13.5%,家具制造行业增长48.9%,装备制造行业增长13.3%,纺织服装行业增长7.2%。三大新兴产业完成工业总产值37.7亿元,同比增长64.6%。其中,生物医药行业增长21.9%,光信息电子行业增长1.5倍,新能源新材料行业增长31.2%。实现了传统产业高端发展、新兴产业集群发展。

第二节 存在的主要问题

一、企业规模普遍偏小,带动作用不明显,传统产业发展不平衡

2016年,潜江市规模以上工业企业266家,其中产值过10亿元的企业15家,占5.6%;过5亿元的企业58家,占21.8%;过亿元的企业165家,占62%。高端家居、

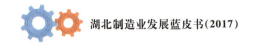

装备制造等产业没有产值过10亿元的企业。

二、创新能力不足,市场竞争力不强

装备制造科研水平不高,创新能力不强;纺织服装主要以来料加工为主,产品附加值低;大健康主导产品单一,市场竞争力不强,产业关联度差;家具制造创新不强,园区内企业仍以传统家具制造为主,没有有效利用"互联网+家居"推动传统家具产业转型。

三、要素瓶颈仍未完全破解

石油化工园区环境容量不足,制约潜江市石油化工产业发展;纺织服装产业劳动力缺乏,劳动力成本快速上升,融资难等问题制约转型升级;家具制造多为生产型家具企业,产业配套薄弱。

四、政策扶持力度不够

根据当前潜江市产业发展实际,产业转型升级主体多为中小企业,在对上争取的过程中,符合国家、省的相关政策申报条件的企业少,相关政策扶持难以惠及企业。

第三节 发展的主要举措

一、突出转型,激活存量

全面贯彻落实湖北省"千企千亿"技改工程,突出"循环发展为经、绿色发展为纬、创新发展为轴"的发展思路,深入推进《潜江市企业技术改造三年行动计划》(潜政办发〔2016〕72号),大力实施工业项目"155"工程,以新工艺、新技术改造升级"五大传统产业"。2017年,调度工业项目108个,总投资302.6亿元。其中,规模以上工业企业实施技改扩规项目54个,总投资121.4亿元。2017年1至7月,工业投资额为128.4亿元,同比增长38.2%,占潜江市固定资产投资的54.5%。制造业仍为工业的龙头产业,完成投资115.3亿元,增速达31.5%,占工业投资的89.8%;新开工建设项目57个,占年度目标任务114%;竣工投产项目36个,占年度目标任务

72%。2017年,39个新增2000万元以上增长点项目进展顺利,金澳科技系列技改扩规项目、菲利华扩规、益和化学扩规等项目达产达标。2016年,引进19家玉环汽摩配落户高端装备产业园,已有3家投入生产,为工业稳增长提供强力支撑。着力推进湖北邦顺顺油品升级深加工系列项目、潜江聚一虾食品有限公司卤制小龙虾及调味品生产基地项目、湖北智盈鸿实业有限公司旅游鞋生产项目、长飞科技潜江有限公司年产1500吨预制棒及2000万芯公里光纤二三期项目、永安药业年产牛磺酸食品添加剂项目等重大项目建设,大力促进潜江市传统产业加速转型升级,巩固了潜江"世界最大的牛磺酸生产基地""亚洲最大漂粉精生产基地""亚洲最大石油钻头生产基地""全国最大眼科用药生产基地""全国小龙虾出口第一市"的地位。

二、培育动能,做优增量

着力招引一批产业配套和关联带动效应强、集聚和引领能力强的优质项目,加快推进光信息电子、生物医药、新能源新材料三大战略性新兴产业集群发展,培育发展新动能。重点利用盐化工产生的氢气、氯气等附属产品,围绕打造"中国光纤制造之都",成功引进总投资50亿元的长飞潜江科技园项目,目前,一期项目已竣工投产,2017年可新增产值20亿元以上,二三期项目已经启动,项目全部建成后将成为全球最大的预制棒和光纤制造基地。菲利华新厂项目竣工投产,成为全球规模最大的气熔石英材料生产基地、全球最大的光纤配套石英材料和制品生产基地。

三、狠抓招商,扩大总量

潜江市出台了《市直单位捆绑招商工作实施方案》(潜办发〔2016〕12号),制定了《区镇处招商引资工作考核办法》和《市直招商引资工作积分制考核办法》(潜工发〔2016〕5号)。重点围绕八大主导产业,潜江市捆绑成立12个产业招商工作专班,每个专班由1~2名市领导,1名专班组长、5个市直部门以及项目承载园区共同组成,全面负责产业招商工作。上半年,潜江市在建招商项目103个,协议引资434.11亿元,累计到资95.3亿元,同比增长10.57%,完成年度计划的55.9%。

四、科技创新,提升质量

一是建立高新技术产业发展协调服务机制。建立"一个部门牵头、一个专班服务、一个专人服务"的"三个一"协调联动服务机制,形成部门和地方共同参与推动高新技术产业发展的合力,潜江市高新技术产业企业由17家(2014年)增长到39家

(2016年),高新技术产业增加值从29.6亿元(2014年)增长到57.93亿元(2016年),高新技术企业和增加值增幅居湖北省第一;二是借力产学研合作,提升企业创新能力。潜江市近70家企业形成了技术转让、委托开发、合作开发等多种产学研合作模式,推动企业创新发展、转型发展,潜江市中石化江汉石油工程有限公司与长江大学合作的"页岩气大规模开发关键技术及工业化应用"项目获得省科技进步一等奖;三是加快推进科技成果转化。潜江市政府出台了《潜江市促进科技成果转化实施办法(试行)》,设立500万元科技成果转化资金,给予企业"真金白银"的支持,2015—2016年,共实施科技成果转化42项,转化金额达512.5万元,位居湖北省市州和直管市前列。

五、完善平台,创新载体

目前已初步形成石油化工、大健康、高端家居、装备制造、光信息电子五大产业集群。2017年计划投资6亿元,完善园区基础设施配套。一是强化规划引领。按照"多规合一",完善园区总体规划和控制性详细规划,实现园区规划与城市规划、土地利用规划等多规合一;二是完善园区基础设施建设。加快建立园区检验检测、信息物流、科技服务以及融资、法律、会计中介等产业公共服务平台。加大安全防护区域拆迁工作力度,大力推进园区污水处理厂、排污管网等基础设施建设;三是加快园区体制机制创新。整合园区,创建国家级高新区。提升园区产业水平、创新能力、辐射带动作用和绿色集约发展;四是提高园区土地利用率。推行园区项目入园联席会议制度和项目入园评审制度,改进入园工业项目考核制度,将投资强度、亩平税收贡献率、环境保护等作为招商项目主要控制性指标,严格考核,并推动合同履约兑现。

六、优化环境,帮扶企业

一是组织开展"进百企、破难题、增信心、促发展"活动。组织80个市直部门全面深入企业和项目建设现场,重点围绕培育创新主体、解决企业困难、落实减负政策、推进技术改造、强化安全环保、优化发展环境等方面,为企业排忧解难。二是以机制创新推动项目落地见效。成立项目集中审批办公室,强力推进项目集中审批,建立见章盖章、容缺预审机制,审批时限缩短1/3以上。落实市领导包联制度,将69个市重点项目分解到市四大家领导,制定线路图,重点跟进、重点推动、专项管理。三是全面实施工业企业技术改造以奖代补政策,全力支持传统产业转型升级。潜江市政府分别出台了《市人民政府关于加大对工业技术改造项目支持力度若干政策的意见》(潜政发〔2015〕53号)和《市人民政府办公室关于印发潜江市工业技术改造项目以奖代补专项资金管理暂行办法的通知》(潜政办发〔2016〕37号)文件。2016年,对23家企业进行了以奖代补专项资金支持。2017年将进一步加大对工业企业技术改造的支持力度,整合资金2000万元,对2016年技术改造项目实施以奖代补政策。四是进一步完善招商引资优惠政策。2017年5月19日,潜江市政府出台了《潜江市推进招商引资项目落户优惠措施若干规定》(潜政办发〔2017〕25号),设立了十六项工业项目落户奖励措施。五是抓好两化融合优秀企业评选表彰工作。根据《潜江市信息化和工业化融合专项资金管理办法》,继续抓好两化融合示范(试点)企业的考评工作。择优对国家认定的智能化企业、两化融合示范(试点)企业进行以奖代补支持。六是出台《关于进一步降低工业企业成本的实施意见》,全面贯彻落实省政府降低企业成本32条惠企政策,出台潜江市进一步降低企业成本的实施意见,每年可为企业降低成本5亿元以上。七是强化人才支持。实施"百名创新英才"引进计划,建立专业人才储备库,支持申报各类科技计划。对工业企业和重点项目引进有突出贡献的人才,给予重奖。

第四节 发展建议

一、进一步加强项目建设

一是全力推进重大项目建设。进一步强化责任意识和时间意识,抢抓进度,始终保持倒逼推进态势,以月保季、以季保年,确保纳入省级调度的重点项目全面完成年度工作目标。二是开展工业项目拉练活动。通过组织现场观摩拉练活动、组织召开专题会议,现场解决一批制约项目建设的问题,加快推进工业项目建设。三是组织开展项目集中开工活动。分季度组织一批重大项目集中开工建设。四是加大企业技术改造力度。重点推动金澳科技、金华润化肥、方圆钛白、可赛化工、新亿宏等54个技改扩规项目,完成2017年工作目标。

二、进一步加强招商引资

积极适应经济新常态,转变思想、更新观念,创新招商引资体制、机制、政策,从"粗放招商"向"精准招商"转变,从"单纯关注招商数量"向"更加注重招商质量"转变,从"资源招商、环境招商"向"专业招商、资本招商、服务招商"转变,重点围绕八大主导产业及其产业配套链,成立由市领导挂帅的产业招商专班,强力推进产业招商、捆绑招商、全员招商,对签约项目动态管理、挂图作战、一周一调度、一月一督办。切实推动协议项目早落户、合同项目早开工、开工项目早投产。

三、进一步加强营造发展环境

一是要深入开展"进百企、破难题、增信心、促发展"活动。明确一名局长(主任)包驻企业,进一步压实责任,一月一通报,收集问题,切实加以解决。二是进一步加大企业负担清理检查,落实相关惠企政策,切实减轻企业负担。进一步加大对招商引资合同的清理力度,切实履行合同内容,坚决打通简政放权、优化服务、政策落实的"最后一公里",确保各项政策措施落到实处。在维护政府公信力的同时,加快促进企业健康发展。三是进一步强化政策支持。加强对上争取力度,积极引导企业对接国家、省级相关政策做好前期工作。全面实施市级技术改造以奖代补政策,鼓励支持企业提质增效、推动企业智能化改造、大力发展服务型制造、提升制造业品牌价值、推进绿色生态发展。

四、进一步加强要素保障

强化资金保障,构建多元化的投融资渠道,进一步推进银企、银政深入合作,做大融资担保平台,改造金融服务,确保工业企业信贷年均增长20%以上;强化用电保障,加快实施"十三五"电网规划,优化电网布局;强化用工保障,建立政府、园区、职校、企业四位一体的用工推进机制,创新校企合作用工培养模式。强化人才引进培育,加强企业家队伍建设。

后　　记

《湖北制造业发展蓝皮书(2017)》由湖北省经济和信息化委员会委托湖北省制造强省建设专家咨询委员会和湖北省机电研究设计院股份公司等省内相关领域的研究机构联合编著。本书经过近一年的筹备和研究,通过大量的资料收集、整理和分析,数次讨论、修改和完善,凝结了众多优秀专家、研究人员和工作人员的智慧和心血。感谢编写小组全体成员的辛勤劳动!

本书编写小组成员如下。

湖北省经济和信息化委员会:郭涛、冷承秋、许甫良、王冬、周志清、王隽。

湖北省机电研究设计院股份公司:朱国平、周利民、曾卫华、李成林、郭俊、汪金飞、王立兵、曾赤良、张艺轩。

本书在研究、编写、审校和出版过程中还得到了湖北省经济和信息化委员会、湖北省各市州经济和信息化委员会、有关行业协会和企业等的大力支持和指导,在此一并表示衷心的感谢!

湖北省制造强省建设专家咨询委员会
2017 年 12 月